檀君論

최남선 한국학 총서 7

단군론

최남선 지음

전성곤 · 허용호 옮김

景仁文化社

• 목 차 •

일러두기

본 총서는 각 단행본의 특징에 맞추어 구성되었으나, 총서 전체의 일관성을 위해 다음 사항은 통일하였다.

1. 한문 원문은 모두 번역하여 실었다. 이 경우 번역문만 싣고 그 출전을 제시하였다. 단, 의미 전달상 필요한 경우는 원문을 남겨 두었다.

2. 저자의 원주와 옮긴이의 주를 구분하였다. 저자 원주는 본문 중에 ( )와 ※로 표시하였고, 옮긴이 주석은 각주로 두었다.

3. ( )는 저자 원주, 한자 병기, 서력 병기에 한정했다. [ ]는 한자와 한글음이 일치하지 않는 경우와 한자 조어를 풀면서 원래의 한자를 두어야할 경우에 사용했다.

4. 맞춤법과 띄어쓰기는 『표준국어대사전』의 「한글맞춤법」에 따랐다. 다만 시문(詩文)의 경우는 운율과 시각적 효과를 고려하여 예외를 두었다.

5. 외래어 표기는 『표준국어대사전』의 「외래어표기법」에 따랐다. 「외래어표기법」의 기본 원칙은 현지음을 따른다는 것으로, 이에 의거하였다.

  1) 지명: 역사 지명은 우리 한자음으로, 현재 지명은 현지음에 따르는 것을 원칙으로 하였다.

  2) 인명: 중국은 신해혁명을 기준으로 이전의 인명은 우리 한자음으로, 이후의 것은 현지음으로 표기하였고, 일본은 시대에 관계없이 모두 현지음으로 바꾸는 것을 원칙으로 하였다.

6. 원래의 글은 간지 · 왕력 · 연호가 병기되고 여기에 일본 · 중국의 왕력 · 연호가 부기되었으나, 현재 우리에게 익숙한 시간 정보 규준에 따라 서력을 병기하되 우리나라 왕력과 연호 중심으로 표기하였다. 다만, 문맥상 필요한 경우에는 해당 국가의 왕력과 연호를 그대로 두었다.

7. 이 책에 실린 세 편의 논설 중 「단군론 - 조선을 중심으로 한 동방 문화 연원 연구」는 전성곤 선생이, 「단군급기연구」와 「단군고기전석」은 허용호 선생이 윤문 작업을 했다.

단 군 론

단군론

– 조선을 중심으로 한
동방 문화 연원 연구 –

1. 개제(開題)

조선이 동아시아의 가장 오랜 나라이며, 단군(壇君)[1]이 그 인문적 시원이라 함은 조선인들 사이에서 오래 전부터 전해 내려오는 바이다. 남아 있는 자료가 간략하여 그 상세한 내용은 알기 어려우나, 조선 민족의 기원과 문물의 내력을 오직 그것을 통해서 밝힐 수밖에 없을진대, 남아 있는 유일한 보물이기에 더욱 그 귀함을 알지니, 모름지기 학자라면 끊임없는 탐색으로 그 그윽한 빛을 밝혀내는 데 여력을 남기지 말아야 할 것이다.

더욱이 조선은 동아시아에서 지나(支那) 이외에 유일하게 수천 년을 이어온 국토와 문물의 보유자요, 거기에 인문 지리적 위치가 민족이나 문화가 이동하는 간선(幹線)에 임하여 사방의 풍우(風雨) 가 대개 이곳에 흔적을 남겼으니 단군이 어찌 조선사만의 문제이며 조선이 어찌 동양사만의 문제이랴.

대체로 동양의 문화는 인류의 역사에서 양(量)으로 그 과반을 점유할 뿐만 아니라 또한 질(質)로도 그 시원(始原)을 만드는 자이다. 진보한 학문의 가래와 호미가 아직 깊이 이리로 미치지 못하여 인류의 문화사는 오히려 초승달의 그믐을 벗지 못하니, 서양 학계가 동양학 진흥에 주의를 기울이는 것은 실로 이 때문이다.

---

* 이 글은 1926년 3월 3일부터 1926년 7월 25일까지 『동아일보』에 연재된 글이다. 본서에서는 본문의 연결성을 위해 발표될 당시의 신문 연재 방식을 재구성하였다. 제1장에서 제11장까지 각 장 중간 및 말미에 있는 저자 주석은 간략하므로 각 장의 본문에 ( )로 처리하였고, 제12장부터 제14장까지의 저자 주석은 별도로 맨 끝에 모았다. 제12장부터 제14장까지 저자 주석은 총 198개에 이르고 분량도 본문을 훨씬 상회하고 있는데, 이 주석들은 단순한 출전 제시가 아닌 학술적인 단군 논의라는 점에서 별도로 구성하였다.

1 본문에서 사용하는 단군은 단군(壇君)과 단군(檀君)이 있는데, 최남선은 이를 구별하여 사용했다. 단군(壇君)은 이 시기 최남선 단군론의 주요 입각점이다. 본서에서도 문맥에 따라 단군(檀君)과 단군(壇君)을 구분하여 표기하였다.

그러나 동방의 문화라 하면 인도나 지나(支那)[2]를 생각하여 그 이전과 그 이외에 눈을 뜨지 못한 결과, 항상 노력을 보상받지 못하는 감이 있다. 또한 동양의 학자도 전통적 틀에 잡힌 견해로 지나를 보거나, 근대적 학풍이라 여기는 서구인에 대한 이중의 사대 정신에 속박되어 지나 본위적 모색에서 능히 몇 발짝도 옮기지 못하니, 이래서 진정한 동양학의 건립은 그 전도가 오히려 요원함을 느끼게 한다.

동양이 본디 인도나 지나만의 것이 아니고 문화는 반드시 인도적이거나 지나적이라야 할 것도 아닐 것이니, 인도 혹은 지나에 향하는 주의(注意)가 그 이외의 방면으로도 향하는 것이 진실로 당연할 것이다. 그러면, 맨 먼저 상기해야 하는 것은 인도나 지나의 오랜 역사적 대수(對手)이며 민족학적 처녀지인 북방 일대의 여러 생활 집단일 것이다.

아시아의 북방 계통 문화 탐구에 한번 손을 대려 할진대, 가로로 수만 리를 총람하고 세로로 수천 년을 일관하여 문화의 교량이자 역사 기류의 중심인 조선은, 정히 그 원위(源委)를 밝히고 성질을 부검(剖檢)하는 기준 재료일 밖에 없을 것이다. 이러하여 조선은 단지 동양사상(東洋史上)에서뿐 아니라 인류 문화의 형질을 밝히는 데도 매우 중요한 관건을 갖게 된다. 그런데 조선 역사의 출발점이요 중심 사실인 것이 단군이라 하면 단군의 학적 의의와 가치가 또한

2 현재의 중국을 가리킨다. 일본의 역사학계에서는 메이지 시대부터 중국에 대해 일본식 발음인 '시나'를 사용했다. 지나는 동아시아 지역의 황허 강, 양쯔 강 유역을 지배하는 왕조 또는 정권의 변천을 넘는 통시적 지역 명칭이나 국가 호칭으로 사용되었다. 일본의 동양사학계에서는 동북아시아의 유목민과 티베트, 중앙아시아, 서아시아 등 '새외(塞外)'라는 범주에 둘러싸인 지나(支那)를 다른 범주에 넣었다. 최남선도 일본인 학자들과 마찬가지로 중국을 지나라고 표기했다. 중국을 동아시아의 중심으로 보는 시각을 탈피하려는 의도가 포함되어 있는 듯하다. 이 책에서는 당시의 리얼리티를 살리기 위해 지나라는 호칭을 그대로 사용한다.

중대하지 않는가?

이른바 동방 문화란 것이 무엇인가? 동방 문화의 주축이라는 지나 문화란 것은 어떠한 경로와 인연으로 성립된 것인가? 동방 문화의 내용이 지나 이외 또는 이전의 무엇을 함유하였다 하면 그 본질, 범위, 역사적 의의가 어떠한가? 동방 문화 또는 아시아 문화의 인류적 관계는 그 단서를 어디에서 구할 것인가? 이러한 문제들은 그 자체의 숨겨진 빛과 지나의 반사(反射)를 통해 비교적 명백하고 지속적 증거를 가진 조선에서 그 해결책을 찾을 것이니, 조선의 전설·유속(遺俗)과 거기에 관한 문헌은 이 때문에 특별한 세심과 경건한 성의로 처리되지 않으면 안 될 것이다.

단군 고전(古傳) 같은 것도 소략하면 소략할수록 한 글자 짧은 문구에 깊고 세밀한 주의를 기울여야 할 것이고, 의심스러우면 의심스러울수록 가려진 장막을 헤치고 진면목을 찾기에 진지한 노력을 바쳐야 할 것이다. 설사 불행히 그것이 가공된 후대의 낭설이라 할지라도 행여 반영되었을지 모를 고의(古意)를 찾기 위해 할 수 있는 것을 다한 뒤에 그만두어야 할 것이다.

단군은 실로 망망한 동양의 학문 세계에 겨우 하나 남은 부목(浮木)으로, 동방 문화의 눈먼 거북이는 그 부침(浮沈)을 오로지 이에 판단할 것이다.[3] 비록 변변치 못하고 하잘 것 없을지라도 오히려 대담하게 버리지 못할 것이니, 오히려 혼연(渾然)한 박옥(璞玉)[4]이 실상 보옥(寶玉)의 숨은 집임에랴. 하물며 단군에 대한 한 편의 간소한 고전이 동반 문화 전반을 환하게 밝혀 현양(顯揚)하고도 남음이 있

---

3 맹귀부목(盲龜浮木)을 뜻하며, 눈 뜬 거북이라도 느려서 나뭇조각을 잡기가 어려운데 하물며 눈먼 거북이가 나뭇조각을 잡는다는 것이 얼마나 어려운가 라는 의미에서 좀처럼 그것을 만나기 어렵다는 것을 뜻한다.
4 '혼연(渾然)한 박옥(璞玉)'이란 가공이 되지 않은 천연 그대로의 옥 덩어리를 뜻한다.

음에랴. 경건 충직한 학자의 양심은 이 한 구멍을 통해 넉넉히 지나와 인도 이외 또는 그 이전의 일대 문화상(文化相)을 들여다볼 것이다.

2. 단군의 고전(古傳)

단군은 조선 인문(人文)의 시조로 일컫게 된 만큼 그 전설의 기원이 태고에 속하였으리니, 이는 조선인의 민족적 성립이 아득한 옛적인 것같이 그 민족의 영광을 위한 설화가 무엇이든지 존재하지 않을 수 없음도 넉넉히 짐작할 바이다.

다만 이전에는 기록의 술(述)이 일찍 열리지 못하고 나중에는 불교의 실덕론적(實德論的) 융섭과 유교의 상식론적 배척이 크고 오래 계속되어서 외국처럼 고전설(古傳說)의 완전한 형태가 거의 없게 되었다. 이는 학자로 하여금 조선의 역사와 문화의 시간적 우월과 공간적 웅장함을 부지중에 깎아 생각하게 함이 컸다.

그러나 흩어진 구슬을 모아 꿰고 감춰진 형태를 갈고 닦아 광채를 내게 하여, 잡초가 무성한 사원(史園)에 향상의 길을 통하게 하면, 조선이 옛적의 연구에 있어서 결코 가난한 집이 아님을 알 수 있다. 전설일 법하고 신화일 법하여도 다른 어느 것에 비해 못하지 않은 인문 기원의 어린 역사를 가졌음을 알면, 또 그것이 마찬가지의 전설이지마는 다른 것보다 사실적 배경에 채색되어 있음을 알게 된다.

단군전(壇君傳)의 원형, 그 가장 오랜 형태가 어떠한 것인지 지금은 물론 증명할 길이 없다. 지금 우리가 갖고 있는 그 직접적 표현의 최고 증빙은 "고려국(高麗國) 의흥화산(義興華山) 조계종(曹溪宗) 인각사(麟角寺) 가지산(迦智山) 아래 보각국존(普覺國尊)"으로 일컫는 일연 선사(1206~1289)의 저술인 『삼국유사』에 거둔 그 하나의 전(傳)이다.

『삼국유사(三國遺事)』는 그 이름처럼 삼국의 세상에 알려져 있지 않은 진기한 일이나 세상에 드러나지 않은 사실을 수집하여 기록한 것으로, 김부식의 『삼국사기』(1145) 백여 년 후의 기록이다. 『삼국유사』는 필시 당시 문헌의 연총(淵叢)이던 불교 전래의 재료로 『삼국사기』의 누락된 부분을 보충 기술하기 위하여 편찬된 것이다.

『삼국사기』가 유가적 상식론에 속박되어 어떤 표준에 의한 획일적 취사선택이 가해진 반면, 『삼국유사』는 불교인적인 융통성으로 질박하고 참되게 소재를 거두어 놓았음이 어찌 탐탐한지를 모를 일이다. 후세의 눈으로 고대의 일을 관망함은 『삼국사기』의 내용을 퍽 소략하게 만들었지만은, 불교 방면에 전해온 그 일부가 간혹 『삼국유사』 중에 징고(徵考)됨을 우리는 못내 다행으로 알아야 할 것이 퍽 많이 있다. 『삼국유사』에는 첫 권 '제1'을 기이(紀異)편으로 하여 다음과 같이 말하였다.

서문에 말한다. 대체로 옛 성인들이 예악(禮樂)으로 나라를 일으키고 인의(仁義)로 교화를 베풀면 괴이한 일과 완력, 어지러운 일과 귀신에 대해서는 말하지 않았다. 그러나 제왕이 일어날 때는 부명(符命)에 응하고 도록(圖籙)을 받았으니 반드시 일반 사람과 다름이 있었다. 그런 연후에야 큰 변화를 틈타 제왕의 지위를 장악하고 대업을 이룰 수 있었다.

그러므로 황하에서 도(圖)가 나오고 낙수(洛水)에서 서(書)가 나와서 성인이 일어났다. 무지개가 신모(神母)를 둘러싸서 복희(伏羲)를 낳았고, 용이 여등(女登)에 감응하여 염제(炎帝)를 낳았고, 황아(皇娥)가 궁상(窮桑)의 들을 노닐다가 스스로 백제(白帝)의 아들이라고 칭하는 신동(神童)과 정을 통하여 소호(少昊)를 낳았고, 간적(簡狄)은 알을 삼키고서 설(契)을 낳았고, 강원(姜嫄)은 발자국을 밟고서 기(棄)를 낳았고, 잉태한 지 열네

달 만에 요(堯)를 낳았고, 용이 큰 연못에서 교접하여 패공(沛公)을 낳기에 이르렀다. 이후의 일은 어찌 다 기록할 수 있겠는가? 그렇다면 삼국의 시조가 모두 신이(神異)한 데서 나온 것이 어찌 괴이한 것이겠는가? 이 신이를 여러 편의 처음에 실은 것은 그 뜻이 여기에 있는 것이다.

이렇게 자기의 입장을 밝힌 뒤에, 고조선(왕검 조선)이라는 1편을 위만 조선 이하 부여, 마한 삼국의 건국 설화와 함께 수록하였다.

고조선(왕검 조선)

『위서(魏書)』에 이르기를, "지금부터 2천 년 전에 단군 왕검(壇君王儉)이 도읍을 아사달에 세우고[『산해경』에는 무엽산(無葉山)이라고도 하고 또 백악(白岳)이라고도 했는데, 백주(白州) 땅에 있다. 혹은 개성 동쪽에 있다고 하는데, 지금의 백악궁(白岳宮)이 이것이다] 나라를 창건하여 이름을 조선이라 하니, 요 임금과 같은 시대였다."라고 하였다.

『고기(古記)』에 이르기를, "옛날 환인(桓因)[제석(帝釋)을 말한다]의 서자 환웅(桓雄)이 자주 천하에 뜻을 두고 인간 세상을 탐하여 구하였다. 아버지가 아들의 뜻을 알고 아래로 삼위(三危)·태백(太伯)을 내려다보니 널리 인간을 이롭게 할 만하기에 천부인(天符印) 세 개를 주고, 가서 그곳을 다스리게 하였다. 환웅이 무리 3천 명을 거느리고 태백산 꼭대기[곧 태백은 지금의 묘향산이다] 신단수(神檀樹) 아래 내려와 신시(神市)라고 하였으니, 그를 환웅 천왕이라 한다. 그는 풍백(風伯)·우사(雨師)·운사(雲師)를 거느리고, 곡식·생명·질병·형벌·선악 등 인간의 360여 가지 일을 주관하면서 세상에서 다스리고 교화하였다. 이때 곰 한 마리와 호랑이 한 마리가 같은 굴에서 살면서 항상 신령스러운 환웅에게 빌면서 사람이 되기를 원했다. 이때 환웅이 신령스러운 쑥 한 주(炷)와 마늘 스무 매(枚)를 주면서 말하기를, '너희들이 이것을 먹고 백일 동안 햇빛을 보지 않으면 사람의 모습을 얻을 것이다.'라고 하였다. 곰과 호랑이는 그것을 얻어서 먹으며 삼칠일(三七日) 동안 금기하였는데, 곰은 여자의 몸이 되었으나 호랑이는 금기를 지키지 못하여 사람의 몸이 되지 못하였다. 웅녀는 그와 혼인할 사람이 없어서 늘 신단수 아래에서 아이를 갖게 해달라고 빌었다. 환웅이 이에 잠시 사람으로 변하여 그와 혼인하고 아이를 낳아 단군 왕검이라고 불렀다. 그는 요 임금이 즉위한 지 50년인 경인년[요 임금의 즉위 원년은 무진년이니, 50년은 정사년이지 경인년이 아니다. 사실이 아닌 듯하다]에 평양성[지금의 서경]에 도읍을 정하고 비로소 조선이라 칭하였다. 또 도읍을 백악산 아사달에 옮겼는데, 이름을 궁(弓)[일설에는 방(方)이라고도 한다]홀산(忽山) 또는 금미달(今彌達)이라고 하였다. 1,500년 동안 나라를 다스렸다. 주나라 무왕(武王)이 즉위한 기묘년에 기자(箕子)를 조선에 봉하자, 단군은 이에 장당경(藏唐京)으로 옮겼다가 나중에 돌아와 아사달에 숨어서 산신이 되었으니, 나이가 1908세였다."라고 하였다.

당의 『배구전(裴矩傳)』에 이르기를, "고려는 본래 고죽국(孤竹國)[지금의 해주]인데, 주나라가 기자를 봉하여 조선으로 삼았고, 한은 세 군(郡)을 나누어 설치하여 현도(玄菟)·낙랑(樂浪)·대방(帶方)[북대방(北帶方)]이라 하였다."라고 하였다. 『통전(通典)』도 이 설과 같다[『한서(漢書)』에서는 진번(眞番)·임둔(臨屯)·낙랑·현도의 네 군으로 되어 있는데, 지금은 세 군이라 하고 이름도 같지 않으니 어찌된 것인가?].

처음과 끝에 인용한 한서(漢書)는 어찌되었든지 「고기(古記)」를 인용하더라도 자신의 의견은 반드시 할주(割註)[5]로 넣은 것만으로도 그 원문 존중의 뜻을 볼 수 있다. 더욱이 중국 요 임금 50년의 간지를 수정한 어구를 볼 때 『삼국유사』 찬자의 이 책에 대한 태도

---

5 본문에 삽입하여 단 주석을 말한다. 여기서는 인용문 중에서 [ ]로 표시된 부분이다.

가 얼마나 경건하고 엄숙한지를 짐작할 수 있다.

또 『삼국유사』는 그 이름처럼 삼국의 그것을 채록하면 그만이다. 아닌 게 아니라 『삼국사기』가 삼국 이전의 고기(古記)에 미침이 없음은 그 명의(名義)에 범람하기를 피한 것이겠지만 『삼국유사』는 그대로 한정된 제목 하에 그 이전의 모든 건국 전설을 모아 엮었음도 알맞으니,[6] 이로써 찬자가 다만 이것저것을 채집하고 망라하려 한 것 이외에 다른 의사가 있는 것이 아니었음을 살펴야한다.

3. 준근본 징빙(徵憑)

다시 준직접 증빙과 준고(準古) 증빙으로 인정할 것 중 주요한 것을 편의상 미리 내걸어두기로 하자. 김부식의 『삼국사기』에는,

> 21년 봄 2월, 왕이 환도성(丸都城)은 난리를 겪어 다시 도읍이 될 수 없다고 하여, 평양성을 짓고 백성과 종묘사직을 평양성으로 옮겼다. 평양성은 본래 선인(仙人) 왕검(王儉)의 집이다. 혹은 왕의 도읍을 왕험(王險)이라 한다(권17, 고구려 본기 제5, 동천왕).

라는 글이 있으니, 왕검(王儉)의 이름이 나타난 가장 오래된 문헌이다. 정인지의 『고려사』(1451)에는 다음과 같은 글이 있다.

> 유주(儒州)는 본래 고구려의 궐구(闕口)로 고려 초에 지금의 이름으로 고쳤다. 현종 9년(1018)에 내속시켰고, 예종 원년(1106)에 감무(監務)를

---

6 『삼국사기』가 삼국의 역사란 그 이름에 맞추어 삼국 이전의 옛 기록을 쓰지 않은 반면, 『삼국유사』는 '유사(遺事)'라는 이름에 맞게 건국 전설 등을 수록했다는 의미이다.

두었다. 고종 46년(1259)에는 위사공신(衛社功臣) 성균대사성(成均大司成) 유경(柳璥)의 내향(內鄕)이라 하여 문화현령관(文化縣令官)으로 승격시켰다. 별호는 시령(始寧)[성종이 정한 것임]이다. 구월산(九月山)[세상에 아사달산(阿斯達山)이라고 전한다] 장장평(莊莊坪)[세상에 단군이 도읍한 곳이라고 전하는데, 바로 당장경(唐莊京)이 와전된 것이다]에 삼성사(三聖祠)[단인(檀因)·단웅(檀雄)·단군(檀君)의 사당이 있다]가 있다(권58, 志 12, 지리 2, 豊州).

평양부(平壤府)는 본래 삼조선(三朝鮮)의 옛 도읍이다. 요 임금 무진년(戊辰年)에 신인(神人)이 단목(檀木) 아래로 내려오니, 나라 사람들이 그를 임금으로 세워 평양에 도읍하고 단군(檀君)이라 불렀다. 이것이 전조선(前朝鮮)이다. 주나라 무왕(武王)이 상나라를 이기고 기자(箕子)를 조선에 봉했으니, 이것이 후조선(後朝鮮)이다. 41대손 기준(箕準) 때에 이르러, 연나라 사람 위만(衛滿)이 1천여 명을 모아 망명해 와서 기준의 땅을 빼앗고, 왕험성(王險城)[험(險)은 검(儉)이라고 하는데, 바로 평양이다]에 도읍하였다. 이것이 위만 조선이다(권58, 志 12, 지리 2, 서경).

『고려사』는 고려의 유문(遺文)에 의거한 찬술이므로[7] 이것이 고려 시대의 옛 것을 계승한 것으로 보아도 무방할 것이니, 『삼국유사』의 단(壇)자가 단목(檀木)으로 인해 단(檀)자로 고쳐졌음에 주의를 기울여야 할 것이다. 이보다 앞서서는 태종 때 권근·이색·하륜 등이 왕명에 의해 찬집한 『동국사략(東國史略)』에는 다음과 같은 글이 있다.

동방은 애초에 군장(君長)이 없었는데, 신인(神人)이 태백산(太白山)[지

---

7 『고려사』는 조선 시대에 편찬된 책이지만 그때까지 전해진 고려 시대 자료에 의거해 편찬된 책이라는 뜻이다.

금의 영변부(寧邊府)에 있다. 바로 묘향산이다]에 내려오자 나라 사람들이 임금으로 세우고[요 임금 25년 무진년], 국호를 조선(朝鮮)[동쪽의 해가 뜨는 땅에 있었기 때문에 조선이라 하였다. 『색은(索隱)』에는 '산과 물이 있기 때문에 이름을 지은 것이다.'라고 했다.]이라 하였다. 평양에 도읍했다가 백악(白岳)으로 옮겼고, 나중에 아사달산(阿斯達山)[지금의 구월산]에 들어가 신(神)이 되었다. 이것이 단군(檀君)이다[이름은 왕검(王儉)이다. 「고기(古記)」에 이르기를, '단군은 요임금과 함께 섰다가 상(商)나라 무정(武丁) 8년에 이르러서 신이 되었는데, 나이 4018세였다.'라고 했다. 그러나 권근(權近)의 「응제시(應製詩)」에는, '몇 대를 전하였는지는 알지 못하지만, 지내온 햇수는 일찍이 천 년이 넘었네.'라고 하였는데, 아마도 전세역년(傳世歷年)의 수가 단군의 나이는 아닌 것 같다]『동국사략』 권1, 단군 조선).

이것은 이후의 편사자(編史者)가 답습하게 되어 근대 조선인의 '단군(檀君)' 관념을 구성한 중요한 문구가 되었다. 더욱이 권근의 「응제시(應製詩)」가 있다.

> 들으니 태고의 먼 옛날
> 나무 가에 내려온 단군(檀君)
> 동쪽 나라의 땅에 임하시니
> 때는 요임금의 시대였다고 하네
> 몇 대를 전하였는지는 알지 못하지만
> 지내온 햇수는 일찍이 천년이 넘었네
> 그 후 기자(箕子) 대에
> 그때에도 똑같이 조선이라 하였네

이 시는 권근이 우왕(禑王) 때에 명나라에 가서 명 태조의 단군(檀君)이란 출제(出題)[8]에 대응한 것인데, 이를 통해 고려 말기 벼슬아치들 사이에 전해지던 단군의 내용을 짐작할 수 있다. 『고려사』보

다 조금 늦은 『세종실록』(권154)의 지리지 평양조에 우선 『고려사』 지리지와 같은 글을 제시한 다음에,

단군의 사당은 기자 사당의 남쪽에 있다[금상 11년 기유년에 처음 설치하였는데, 고구려의 시조 동명왕(東明王)과 합사(合祠)하였다. 단군은 서쪽에, 동명왕은 동쪽에 있으며, 모두 남쪽을 향해 있다. 매년 봄가을에 향과 축문을 내려 제사지낸다].

라 기록하고, 그 다음 영이(靈異) 항목에,

단군 고기(檀君古記)에 이르기를, 상제 환인(上帝桓因)에게 이름이 웅(雄)인 서자(庶子)가 있었는데, 세상에 내려가서 사람이 되고자 하여 천부인 3개를 받아 가지고 태백산 신단수(神檀樹) 아래에 내려왔으니, 이가 단웅 천왕(檀雄天王)이다. 손녀로 하여금 약을 마시고 사람의 몸이 되게 하여, 단수(檀樹)의 신(神)과 혼인해서 아들을 낳으니, 이름이 단군(檀君)이다. 나라를 세우고 이름을 조선이라 하였다. 조선(朝鮮), 시라(尸羅), 고례(高禮), 남북 옥저, 동북 부여, 예(濊)와 맥(貊)이 모두 단군이 세워서 다스린 곳이다. 단군이 비서갑(非西岬) 하백(河伯)의 딸에게 장가들어 아들을 낳아 부루(夫婁)라 하였다. 이를 동부여(東扶餘)의 왕이라고 한다. 단군은 요 임금과 같은 날에 임금이 되었고, 우 임금의 도산(塗山) 모임에 이르러, 태자 부루를 보내어 조회하게 하였다. 나라를 누린 지 1038년, 은(殷: 商)나라 무정(武丁) 8년 을미에 이르러 아사달(阿斯達)에 들어가 신이 되었으니, 지금의 문화현 구월산이다.

---

8 지어야 할 글의 제목을 제시하는 것을 말한다. 1396년(태조 5) 명나라 태조가 조선이 보낸 표(表)의 내용을 문제 삼아 표를 지은 사람을 불렀을 때 그 표의 윤색에 참여한 권근이 가게 되었다. 명나라 태조는 출제(出題)를 하면서 시를 지으라고 했는데, 이때에 권근이 지은 시가 「응제시(應製詩)」이다. 「응제시」는 3차에 걸쳐 지은 24수의 시로 이루어져 있다. 권근의 「응제시」는 당시 명나라와 조선의 외교적 마찰을 완화시킨 공으로 높이 평가되었다.

이라 하였다. 그 아래에 "부루(夫婁)는 아들이 없어 금색 개구리 모양[蛙形]의 아들을 얻어서 길렀는데, 이름을 금와(金蛙)라 하고 태자로 세웠다."라고 하여, 『삼국사기』 고구려 본기 동명성왕의 서술에 보인 동부여 건국 유래와 『구삼국사』 동명왕 본기를 인용하였다는 이규보의 『동명왕편』에 보인 천제자(天帝子) 해모수(解慕漱) 고사(故事) 전편을 연계 등재하여 단군의 본지(本支)를 밝혀 놓았다. 이것은 현존한 단군전 중에서 형체가 가장 잘 갖추어진 것으로 어떻게든 주의할 가치가 있는 것이다. 그 중에서도 손녀(孫女) 운운, 수신(樹神) 운운 등의 설화적 다른 모습이 눈에 띠기도 한다.

단군 고전의 내용은 대체적으로 위의 예(例) 정도에 그친다. 그 이후의 문헌은 『동국통감』 외기(外紀) 이하 모두 넓히거나 생략함이 이에 국한되고 옳고 그름도 이를 기준으로 하게 되었으니, 다시 번거롭게 다룰 필요가 없다. 기타 간접적 증빙일 것은 논의를 진척시켜감에 따라서 필요한 곳마다 인용하기로 하자.

4. 신괴적 설상(說相)

단군의 고전은 이와 같이 신괴적(神怪的) 요소를 많이 머금고 있어 얼른 남의 신임을 얻기 어려운 것이 사실이다. 그러니 옛날부터 지금까지 상식적 속단으로 그 사실이 터무니없는 거짓이라고 논하는 자가 그치지 않았고, 심하게는 그 주체인 단군 그이의 존재를 의심하게까지 된 것도 까닭이 없는 것이 아니다. 더욱 실증적 증명으로 천착에 빠지게 된 근대의 학풍에 점점 물들게 된 자는, 그 허루한 한쪽 구석을 엿보아서 다짜고짜 말삭(抹削)[9]의 장님 지팡이를

---

9 최남선은 '말삭(抹削)'이란 용어를 즐겨 쓰고 있다. 이는 '있는 사물을 아주

내두르려 함이 어찌 생각하면 괴이하지도 않다.

그러나 역사를 탐구할 때 믿지 못할 것을 믿는 것과 믿을 것을 믿지 않는 것과의 거리는 아주 작아서 학자의 경계심을 크게 필요로 하는 것이다. 특히 흐릿한 옛 사실을 문헌적으로 고찰하고 연구할 때에는 자칫하면 이끼를 보고 돌을 잊어버리기 쉬움을 생각하지 않으면 안 될 것이다.

저 석가모니나 그리스도가 모두 다 경망한 근대 학자의 손에 한 번씩 '절대 없는 존재'로 결단나기도 하고, 동양으로 말하여도 요(堯)·순(舜)·우(禹)로부터 노자(老子)·열자(列子)까지 다 실존권 밖으로 방출되는 액(厄)을 면하지 못하기도 하였다. 정히 고대사의 영역을 온통 천지가 미개한 때의 혼돈으로 내던져 버리려는 경향을 보여주지만, 벨(Arrigo Bayle)의 나폴레옹 말삭론(抹削論)을 읽어보면 어떠한 심술꾼이 학자의 턱없는 용기라도 한번 움찔하지 아니치 못할 것이 딱하다 할 것이다. 옛일을 말하기가 어찌 쉽다 하랴. 알맹이가 있는 일이면 어찌 말로 없어질 것이랴.

지금까지의 단군전(壇君傳)을 전하는 그대로 볼 것 같으면, 아무리 두둔해서 말해도 그것이 신화이고 전설일 뿐 역사적 근거를 가지는 문장이 아님은 물론이다. 그 신기하고 괴이한 이야기의 의미를 가져다가 그대로 사실(史實)로 보고 사적(史蹟)으로 변화시키는 것은 누구라도 생각할 일이 아닐 것이다.

그러나 나의 견해로는 그 신기하고 괴이하여 실제스럽지 못한 점이야말로 실상 학적 흥미가 끌리는 바이다. 이와 동시에 그 자체의 연대적 지주(支柱)를 지어서 적어도 그 고전(古傳)·고의(古意)의

없애 버림'이라는 말살(抹殺)과도 유사하지만, 말삭은 '기록되어 있는 사실 따위를 지워서 없애버린다'는 말소(抹消)의 의미가 강하다. 이 논설이 단군을 둘러싸고 기록을 없애려고 하는 이론에 대항하여 단군을 새롭게 기록에서 찾아내어 구축하는 논쟁이라는 점에서 말삭(抹削)을 사용하기로 한다.

생명을 유지하게 되는 금강좌(金剛座)인 것이다. 지금 사람이 보아서 믿지 못하겠다 하기 때문에 옛 사람이 믿던 것임이 도리어 밝아지고, 옛 사람이 믿던 것이기 때문에 그 가운데서 어떤 종류의 역사적 유주(遺珠), 그렇지 못하여도 인류학적 · 민족학적 신광(新光)이 기대되는 것이다. 혹시라도 이것이 홀으로 하나의 신화, 즉 고대 민중의 시(詩) 또는 원시 철학에 그치지 않고 확실한 사실적 배경이 있어 얼마만큼이라도 역사적 암흑을 쓸어 헤치고 도움이 된다 하면, 이것은 도리어 기대 이상의 소득이라고도 할 것이다.

신화를 관찰함에는 그 방법이 또한 많다. 이른바 에우헤메로스(Euhmeros; BC 330?~260?)[10] 방법으로 인사적(人事的) 해석을 시도함도 그 하나이고, 막스 뮐러(Max Mller; 1823~1900)[11]와 같이 언어적 해석을 시도함도 그 하나이다. 그것을 사물의 표상(비유)으로 보는 것도 그 방법의 하나이고, 또 최근에서와 같이 심리학적 · 인류학적 검토를 더하는 것도 유력한 방법의 하나이다. 그러나 어떠한 사물의 발전과 성립에는 보편성과 마찬가지로 특수성이 있는 것이다.

그중에서도 신화는 어느 한 민족이나 한 시대의 최고 지식의 통괄적 표현이기 때문에 그 과정과 성립 조건이 각기 다른 양상일 것이라는 것을 생각하게 한다. 그러므로 획일적 설명의 감(感)으로는 어떠한 방법이든지 완전할 수 없고, 동시에 각각의 분야를 밝히는

10 에우헤메로스는 신화를 정치가나 영웅이 조작한 것이라고 보았다. 신들은 역사상 실존했던 왕들이며, 사람들에 의해 신격화된 것이라는 '인간론'을 주장했다.
11 독일 데사우(Dessau) 출생으로 베를린 대학교에서 공부한 이후 파리에서 비교 언어학의 권위자인 뷔르느프(Burnouf)에게 배웠다. 그후 영국으로 건너가 1850년 옥스퍼드 대학교 교수로 근무하면서 동양 고전에 관한 수많은 연구서를 간행하고, 고대 동양 문화 특히 인도학을 폭넓게 연구하였다. 막스 뮐러의 언어학 특징은 각국의 언어 사이의 같은 점과 차이점을 검토하여 비슷한 것들을 한데 묶어 동일 언어족으로 분류하고, 이를 바탕으로 언어족 사이의 관계를 밝혀 원천을 이루는 언어를 찾아내려는 계통적 분류법이었다.

데는 어떠한 방법이든 적용되지 못할 것이 없을 것이다. 더욱 단군전과 같이 본디부터 상식적 기미(氣味)가 압도적이고 오랜 역사적 세련을 거쳐 사실적 배경을 많이 포함한 것을 해석할 때는, 그 본질이 홑으로 신화가 아닌 만큼 그것을 고찰하고 설명하는 방법이 특히 단순하기를 기대할 수 없을 것이다.

그러나 요사이 일본인 학자는 단군이라면 으레 근거가 없으리라는 예단(豫斷)으로 덮어놓고 말살하기에 힘을 써서 신화적 본질과 고전설적 존립까지를 거부하여 그 허다한 증거를 우리들 앞에 제출하였다. 만일 그 논증이 이유가 있는 것이고, 그리하여 단군의 본지(本地)가 결국은 꿈과 환상 같은 것이라면 이러니저러니 허공에 팔을 내두를 필요가 없을 것이니, 이른바 말살론(抹削論)의 근거 여하를 조사하고 살피는 것이 무엇보다도 앞서서 해야 할 일이 아닐 수 없을 것이다. 그리하여 그 존재 여부가 판단된 뒤라야 설명과 설명의 방법이 비로소 문제가 될 것이다. 어디 그네들의 설을 들어보자.

5. 승도 망담설

외국인으로 조선의 고사(古史)에 대하여 학적 검토를 시도한 자는 일본의 나카 미치요(那珂通世)[12]가 효시이다. 나카 씨가 일본에서

12 모리오카 번(盛岡藩)의 번사의 아들로 태어났다. 14세에 번교(藩校) 작인관(作人館)의 한학자인 에바타 고로(江幡梧樓)의 집안에 양자로 들어가는데, 양부가 나카(那珂)라고 성을 고쳤기 때문에 나카 미치요(那珂通世)로 이름을 고쳤다. 메이지 유신 이후 후쿠자와 유키치(福澤諭吉)의 문하생이 되었고, 1872년에 게이오의숙대학(慶應義塾大學) 별과에 입학했다. 1876년 26세 때 「일본고대문자고(日本古代文字考)」를 『양양사담(洋洋社談)』에 발표했다. 1896년에 도쿄제국대학 문과대학 강사를 겸임하게 되고, 그 사이에 조

동양사의 선각자로 바르고 엄숙한 학풍을 가진 것은 한 편의 '유서 (遺書)'가 넉넉히 증명해준다. 「조선고사고(朝鮮古史考)」와 같은 것은 실로 주도면밀하여 지금까지 조선사 유일의 좋은 진량(津梁)이 되는 것이다.

다만 나카 씨의 문헌 편중의 병이 재료가 갖추기 어렵다고 한스러워하는 데서 보인다. 이와 더불어 최대의 관절일 단군에서 의외의 거칠고 어리석은 모습을 보이니 그것이 뜻밖에 조선 역사의 출발점에 대하여 정당한 견해의 발육을 막는 원인이 되다시피 한 것은 나카 씨에게는 원통한 과오라고도 할 것이다. 그는 「조선고사고」에서 조선의 고사(古事)를 『사기(史記)』 이하 지나 서적에 의존하여 발췌한 후 부설(附說) 비스름히 『삼국유사』의 글을 인용하고 자세하게 논하기를,

단군(檀君)의 이름을 왕검(王儉)이라고 한 것은 평양의 옛 명칭인 왕험(王險)의 험(險)자를 사람 인(人) 변(扁)으로 바꾼 것이다. 이 전설은 불교가 동쪽으로 흘러들어 온 이후에 승려가 날조하여 나온 망탄(妄誕)이요, 조선의 고전(古傳)이 아님은 한눈에 보아도 명료하다. 『여기(麗紀)』 동천왕 20년, 축평양성(築平壤城), 이민 및 종묘사직의 아래에 "평양은 본래 선인(仙人) 왕검(王儉)의 택(宅)이다."라 한 것은, 왕검을 열선전(列仙傳) 중의 인물로 보고 개국 태조라고는 보지 않았기 때문에 선인의 택

선과 중국 역사에 대한 실증적인 연구를 계속 발표했다. 1901년에 문학박사 학위를 수여받고, 『지나통사(支那通史)』를 발표했다. '신유혁명설(辛酉革命說)'에 근거하여 일본의 기년(紀年) 문제를 연구하기 시작하여 「상세년기고(上世年紀考)」를 『사학잡지』에 발표했다. 또한 『원조비사(元朝秘史)』를 『성길사한실록(成吉思汗實錄)』이라는 제목으로 번역하여 일본에 소개했다. 1905년부터 1906년까지는 청나라·만주·한국을 시찰하고, 어학·문학·역사·지리 등 분야를 연구했고, 만주어·몽골어 등을 습득했다. 나이토 고난(內藤湖南)과도 친분이 두터웠으며, 시라토리 구라키치(白鳥庫吉)는 중학교 교사 시절의 제자였다.

(宅)'라고 한 것이니 짐작해서 적은 서법(書法)이다.

라고 하고, 『동국통감』이 외기(外紀)에 이를 올린 것은 승려의 망설 (妄說)을 역사상의 사실로 간주한 것이라고 비난하였다. 다시 후세 승려의 망설에 대하여 억지로 견해를 피력하려 함은 매우 가치 없 는 일이라고 단언하였다.

이는 실로 단군이 일본의 학계에서 턱없는 배척을 만난 최초의 동기이다. 이로 인하여 조선은 역사적 무두귀(無頭鬼)[13]가 되고, 마 침내 전 동아시아 문화의 연원까지를 오래도록 어두운 영역에 던 지게 된 시초였다. 나카 씨의 모처럼의 큰 공적도 이 착오된 견해 하나를 보상할 만한지 의심스럽다 할 밖에 없음은 유감스러운 일 이다(「史學雜誌」 제5편, p.283 이하(제4호, p.41) 또한 「那珂通世遺書」 중 「外交 繹史」, p.73, 이하 제8장, 「朝鮮樂浪帶方考」).

나카 씨의 소홀하고 경박한 논리의 뒤를 이어서 단군설의 무근 거성을 입증하고자 한 자는 시라토리 구라키치(白鳥庫吉)[14]의 「조선 의 고전고(朝鮮の古傳考)」이다. 시라토리는 먼저 문자 이전의 구비

---

13 목이 잘려 죽은 사람이 되는 귀신을 말한다. 단군이 부정됨으로써 조선 역사 의 목이 잘려 버렸다는 뜻이다.

14 치바 현(千葉縣) 출신으로 본명은 구라키치(倉吉)이다. 야마대국(邪馬台國) 북(北) 규슈(九州)설 제창자로 유명하다. 스승으로 나카 미치요(那珂通世) 가 있으며 제자로는 쓰다 소키치(津田左右吉)가 있었다. 치바중학교, 제1고 등학교, 도쿄대학 문과대학 사학과를 졸업하고, 학습원(學習院) 대학 교수 로 취임했다. 이후 도쿄제국대학 문과대학 사학과 교수가 된다. 1904년부터 1925년까지 근무하면서 쇼와 천황(昭和天皇) 교육을 담당했다. 1900년에 문학박사 학위를 받았고, 1901년에서 1903년, 1922년에서 1923년 등 2번에 걸쳐 유럽을 방문하여 자료를 모으고, 유럽 학계에 발표도 한다. 일본보다는 조선이나 아시아 전역의 역사, 민속, 신화, 전설, 언어, 종교, 고고학 등을 폭 넓게 연구했다. 1910년에는 「왜여왕히미코고(倭女王卑弥呼考)」를 저술했 다. 1907년 동양협회 학술조사부를 설립하고 『동양학보』를 창간했으며 『만 선지리역사연구보고서(滿鮮地理歷史研究報告)』를 간행하고, 1924년 동양문 고 설립에 노력하기도 했다.

(口碑)는 연대가 지나면서 요담괴설(妖談怪說)이 부착하여 황당무계한 덩어리를 이루거나, 그렇지 않으면 학자·승려의 무리가 고의로 괴담을 지어서 고래의 전설이라고 거짓으로 칭하고, 혹은 전래의 구비를 자기 상상껏 개찬하여 아까운 고전이 그중에 매몰해 버리는 예가 적지 아니하다고 하였다.

그러므로 고전설을 연구할 때는 세심하게 사태의 흑백을 변별하여 어떠한 부분이 그 고전인지 어떠한 부분이 후세의 뼈대인지를 간파해야 한다고 하였다. 그렇지 않으면 진위를 거꾸로 보아 순수함과 뒤섞임을 오해하여 오류를 천고(千古)에 전하게 되는 것이라고 경계하였다. 그리고는 그 적절한 예가 조선의 고전설이고 조선의 고전설 중에서도 망탄(妄誕)이 가장 극에 달한 것이 단군의 전설이고 그 망탄한 본색을 가장 환하게 들여다볼 수 있는 것이 『삼국유사』의 글이라 했다. 이어서 나카 씨의 설을 인용한 뒤에,

나도 이 전설에 대하여 나카(那珂) 씨와 견해를 같이하는 자이다. 다만 나카 씨는 이것을 승려의 망설이 사학(史學)에 이익이 없다 하여 온통 내버려 폄하해 버렸지만, 나는 이 망설에는 망설일 만한 결구(結構)와 공부가 있다고 인정하며 또 다른 전설과 연관하여 다소의 사실을 발휘할 만한 줄 믿어 구태여 천착의 노력을 꺼리지 아니한다.

라 하고, 다시 장황한 변증을 시도하였다(「史學雜誌」 제5편, p.950. 이하 전년도 말의 學習院 輔仁會 잡지에 따로 「단군고」의 상세한 논고가 있다). 소년의 기백만 대단하였지 학문이나 식견이 오늘날과는 딴판인 성싶은 1894년 당시의 논고를 30여 년 후 지금 다시 제기하는 것을 혹시 시라토리 씨는 탐탁해하지 않을 지도 모르겠다.

그러나 시라토리 씨의 견해가 혹여 합리적으로 진전하였을지라도(10여 년 전 『경성일보』 일요 부록에 시라토리 씨의 이야기라 하여 게재한 「檀

君說」에는, 단군은 고구려인의 수목 정령 숭배 사상으로 탈화하여 온 것이란 것이 있으니, 이에서 「傳說考」 당시의 견해를 약간 미룬 자취를 볼 것이다), 시라토리 씨의 이 논고가 아직도 단군에 대한 장님 지팡이로 가끔 쓰이는 터라 그 필요한 부분을 잠시 인용하여 두자. 시라토리 씨는 다음과 같이 언급하였다.

대저 환웅 단군이 강림하였다는 태백산은 평안도에 있는 지금의 묘향산이니, 묘향산은 『동국여지승람』에 "묘향산은 태백산이라고도 한다. 고기(古記)에 의하면, 산에는 360개의 암자가 있다고 한다. 이색(李穡)의 기록에 의하면, '향산은 압록강 남안 평양부의 북쪽에 있으며, 요양과 경계를 이루고 있다. 산은 비할 바 없이 크고 장백산과 나누어진다. 땅에는 향목이 많이 나며 겨울에도 푸르며, 선교와 불교의 오랜 유적이 있다.'고 하였다."라 하였는데, 즉 옛날 불교의 융성함이 극에 달했을 때에는 당탑(堂塔)과 가람(伽藍)이 용마름을 이어서 한참 떠들썩하였을 것이다. … 고기(古記)에 단목(檀木)이라 한 것은 곧 이 산중에 나는 향목(香木)을 두고 하는 말이니 이것을 단목이라 칭함은 올곧이 천축(天竺)의 우두전단(牛頭旃檀)을 모방한 것이다. 우두전단은 『관불삼매해경(觀佛三昧海經)』에 "비유하면 이란(伊蘭)은 전단(旃檀)과 함께 말리산(末利山)에서 나는데 중추(中秋)에 달이 차면 갑자기 땅에서 전단수가 나와 대중들이 모두 우두전단의 미묘한 향 소리를 듣는다."이라 한 것이니, 태백산을 묘향산이라고 칭함은 필시 이 향목을 생산함에 기인한 것이다.

또한 묘향의 이름이 불교 전적 속에서 끄집어 낸 것이라 하여 『화엄경』, 『왕법염경(王法念經)』, 『지도론(智道論)』, 『서역기(西域記)』 등의 마라야산 전단향(摩羅耶山旃檀香)에 관한 문헌적 증빙을 열거한 뒤에,

이로써 생각건대 이 전설은 승려의 허황된 망탄으로 만들어진 것으로 태백산이 향목(香木)을 생산하기 때문에 이것을 인도의 마라야산(摩羅耶山)에 비유하고, 그 향목을 우두전단(牛頭旃檀)에 모방하고, 그래서 이 나무 아래에 강림한 것을 인연으로 하여 단군이라는 가공의 인물을 안출함인 것이다. 『고려사』 지리지에 "강화현 서쪽 마리산(摩利山) 꼭대기에 참성단(塹星壇)이 있는데, 세상에 단군이 하늘에 제사지낸 제단이라고 전한다."라고 한 것을 보면 누가 단군(檀君)이 본래 전단(旃檀)의 정령임을 의심하랴. 우두전단은 부처 보살에게 가장 인연이 나무이니 … 승려의 무리가 신령이 깃든 나무를 신인(神人)이라 하여 개국 시조로 추앙하였음도 무리는 아니다.

또 석제 환인(釋提桓因: 帝釋)을 단군의 조부로 상정한 것은 아비담(阿毘曇) 중에 제석(帝釋) 두 태자(太子)에 전단수라라(旃檀修羅羅)란 것이 있음을 여기서는 조금 뒤틀어서 단군이 제석(帝釋)의 손자라 한 것이요, 『삼국유사』의 「고기」에 "곡식 · 생명 · 질병 · 형벌 · 선악 등 인간의 360여 가지 일을 주관한다."라 한 것은 『잡아함경(雜阿含經)』에 "한 비구가 부처님에게 묻기를, '무슨 까닭에 석제 환인(釋提桓因)입니까?' 하니, 답하기를, '내가 인간이었을 때 그는 끼니의 보시를 행하여 모든 것을 능히 주관할 수 있게 되었다.'고 하였다."라 한 것을 억지로 끌어다 갖다 붙인 망설로 봄이 옳을 것이다.

하고, 다시 논의의 행보를 내켜서,

단군의 조상은 위에서 적었음과 같거니와 또 그 자손의 일은 삼한고기(三韓古記)에 "단군은 아들 부루(夫婁)를 낳으니, 그가 동부여의 왕이 되었다. 우왕이 여러 제후들을 도산(塗山)에 모았을 때 단군은 부루를 보내어 조회하게 하였다."라 하고 또 『미수기언(眉叟記言)』[15]에 "단군의 후손에 해부루(解夫婁)가 있는데, 곤연(鯤淵)에 기도하여 금와(金蛙)를 얻었다. 금색 개구리와 비슷하여 이름을 금와라고 하였다. 우발수(優渤水)의 여자를 좋아하였는데, 몸을 비추는 해 그림자에 감응되어 주몽(朱蒙)을 낳았다."라고 하였다.

　이것을 『삼국사기』의 고구려 본기에 게재된 주몽전(朱蒙傳)에 비추어 그 계보를 고찰하건대, 주몽의 양부(養父)는 금와(金蛙)요, 금와의 양부는 부루요, 부루의 실부(實父)는 단군이 될 것이다. 그러면 단군은 조선의 조상이 아니라 고구려 한 나라의 조상임을 알 것이다. 하물며 또 단군의 강림한 태백산이라든지 그 도읍 평양이라든지 그 신(神)이 된 곳인 아사달산이라고 한다든지 온통 고구려의 영내에 있음을 어울려 생각해서는 더욱 고구려의 시조인 줄을 넉넉히 증명할 것이다. 아니 고구려의 조상으로 그 나라의 승려들이 가정하여 만든 인물이라고 해석해야 할 것이다.

하고, 다음 조선 고대의 국조 난생(卵生) 설화 – 주몽 · 수로 등의 사적도 모두 불교 설화에 의탁한 상상된 이야기임을 얼른 간파할 수 있다고 단정하였다. 그 이유로는 난생이 불설사생(佛說四生)[16]의 하나라는 것, 고기(古記)에 나오는 가섭원(迦葉源) · 아란불(阿蘭弗) 등의 문구, 그리고 김수로(金首露)와 탈해(脫解)가 독수리가 되고 공작과 매가 되어서 서로 비술(秘術)을 겨누는 설화가 모두 불교 경전적인 것 등을 들었다.

　이렇게 나카 미치요 씨는 아가미를 따고, 시라토리 구라키치 씨는 배알을 끄집어내어 두 대가의 손에 속속들이 다 환하게 드러난

15 조선 중기의 문인 미수(眉叟) 허목(許穆; 1595~1682)의 문집이다. '기언(記言)'이라 부른 것은 허목이 글 읽기를 좋아해 육경(六經)으로 근본을 삼고, 예악을 참고하고, 백가(百家)의 설을 공부한 것을 기록했다는 의미에서 붙인 이름이다. 실학 사상의 바탕을 이루고 있는 허목의 학문과 사상을 이해할 수 있는 자료로 평가된다.

16 태생(胎生) · 난생(卵生) · 습생(濕生) · 화생(化生)을 말한다.

셈이 되니, 단군이란 이를 조선사 첫머리에 얹히는 것은 점점 학자의 똑똑치 못한 표적이 될 듯하고, 그렇다고 개국자가 없다 할 수 없음에 기자(箕子)가 조선의 국조(國祖)라고 그네의 동양사에 적게 되고, 기자도 가상적 인물이라는 설을 시라토리 씨가 제기한 뒤에는 『사기』·『한서』 두 서적의 조선 열전을 그대로 위만(衛滿)이 조선의 발견자 비스듬한 지위를 가지는 기이한 관념을 드러내게 되었다.

혹시 서양의 역사가가 400년 전에 일본에 이르렀던 핀토[17]를 일본의 발견자라 하는 것을 철저히 준수하여 그 이후의 사건만을 역사적 사실로 대접한다 하면, 그것이 얼마나 우습다 할는지 모르겠지마는, 일본인은 도리어 이웃집 조선의 역사에 이런 무식한 짓을 하려 드는 것이 그 단군 말삭 후의 조선사 서술 투이다.

6. 왕험성 신설(神說)

이만하면 없앴거니 하매, 일본 학계에서 다시 단군에 관한 고설(考說)이 나잘 까닭이 없이 한동안을 지내더니, 조선사를 전문으로 하는 이마니시 류(今西龍; 1875~1932)[18]가 출현하여 이전 두 설의 탕개를 한 번 더 조지는 쐐기가 병합이라는 북새통을 기회로 학계에

17 1543년에 규슈 남쪽의 섬 다네가시마(種子島)에 표류하여 왔던 포르투갈 여행가 F.M.핀토를 말한다.
18 조선사 연구자로 기후현(岐阜縣) 출생이다. 1906년부터 경주에서 고고학 조사를 실시하고, 1913년에 용강현 점제현비를 발견했다. 같은 해 교토제국대학 강사가 되었고, 1916년에는 조교수가 되었다. 1922~1924년에는 베이징에 유학했다. 1926년에는 경성제국대학 교수를 지냈다. 저서로는 『신라사 연구』(1933), 『백제사 연구』(1934), 『조선사의 표식(朝鮮史の栞)』(1935), 『조선 고사의 연구(朝鮮古史の研究)』(1937) 등이 있다.

나타나게 되었다. 1910년 11월 발행된 『역사지리』 조선호에 게재한 「단군 설화에 대하여」란 논문이 그것이다.

그는 먼저 단군설의 허황됨이 나카 씨에게 논증되고 또 시라토리 씨를 말미암아서 그것이 어떠한 불교 경전으로 꾸며지고 얽어졌는지가 명백하여졌는데도 이것을 모르고 당시의 그네 중에 단군을 일본의 어느 신격(神格)과 합사하려는 경거망동이 있음을 개탄하였다.[19] 그는 좀 진보한 눈으로 단군을 보아 이르기를,

단군의 기사는 … 『삼국유사』에 출현한 것이 그 시초이니 … 본서의 기사는 『위서』와 「고기(古記)」 두 군데서 전재한 것 비스름하지만, 『위서』에는 물론이요 다른 지나의 사적(史籍)에도 보이지 아니하였으며, 모두 조선의 특별한 신화로 『삼국유사』는 당시 세간에 행하던 이 전설을 기록함일 것이요, 승려 일연이 창작한 설화는 아니다. 이 기사 속에서 주의해야 할 것은, 제목의 주(注)에 단군 조선이라고 하였음과 단군 왕검의 네 글자인데, 단군 왕검의 단군은 존칭이요, 왕검은 이름이라고 해석할 수밖에 없는데, 그러면 왕검이란 것이 무엇이냐.

고 하여, 왕검이 이 수수께끼의 숨은 열쇠임을 인정한 모양이다. 왕검관(王儉觀)은 곧 그의 단군관으로 그 견해는 이러하다.

왕검이란 것은 지명의 왕험(王險)에서 나온 선인(仙人)의 이름이니, 이것을 설명하자면 먼저 지명의 왕험으로부터 설명해야 한다. 왕험은 위씨 조선의 수도 이름이니, 『사기』 조선전에 '만도왕험(滿都王儉)'이란

19 일본 신도(神道)측에서 단군을 아마테라스오미카미(天照大神)의 동생 스나노노미코토(素盞嗚尊)와 같은 존재라고 한 것을 말한다. 한일합방을 전후하여 일본 신도의 '단군 = 스나노노미코토' 설은 일선동조론의 근거로 제시되고 있었으며, 이마니시 류는 바로 이 설을 비판하고 있었던 것이다.

것이 있고, 『전한서(前漢書)』 조선전에도 '조선 위만 … 왕험에 도읍하다 [이기(李奇)가 말하기를 지명이라 했다]'라 한 것이 있어, 사가(史家)는 이 왕험을 평양의 옛 명칭이라 하였다. 조선 근세의 대학자 정약용은 그의 저서인 『아방강역고(我邦彊域考)』에 "왕공(王公)이 험(險)한 것에 베풀어서 그 나라를 지키나니, 평양의 다른 이름으로 왕험(王險)이 그 의미였다." 라고 해석하였다.

『위서(魏書)』, 『북사(北史)』, 『수서(隋書)』, 『당서(唐書)』, 『사기정의(史記正義)』, 『통전(通典)』 등을 인용하여 평양 즉 왕험성임을 변증한 뒤에,

고구려 말기에 있어서 위에서 기술한 것과 같이 평양의 고지명이라고 북한인(北韓人)에게 믿어졌던 왕험은 고려 시대 중엽에는 이미 선(仙)의 이름으로 변천하였다.

고, 하였다. 인종 23년 찬술한 『삼국사기』 고구려 본기 동천왕 21년 부분을 인용하여,

이미 정약용 씨도 설명한 것처럼 '험(險)을 검(儉)으로 바꾼 것에 대해서는 너무 심한 천착'일 것이요, 단(檀)과 단(壇)과 단(擅)과 서로 통용된 것처럼 검(儉)과 험(險)이 통용되었을 뿐이지 이밖에는 의의가 없다고 해도 괜찮다. 요컨대 지명의 왕험이 선인 이름의 왕검(王儉)이 되었다. 곧 고구려 말기에 국가 도읍인 평양의 가장 오래된 이름으로 믿어지던 왕험(王險)이란 말이 유구한 세월과 그 지방 민중의 유랑과 변환 등으로 말미암아서 그 전설이 왜곡되고 와전되어 점차로 그 의미를 전용하여 마침내 왕험, 즉 평양이 처음 세워진 시기 선인(仙人)에게 부여하는 글자가 되었던 것이다. 인종 왕 당시에 이러한 종류의 선인이 평

양 지방에 존숭되어 있었던 것은, 『고려사』(권127) 묘청전 및 『동국통감』 인종 왕 9년 조항에 운운이라 함으로써 알 것이니, 이들 선인(仙人)은 불교조차도 이 인민의 가슴 속에 없애지 못한 샤머니즘(Shamanism)의 여러 신들이다.

하고, 묘청(妙淸)의 '팔성(八聖)'으로 증거를 삼았다. 그리고 선인 왕검이 또한 태백 선인 · 평양 선인의 부류이거나 또 그중 무엇의 다른 이름이라고 상정하고, 단군 이름이 『삼국사기』 · 『고려도경』 등의 책과 서경(西京)의 팔선인(八仙人) 중에도 보이지 않는 것은 당시에 단군의 호칭이 존재하지 않고 오직 선인 왕검이 있었을 따름인 때문이라고 하였다. 이어 왕검 선인을 분명 왕험성의 신(神)일 뿐이라고 논하고서,

　　이상에 설명한 바를 총괄하건대, 고구려 시대에는 평양의 고지명으로 전했던 왕험(王險)이 고려 초기부터 '왕검 선인'이 되어 '선인 왕검'으로 변하고 평양 창건 선인의 실명(實名)으로 변한 것에 보태어, 고려 시기의 중반쯤 지나서 단군이란 존칭을 붙여 단군 왕검이라 하여 조선 창시의 신인(神人)이라고 한 것이다. 이씨 조선의 여러 기록이 온통 단군이라고만 쓰고 왕검 이름을 붙이지 아니함으로써 마침내 단군의 이름만 알려지고 왕검 명칭은 잊어버리게 된 것이다.

라고 결론을 내리고, 그리하여 단군이란 이는 일본과 아무 관련이 없다고 하였다.

7. 성립 연대관

단군 부인의 직접론은 이미 더할 나위 없는 듯하니, 단군 이야기라도 좀 하고 싶으면 부득불 간접 혹은 측면으로 덤빌 밖에 없었다. 그중의 하나로 단군 전설의 성립 연대를 마치 보고 온 듯하게 이야기한 이가 있으니, 『역사와 지리』(제1권 제5호)에 게재된 미우라 히로유키(三浦周行)[20]의 「조선의 건국 전설」이 그것이다(미우라 씨의 이 논은 이후 그의 저서 『일본사 연구』에 수록되었다). 미우라가 말하기를,

조선의 개국 전설로는 단군과 기자를 들 수 있는데, 대체적으로 지나의 역사에는 기자 전설을 싣고 조선의 역사에는 단군 전설을 실었다고 할 수 있다. 그중에도 기자는 은나라 말기 사람이지만 단군은 요(堯)와 동시대 사람이라 하여 그 시대에 매우 넓은 간격이 있건만 1,908세의 수명을 향유하여 기자 시기에도 살았다고까지 말한다. 그러나 신화 전설의 괴이함이 풍부함은 동서 여러 나라에 보이는 일반적인 것이어서, 구석이 빈다 하여 온통 비난할 것이 아니라 오직 그것이 원시적 민족의 것인지 혹시 후세의 꾸며낸 이야기인지가 연구할 문제라고 생각한다.

하여 그 태도가 꽤 점잖음을 보겠으나, 그 소견은 과연 어떠한가.

---

20 미우라 히로유키(三浦周行;1871~1931)는 이즈모(出雲)의 시마네 현(島根縣) 마쓰에 시(松江市)에서 태어났다. 원래 읽는 법은 히로유키인데, 학자로서는 '슈우코'라고 불리기도 했다. 도쿄제국대학 법과대학을 졸업한 후 사료 편찬 보조원이 되었다. 그 후 사료 편찬관으로 임명되었다가 도쿄제국대학 법제유취편찬(法制類聚編纂)의 촉탁이 되어, 역사학과 법학 양쪽 연구를 병행하면서 '법제사(法制史)'라는 새로운 학문을 세우게 되었다. 교토제국대학 교수를 역임했다. 1910년 한일병합 후 일본이 조선 반도의 통사 편찬을 기획했을 때 구로이타 가쓰미(黑板勝美), 이마니시 류(今西龍)와 함께 참여하였다.

대개 단군 전설이 처음 보이는 것은 『삼국유사』요, 조선에 있어서
가장 오래된 사적(史籍)이라 하는 『삼국사기』에는 실상 실리지 아니하
였다. 홀으로 이 견지만으로써 말하면, 『삼국사기』의 편찬된 고려 인종
의 23년, … 그로부터 거의 150년 후 충렬왕 때에, … 『삼국유사』가 생
긴 때까지의 사이에 꾸며 만들어낸 것으로 볼 수도 있지만, 이렇게 한
두 가지 기록의 대조만으로써 단군 전설의 발생 연대를 결정함은 좀
위험하다.

설령 후에는 다소간 형체를 변경하였다 할지라도 단군 전설 그것은
진작 존재한 것을 기록에 빠뜨렸다고 볼 수 없을 것도 아니다. 단군을
기재하지 아니한 『삼국사기』에도 "평양이란 것은 원래 선인 왕검(王儉)
이 살던 곳으로, 어떤 사람은 왕의 도읍터인 왕험(王險)이라고 한다."라
고 것이 적혀 있다. 이것을, 단군 전설은 태백산에 천강(天降)한 천신의
아들로 왕검이라고 일컫고 평양에 도읍을 정하여 비로소 조선의 국호
를 정하고, 우 임금 때에도 그 아들 부루(扶婁)란 이를 입조(入朝)시키고
주나라의 무왕이 기자를 조선에 책봉한 후에는 당장경(唐藏京)으로 옮
겨서 나중에는 아사달산에 은둔하여 산신이 되었다라고 이야기하기에
이르렀다.

이에 대해서는 워낙 조선 역사가 중에도 황당한 탄생 이야기라고 설
파하여 믿지 아니하는 이가 없지 않지만, 일반 역사는 오히려 이것을
조선의 시조로 바꾸어 기재할 뿐 아니라 이 전설의 요소에는 높은 산
정상에 강림하였다든지 기자에게 선양하고 은거하였고 하는 것 등은
일본의 신화에 비슷한 곳도 있으므로, 오늘날 두 곳의 동조설(同祖說)을
주창하는 것 등의 사이에는 이 양자의 연락을 취하려고 시도한 사람까
지도 있다.

하고서는, 또 바뀌어 그네의 옛날 습속이 차차 드러나기 시작한다
하고,

그러나 가만히 이 전설 발생의 유래 사정을 고찰함에 이르러서는 도저히 원시 민족 간의 소박한 신화가 형상을 고쳐서 발달한 것이라고 승인할 수가 없다. 우선 조선의 할거적 형세로 생각할지라도 이러한 통일적 신화의 성립은 의심스럽다. 또 그 유적이라고 전하는 것에 대하여 보건대 태백산 즉 지금의 영변 묘향산 이하로 평양이나 기타 한두 지방에 존재한 것은 모두 고르게 막연한 것이지만, 그중에서도 평양은 단군의 도읍이라고 일컬으면서도 그 유적으로는 겨우 단군의 사당으로 봉재하는 숭령전이 있을 뿐이다.

하였다. 거기에 비하여서는 기자 전설이 서적에 오른 것은 좀 더 오래이기도 하고 그 옛날 도읍의 유적도 외성(外城)·정전(井田)과 묘(墓)·사(祠) 등 이것저것이 단군의 그것에 비할 것이 아니라고 하고 이어서,

이 때문에 일본의 학자로 단군 전설의 후세 승려 논리로 갖다 붙이는 것으로 인정하는 이도 기자 전설은 이것을 승인하는 경향이 있다. 옛날 기자가 도망하여 살게 된 조선은 당시의 통치 지역에 있어서 필시 요동 지방이었겠지만, 그 자손은 점차로 남하하여 평안도로 들어와서 기씨(箕氏)의 조선을 출현시킨 것으로 믿는다. 그러나 기자의 자손이 조선을 지배하였다는 것이 이미 의문스러운데, 그 조상으로서 기자를 인정하는 것도 또한 마찬가지이다.

하였다. 다시 평양에 있는 유적이 미덥지 못한 것을 지적한 뒤에, 기자를 신으로 봉사(奉祀)한 자취는 고구려 시대에도 있지만 단군은 그렇지 않아 고려 이후에 나타나서 기자에 배향(配享)되고 제수(祭需)도 기자만 못한 사실을 지적하고서,

이상의 사실은 단군 · 기자 전설의 유래를 암시하는 것이라 할 것이
니, 곧 기자 전설은 고구려 시대에 발생하지 않았다 하더라도 북선(北
鮮) 지방에 지나 농민이 번식하여 그 문화를 이식함에 동반하여 발생한
것인즉, 줄잡아도 고구려 시대에 가져다 댈 수가 있다. 거기에 비하면
단군 전설은 훨씬 뒤져서 신라를 대신하여 조선을 통일한 고려 시대에
발생한 것으로, 고려가 고구려의 유서(遺緒)를 계승하였다 하는 까닭에
고구려의 시조 동명왕까지도 단군의 후예라 하였다. 고려에 대신하여
조선으로 국호를 삼은 이씨에 이르러서는 세종 7년 8월에 정척(鄭陟)의
의견을 받아들여 단군을 위한 독립 사당을 건립하게 되었는데, 동명왕
을 그 사당 속에 합사하여 오늘날에 이르렀다.

고 하였다.

8. 민족적 감정설

미우라 씨는 다시 간두(竿頭)의 일보를 내켜서, "그런데 재미있는
일은 조선에서 단군에 대한 제사와 존숭이 융성한 시기는 그 독립
자존심이 왕성할 때이다."라 하였다. 그리하여 조선인이 예부터 지
나인에게 예의지국(禮儀之國)이라는 대접받는 것을 조그만 자랑거
리로 알았는데, 지나의 사신이 경성 오는 길에 평양을 지나다가 기
자의 묘를 찾기 때문에 그 묘도 수리하여 고치고 사우(祠宇)도 세운
것이지 조선의 자발적인 것이 아님을 말하고,

이 기자 사당에 단군을 배향하게 된 후에는 기자의 신위(神位)를 북
쪽에 안치하고 남쪽을 바라보게 하고, 단군의 것을 동쪽에 안치하여 서
쪽 면을 바라보게 하였지만, 어느 때는 또 단군의 것을 기자의 것과 나

란히 남쪽을 바라보게 한 일도 있다. 이것은 사대주의로써 시종일관하였을 조선인에게는 어울리지 아니하는 일종의 반항적 의미에서 온 것이다.

정척(鄭陟)의 상서에도 상세하게 그 당시의 소식을 말하고 있다. 곧 단군을 당요(唐堯)와 병립하여 스스로 조선이라고 호칭한 것이거늘, 기자는 무왕의 명으로 조선에 책봉을 받았고, 또 시대도 1,230여 년의 이후인즉 조선의 입국전세(立國傳世)의 전후로 말하자면, 기자의 신위를 북쪽에 두고, 단군의 것을 동쪽에 두는 것은 당위성을 잃어버렸다. 설사 단군과 기자를 병렬하여 남쪽을 향하게 하였다 할지라도 단군의 신위는 마땅히 위에 두고 기자의 것을 그 다음에 두는 것이 지당하다.

고 하였다. 그러나 기자는 조선이란 이름을 천하 후세에 떨어뜨린 자일 뿐만 아니라, 기자의 사당이라 하면서 단군을 주인으로 삼는 것이 타당치 않게 생각되어 차라리 단군을 위하여 독립 사당을 건립하여 그 신위를 남향(南向)하게 된 사실을 언급하고,

이러한 사정으로 추찰할지라도 조선이 북방 지나의 이민들 사이에 발생한 기자 전설을 채용하여 그 사대심을 발현시키면서도 오히려 그 사이에 스스로 서지 못하면 억제하는 능력을 가진 독립 자존심의 발작(發作)과 한 가지로 종주국에 대한 약간의 반항심을 일으켜서 이것을 만족케 할 양으로 단군 전설이 생긴 경로를 인정할 수 있다. 단군으로써 짖궂게 당요(唐堯)와 동시대의 신인(神人)이라 하고 또 스스로 조선이라고 호칭하였다는 것 속에도 빤히 들여다보이는 작의(作意)와 감추다 못한 자랑이 엿보이지 아니하느냐.

이 두 종류의 전설은 지나 문화가 농후한 북선(北鮮) 지방의 것이요, 조선 고유의 한민족이 사는 남선(南鮮) 지방은 여기에 관여치 않는다. 그런데 남선 지방에는 저절로 그 계통을 달리하는 지방 전설이 존재하

거늘 그것을 잊고 전자만을 조선의 개국 전설이라 함이 부당함은 물론이요, 그보다 훨씬 오래된 일본의 신화 전설에 가져다 매어서 견강부회의 설로 우롱하려 함은 논외의 것이다. 나는 이러한 의미에서도 조선 역사의 개조(改造)를 높이 주장하고 싶다.

고 줄통을 뽑았다. 노회(老獪)한 것은 이 미우라(三浦) 씨의 논법이지만, 여전히 주관적 줄타기요 그 객관적 진실성을 건드리지 못하기는 앞의 여러 사람과 다를 바가 없다 할 것이다. 미우라 씨의 견해에서 민족적 관찰에 대한 걸음을 다시 내켜 본 것에 이나바 이와키치(稻葉岩吉)[21]의 견해가 있다. 이는 어느 신문에 게재하였다가 뒤에 『지나 사회사 연구』의 일부로 지은 「조선의 문화 문제」 중의 소론(所論)이 그것이다.

9. 민족적 신앙설

이나바(稻葉) 씨는 또한 조선 역사의 시작을 지나의 정치적 실패자가 반도에 들어와 거처를 마련하고 터전을 건설한 것에 두었다. 부여족과 기타 인민이 이 한나라 사람들의 집단을 공격 격파할 때가 국가로서의 조선이 최고로 강력했다고 하였다. 그러고는,

---

21 호는 군산(君山)으로 조선사와 만주사 연구자이다. 도쿄외국어학교(현 도쿄외대)에서 중국어를 배웠고, 중국에 건너갔다가 러일 전쟁이 발발하자 육군 통역사로 종군했다. 1909~1915년에 남만주철도 역사조사부에서 『만주역사지리』 편찬에 참가했다. 1925~1937년까지 조선총독부 수사관으로서 조선사편수회에서 『조선사』(전37권) 편찬 사업에 종사했다. 1937년에는 만주 건국대학의 교수로 취임했다. 주요 저서로는 『만주발달사』, 『조선의 계(契)』, 『조선의 성씨 유래』, 『만주의 개국과 일본』, 『구만주의 고대 국교(日滿の古代國交)』, 『평안북도사』, 『광해군 시대의 만선관계(滿鮮關係)』, 『조선사』, 『만주국사통론(滿洲國史通論)』 등이 있다.

백제와 고구려는 동일 종족에서 나온 관계상 동명(東明) 전설을 가졌었다. … 동명이 한자(漢字)라고 해서 지나 전설을 수입한 것이라 함은 억측 단정이다. 조선의 고대사를 검토해 보면, 그들만큼 탁월한 국민이 다시 없을 것이 누구에게든지 수긍되거니와, 그 근본을 생각해 보건대, 민족의 신앙은 각각 특색을 가지고 그것에 말미암아서 결속되었던 것이 주요한 원인인줄 안다. 삼국 중에서 신라는 최후에 나타난 민족이지만 역시 난생 설화를 지지하였다.

삼국이 거꾸러지고 왕씨의 고려가 반도를 통일하면서부터 전대(前代)의 전설은 점차로 그 그림자를 숨기고 그를 대신한 것이 기자 전설이다. … 전설을 조선인이 자유스럽게 수입하였다는 것에 대해서는 지나 문화의 동방 전파를 고려하지 않을 수 없지만, 중요한 것은 왕씨의 고려가 그 국가를 지지하는 필요에서 지나에 예속됨을 구한 것이었다. 주몽이나 난생 전설을 가지고는 지나에 대한 깊은 친교를 바라기 어려운데, 다행히 기자 전설이 있으므로 그의 자손이라 하는 것이 편리했다. 그래서 평양의 서산(西山)에는 얼토당토않은 기자묘가 나오기도 하고, 이씨 조선이 된 뒤에는 정거장 부근에 전대(前代) 도시 비슷한 유적이 눈에 뜨이니, 그것을 기자의 정전(井田)이라고 추정하였다.

말하자면, 이러한 조선인의 시설은 전술한 예속의 의의를 확실하게 하려는 운동에 불과한 것이요, 다른 면으로 보면 교묘한 외교적 사령(辭令)인 줄 생각되된다. 그러나 그것이 조선인의 전체라고 인정하기는 어렵다. 조선인은 기자 전설의 봉사(奉仕)를 지배자 계급에 일임하고 따로 새로이 씨족적 신앙의 중심을 요구하였던 것 같은데, 저 단군 전설이 바로 그것이다.

하였다. 그리고 이 두 전설이 전자는 지배자 계급의(국가적) 대외적 필요로 공공연해지고 후자는 민족적 요구로 사회의 저변에 잠행하여 내려오다가, 근래에 와서 지나의 권위가 쇠락하고 또 병합에 동반하여 특권 계급이 소멸하는 통에 단군 전설이 최후의 승리를 얻었음을 지적한 것까지는 관계하지 않는다 할지라도,

부용(附庸) 전설에서 해방되고 독립한 민족 신앙의 중심으로 돌진해 가는 조선인의 지금은 축하해야 할 것은 물론이지만, 전설은 어디까지나 전설이요 역사가 아닌 것을 깨닫지 못하면 안 된다. 전설에는 신앙이 태반(太半)이나 가미되어서 있으니, 민족의 장래를 지시하고 그 생활을 규율함에는 부족할 것이 없을지라도 그것만으로는 민족 성립의 유래조차 알 수 없을 뿐만 아니라 일본 국가의 일원이라는 깨달음을 가지기가 불가능하여진다.

하여, 단군을 믿다가는 일본인 노릇을 못하리라는, 우리로는 얼른 상상도 못할 이유가 단군 말살 중 하나의 조건이 됨에는 학문의 권위를 위하여 야릇한 생각을 자아내지 않을 수가 없다. 그러나 본디부터 저네들의 단군 말살의 노력이 대개 이러한 범주에서 나옴이 많은 것이 아닌지. 이 솔직한 문구 중에 그 시작과 끝이 있다 하면 한편으로 재미있기도 하다.

이나바 씨는 다른 사람들에 비해서는 좀 더 경건하고 엄중한 학문적 접근을 하려니 기대하였더니, 이들만큼 그도 그로구나 하고 말기가 섭섭하긴 하지만, 그도 일본인이요 또 그는 편찬 책임 관리인 것을 생각하면 응당 그럴 일이겠지 하는 생각이 나지 않는 것도 아니다.

이나바 씨는 다시 단군 신앙이 앞에서 거론한 3개 조항 외에 기미 독립 운동으로 인하여 왕성하여졌다고 하였다. 그러나 단군 숭배의 업력(業力)이 축적되어 독립 운동까지 간 것은 그런 대로 승인할 일이지만, 독립 운동 때문에 단군 신앙이 증가되었다는 것은 본말이 전도된 관찰이다. 더욱이 독립 운동 이래로 급진에 기울어지

는 청년들 사이에 병든 국제주의(인류주의)의 확장과 마찬가지로 국조에 대한 관념이 어떻게 잠복기로 향하였는지를 생각하면, 이나바 씨의 이 논리가 실상 한바탕 만담(漫談)에 지나지 않으니 본디부터 자황(雌黃)[22]을 더할 것이 아닐지도 모른다.

또한 그때로부터 민족 중심의 전설에 기인하는 역사 선전이 성행하여 민족의 유래를 무시하는 변조적 역사가 만들어졌다고 하고 그 표준 예로 단군을 지적하고 있는 것을 보니, 아직까지 부족한 학식이 부끄러워 이렇다 할 조리 있는 사편(史篇)을 만든 적이 없는 나로서는 애오라지 송구스러워 몸을 움츠리지 않을 수 없다. 혹시 우리의 의견이 얼마쯤 참고가 되었는지 모르지만, 그 뒤에 발표한 다른 글에는 단군 고전의 근거에 관하여 매우 진전이 있는 듯함은 학문과 진리를 위하여 피차 반가운 일이다(「朝鮮史講座」 중 이나바 씨의 「鮮滿關係史」 제2절 참조).

10. 그 관학적 단안

일본인이 조선의 권력(또는 學政)을 잡은 후, 무엇보다 애쓴 것은 조선심(朝鮮心)에 관한 방침이고 이것을 어떻게 억제하고 완전히 없애 버릴까 하는 문제였다. 민족 감정 - 오래오래 물에 담가져서 배육(配育)된 깊은 뿌리와 큰 나무 같은 것이라도 권력의 한 삽이면 얼른 뽑아 버리고 흔적을 없게 하리라 생각하였다.

민족 감정의 기원이 역사와 언어에 있음에 생각이 미친 것은 그네의 총명으로 허락할 일이지만, 역사는 변조할 수 있는 것, 언어

---

22 원래의 의미는 비소(砒素)와 유황(硫黃)의 화합물이다. 옛날 중국에서 오기(誤記)의 정정에 자황을 쓴 일로부터 시문(詩文)의 첨삭이나 옳고 그름의 따지는 것을 일컫게 되었다.

는 절멸시킬 수 있는 것으로 아는 것은 아무리 '사아벨'이 눈에 가린 그네의 일이라 해도 너무 도리를 무시함에 놀라지 않을 수 없다. 그리하여 조선인에게는 역사적 교양에 관한 일체의 기회를 주지 않고 동시에 조선어에는 공적 생명을 비롯해 사적 존재까지도 가능한 모든 위협을 더하였다.

이렇게 함에는 군인, 속물 관리의 머리와 손만으로는 만만히 되지 않는다는 것을 깨달아서이니, 자기네의 형편에 합당한 몇 명의 학자를 데려다가는 '어용'으로 그 임무를 맡기려고 하였다. 가령 언어 문제 하나만 볼지라도 폴란드에 있는 프로이센(Preussen)의 교육 제도 같은 것을 조사하는 것은 그 저의를 얼른 짐작할 일이다.

그런데, 언어 방면의 고용 학자인 가나자와 쇼자부로(金澤庄三郞; 1872~1967)[23] 씨와 같은 이는 의외로 조선 국어 절멸 불가능론을 주장했으니, 그가 그만한 학식을 가지고 한참 동안 그 관공서와 사인(史人) 사이에 만족스러운 대접을 받지 못하고 끝내 촉탁의 소임까지 흐지부지된 것이 혹시 이러한 까닭이 아니었는지 모를 것이다.

역사 편으로 말하면, 이마니시 이래로 더욱 많은 사람을 초빙하여 위정자가 필요로 하는 조선 역사의 편찬을 기획하니, 저 반도사편찬회(半島史編纂會)란 것은 실로 이러한 동기에서 나왔던 것이다. 저네의 정책이란 것의 근본적인 착각과 망상으로, 우리는 무엇보다 자기네의 주관적인 범형(範型)에 어떻게 해서든지 조선인을 틀

---

23 일본의 언어학자, 국어학자이다. 오사카 출생으로 도쿄제국대학을 졸업했고, 아시아 언어의 비교 연구에 주력했다. 홋카이도(北海道) 아이누어, 조선어, 류큐어, 시베리아어, 만주어, 몽고어, 중국어 등을 연구했다. 국학원대학 교수를 거쳐 도쿄대학, 도쿄외국어대학, 고마자와(駒澤) 대학에도 출강했다. 『일한양국어동계론(日韓兩國語同系論)』(1910)이나 『일선동조론』(1929)은 한일합방을 이론적으로 정당화하는 저서였다. 이외 주요 저서로는 『일본문법론』(1903), 『국어 연구』(1910), 『일본문법신론』(1912), 『언어 연구와 고대 문화』(1913) 등이 있다.

어넣으려고 함을 지적하는 바이다. 그런데 이 태도를 사상·학술까지 가지고 덤비는 것에는 다름 아닌 그네의 고용 학자들도 좀 거북하였던 모양이다.

반도사 편찬이란 것이 어름어름하고 만 것은 경비 문제 이외에도 학문적 딜레마에 따른 거북함도 작지 않은 이유였던 모양이다. 그러나 이마니시니 미우라니 하는 이들이 드나드는 통에 달리는 갸륵한 공적을 드러나게 보지 못하겠으나, 오직 하나 단군 말살이라는 것이 확정적이게 된 듯함은 그네에게 꽤 큰 벌이였다.

기미년 3·1운동 이후로 그네들 눈앞의 구름이 조금 벗겨져서 온갖 것이 좀 변통이 되는 통에 조선의 역사와 언어에 대한 태도도 얼마만큼 다른 범주로 고려하게 된 듯한 형적이 없지 않다. 또한 새로 만든 조선사 편수 기관은 앞의 모임보다 학문적 정당성에 좀 더 접근하려는 발현으로 볼 것이 있는 지도 모르니, 모처럼 하는 노력이 필경 '일본인의 조선사'가 되지 말기를 나는 간절히 희망하고 바란다. 다만 조선의 국조요, 조선심의 원천이요, 조선학의 가장 중요한 기둥인 단군론에 대한 그네의 견해와 태도가 어느 정도 개정을 보게 될지는, 이것이 그네가 가장 싫어하고 거북해 하는 일인 만큼 좀 의심스럽다고도 할 것이다.

첫째는 저네의 생각에 조선을, 조선심까지라도, 그래 조선학까지라도 한번 마음대로 해보리라 하는 근본 관념이 아직도 땡땡하여 변함이 없다는 것이다(위정자라는 이에게는 거의 암적 고질병이니까 말할 것도 없고, 학자라는 이에게도 이것이 민족 기질적, 사회 분위기적으로 잠재적 의식 비스름하게 있어서 참으로 순해지거나 소탈하기를 기약하기 어려움이 다른 모든 것에서와 같이 학문적 영역에서도 그러하다).

둘째는 아무렇게 해서든지 일종의 논리적 사고에 맞추어서 착각이든지 망령된 판단이든지 여하간 말살은 분명 되었느니라 하게 되고, 또 이것이 그네 심중이 깊이 기대하였던 것인 만큼 아무에

게든지 시사적인 편견이 되었으므로 이 업식(業識)을 바꾸어 진여(眞如)의 하늘에 자유로운 날개 짓을 시도함은 아마 쉬운 일이 아닐 것이다.

그러면, 그네들이 들이덤벼서 갖은 애를 다 써서 공식적 단안(斷案)으로 만들어 놓은 것은 어떠한가. 이것에 대해 1923년 3월 조선총독부 발행 『보통학교 국사 교수 참고서 조선사력 교재』라는 것을 살펴보건대, 기자의 일을 적은 뒤에 "조선 반도에서 입국(立國)한 자에 대해 가장 예로부터 전하기는 전에 적은 기자로되, 또 그 이전에 단군이란 자가 있었음을 왕왕 믿는 자가 있어 이곳에 일언하고자 한다."하고서,

대개 단군에 관한 전설을 게재한 가장 오래된 서적은 『삼국유사』니 이것을 기자 전설이 수천 년 전 지나의 고서에 적혀 있음에 견주어 보면 극히 새로운 전설이라고 하겠다. 또 같은 서적 속에 「단군고기」라 하는 책을 인용하였지만은, 이 책은 『삼국유사』와 서로 떨어짐이 멀지 않은 시대의 것임이 의심 없다. 이 전설은 일찍이 지나의 서적에 보인 것이 없으니, 조선에서만 전해온 전설임을 알 것이다. 그러나 선화(宣和) 시기(고려 인종 원년)에 고려에 왔던 송나라의 사절인 노윤적(路允迪)의 수행원 서긍(徐兢)이 저술한 『선화봉사고려도경(宣和奉使高麗圖經)』[24]에 당시 고려의 국가 정황을 상세히 적은 것 중에 특히 '건국' 장(章)을 마련했는데, 단군의 일을 전혀 기재하지 않았다. 그로부터 20여 년 뒤에 저술한 『삼국사기』와 또 동일 시기에 김부식의 저술한 「묘향산보현사입

24 『고려도경』으로 알려진 이 책은 송나라 사신인 서긍(徐兢)이 1123년에 고려 개경에 한 달 정도 머물다 간 후 그 견문을 그림과 곁들여 써낸 여행 보고서이다. 1124년에 완성된 이 책은 모두 40권 29류로 구성되어 있고, 그 아래에 300여 세목이 있다. 당시 개경의 모습과 아울러 각종 풍습과 신앙, 생활 모습 등이 다양하게 기록되어 있어 『고려사』나 『고려사절요』 등의 관찬서와는 달리 고려 시대 생활을 이해하는 데 중요한 자료가 되고 있다.

기(妙香山普賢寺立記)」에도 조금도 보임이 없다. 그런즉 단군 개국의 전설은 고려 중기까지 아직 조선인들 사이에 행하지 않았음이 분명하며 그다소라도 행하게 됨은 『삼국유사』 시대 이후에 있었을 것이다.

하였다. 그리고 『삼국유사』의 원문을 인용하고 다시 평단(評斷)을 더하여,

고전설 내용이 불가사의하고 불교적 설화를 섞음이 많음은 한눈에 보아도 분명한 바요, 또 해당 전설은 조선의 북부에 관계를 가진 것이지 조선 남부의 한(韓) 종족하고는 아무 관계를 가지지 않았음은 신라 시대에 단군이란 것이 전혀 존숭되지 않았음에 보아도 분명하다. 이 전설이 이조 초기에 이르러 점차로 존숭됨에 이르러서 세종 11년에 비로소 단군 사당을 평양에 베풀고 기자 사당과 한가지로 춘추 두 절기에 제사를 행하였다. 또 세종 왕 시기에 윤준(尹准) 등에게 명하여 저술하게 한 『세종실록』 지리지에는 상세하게 단군의 일을 게재하고 전설의 내용도 매우 전과는 다르게 되었다.

그 뒤에 단군에 관한 유적까지도 증가되고 『동국여지승람』(성종 12년 완성) 편찬 때에는 그중에 수록된 것이 적지 않다. 그런데 『동국여지승람』과 거의 동시에 임금 명령에 의해 저술한 『동국통감』(서거정 등이 찬술, 성종 15년 완성)에는 단군 조선, 기자 조선, 위만 조선의 기사를 외기(外記)라 하여 책머리에 게재하고 단군 조선에 대해서는 자못 의심을 두어 '아직은 그대로 두고 뒷날의 고찰을 대비한다.'라 하였다. 그렇지만 이렇게 정사(正史)에 기재되었음으로써 단군은 기자에 앞서 조선 개국의 국조인 것처럼 간주됨이 많게 되었다. 이상은 단군 전설 진전의 개략이다.

그런데 이조 시대의 유명한 학자로 당시 전설이 망탄불계(妄誕不稽)하여 족히 믿지 못할 것임과 또 해당 전설이 승려의 손으로 날조된 것

임을 논한 자가 적지 않으며, 최근 일본에 있는 학자의 연구 또한 다 동일한 결과를 보였다. 그래서 본서는 해당 전설을 취하지 않고 참고로 이곳에 덧붙여 적는다.

고 하였다. 이것을 이때까지 그네들의 단군론에 대한 노력의 총화로 볼 것이다. 동시에 단군 그것을 학교 행정상에서 어떻게 대접하고, 또한 그네가 교직자를 통하여 조선심의 뿌리를 제거하기를 어떻게 교묘하게 하려 한 뜻을 단적으로 엿볼 것으로 꽤 주의할 만한 가치가 있는 글이다.

조선 역사의 출발점을 흐려 버리려 함에 그 다랍고 간지럽고 착살스러움을 불쾌하게 생각하기 전에, 모름지기 그 속에 얼마만큼이나 단군 그것을 존재계에서 몰아낼 만한 가능성이 있는지를 냉정히 고찰해야 할 것이다. 설사 일본인은 단군을 감정적으로 처리하려 할지라도 그 때문에 우리의 학적 양심을 흔들 필요가 없기 때문이다.

이밖에 단군에 관한 견해를 발표한 자로 오다 쇼고(小田省吾; 1871~1953)[25]를 들 수 있다. 그는 대체로 앞사람의 여러 설들을 모았고, 논단(論斷)은 앞에 게재한 『조선사력교재』와 같았으니, 그가 오래 학무국의 편수직을 지냈던 인물이므로 견해의 내력을 대강 짐작할 것이다(『朝鮮歷史講座』 중 小田 씨의 「朝鮮上世史」 pp.91~109, 특히

---

25 도쿄제국대학 사학과를 졸업했다. 이후 도쿠시마(德島) 사범학교 교장을 지냈으며, 1908년 제1고등학교 교수가 되었다. 한일합방 후에는 조선총독부 편집과장을 지내면서 『조선인명사서』 편찬을 맡았다. 1922년 고려 속장경의 하나인 의천(義天) 교감의 『대반열반경소』를 발견하였고, 조선사학회 회장을 지냈다. 1924년 경성제국대학 예과 부장이 되고 1926년 교수가 되어 조선사를 강의하였다. 정년퇴직 후 조선의 『고종실록』·『순종실록』 및 『고종보감(高宗寶鑑)』 편찬을 감수하고 계속해서 『덕수궁이태왕실기(德壽宮李太王實記)』·『창덕궁이왕실기(昌德宮李王實記)』를 편찬하였다.

pp.96~97 참조).

다만 나의 비견(鄙見)으로는 일본 음독으로 '단군(ダンクン)'은 말 그대로 조선 음독으로 '단님'이요, '단님'은 곧 '달님'의 전와(轉訛) 이다. 그 뜻은 곧 산군(山君), 산주(山主) 또는 산신(山神)이다. 이것을 약간 설명하자면, 조선어의 '님'이 군주 혹은 신(神)임은 말할 것도 없고, '달'은 조선어로 산(山)의 뜻이니 보통은 달(達)자로 표시하고, 속(俗)에 양달(陽達)이라 함은 산의 태양이 비추는 곳이요 음달(陰達) 이란 것은 산의 그늘을 가리킨다.

지명으로는 고구려의 부산현(釜山縣)을 고연달(古淵達), 공목달현 (工木達縣)을 웅섬산(熊閃山)이라 하며, '달'(達)은 언덕 혹 높음의 의 미와도 통하여 경상북도 대구의 옛 명칭은 달구화(達勾火) 또는 달 불(達弗) 즉 구성(丘城)이다. 강원도 고성군의 옛 명칭은 달홀(達忽) 즉 고촌(高村)이다.

또 이 '달'을 '단'으로 바뀌는 예는 유명한 경기도 수원의 팔달산 을 고지도에는 팔탄산(八呑山)이라 한 것을 들 수 있다(呑은 조선음으 로 '탄'이다). 오구라 신페이(小倉進平; 1882~1944) 문학사의 설을 좇건 대 조선어의 어미 'L'을 'N'으로 전와(轉訛)하는 일은 보통이다. 한 두 가지 예를 들면, 군나현(軍那縣)은 원래 굴나현(屈那縣), 진보현(眞 寶縣)은 원래 칠화파현(漆火巴縣)이라고 『삼국사기』 지리지에 적혀 있는 것과 같다. 이러한 연유로 '달님'이 '단님'으로 전와됨은 결코 괴상한 것이 아니다.

앞서 얘기한 것과 같이 '단군(ダンクン)'은 '단님' 즉 산신이라고 하는 나의 설이 다행히 시인된다면, 나는 『삼국유사』에 게재된 단 군 전설은 본디 묘향산의 산신과 인연 있는 것에 지나지 않는다고 단정하려 한다. 이 산에 거주하는 곰이 사람의 몸을 얻어 여인이 되고, 환인(桓因) 즉 제석천(帝釋天)의 서자 환웅(桓雄)과 결혼하여 생 산하였다고 하는 것은 산신에 어울리는 출생이다(억지로 말하게 되면

평양의 옛 명칭인 王險을 바꾸어 단군의 이름처럼 하는 것도 儉이 熊, 즉 곰과 통하기 때문인 듯 생각된다).

그러면 그 산신을 왜 환인 즉 제석의 서자라고도 할 것으로 만들어 놓았느냐 하면, 이것은 고래로 이 산에 석제 환인(釋提桓因)이 거주한다는 전설이 있기 때문이다. 이러한 전설이 있었음은 서산 대사의 『청허당집(淸虛堂集)』에 인용한 신라 고기에 의해 알 수 있다. 그리하여 단군과 환인을 억지로 갖다 붙이려 하였으리라 함은 진작 문학박사 다카하시 도오루(高橋亨; 1878~1967)[26] 씨가 논한 바이다 (잡지 『同源』 제1호).

이것은 과연 합당한 설이니, 다카하시 박사는 단군을 산신이라 말하지는 않았으나 이것을 묘향산의 산신이라고 해야 다카하시 박사의 설이 적절하게 될 것으로 믿는다. 단군이 묘향산의 산신인 것은, 『삼국유사』 게재의 단군 전설에 단군이 후에 아사달산 즉 황해도 구월산에 숨어서 산신이 되었다는 것과 일치하는 것을 그의 견해로 보아줄 것이다.

그는 『조선사력교재』를 부연하는 듯한 말을 이것저것 많이 열거

---

26 니가타현(新潟縣)에서 태어났다. 1898년 제4고등학교를 졸업하고, 도쿄제국대학 문과대학 한문과에 입학했다. 1903년 시데하라 다이라(幣原坦)의 후임으로 조선의 관립중학교 교사로 부임하고, 1909년 『한어문전(韓語文典)』을 간행했다. 이 시기부터 조선의 풍속 조사에 착수하고, 데라우치 마사타케(寺內正毅)에게 조선 문헌 수집을 진언하여 이것이 채택되었다. 1911년 경성고등보통학교 교사가 되고, 조선총독부의 종교 조사와 도서 조사 촉탁으로 근무한다. 1911년 보통학교용 언문철자법을 정하기 위한 회의의 위원이 되었다. 1919년 박사학위 청구 논문으로 「조선의 교화와 교정(朝鮮の敎化と敎政)」을 제출하여 문학박사학위를 받았다. 1926년 신설된 경성제국대학의 교수가 되었다. 1929년 언문철자법 원안 작성을 위한 제2차 조사 회의 위원이 되고, 1931년에는 고등관 1등에 오른다. 1940년 경성 사립 혜화전문학교장이 되고, 경성제국대학 교수를 퇴임하였다. 종전 후 일본에서 1949년 후쿠오카(福岡) 상과대학 교수가 되고, 1950년에 텐리(天理)대학 교수가 된다. 조선학회를 발족시키고 부회장을 맡았다. 조선학회는 텐리대학 학장이 맡는 것이 규정이어서 부회장이 사실상 대표였다.

하였으나, 그 요점은 평양이 잠시 몽고의 소유가 되었던 원종(元宗) 전후에 배외적 동기로 이 묘향산신과 『삼국사기』와 『고려사』(묘청전)에도 보이는 평양 선인을 결합하여 평양 개벽담으로 만들어낸 것을 그때의 일연이 『삼국유사』에 채록한 것이 이 단군 전설이라 함에 있는 모양이다.

또 오다(小田) 씨의 의견 중에 남보다 한층 대담함을 보였다 할 점은, 단군 전설의 성립이 온전히 고려인의 몽고 침략에 대한 반항 정신에서 나왔다는 것이다. 그 동기와 마찬가지로 성립 연대까지도 저 대장경 각판(刻版)과 전후할 것이라고 단언하였다. 또 조선에서까지도 단군을 존숭하여 버리지 않은 것은 고려에 대한 혁명 수단이 온당치 못하였으므로 고려인의 민심을 얻으려는 정책으로 그 믿는 바를 존중한 것이라 하였다.

그러나 조선의 학자들은 주자학을 중히 여겨 극력으로 불교를 배척하였고 그 결과 국가에서는 단군을 존중하고 선전하였지만 오히려 망탄적이어서 믿지 못할 것으로 여겨지게 된 것이 모순임을 지적하였다. 그러다가 조선 말기에 민족적 정신이 강렬히 환기되면서 어느 사람이 단군을 이용하여 국조라 하여 대외적인 의미로 이용하는 것을 고조시켰기 때문이라고 하였다(조선총독부 학무과 내 조선교육회 발행 『文敎の朝鮮』(1926년 2월호), 小田, 「謂ゆる檀君伝說に就いて)」 4~5절).

과연 '난폭'하고 거칠며 허술하고 버릇없는 소리지만, 이렇게 해도 그만 될 줄 아는 그 용기를 본다. 동시에 그가 대외적 필요에 의해 단군이 생겼음을 역설하고 증명하려고 애를 부드덩부드덩 쓰는 것 그대로에서 도리어 그네들의 단군 말살의 필요성과 '적본(敵本)'적 목표가 어디에 있는지를 알아볼 수 있음이 재미있다. 밤낮 해야 그네들의 단군론은 아무리 학적 가면을 쓰고 나와도, 다만 그네의 단군에 따른 주관상의 위협이 객관적으로 비추어질 따름일 뿐이라는 느낌이 있다.

11. 일본인 제설의 개관

이상에서 우리는 일본학자와 일본인의 단군론에 대한 일반적 태도와 전통적 정신을 보았고, 또 그 역사적 발전이 얼마나 많이 정치적 사정과 손을 잡았는지를 알 수 있었다. 일본인의 사대 정신이 메이지(明治) 이후로 그 중심을 서양으로 옮기면서 지나 모욕, 조선 경시의 풍조가 날로 심해지고 이 시대 정신이 학술적 탐사에도 미묘한 영향을 미친 점은 번거로우니까 이제는 더 말할 것도 없다. 홑으로 단군 고전의 본문 비평과 본질 규명에 대한 그네들 공통의 학적·이론적 허술함에 대하여 개관해보자.

일본인의 단군론은 대개 문헌 편중의 폐단에 빠졌다 할 것이다. 그 하나는 기록 본위로 나타나서 『삼국유사』의 자료를 단군의 전(全) 생명으로 보게 되었다는 것이다. 또 하나는 자면(字面) 본위로 나타나서 『삼국유사』의 본문 비평에도 표면의 어구(양적으로나 질적으로나)에 너무 얽매여서 도리어 기록 그것의 성질 곧 본지(本地)와 배경이나 성립 내력 등 필수 조건을 검증하는 자세가 결여되고, 심하면 고의(古意)와 사주(私注)를 혼동하여 닥치는 것 없이 팔을 내두르기도 하였다는 것이다. 무엇보다도 이것이 그 잘못된 출발점 혹은 행상(行相)[27]이라 할 것이다.

그 다음으로, 그네의 단군론에는 거의 민족학적 또는 민속학적 관찰이 빠졌음을 지적할 수 있다. 조선인에게도 그네 상응의 민족

---

27 불교 용어로, 마음에 비친 객관의 영상을 인식하는 주관의 작용을 이르는 말이다. 여기서는 단군 인식에서 나타나는 일본 학자들의 주관성을 의미하는 듯하다.

적 내력도 있고, 민족 문화의 전개상도 있고, 그 시간적 산물의 공간적 증거도 있을 것이다. 또 민족의 역사가 시작된 이래로 허다한 이민족과의 교착이 끊이지 않은 만큼 문화적 교섭의 영상도 넘나들어 있을 것이 물론이건만 불가사의라 할 만큼 이 방면의 일은 도무지 등한시되어 버렸다.

세계의 어떠한 미개 부족의 단순 사회라도 다 있는 - 태곳적으로 존재하는 천지개벽과 인문 기원, 씨족 본원에 관한 신화 · 전설 또는 그것을 배경으로 하는 원시 종교 · 원시 법제가, 일찍부터 개명도 하고 오래고 깊은 사회적 과거 생명을 가진 조선과 조선인에게만 홀로 이것이 결여되었다고 보는 이상한 현상이 생기게 되었다. 이 때문에 몇 천 년 전의 국조 설화, 극히 유치하다고도 하고 소박하다고도 할 건국 신화가 몇 천 년 뒤 밝은 세상에 홀연히 특수한 작자의 손에 출현하여 금시에 일반 민중의 시사적 맹종을 사게 되었다는 기이한 설이 성립되었다고 하는 것이 신기하다면 신기한 일이다.

조선의 오랜 신화와 묵은 종교와 남다른 문화적 사실이 겉으로는 얼핏 눈에 띄지 않는 것이 아마 외국인인 그네에게 없을 것이라는 속단을 가지게 하는 원인 중 하나가 되었을 것이다. 그러나 이론상 응당하게 있어야 할 것이 실제상으로도 존재하지 않은 경우에는 세밀하게 고찰하고 연구할 필요가 있는 것이다. 또 그리하는 것이 사회적으로 늙어서 고물(古物)의 쇠찬(衰讚)을 많이 지녔기 때문인 만큼, 누적된 밑의 고층(古層)을 깊게 파고들어 감추어진 원 모습을 드러내기 위해 전적인 혹은 근본적인 성의와 노력이 있어야 할 것이야 할 것이다. 그렇지 않고 노닥노닥한 현재만 보고 처음을 묵살한다든지, 늙어 골골하고 자빠진 것을 보고 호랑이 잡던 젊은 시절이 있었음을 모르는 체하고 만다든지 함은 줄잡아도 옛일을 고찰하여 이치를 밝히는 성의가 있는 학자의 일은 아닐 것이다.

가령 단군 고전으로 말하건대 그것이 설사 중년(中年)의 무슨 필요에 인한 창작으로 칠지라도 백지(白地)의 맹랑한 말이 개명한 사회에서 전 민중의 신앙을 살 수 없음을 감안해 본다면, 그 대본 혹의거된 골자의 그 본생적(本生的) · 전사적(前事的) 방면에 웬만한 주의를 더하는 것이 우리 양심의 명령일 것이다. 그러나 덮어놓고 없애버리는 그네들에게는 전설적 생명까지 제값을 찾지 못하는 터이니까, 단군이 얼마만큼이라도 사실의 배경을 가졌다 함 같음은 당초에 문제도 될 리 없음이 물론이다.

고대에 있어서 어느 설화가 소박한 것으로부터 정제된 것으로 발달하고 구설(口舌)로부터 문자로 고정되기까지에는 진실로 오랜 세월을 요한다. 문자가 있고 기록이 발달된 뒤에도 민속적으로 전해지는 것들이 기록화되기까지는 그렇게 쉽게 되는 것은 아니었다. 그것이 전 민족적인 또는 가장 근본적인 인식을 요구하는 성질을 띤 것이면, 기록이라는 안정되고 고정적인 지위를 얻기는 더욱 용이하지 않다. 또 신화와 고담이 정신적 생활의 전 장면을 덮어서 그 종류가 많고 내용이 어수선할 때에는, 그 속에서 문자에 올라서 오랜 생명을 얻게 되는 자는 매우 일반의 흥미를 끄는 것, 그 응시와 존숭의 표준이 될 만한 것이어야 한다.

더욱 조선과 같이 설화에 관한 전문 편찬물이 있는 것이 아니라 역사라는 체제를 가진 서책 속에 역사적 사실의 일부로 참가된 경우에 그러하다. 이 설화 기록화의 상례(常例)를 보지 않고 단군 고전의 성립 연대를 가능 이상으로 내리려 함은, 저네 주장의 입장이 그만큼 부실하다는 것을 부정하지 못할 것이다. 또 기록 기술이 일반적으로 보급되지 않고 어느 특권 계급의 손에 전적으로 속해 있을 때에는, 신화나 전설이나 원시적 역사담이 기록화됨에는 당시 문교(文敎) 계급의 사조 · 신조 · 취향 · 요구에 의한 취사나 영향이 없을 수 없는 것이니, 이는 충실하고 공정한 기록자의 손에 된 것이라도 어느 정도 만큼은 있는 일이다.

그러므로 오랜 기록을 상고함에는 그 시대, 그 사회의 사상적 배경과 그 필자와 또 그가 의거하고 있는 고기(古記), 그 필자의 교권적(敎權的) 소속 같은 것을 이해의 요소로 삼지 않으면 안 되는 것이다. 더욱이 기록 대체(大體)의 뜻에 종교적 관련이 있고 선교상 어떤 요구를 가진 것인 때에는, 이 점에 대한 세심한 주의와 관용적 태도를 갖지 않으면 긍정으로나 부정으로나 모두 다 의외의 실패를 부르는 일이 있을 것이다.

가령 『삼국유사』 같은 것은 그것이 이미 불교도의 찬술인 이상에 글의 뜻과 글자 형태가 약간 그 기미(氣味)를 띠우는 것은 조금도 괴상할 것 없다. 또 그 내용의 대부분이 불교가 널리 퍼진 사실로 이루어진 것에서 그 찬술의 동기를 엿볼 수 있는 것이니, 설사 그 속에 불교적 영향이 있을지라도 그렇다고 그것 전부를 말살해 버림에는 매우 신중한 주의를 더해야 할 것이다.

『삼국유사』는 대체로 보아 국사(國史)의 미비를 불교의 편에서 보충 기술하고 있다. 『삼국사기』 같은 정사가 터무니없다 해서 내버린 속사(俗史)의 고전(古傳)을 두루 실은 것이다. 그것도 자기의 찬술은 거의 없고 법승(法乘)·속전(俗傳) 간에 그때 유행하는 여러 종류의 문자를 대개 원문 그대로 이것저것 수합해 놓음에 그치고, 약간 자기의 의견을 첨가하는 것은 할주 아니면 발문으로 그 형적이 드러나게 하였으니(애초에 대단한 의도가 있어 만든 것도 아니거니와), 단군 고전만이 이 찬술 방침을 어길 리가 없을 것이다.

도리어 이렇게 술이부작(述而不作)[28]의 기초에 충복스러운 편찬가의 손에 채록되었음을 다행하게 생각할 것이니, 아닌 게 아니라 불

---

28 『논어』 술이편에 나오는 구절로 "서술하나 창작하지 않는다."는 뜻이다. 선학의 업적을 이어서 설명하고 서술할 뿐 새로운 부분을 만들어 첨가하지 않는 태도를 지칭한다.

교도의 손에 거두어진 분수로는 이상하다고 할 만큼 불교적 영향을 받았다 할 것이 『삼국유사』에 전하는 단군 고전이다. 이렇건만 잘 맞지 않는 몇 개의 어구를 억지로 불교 경전에 갖다 붙여 불교도의 날조로 돌리려 함은 참으로 글을 볼 줄 아는지부터가 의심스럽다.

한편으로 승려의 찬술인 『삼국유사』에만 보이지 『삼국사기』나 기타 서적에 기재되지 않았다고 말함도 기록의 사상적 배경을 무시하는 또 다른 예이다. 이는 김부식의 『삼국사기』 편찬 태도가 온전히 유교가의 모범에 의거하여 힘써 괴력난신(怪力亂神)에 떨어지지 않기 위해 노력하였음을 잊어버렸기 때문이다. 마찬가지로 김부식의 찬술인 묘향산의 비문에도 이것을 기록하지 않았음은, 도리어 그가 이렇게까지 신기하고 괴상한 이야기를 피하였음을 보이는 것이라 할 것이다.

단군 고전에 대하여 일본인은 흔히 불교의 냄새가 있음을 말하나, 평평하게 보면 도교색이 도리어 넘치고 있고 또한 유교의 원시 신앙과도 공통적이니, 그러면 단군 고전은 삼교(三敎)의 회동(會同)으로 성립되었다고나 할는지? 불교적 어구 한두 개만으로 불교도의 창작으로 간주하려 함은 퍽 우스운 일이라 할 것이다. 줄곧 기록 검토(文句 고찰)상에는 사상적 배경 또는 교권적 관계를 무시하였음을 그네 그릇된 견해의 연유 중 하나로 칠 것이다.

조선 사조의 대세를 살피건대, 조정에 있는 사대적 · 퇴영적 방침과 민간에 있는 자주적 · 반항적 정신의 대립으로 기조를 삼은 것은 무엇에 있어서도 한가지였으니, 기자설이 관변(官邊)으로 인하여 창언(唱言)되고 단군설이 민간으로 인하여 지지되었다는 견해는 어느 정도 시인할 것이다. 그러나 국조 단군설이 민족적 반항 정신의 산물이라 함은 실로 본말을 전도함이 심하다 할 것이다.

단군 고전의 연구와 한가지로 기자 동주설(東走說)을 검토해 보면, 양쪽을 서로 견주어 봄으로써 더욱 명료하여진다. 조선의 오랜 전설 – 고유한 신념에는 단군을 국조로 하는 밖에 아무 다른 것이 없더니, 지나 문화의 영향과 지나 교섭의 필요에서 발생하여 성립한 것이 이른바 기자 운운 설이다. 기자설이 이용되는 대로 점차로 공적 기회에서 위력이 줄어든 것이 단군의 일이니, 문자 기록이 관부(官府)에서만 행하던 시기에는 정당한 기재가 존재하기 어려운 사정이었다.

이것은 첫째, 반도에서 자주적 정신과 사실이 왕성하던 시기의 기록은 여러 차례 서책의 재앙으로 자취도 없이 사라지고 지금 남아 있다는 약간의 문자는 모두 외교적 필요와 유교적 의리로 작성된 것에 그침에서도 생각할 일이다. 단군 고전의 생명이 갈수록 민간적으로 존속됨은 이러한 사정에 말미암음이요, 그것이 민속적 · 전설적 색채를 다분히 띠게 됨도 이러한 까닭으로 볼 것이다.

이는 단군의 일을 문헌 본위 · 문자 본위로 고찰함이 부당한 이유이며, 도리어 민속적 방면 – 특히 외래 문화의 영향이 없거나 있다 해도 깎아 제거해 볼 수 있는 사실에서 그 흔적을 찾고 증거를 밝혀야 할 이유가 되는 것이다. 아무리 후대적인 기록이 소상할지라도 그 사실적 근거가 부실하면 갑작스럽게 인정함이 부당하며, 동시에 만일 민속적 근거만 깊고 단단하며 구원(久遠)한 것이 있으면 설사 기록상에는 글자 하나가 전해지지 않는다고 할지라도 급작스럽게 말살될 리 없는 이유이다.

이미 조정의 전통적 방침이 사대적 – 지나 동화적으로 성립한 것을 인정하고, 그네의 문자 중에 자주 정신의 표상인 단군 고전이 빠진 것을 야릇하게 생각함은 모순되는 요구라 할 것이고, 기록에 없다 해서 그 민속적 존재 사실을 무시하려 함은 그 모순을 더욱 크게 함이라 할 밖에 없다.

조선에서 유교 사상은 모화(慕華) 관념 혹은 사대 정신과 삼명일실(三名一實)적 관계로 널리 공표되거나 혹은 광적인 습관이 되었다. '사대(事大)'는 유교에 있어서 천명(天命)적인 덕목을 짓다시피한 것이고, 또 이(夷)로부터 하(夏)로 나아감은 그 민족적인 최대 영예를 삼는 바이었다. 조선인의 '사대'가 소극적인 것으로부터 점점적극적인 것으로 나아가니, 무엇이든지 지나를 닮으며 아주 지나가 되어 버리지 않으면 마지않게 되니, 이것이 조상의 뼈다귀와 옛적의 자취에까지 미치게 되어 그 폐단이 극에 달했다.

이 폐풍이 고대 전설에 어떻게 영향을 주었느냐 하면, 지나의 고전설과 전설적 인격에 갖다 붙이거나 연결할 만한 것은, 즉 지나적으로 된 것과 지나와의 유사성을 가진 것은 지나적인 관념 아래에기형적 존립을 계속하였지만, 그렇지 못한 것은 터무니없는 것으로 지목되어 이럭저럭 괴멸로 돌아갈 수밖에 없었다. 이런 무서운시련과 도태를 지내면서도 그래도 질긴 생명을 하대(下代)에까지보유한 자는 민족적 혹은 사회적으로 뽑으려 해도 뽑을 수 없는 강인하고 단단한 본질을 지닌 무엇이니, 이를테면 단군 고전 같은 것이 그것이다.

조선의 민족성이 신기하고 괴상함을 좋아하는 일면을 가졌지만, 그에 비하면 대단한 신화와 고전설을 가지지 못한 편이다. 그러나그 남은 편린과 변형은 무슨 종류로든지 다 있어, 본디 부족하거나전무하던 것이 아님을 푼푼히 증명함은 그 설화의 옛 형태를 고찰할 때 주의할 조건이다. 이는 유교적 풍화의 부대낌으로 그렇게 된결과로 볼 것임이 물론이다. 얼른 말하면, 조선은 설화적으로 생장(生長)한 나라가 아니라 멸(滅)해온 나라이니, 단군 기타의 건국 전설 같은 것이 중간에 발생하여 성립된 것이기는커녕 없어지다 없어지다 못하여 남고, 없애려다 없애려다 못하여 떨어져 있는 것으로 보아야 할 것이다.

그 몹쓸 북새와 곤액(困厄)을 치르고도 그만큼 또 그렇게라도 모습을 전해온 것만 끔찍하게 알 것이거늘, 뒤집어서 중간에 생겼거나 그렇지 않아도 보태고 커진 것으로 보려 함은, 저네들이 아무리 애써도 단군이 무엇임을 알 수 없고 그래서 없다고 작정해 버린 이유라 아니할 수 없다. 그러나 이래서 없어질 것은 그네 주관상의 단군뿐이지 객관적 실체까지 흔들릴 줄 아는 것은 턱없는 생각임이 물론이다.

일본인의 단군론은 요컨대 편견에서 편견으로의 순환을 끝없이 돌아다님에 지나지 못한다. 그런데 그 편견은 의식적·무의식적 두 종류로 나눌 수 있으니, 무의식적 편견이란 것은 저 일반 역사에 대하여 이치나 도리에 맞지 않는 견해를 가졌기 때문에 그 물보라가 단군에까지 미쳐옴 따위이다.

문화의 본질론에 일종의 선입견을 가졌으니, 지나 주위의 민족에는 자발적 혹은 근원적 문화를 허락하지 않고 그네 독특한 문화적 전통을 무시하기 때문에, 지나 문물이 들어가기 이전의 일은 억지로 묵살하려 함도 그 하나요, 지나의 기록에 절대적 권위를 인정하고 일시적인 과객(過客)의 견문 수록을 상세하고 빈틈없는 탐검록(探檢錄)으로 보아서, 지나의 문헌 서적에 전무하거나 있어도 다른 형태인 것은 얼른 사실의 존재를 긍정하지 않으려 함도 그 하나이다.

또한 반도 내의 역사적 민족을 억지로 두 무리로 나누어서 부여는 북종(北種)이니 한(韓)은 남종(南種)이니 하여, 확연히 다른 것으로만 여겨 단군 고전이 있을지라도 북방에나 있던 것이지 남방과는 근본적으로 관계가 없다고 하는 것 따위도 그 하나이다. 조선적으로 볼 단군을 지나의 눈으로 보려 들고, 자주적으로 볼 것을 의타적으로 보려 들고, 대동적(大同的)으로 볼 것을 할이적(割異的)으로 보려 들 때에 과녁이 틀리는지라, 눈앞의 실물도 깜빡 착오하여 지나쳐 버리는 것들이 심히 딱하다 하겠다.

나카 씨 같은 이, 시라토리 씨 같은 이가 당초에 단군을 말살하기는 혹시 단순한 관찰로 엮어낸 가설로 평하고 단정한 것임에 불과했던 것이겠지만, 이것이 일본인 일반의 무의식적 욕구에 투합하여 편견이 편견을 낳다가 마침내 정설 비슷한 결과를 본 것은 선례를 만든 자가 도리어 의외라 할 발전일는지도 모를 것이다.

처음에는 그럴싸하게 몇 마디 무엇이라 해본 것을 후인은 "아닌 게 아니라 그럴 것이다."에서 "꼭 그런 것이야."로 들어가다가 "변통 없이 그렇다."로까지 나아가는데, 이 진행의 지팡이로 쓰인 것은 실상 정곡을 비켜가는 편견이었다. 고기(古記)와 고전의 불비(不備)·부실(不實)한 것만 골라서 불확실하고 부정확한 일시의 단정적 견해를 더한 것이 그네들의 지금까지의 단군론이다. 그 허를 찌르고 그 약점을 타서 무슨 기병(奇兵)을 잠시 써 본다 해도 본영(本營)과 중군(中軍)[29]이 아주 든든하여 난공불락일진대 백전백승이라 하더라도 그대로 실패일 밖에 무엇하는 것이랴.

어느덧 일본인의 사이에는 편견과 선입견이 있게 되었으니, 자기네 스스로 변통하기는 고사하고 남이라도 좀 이설(異說)을 세우면 귀도 기울이지 않게 됨이 실상 우습게 딱한 일이라 할 것이다. 그런데 이것이 일본 역사의 자존심 옹호와 조선 역사에 대한 반동적 관계 – 일본이 조선에 비하여 연대상 후배가 아니라 하고 싶음과 일본이 고대에도 조선에게 문화적 은혜를 입은 일이 없노라고 하고 싶은 심리와 긴밀한 관계를 가진 만큼, 이 깐깐스러운 편견을 저네에게서 제거함은 쉬운 일이 아닐 듯하다. 다만 단군 고전에는 그네가 생각하는 것 같은 허술하고 공허한 것만이 아니라 그보다 월등한 진실 충족이 있어서 탈이다.

---

29 본영은 군대 지휘부가 있는 군영을, 중군은 전(全) 군대 중에서 가장 중심 되는 부대를 일컫는다.

그 의식적인 편견은 학적 양심과 정략적 요구의 갈등이 자기네들이 말살한다고 해서 객관적 말살이 성취되고 아니 됨은 어떻든지, 하면 되거니 하고 한 번 황하(黃河)를 맨발로 건너는 무모한 용기를 뽐내 보는 것이다. 조선총독부의 녹(祿)을 타먹는 이는 직분상으로도 그러할 것이거니와, 그렇지 아니한 이까지도 덩달아 굿 한 거리를 춤춤은 또한 일종의 시대 의식에 끌리는 것이다.

　특히 보기에도 낯간지러운 것은 이 관학적 단안(斷案)에 드러난 경박한 몰염치이다. 단군에 대한 태도 같아서야 고등 비평의 견지에선 추상 같은 태도가 사람으로 하여금 소름이 쭉쭉 끼치게 함이 있지만, 이 엄격한 학적 메스가 어째서 조선의 사실 – 단군 같은 것에만 향하고 단군과 다르다 할 수 없는 일본 고대의 사실에는 도리어 고전(古傳) 속설(俗說) 이상의 몽롱함·모호함을 잘 베었는지 그 양날 병용(竝用)의 기막힌 솜씨를 못내 탄복할 일이다.

　우선 신공 황후(神功皇后)란 분의 삼한(三韓) 내침(來侵) 같은 것만 하여도 그네의 역사가가 벌써부터 국민 설화로 치는 것이요, 더욱 이것이 성질상으로 조선인에게 쓰는 교본에는 매우 신중히 고려하여 처치할 것이거늘 도리어 아무것보다 과장한 필치로 적어 넣었으니, 마찬가지로 정략이겠지만 여기는 어째 이리 또 관용한지? 부당한 당연이로되 또한 당연할 듯한 부당이 아닐 수 없다. 본디 편견으로 한 것을 새삼스럽게 편견이다 하고 덤비는 것은 진실로 무용한 일이려니와 그네의 단군론 심리를 살피는 일조(一助)로 이것을 잠깐 건드릴 따름이다.

12. 승도 망담설의 검핵

이상으로 열거한 것처럼 단군 부인의 공통적 또는 근본적 이유는 그것이 불교적임이고 불교 경전에서 변형되어 나온 불교도의 가공작이라 함에 있다. 단군 고전의 진실성이 의심받던 시초와 허구 가공의 단안(斷案)을 받게 된 결말이 한결같이 불교적 구성물이라는 한 가지 사실로 안목을 삼는 것이다.

그렇게 보는 이유는 무엇인가 하면, 첫째는 그 용어가 불교 경전에서 통한다 함이니, 환국·환웅의 '환'이 환인 제석(桓因帝釋)의 환에, 환웅 천왕의 '천왕'이 수미사천왕(須彌四天王)의 천왕에, 단군(檀君)의 '단'이 우두전단(牛頭栴檀)의 단에 관련하는 것으로 설명하는 류이다. 그러나 이것이 얼마나 조리 있는 견해이며 근거 있는 논의일까? 먼저 개개의 사실에 대하여 그 옳고 그름을 한번 살펴보자.

1) 환(桓)

단군 민족의 본원과 조선 인문의 연원이라 하여 『삼국유사』에 전하는 것이 '환국(桓國)'이니, 환국이 곧 천(天)을 의미하는 것임을 고전 전체의 대의로써도 이해되는 것이요,[1]* 동일한 종류 다른 설화와의 비교로써 더욱 명백해지는 것이다.[2]

요컨대, 단군 고전의 대의는 상천(上天)으로부터 인간으로 강림하여 신시(神市)로부터 국가로 변화하였다는 삼단으로 짜여지고, 환국은 그중 첫 번째 단계인 천상에 해당하는 것이니, 환(桓)은 필시 조선 고어의 무엇에 번역 대입된 글자일 것이요, 지금 국어에

---

* 미주로 처리된 저자 주석이다. [ ]로 표시하여 옮긴이의 각주와 구분하였다. 저자 주석은 본서 105쪽부터 시작된다.

천(天)을 '한울'이라 함으로써 그 고형(古形) 또는 변형 혹은 동류어인 것을 살피기 어렵지 않다.[3] 특히 환을 하나의 국토로 적었음은 우리가 주의해 둘 점이니, 이는 우주 삼계(三界; 곧 천상국 · 인간국 · 지하국)의 관념을 가진 동북아시아 고신앙의 통칙(通則)에 비추어,[4] 그것이 과연 고의(古意)를 잘 계승했음을 볼 것이다.

그러나 이것은 순진하게 단군 고전을 대하는 이의 평정한 관찰이다. 어째 꼬부장하게 생각이 들고 어째 불교의 영상을 환각한 자는 이러한 환을 환인의 환에 견주어 비교하고, 이 억측을 강하게 하기 위하여 『삼국유사』에 분명히 '환국(桓國)'으로 판각된 것을 '환인(桓因)'이라고 망의(忘意)에 의한 개찬을 사양치 않기까지 하였다.[5]

환인을 갖추어 칭하면 '석가제환인다라(釋迦提桓因陀羅)'(Sakra devanam Indra)로, '능천주(能天主)'라 번역하고 줄여서 '천제석(天帝釋)'이라 하는 것인데, 환(桓)은 천(天)을 의미하고 인(因)은 주(主)를 의미한 것이니, 이것이 천(天)을 국토로 하고 천왕을 위호(位號)로 하는 단군 고전에 비교됨은 무리도 아닐 것이다.

더욱 일연과 같은 불자로는 그 너무 교묘한 부합과 아울러 그 불문(佛門) 섭입(攝入)의 풍부한 가능성에 대해 일찍이 없었음을 탄식하여, '환국' 아래에 "제석이라 이른다(謂帝釋也)"라는 주석을 첨가하였음이 또한 소용없는 것이라 못할 것이며, 다만 주석을 첨가하는 정도에 그치고 아주 개찬해 버리지 않음에서 도리어 그 고형(古形)이 다치지 않았음을 다행으로 알 것이다.

그러나 환국의 '환'자가 혹시 제석(帝釋)에서 차용해온 것일는지 모르겠지만, 그것이 근거 없는 것을 가모(假冒)한 것이라면, 그야말로 환인을 답습하여 사용하였겠지 환국이라고 고쳤을 필요가 없을 것이다. 더욱 사람과 땅을 서로 혼동하여 축전(竺傳)의 인물인 것을 구차하게 국토로 바꾸었을 이유가 없었으리니, 설사 '환'자가 제석

의 이름 중에서 따온 것이라 할지라도 그는 사람임에 대하여 이것
은 국토인 것이다.

또 일연이 제석임을 비교해 생각하면서도 의심에 부친 정도에
그친 것은, 외형은 여하튼간에 설화의 근원이 다른 것을 숨길 수
없고 또 오랜 세월과 많은 민중의 관념에 박혀 있고 이목(耳目)에
널리 존재하는 바에, 완전하게 불교로 융섭해 버리지 못할 관계가
있기 때문일 것이다. 그것은 물론 고전의 명확한 지칭으로 '환'자
의 근본이 된 어떤 관념 어떤 명구(名句)일 것이다.

국조의 천강설이 예로부터 계속 이어지고 또 다른 데서도 보편
적인데, 적어도 조선 민중의 씨족 본원에 대한 전통적 관념이 어떠
한 줄만을 인정할지라도 환국, 즉 천국으로 부여 · 고구려 · 신라 ·
가야 등 고전에서 보는 '천(天)' 그것과 어형 또는 이야기의 뼈대가
일치함을 앙탈하지 못할 것이다. 그러므로 환국의 환이 환인의 환
과 동일하게 부합함을 큰 비밀이나 찾은 것처럼 알기 전에, '환'자
로 대비함이 마땅하던 그 본래 이유를 밝힘이 학자의 당연한 임무
일 것이다.

한번 생각이 이렇게 들면, 환이 곧 '한울'(혹 그 類語)의 대음(對音)
이라는 생각에 이를 것이다. 또 조선의 고어에 천(天)을 따로 '밝'이
라 하기도 하여, 광명을 천의 덕으로 생각한 증거가 있는 것에 비
추어 보면 '한'이 '환'(곧 광명의 의미)로 통한 이유가 있음을 수긍할
것이다.[6]

그렇지 않더라도 환의 고음(古音)에 'ㅘ' 복모음뿐 아니라, 'ㅏ'의
단모음형도 있고 현재 국어의 영남 음이 'ㅘ'를 많이 'ㅏ'로 발음하
는 것을[7] 비교하여 보면 '한울' '환울'의 음운적 관계의 진리를 깨
우칠 수 있을 것이다.[8] 환국을 어째서 환인이라 하랴(여기에 대해서
는 전에 옥중에서 초고를 쓴 「조선 건국 전설의 연구」 중에 상론한 것이 있으므로
여기서는 간단하게 설명하기로 한다).

2) 천왕(天王)

이미 씨족의 본원을 천(天)에 혈통을 두니, 이 천인(天人) 상응의 표기는 저절로 여러 방면에 드러나게 될 것이니, 예로부터 자기의 민족을 '한'(譯字로 韓·馯·鷹)이라 일컬었음이 이미 그것이다.[9] 지나인이 동방인을 부르는 이름에 '이(夷)'가 실상 천인(天人)을 의미함도 그 유력한 증거의 하나라 할 것이다.[10] 천인의 나라는 천국일 밖에 없고, 천국의 왕은 천왕일 밖에 없을 것이다.

무릇 천손 전설이 행하는 지역에서는 주권자를 천의 아들로 일컬음이 통례임은 진실로 이러한 출처를 가진 것이요, 천자가 주권적 의의를 강하게 된 뒤에 천군(天君)·천왕(天王)·천제(天帝) 등의 언어가 생기게 된 것이다.

우리 생각으로는 이 계통의 문화와 인민 중에는 '임금'이라는 추상적 명호가 생기기 이전에는 천자(天子) 혹은 신인(神人; 곧 靈格者)이라는 구체적 호칭만이 그 주권자의 기호가 되었던 듯하다. 말하자면 고구려에서는 가(加; 내지 古鄒大加)가 생기지 않았을 때는 천제자(天帝子)가 그 왕호요,[11] 신라에서는 마립간·이사금이 생기기 이전에 차차웅·거서간이 그 왕호이었음[12] 등의 류가 그것이다.

『위서』(권94, 상) 흉노전에 "선우(單于)의 성은 연제씨(攣鞮氏)이다. 그 나라에서는 탱리고도선우(撑犁孤塗單于)라고 칭하였는데, 흉노는 하늘을 '탱리'라 하였고, 아들을 '고도'라고 하였다. 선우라는 것은 넓고 큰 모양인데, 그 하늘을 본뜬 것을 말하여 선우라고 한 것이다."라 한 것이 있고, 일본의 고어에 왕위를 '아마쓰기히쓰기(天つ日嗣)', 군장의 아들을 '히쓰키노미코(日嗣の御子)'란 것이 있다.

또 대월지(大月氏)의 옛 비문에 그 군장을 제파불저라(提婆弗怛羅; Deva putra, 범어로 天子의 뜻)라 한 것이 있고, 몽고의 고기(古記)에도 Tegrin Kbgn(天의 子란 의미)이란 명칭이 나온다.[13] 또 남북조 시대의 북쪽 사람들 나라인 하(夏)나라와 연(燕)나라 등에서도 왕호를 천왕이라고 하고, 그것이 씨족의 본원에 관계를 가지기도 하였으니,[14] 군주를 천자로 하는 관념이 북방 민족의 사이에서도 어떻게 유래했던지 간에 오래되고 분포가 넓음을 짐작할 것이다.

동방 지역에 관한 다른 고전을 들추어 보아도, 후한 왕충(王充)의 『논형(論衡)』(권2, 吉驗篇)의 동명전(東明傳)에 '하늘에서 내려오더니(從天而下)'나 '천자(天子)'라고 하는 말을 적었고, 광개토대왕의 비문에 '천제지자(天帝之子)', '황천지자(皇天之子)'라는 어구가 보이고, 『구삼국사』 동명왕 본기에 "천제(天帝)가 태자를 보내 부여 왕의 옛 도읍에 내려가 놀게 했다."니 "하늘에서 내려오더니(從天而下)"나 "나는 천제의 아들이다."니 하는 어구가 있고, 『삼국사기』 동명왕 본기에 "스스로 말하기를 천제의 아들이라 했다."라거나 "나는 천제의 아들이다."라는 어구가 있다.

또한 『삼국유사』 신라 시조 혁거세전에 "이에 당시 사람들은 다투어 치하하기를, 이제 천자가 이미 내려왔으니" 운운하는 말이 있고, 같은 책 「가락국기」에 유천간(留天干)·신천간(神天干)·오천간(五天干) 등의 이름과 한가지로 "하늘이 나에게 명한 것은 이곳을 다스려서 오직 나라를 새롭게 하고 임금이 되라는 것이다. 이런 까닭에 내려온 것이다."니 "자줏빛 줄을 하늘에서 드리워서 땅에 닿았다." 운운이니 하는 문장이 있으니, 이는 다 군주의 칭위(稱謂: 혹 별명 혹 관념)의 속에 천자·천제의 아들이라는 의미를 포함하고 있는 증거이다. 이 천제자(天帝子)가 곧 『구삼국사』 동명왕 본기의 "아침에는 정사(政事)를 하고 저녁에는 하늘에 올라가니, 세상에서 천왕랑(天王郞)이라고 하였다."이라 한 천왕랑과 단군 고전의 환웅 천왕이 그 설화적 지위를 한가지로 함도 살피기 어려운 일이 아니다.

지나에도 예로부터 천자의 호칭이 있고,[15] 또 그것이 어느 정도는 씨족 관계로부터 온 듯도 하지만,[16] 북방 민족처럼 현저하지는 않다. 그리고 동북 계통 인민의 천자·군왕 관념 또는 사실은 차라리 특수한 인문 기원적 신념에 의한 자존적 사물로 봄이 가능하다. 단군 고전에 나오는 천왕도 요컨대 이러한 명칭에 지나지 않음에 의심이 없거늘, 이것을 제석(帝釋)의 외장(外將)인 사천왕의 그것에 비교하여 의심하려 함은 매우 억지라 할 수밖에 없다. 만일 조금이라도 불교 경전의 영향이 여기에 가피(加被)되었다 하면, 다른 데는 천제(天帝)라 한 것이 단군 고전의 속에는 제(帝)가 왕(王)으로 변한 정도뿐 일 것이다. 천왕의 본질을 밝힐 적극적 설명은 뒤에 미룬다.

3) 단(檀)

단군이 불가(佛家)에서 나온 것이란 설을 확립한 자는 시라토리 구라키치 씨이다. 시라토리 씨가 이 논을 확립한 근거는 특히 단(檀)이라는 한 글자에 있는 듯하다. 『여지승람』의 묘향산 기문(妙香山記文)과 『관불삼매해경(觀佛三昧海經)』의 우두단 기문(牛頭檀記文)을 대비할 때, 전자의 향목(香木)은 후자의 단목(檀木)에 해당한다고 하고, 묘향이라는 이름부터가 불교 경전에서 나왔다고 비교하여 생각한 것임은 앞의 문장에서 인용하여 기록한 것과 같다(본론 제5장 참조).

그러나 단군의 단(壇)자가 본디 단(檀)이라 할지라도 단(檀)이 반드시 단목(檀木)의 단(檀)일 까닭이 없으며, 더구나 전단(栴檀)의 단(檀)에 부합될 까닭이 없다. 또 향목이 단목에 한할 것도 아니며, 또 전단이 시라토리 씨가 논한 것처럼 불보살과 가장 인연 있는 명목(名木)도 아니다.[17] 더욱 제석 환인(帝釋桓因)에게는 이렇다 할 연상의 주량(舟梁)을 가지지 아니한 것이다.[18]

대개 조선에서 향목으로 칭하는 것은, 큰 것은 송삼과(松杉科)에 속하는 원백(原栢)이고 작은 것은 두송(杜松) 종류를 가리킴이 통례이다.[19] 단목(박달)이라는 것은 화목과에 속하는 나무로[20] 본디부터 향목과 상관없는 것이다. 향산의 향목이 당초에 단목 그것과는 관련이 없는 것인데, 이제 향목을 구태여 단목이라 하고 전단이라 하는 것은 이미 무위(無謂)에 속하는 것이요, 마라야산(摩羅耶山) 운운하는 설은 장황할수록 그대로 수고스러운 공허일 따름이다.

또 고기(古記)에는 단군의 성지를 태백산이라 하였을 뿐이고 묘향이 그렇다고 한 것은 일연의 첨가 주석임은, 저 '환국'의 아래에 제석(帝釋)을 주석으로 달아 놓은 것과 동일한 것이거늘, 짐짓 태백의 옛 것을 놓고 문득 묘향의 이름을 붙들어서 묘향과 단목과 신수(神樹) 사상과의 서로 떨어뜨릴 수 없는 계기를 만드는 것은 진실로 생떼에 가까운 일이라 할 것이다.

설사 그 이론이 세워진다 하더라도 그것은 일연의 억측을 깨뜨림은 될지언정 그로 인하여 고기(古記)의 본의야 추호라도 손상을 입을 것은 아니다. 이렇게 저네들이 논증이 매양 자신의 견해를 세우기에 바빠서 원의를 돌아봄이 부족함에 머무르는 것은 매우 애달픈 일의 하나이다.

이미 단(檀)이 제석(帝釋)에 닿는 것도 아니고 불교 경전적 근거랄 것도 희박하다 할 것인데, 단군 고전의 안목이라고도 할 수 있는 이 단(檀)은 과연 어떠한 수수께끼일까? 허공을 모색하는 눈을 돌려 고기(古記)의 문자를 실제로 조사하면 의외의 사실이 의외의 광명을 짝지어 나타남을 볼 수 있다. 그것이 무엇이냐 하면 아직까지 단군전의 근본적 증빙 자료인 『삼국유사』의 문장에 단군(壇君)의 단(壇)이 나무목(木) 변(偏)의 단(檀)이 아니라, 분명히 흙토(土) 변의 단(壇)으로 적혀 있음이다.

고려 말엽으로부터 단군의 단(壇)이 문득 단(檀)으로 변하여, 이조 이후에는 오직 단군(檀君)으로만 문자에 오르고 또 이러한 문적만이 전하게 된지라, 단군의 단(壇)이 드디어 단(檀)으로 확정되어 이것이 눈에 익고 마음에 박혔다. 더구나 단(檀)자에 따르는 "동방은 애초에 군장이 없었는데, 신인(神人)이 태백산 단목(檀木) 아래에 내려오자 나라 사람들이 임금으로 세우고 … 이 사람이 단군(檀君)이다."[21]라는 제2차적 전설을 구성한 이후로는 단(檀)자가 마침내 요지부동의 지위를 얻었다. 그러나 『삼국유사』의 시대적 권위를 무시할 이유가 생기기 전까지는 흙토 변의 단(壇)이 그 원형임을 인정하지 아니하지 못할 것이요, 설사 조화적인 태도로 임할지라도 단군 글자의 형태에 두 종류가 있고 그중에서도 단(壇)이 가장 오래됨을 인정해야 할 것이다.

어떠한 이유와 경로로 흙토 변의 단(壇)이 나무목 변의 단(檀)으로 바뀌었는지 또 단(壇)은 무슨 의미의 언어인지가 모두 꽤 흥미로운 문제이지만, 이제 이는 접어두자. 다만 『삼국유사』의 단(壇)자로 인하여 단군에 관한 시야가 새로이 일대 전개를 이루는 곳에, 지금까지의 모든 착오와 오류가 문득 단번에 분쇄되는 느낌을 누르지 못할 것이다. 단(檀)자에 단일성이 없다는 것 하나만으로(또 檀木 운운이 더 후대적 발전인 것만으로도), 단(檀)자의 뜻을 가지고 견고를 던 모든 그릇된 추측이 단번에 환멸로 다가옴은 통쾌하다 할 것이다.[22]

우리가 처음 단군 연구에 손대기는 실로 30여 년 전의 일이니, 최초에 나카 미치요 씨, 시라토리 구라키치 씨 등의 말살론에 대한 회의로서 출발했다. 불교 경전에 의거한 터무니없는 날조라는 저네의 설을 꺾어 부수기 위해서는, 그 요소인 단(檀)자의 원모습을 찾아냄이 가장 긴요한 일이지만, 선인(先人)의 견해에 가려서 『삼국유사』의 단(壇)자가 흙토 변임을 10년 이상 모르고 지낸 것은 지금까지도 깊이 그 우둔함을 스스로 불쌍하게 여기는 바이다.

우리가 단(壇)의 복구론을 주창한 지 이제 10여 년이요, 최근 문자에는 퍽 많이 현실로 되었다. 『삼국유사』의 글을 몇십백 번이나 어루만지면서,[23] 어째 이 점을 놓쳤던지는 거짓말 같은 괴상한 일이다. 저네들이 또한 그러하였음에서 독서 심리, 기억 심리의 괴상한 한 예를 얻을 듯하다. 나중에 주의를 기울여보니 『동사강목』에 이미 여기에 대한 주의가 있고,[24] 더욱이 신경준[30]의 『강계지(疆界志)』(권6) 삼조선 조항 아래에는 용감스러운 단(壇)자 복구의 논의가 있는 것을[25] 다 예사롭게 간과하였었다.

단군의 단(壇)을 후대적인 단(檀)으로만 알고 고찰해온 오랫동안의 다소의 소득이 그대로 단군론의 한 부분이 되기는 했지만은, 단(檀)자만 붙들고 답답해하던 과정을 돌아볼 적마다 덤벙대는 죄의 과중함을 탄식치 아니하지 못할 것이다.

여하간 단군의 단(壇)이 본디(또 반드시) 단(檀)이 아닌 다음에는, 다시 글자 뜻을 따지는 한가한 갈등을 중첩할 필요가 없고, 함부로 망상하지 말라는 일갈이 단군 성월(星月)을 환하게 비추기에 족할 줄 알아야 할 것이다. 아직도 구태여 단(檀)자를 고집하여 여러 가지 운운하는 설을 옮겨서 단군의 후대적 또는 불교 경전의 갑작스런 출현 증거로 삼는 자가 끊이지 않음에는 놀라다 못하여 자빠질 지경이다.[26]

이렇게 보건대, 단군을 승려가 날조했다는 저네 설의 이유가 의외로 박약한 것을 가리지 못할 것이 분명하다. 원체 떼쟁이의 일이니 혹시 또 환(桓) · 천왕(天王) · 단(檀) 등은 그럴지라도 그 이외의 명구(名句)를 가지고 불교적 관계를 말하고자 할 이가 다시 나지 말

30 신경준(申景濬; 1712~1781)은 조선 후기 영조 때의 학자로, 호는 여암(旅菴)이다. 43세 되던 1754년(영조 30) 과거에 합격한 후 정언 · 장령 · 현감 등을 역임하고, 1769년 종부시정이 되어 강화의 선원각을 중수한 고향에 돌아갔으나 곧 영조의 부름을 받아 『여지승람』을 감수하고, 『문헌비고』 편찬 때는 「여지고」를 담당하였으며, 이어서 『동국여지도』의 감수를 맡았다. 저술로는 『운해훈민정음』 『일본증운(日本證韻)』 『언서음해(諺書音解)』 『강계지(疆界志)』 등이 있다.

라는 법도 없을 것이다. 이를테면 천부인(天符印)의 부인(符印)을 신부(神符)[27]의 부(符)와 인계(印契)[28]의 인(印)에 결합하고, 신단(神壇)의 단(壇)을 만다라의 단(壇)[29]과 주원(呪願)의 주(呪)를 다라니의 주(呪)[30]에 기대어 권토중래(捲土重來)하여 일진(一陣)을 다시 펼지 모른다. 불교 중에서도 특히 밀교적 명상(名相)에 가까운 것을 고려 시대, 특히『삼국유사』찬술 시대 전후의 밀교 성행[31]과 아울러서 단군 설화의 밀교적 구성을 논할 자가 생겨날지도 모른다.

그러나 미리 말하여 두는 것이거니와, 누구든지 이러한 생각을 하기 전에 모름지기 먼저 부서(符瑞) 관념[32]과 표인(標印)의 존숭[33]과 주력(呪力)의 신앙[34]이 원시 시대와 민족 사이에서 얼마나 옛날부터 오래되고 보편적인 사실임을 보고, 또 단군 고전 중의 이것들이 얼마나 분명한 동방적 특색을 가졌음에 주의하라 할 것이다.[35] 기어이 불교에다가 붙들어 매려 하기 전에 독립적인 설명의 가능 여하를 살피고, 또 독립적으로 해석하는 편이 좀 더 순편(順便)하고 온당하다는 깨달음이 있으리라 하고 싶다.

떼장이 논자가 또 혹시 말하기를, 명구(名句)는 반드시 불교적이라고 할 이유가 확실하지 않지만 이는 차라리 작자의 깊고 미묘한 의도가 작용한 것이고, 그 구성의 의장(意匠)과 내용의 골근(骨筋; 아니 그 힌트와 암시가)이 불교에서 왔을 듯하다고 할는지 모른다. 그러나 그 선입견을 버리고 실체를 대할 때에 어느 모를 어떻게 뜯어보던지 그것이 도리어 너무 비불교적임을 앙탈할 수 없음이 딱할 지경이다.

첫째 단군 고전에서는 불교적으로 일관된 명제도 볼 수 없고 따라서 불교적으로 통일된 설명을 더해 볼 수도 없다. 환국을 제석이라고 볼지라도 설화 전체를 관통하고 있는 본적론적(本迹論的)[31] 의

---

31 본적(本迹)이란 본지(本地)와 수적(垂迹)을 말한다. 변화하지 않은 부처나

취가[36] 드러나지 않으니, 이 설화의 불교적 성립의 필요와 동기를 말할 수 없다.[37] 또 불교적으로 구성하고자 한다면 신화 전설상으로 세계의 최대 원천이 되다시피 하는 축전(竺典)을 대본으로 하는 것이 어떠한 편으로든지 좀 더 설화적 기교를 부릴 수 있을 것인데,[38] 단군전 같은 것은 단순하고 소박하여 변변치 못한 화상(話相)을 면치 못하는 것이다.

이를테면 제석 신화에서 탈화해 왔다고 말한다 하여도, 국토의 장엄이나 사실 안배에 있어 신을 본뜨고 그 모습을 차용해도 쌔고 쌘 좋은 재료가 많은데, 이런 요소가 하나도 섞이지 않고 빼빼 말라 바삭바삭하는 환국이니 제석이니 하는 일개 이름자만을 빌려 오는 것으로 만족하였다 함은 얼른 말이 어울리지 않는다.

또 국민 설화 특히 건국 신화 같은 것을 남을 모방하여 만든다 하면 대개 동종 설화로 먼저 주의를 기울이게 되고, 또 국내의 비슷한 이야기에도 아무쪼록 서로 막힘이 작은 것을 취하여 민중의 인정을 얻기에 편리하도록 하려 할 것이다. 그럼에도 축전(竺典) 중에 있는 허다한 민족 기원 설화 - 더욱 진역의 다른 건국 신화와 아주 친근성을 가진 몇 개의 '일종(日種)' 설화,[39] 난생(卵生) 설화[40]에 눈길 한번 주지 않고 신화적으로는 꺼덕치기 짝이 없는 지금의 단군 고전 같은 것을 짐짓 만들었다 함은 상상하기도 해석하기도 어렵다.

이것저것을 다 따지지 않고 덮어놓고 논자의 단군 출처 불교 경전설을 용납하여 보려 하자. 그러나 설화의 갈피를 잡을 수 없는 것과 그 의거점이 무엇인지 알 수 없는 것이 이렇게 하려 할 때 첫 번째 만나는 장애가 아닐 수 없을 것이다.

보살을 본지라 하고, 부처나 보살이 중생을 구제하기 위해 여러 가지 다른 모습으로 변화하여 그 자취를 드리우는 것을 수적(垂迹)이라 한다.

제석 중심의 설화라 하자니, '환'과 '천왕'이란 이름자 밖에는 제석적 요소가 없고, 또 마라야산(摩羅耶山)과 그 전단(栴檀)이 잘 부착되지도 않고, 전단 중심의 생성으로 보자니 불교 경전 속의 허다한 보수(寶樹) · 수왕(樹王)[41] 중에 하필 단목(檀木)을 가져다 썼는지가 설명되지 않는다. 더구나 단군의 '단'이 단(檀)이 아니고 단(壇)일 바에는 이것을 만다라의 단(壇)이라 하자면, 단군전 전체의 밀교적 설명을 성립시켜야 할 것이다.

만일 이것은 여기서, 그것은 저기서 줄무더기로 떼어 왔다 하여, 설화 성립의 주축과 모든 요소의 연결 관계를 밝힐 수 없을진대, 그만큼 논자의 말이 모호해진다 할 밖에 없을 것이다. 그런데, 여기에 대한 설명이 돋우고 뛰어도 시라토리 구라키치 씨 이상으로 나올 수 없거늘 시라토리 씨 설명의 지리멸렬함이 저와 같음은, 그 설명의 확실한 의거(통일적 기초)를 얻기 어려움을 환하게 나타낸 것이라 할 것이다.

자구의 부합과 거기에 따른 만연한 억측이야 어찌 특별히 불교 경전에서만 가능할 것이랴. 불교 경전보다도 도교의 문자에 더욱 밀접하다 할 것이다.[42] 또 한문과 같이 잡다한 음형(音形)과 풍부한 함축을 가진 문자 또는 문적을 지닌 국가의 고사성어에는 무엇에도 억지로 끌어다 붙일 수가 있을 것이다.[43] 하자고 하면 이집트 · 유태 · 그리스 · 로마의 고전설에서도 유사한 단어의 의미를 찾아내기 어렵지 않을 것이다.[44]

이래서야 학문적 신뢰를 여기서 가질 수 없음은 물론이다. 이렇게 불교 같지만 불교도 아니요, 선(仙) 같지만 선도 아니요, 아무것하고 비슷하지만 아무것도 아님에서 마땅히 허형(虛形)과 가명(假名)을 버리고 바로 그 핵심을 건드려야 할 것임을 깨달아야 할 것이다. 문자에서 구할 것이 아니라 사실에서 증명해야 할 것임을 알아야 한다.

단군의 고전이 불교 경전과 관계를 가졌다 하면서, 그것이 마침내 이름도 별개인 자구상(字句上)의 유사함에 그치고 내용적 연결과 그 심리적 설명을 결여함은, 무엇보다도 명구(名句)나 자형(字形)의 뒷면(근저)에 그 본체가 있어, 가의(假衣)를 입고 본간(本幹)이 되어 접목된 일물(一物)로 존재함을 가리다 못해 나타낸 것이다. 이것이 딴 것이 아니라(설사 단군전 중에 명구를 불교 경전 중에서 빌려온 것을 인정한다 하더라도) 하고많은 세계[45] 중에 제석을 끌어내고 하고많은 위계[46] 중에 천왕을 빌려 오고, 하고많은 명물 중에 단목(檀木)을 데려오게 된 그 본지 실질일 것이다.

옛부터 본바탕이 있는 바에 불교 경전에 대하여 자음(字音)이나 어의(語義)가 일치하는 경우는 있을 수 있지만, 설화 전체의 명실(名實) 양면, 수미일관의 일치는 도저히 기대하기 어려울 밖에 없는 것이다. '환'이고 '단'이고 본디 터무니없는 것을 불교 경전에서 집어낸 것이 아니라 둘 다 꼼짝없이 환(桓)자ㆍ단(檀)자를 써야 할 이유가 있었기 때문이다. 만일 단군 고전에 기어이 불교적 영향을 인정하겠다 하면 그럴수록 불교에 의거한 개환(改換)이 신통 변변치 못함에서 도리어 그 고전적 확실성을 더함이 있다고 볼 것이다.

13. 승주론자(僧做論者)의 착론 범주

조선 고대의 문자에 불교의 영향이 있음은 사실이지만, 그것은 일본 고대의 사적(史籍)에 백제적 영향과 도교적 체취가 많이 섞였음이 당시 문사(文史)의 권력이 도교를 숭상하던 백제인의 손에 있었기 때문인 것처럼, 조선 상세(上世)의 문자도(文字道)가 불교 중심으로 있었고 또 동일한 문자라도 다른 곳의 것은 얼른 흩어져 없어졌지만 사찰의 것은 비교적 오래 전해진 까닭일 따름이다.

진실로 불교는 그 범신적(汎神的) 교의와 우주 사물을 포섭하는 동화력으로 이르는 곳마다 원융무애(圓融無礙)한 변통을 행하기도 하거니와, 고의가 아니고도 국고(國故)의 구비(口碑)를 문자화할 때에는 그 구성과 자구는 저절로 습관적으로 사용하던 자기네의 편안함 속에서 나올 밖에 없으니, 조선의 고기(古記)란 것이 약간은 불교 냄새를 띠는 것도 이 까닭이요, 그렇다 해서 얼른 하면 후대인의 심증을 해(害)하기 쉽게 생김도 이 까닭일 뿐이다.

만일 자형(字形) 혹은 문면(文面)이 불교적이라는 것을 해당 사물 존립의 상실 이유로 삼는다면, 가야(伽倻)의 글자로 인하여 가라(伽羅)도 허공으로 사라질 것이고,[47] 유리(瑠琉璃)의 명칭으로 인하여 유리(類利)도 말삭될 것이고,[48] 기타 비불교적 기록 예가 확립하기 이전의 인물과 사건은 대개 이러한 운명을 면하지 못할 것이다.[49]

과연 앞에서 나온 시라토리 구라키치 씨의 설에는 고구려 본기(제1) 동명성왕의 사적 중에 나오는 아란불(阿蘭弗)과 가섭원(迦葉原) 등을 취하여 동명전과 단군전을 한데 묶어 불설(佛說)로 탈화해온 증거로 삼기도 하였다. 그러나 이 아란불(阿蘭弗)만 하여도 자면(字面)은 혹시 아란야(阿蘭若)의 '아란'에 통할지 모르지만 하나는 인명이고 다른 하나는 장소명인 것이 이미 상반된다.[50] 없는 사실을 꾸며 만들기로 말하면 이렇게 우스꽝스러운 실수를 저지를 턱이 없을 것이고, 또 그런 줄 알고 쓴 것이라 하면 그는 '아란'이란 음을 놓지 못할 필연적 이유가 있는 것이니, 이것을 그대로 뒤집으면 저네 단군 승주설(僧做說)의 사고 범주를 깨뜨리는 일조(一助)가 될 것이라 생각한다.

대개 아란불이란 것은 북부여 왕 해부루의 국상(國相)으로, 천강(天降)을 받아서 왕을 타일러 수도를 가섭원으로 옮기고 고향 땅을 천제자 해모수에게 양여하게 한 설화적 인격이다. 국상이란 것은 한어적 명칭인데, 요컨대 일종의 '매직'으로 신탁(神託)을 받아서 국가의 대사를 인도하는 직분자임은 그 문장의 의미에서 환하게 알 수 있는 바이다. 고대의 민속적 사실로써 이러한 일이 항례(恒例)로 행해졌을 것도 살피기 어렵지 않은 것처럼, 아란불은 당시의 무당에 지나지 않는 것이고 그것도 어느 개인의 이름이 아니라 실상은 그 직위의 범칭임이 다른 설화적 명칭과 같은 것이다.[51]

이것을 유사한 예를 통해 증명하건대, 사실로는 북부여의 '아란(阿蘭)'은 바로 『신당서』 고구려전의 요동성 주몽사(朱蒙祠)의 '무(巫)'에 비할 것이고, 명호(名號)의 '아란(阿蘭)'은 『삼국사기』 제사지의 시조묘 봉재자인 '아로(阿老)'와 동일한 것이니, 신라의 알영(閼英; 阿利英), 백제의 어라(於羅; 於陸) 등과 한가지로 아란불은 이러한 제정일치 시기의 태보(台輔)[32]로 그 사실적 근거가 확고한 것이다.[52] 이것을 그는 다만 아란의 자형(字形)과 또 아란·가섭을 연결하여 설명하기에 좋은 문헌 증거가 있음을 다행으로 여겨 그 사실적 방면까지를 지워 없애려 한 것이다.

지금의 시라토리 구라키치 씨는 아마 이렇듯 몰지각적인 짓을 하지 않겠지만, 이러한 천박한 고찰이 불행하게도 일종의 학풍을 만들고 더욱 불행하게도 그것이 한쪽으로만 치우쳐 단군 고찰상에 괴이한 존경심을 만들어서 애꿎은 단군이 애매한 매도 많이 맞게 됨이 딱하다 하겠다.

조선 고대의 문자가 불교 경전의 영향을 받은 것은 아로(阿老)의 유사어가 아란(阿蘭)으로 변할 만큼 확실한 일이다. 그러나 변함에는 변하는 실체를 가짐이 대개 아란(阿蘭)에는 아로(阿老) 유사어의 밑절미가 있는 것처럼 적실(的實)하다. 또 고설화 전체 중에는 간혹 불교 경전에서 차용하여 개찬한 구절이 없지 않지만 그것도 또한 그것을 유치할 만한 본래 요소가 있기 때문에 가능한 것이다.

32 임금을 돕고 백관을 통솔하는 대신으로, 곧 삼부(三府)의 대신이다.

그러므로 고유체와 유리(遊離)되는 분자의 경계가 분명히 나타나는 것을 주의하지 않으면 아무리 교묘히 꾸며대고 신묘한 해석을 시도하여도 그대로 잘못된 변형이나 실언으로 추락할 따름이다. 조선의 고전을 박(箔)[33]하기라도 하겠다 하면서 불교 이전에도 민속적 사실이 있었을 일조차 분별하지 못한다 하면, 이는 심하게 터무니없는 맹랑이라 할 것이요 분별 못하는 것 아니지만 짐짓 모르는 체한다 하면 이는 더욱 더 어불성설이라 할 것이다.

14. 왕험성 신설의 검핵

단군의 고전(古傳)이 실질상에서 불교 경전과는 아무런 관계가 없음은 명백한 일이다. 설사 자구(字句)상 무리하게 따랐다고 가정한다 해도, 문면(文面) 때문에 내용의 실질이 손상을 받을 이유는 추호도 없을 것이다. 그런데 일연과 『삼국유사』와 그 인용한 고기(古記)를 흔드는 것을 그대로 단군을 부수는 일로 알아서 이러니저러니 어수선한 말로 희롱하고, 심하면 친히 목격했다거나 그렇지 않으면 물적 증거라도 분명하게 붙잡은 듯이 그 성립 연대까지를 말함은 진실로 엄청난 만용이라 아니할 수 없다.

단군의 전(傳)이 아무리 심하게 깎이고 이지러졌다 해도, 원래 고갱이가 있는 바에 그렇게 터무니없는 환멸(幻滅)로 여겨질 까닭이 없는데 이네들의 어방 없는 장님 지팡이도 가끔 가다가 탁! 걸치고 콱! 막히는 것이 있음을 깨닫지 않지는 못하였다.

선입견으로 단군은 승려의 붓끝에서 산출되었거니 해놓고도, 전

---

33 박(箔)은 금속을 두드려 종이처럼 얇고 판판하게 편 것을 가리킨다. 여기서는 일본 학자들이 조선의 단군을 제멋대로 주무르고 있다는 뜻으로 쓰인 듯하다.

혀 그렇기만 한 것 같지도 아닌 듯한 편린이 눈앞에 어른거림을 숫제 간과해 버릴 수는 없었다. 자기가 믿는 바를 반역하는 이런 부분이 밉기는 미워도 이미 있는 것을 아주 모르는 체할 수는 없었다. 얼른 진리의 양순한 종도 되지 못하고 현실에서 오는 협박을 시원히 소각하지도 못할 때에 말삭론자의 마음에는 본질과 현상의 모순으로 인한 일종의 번민이 없을 수 없었다. 이것이 그네들 중에 없다고 손을 홰홰 내어젓는 한편, 단군으로는 없는 것이지만 나무신·산신 혹은 성(城)의 신 같은 것으로는 무슨 근거가 있다고 그물의 일면을 터놓지 않을 수 없는 까닭이다.

이렇게 우물쭈물 미루는 것이 사나이답지 못하다면 사나이답지 못하기도 하지만, 당초에 단군을 말삭하자 함이 말답지도 일답지도 않음에 비하면, 오히려 그 순박한 심정을 알아줄 것이 있다 할 것이다. 그러나 차안(此岸)이라서 망집(妄執)인 것이 아니라 피안(彼岸)의 중류(中流)도 다 마찬가지이니, 단군의 정체를 알려는 이는 모름지기 분발로만 이 가시덤불에서 탈출하기를 생각해야 할 것이다.

앙탈하는 이의 이러한 미혹된 고집은 단군의 이름이란 '왕검'에 대한 곡해로서 생겼다. 이마니시 류(今西龍) 씨 같은 이는[53] 『삼국유사』의 단군전이 그 아래의 '기자 조선'이란 제목과 같지 않고 '왕검 조선'이라고 제목을 단 것에 의심을 품었다. 그리하여 단군이란 것이 대개 고구려 시대에 평양의 고지명으로 알던 것이 후에 원의를 잊어버리고 고려 초쯤부터 평양의 개척자인 이의 선인(仙人) 실명(實名)으로 전하고 중엽에 가서 다시 변화하여 조선의 원조(元祖)를 단군왕검으로 지었다고 단정하였다. 이것도 요하건대 단군을 말소하기 위하여 이러한 상상을 할 수 있다는 하나의 예론(例論)에 그친다 할 것이니, 왕검을 꼬투리 잡아서 부인한 그 예론을 우리는 도로 왕검을 방패로 하여 긍정의 길을 일러주게 됨이 재미있다.

왕검의 지리적 고증은 저절로 논외에 속하니, 우리는 『사기(史

記)』, 『한서(漢書)』로써 그것이 위만(衛滿)의 도읍이요, 기씨(箕氏)의 옛 땅을 이은 것이요, 최근의 연구로써 역시 현재 평양(대동강 남안)임을 알면 그만이다. 여기서의 문제는 본디부터 왕검(王儉)과 왕험(王險), 그리고 여기 관련되는 단군의 이름자가 어떤가에 있는 것이다.

왕검(王儉)이란 이름은 물론 『사기』 조선 열전에서 위만(衛滿)이 "점차 진번과 조선의 오랑캐 및 연나라·제나라의 망명자를 복속 시켜 왕검에 도읍했다."란 문장에서 보이기 시작한다. 그 명칭은 물론 기씨(箕氏) 왕조 이래의 것으로 반드시 동북 지역의 가장 오래 된 도읍의 하나이다.

또 그 명칭의 기원이 예로부터 전승된 것일지니 위만을 말미암 아 개정되거나 설정된 증거가 있지 않으면 고유한 이름으로 봄이 마땅하다. 『한서』 지리지의 사군(四郡) 속현의 지명을 가지고 증험 하건대, 그 자면(字面)의 품격을 높이기 위해 모쪼록 두 자로 축약 한 형적은 있으되 대체로 본토의 원음을 그냥 대비한 것인 듯하 다. 이는 동방의 다른 부족 및 그 주민에 관한 번역명과 기타 외방 (外邦)의 지명 기록의 통례에 준거하여 대체로 의심할 수 없는 일이 다.[54]

이 왕험(王險)도 대개는 이 통례에 의하는 토착어의 음역(音譯)일 지니, "왕공설험(王公設險)" 운운으로부터 나온 평양의 별명이라 함 은[55] 실로 억지로 가져다 붙인 설임을 면치 못하는 것이다. 혹시 같은 글자의 음 중에서 특히 왕험(王險) 두 글자를 취한 이유가 여 기 있었을지는 모르지만, 왕험(王險)이란(혹 비슷한 어떤 음) 명칭 그것 이 『역경』의 문자에서 나왔다 함은 또한 본말과 주객을 전도한 망 상일 따름이다.

어떤 명칭과 그 자면이 한문 내지 불경적인 근원을 가졌음직한 때에 그 내력과 속내가 어떠한가를 고찰하지 않고 문득 이것이 거 기에서 나온 것이라고 추정하고, 어째서 그것이 이것의 칭호가 되었는지 그 원인을 버리고 묻지 않는 것이 현재까지 고전 비평가의 통폐이다. 허다한 갈등이 이 일단에서 많이 생겨났으니 우리더러 말하라 하면 왕험 운운의 설도 물론 그중의 하나이다.

왕험(王險)이 이미 고도(故都)일진대 도읍 표시가 그 음의(音義) 가운데 들었을 듯도 하다. 진역 고방(古邦)의 도읍의 명호를 살펴보건대, 우선 기자가 남으로 옮긴 도읍은 금마(金馬)라 하고,[56] 신라의 고도는 금성(金城)이라 하고,[57] 백제의 처음 수도는 위례성(慰禮城)·한성(漢城)이라 하고 남으로 옮긴 후에는 웅주(熊川; 공주)라 하고, 고구려에서는 그 고도인 '국내(國內)'의 호칭이 또한 여기에 가깝다. 이로써 '금'(혹 곰)이 도읍(혹 수도)으로 호칭되는 무슨 인연이 있지 않은가를 생각해 볼 수 있다.

『양서(梁書)』에 의하면, 백제에서는 "다스리는 성을 고마(固麻)라 부른다."라 하고, 신라에서는 "성을 건모라(健牟羅)라 부른다."라 하였으니 그것이 과연 그러함을 알 수 있다. 한성의 옛 명칭에 '관(각)미(關(閣)彌)'의 명칭이 있었음직함과,[58] 국전(國傳)에 금마(金馬)가 중국 전적의 건마(乾馬)일 듯함과,[59] 한나라 관미(關彌)가 다 고어로 대(大)를 의미함과,[60] 건모라(健牟羅)가 대읍(大邑)의 뜻으로[61] 수도의 호칭에 부합함 등은 우리의 이 추정을 퍽 유력하게 지지해주는 감이 있다.

대개 'ㄱ'는 국어에 예로부터 최고급의 뜻을 나타내는 단어이니, 대(大)를 주된 의미로 하고, 견고(堅固; 굳), 정직(正直; 고드), 원수(元首; 고수) 등의 종속적 의미를 가진다. 여기서 변하여 'ㄹ', 'ㅋ'의 형용어로부터 '금'(내지 홈)의 명사형을 취하여 큰 것 내지 신성한 자의 의미를 가지게 되었다. 현재 금(金)·건(健) 등의 글자는 이 '금'을 번역한 글자로 고대 진역인의 도읍의 호칭으로 예용(例用)되는 단어 또는 글자이다. 『양서』에 기록된 백제의 고마(固麻)는 저 신라에서 예부터 전해온 금(金)과 한가지로 다 이 옛 뜻을 전함일 것이다.

이제 왕험(王險)은 지나 문적상에는 험(險)으로 전하고 국사(國史)에는 검(儉)으로 나오니 어느 것이 더 바른 것인지 말하기는 어렵다. 그러나 이미 사음(寫音)의 부호요, 험(險) · 검(儉)의 음이 고대에는 서로 통하여 글자를 혼용하기도 한 것인즉,[62] 아무것으로라도 '곰'을 번역한 것이라 하기에 불편이 없다. 이로써 왕험(검)의 험(검)이 곧 도읍 표시의 고어인 '곰'임을 상상할 수 있다.

진역 고대의 지방 구획 명칭을 조사하건대, 대개 지역적 상태 혹 등급의 표시는 기준이 되는 한 단어가 있어 그 위에 특정한 표시가 첨가됨이 상례이다. '불'(弗 · 伐 · 夫里 · 火 내지 夫餘)이라는 기준어가 있어서[63] 무슨 '불'이란 것이 여기저기에 있으니, 작게는 신라의 불(弗)[64]과 백제의 부리(夫里)[65]와 같이하고, 크게는 부여(夫餘)로 되어서 동 · 남 · 북 · 졸본 등의 부여가 있었다.[66]

또한 '갈'(加羅 내지 伽倻)란 기준어가 있어서[67] 대소 금관, 성산, 고령, 벽진 등의 여러 가야가 있었다. 한(馯 내지 韓)이란 기준어가 있어서 마(馬), 진(辰), 변(弁) 등의 구별을 붙인 것 등이 다 이 종류이다. 이밖에 고구려의 홀(忽)[68]이니 백제의 지(只; 혹 支)니[69] 신라의 탁(啄)이니[70] 하는 것이 다 이 종류에 속하는 것이다.

이 모든 말은 요약하건대, 어느 한 지방이 어느 정도의 발달을 이루었다는 표시가 되는 것이다.[71] 처음에는 막연하게 다만 부여(夫餘) 혹 가야(伽倻)라고만 일컬어졌지만 뒤에 허다한 부여나 가야가 성립되니, 비로소 각기 다른 구별을 붙일 필요가 생겨서 무슨 부여니 무슨 가야니 하는 종목이 서게 되었다. 그러나 편의상으로 단지 부여, 가야 등으로 부르는 버릇은 여전히 남아 있어서(특히 그 根本部라 할 지역에 그리하여서) 부여라고만 하여도 북부여의 호칭이 되고 가락(駕洛)이라고만 하여도 금관 가라를 부르는 말이 되었다.

무릇 이 통례를 아는 것은 왕험의 근원을 고찰하는 것보다 훨씬 더 긴요한 일이 된다. 왕험(王險)의 험(險; 儉)이 대개 금성(金城) · 금마(金馬) 등의 금(金)과 한가지로 대도(大都)·상경(上京)의 뜻을 가지는 것이니, 왕(王)이란 관어(冠語)는 무엇이며 또 어째서 왕험(王險)에만 이러한 관어를 필요로 하고 고착되었는지를 아는 단서가 오로지 이 통칙에서 나온다.

우리가 다른 여러 가지의 고찰로써 아는 바에 의거하건대, 상세(上世)의 진역은 진실로 부락적 소국가의 집합이었지만, 좁쌀처럼 흩어져 각각 군주를 세우고 전혀 상관하지 않았냐 하면 그런 것이 아니라 일종의 통속(統屬) 관계가 있었다. 그것은 곧 종교적·신앙적인 계급(hierarchy)이었다. 앞에 나온 다섯 가라(加羅)가 금관 가라로 종주를 삼은 것이나 여러 한(韓)이 마한으로 종주를 삼은 것이나, 그것은 모두 금관 가라와 마한을 타자가 계급시한 관계였다.

가령 금관은 가라에서 종주 노릇을 하되, 삼한의 하나로는 마한을 상종주로 하는 것처럼,[72] 마한의 위에는 한(韓)·예(濊)·맥(貊)·여(餘)를 모두 통제하는 지상(至上) 종주가 있어 최고의 권위를 발휘하였다. 이 상태와 관계는 여기 자세히 쓸 겨를도 없고 또 뒷글에 다시 약간 논할 기회도 있겠으니 생략하거니와, 조선 곧 기씨의 왕조는 줄잡아도 반도 북방에 있는 그 총람자(總攬者)였다.[73] 그런데 상세(上世)의 수도란 것은 대개 금성의 금(金) 등에 이러한 신성지란 의미를 포함하였을 것이며, 이것은 고어에 신(神)을 '검'이라 함에도 비교해 살필 것이다.

이로써 추측하건대 조선이 진역 전체의 교권적(敎權的) 중심인 동시에 그 수도는 저절로 금(金) 중의 금(金)일 밖에 없으리니, 이러한 최상의 신도(神都)에는 물론 거기에 상응한 기호가 없지 못할 것이다. 이에 왕검(王儉)이란 호칭이 생겼을 것이니, 왕(王)이란 것은 물론 대개 지상 최고를 의미하는 어떤 말에 대한 글자일 것이다.

무릇 전 진역(震域)으로 보면 '금'으로써 부른 성읍이 여럿이지만, 각각 한 구획씩으로 보면 한 구역 한 '금'에 한하여 다른 '불'

(弗; 夫里)이나 '홀'(忽)과 같지 않음은, 금(金)이 최고의 구획인 것으로 한 곳에 두 개를 허용할 성질의 것이 아니기 때문이다. 더욱 최상의 '금'으로 말하면 전역을 통하여 유일 절대일 밖에 없으니, 이는 유일한 왕검이 조선(朝鮮; 곧 평양)에 존재한 까닭이며 아울러 왕검의 왕(王)이 어떤 관계로 생겨났음을 짐작하게 하는 단서이다.[74]

그러면 왕검의 왕(王)은 어떠한 의미를 가진 것인가? 김부식은 『삼국사기』에 "혹 왕의 도읍을 왕험(王險)이라 한다."[75]라는 일설을 적어, 험(險)이 도(都)의 뜻임을 인정하는 동시에 왕을 군왕(君王)의 왕으로 간주하는 사례를 남겼다. 그 뒤에 "왕공설험(王公設險)"의 글을 운운하는 자들은 전부 이 부류에 속하는 자들이다. 우리는 다른 모든 고기상의 명구(名句)를 대개 토어의 음역(音譯)으로 인정하는 것처럼 또 험(險)자를 이미 그렇게 해석한 것처럼, 왕(王)자가 또한 이런 종류의 어휘 중 하나일 것으로, 물론 왕(王)자를 대비하게 된 무슨 음일 것으로 생각한다.

진역의 고어에 무릇 존중, 주요한 것을 '엄', '얼'로써 일컬었으니 모(母)를 '엄이'라 하고, 손가락에서도 가장 큰 것을 '엄'이라 하고, 형용어에도 초특(超特)한 것을 '엄청'이라 함 등은 전자의 여러 사례이다. 옛날에 군주를 '얼'이라 하고,[76] 사람에게도 가장 중대한 것인 정백(精魄)을 '얼'이라 하고,[77] 물건에도 석대(碩大)한 것은 '얼'이라 함[78] 등은 후자의 여러 사례이다.

조선어에서 존장(尊丈)을 '얼은'이라 하고, 상승(上昇)을 '올으'라 하고, 안면(顔面)을 '얼'이라 하고,[79] 핵심을 '알'이라 한다.[80] 일본어에 위대(偉大)를 에라(エラ)라 하고, 거친 것을 아라(アラ)라 하고,[81] 영험을 아라(アラ; タカ)라 하고, 궁전을 아라카(アラカ)라 하고,[82] 주인을 아루지(アルジ)라 하고,[83] 주되고 중함을 오모(オモ)라 하고, 중시(重視)를 오몬(オモん)이라 하고, 안면을 오모(オモ)라 하고,[84] 모(母)를 오모(オモ)라 하고,[85] 하늘을 아마(アマ) 혹은 아메(ア

メ)라 하고,[86] 바다를 아마(アマ)라 한다.[87]

만주어에서는 산을 '아린'이라 하고, 백(魄)을 '오른'이라 하고, 기식(氣息)을 '얼건'이라 한다.[88] 몽고어에서는 친(親)을 '우룩'이라 하고, 척(脊)을 '아루'라 하고, 존귀를 '얼긴'이라 하고,[89] 섬을 '아랄'이라 하고,[90] 기식(氣息)을 '아미'라 한다. 탕구트어에서는 상(上)을 '얄'이라 하고,[91] 아랍어에는 대(大)를 '아리(阿里)'라 하고, 마자르어에는 남편·가장을 '얼'이라 하고, 오스탸크어에는 주군·귀인을 '울눌'이라 하고, 핀란드어에는 부(夫)·무사를 '우로호', '우루', '울호', '우로'라 한다.[92] 이러한 것들은 다 국어의 '얼'·'엄'과 근원이 같은 어휘·계통이 통하는 어휘·유의어로 볼 것이다. 왕험의 왕(王)이 대개 이 '얼' 또는 '엄'에 대응한 자가 아닐까.

시험 삼아 이것을 고대의 지명 원칙에서 모색하건대, 첫째 국도(國都)의 금대(襟帶) 혹 일국의 대동맥이요, 한편으로 원시 신앙의 대상이 되었던 강하(江河)는 의례히 '알' 혹 '엄'의 명호를 지닌 것이 눈에 뜨인다. 조선의 열수(列水),[93] 부여의 엄리수(奄利水),[94] 고구려의 염난수(鹽難水)·압록강, 백제의 욱리수(郁利水),[95] 신라의 알천(閼川)[96] 등은 다 역내 여러 물의 으뜸어른이란 의미로 붙인 이름일 것이다. 만주의 알목하(斡木河), 몽고의 알난하(斡難河)도 다 이 설화적 맥락을 끌어온 것이다.[97]

산에도 한 지방의 표지가 되는 것은 또한 '엄', '얼'의 호칭을 가진다. 가장 현저한 예로 들 것은 지금도 속어에 어머니 산으로 불리는 지리산이요,[98] 기타 국중(國中)의 모후(母后), 모악(母岳), 아미(峨嵋; 蛾眉) 등으로 부르는 것에는 이 유물이 적지 않다.[99] 선도산(仙桃山; 경주)의 파소성모(婆蘇聖母), 가야산의 정견모주(正見母主), 지리산의 천왕성모(天王聖母), 송악산의 동신성모(東神聖母) 등 국조 설화 중의 산신들이 여신으로 모(母)의 호칭을 지님은 그 산을 '엄'으로 보는 증거가 되는 것이다. 저 백두산에도 옛날에 또한 성모 전설이 있었을 듯함은 그 백의관음(白衣觀音)[100]의 신앙이 지리산의 '백의녀(白衣女)'신과 한가지로[101] 성모의 여운일 것으로 짐작되는 바이다.

이렇게 정상의 지위를 점하는 산과 물이 의례히 '엄'(혹 얼)의 이름을 지닌 것을 보아 정상의 의미를 가진 도읍 또한 그러하였음을 상상함은 억지가 아니라 할 것이다. 왕험(王險)은 대개 이러한 내용을 가진 명칭으로 추단된다. 이에 관하여 지리산 중의 한 읍으로 이 신산(神山)의 재읍(齋邑) 같은 성질을 가진 운봉(雲峰)이 신라 시대에는 모산현(母山縣)으로서 경덕(景德)이란 명칭과 한가지로 아영성(阿英城)·아막성(阿莫城) 곧 '얼'성, '엄'성[102]의 별호를 가져 성읍에도 '얼' '엄'이 명칭으로 사용된 실증이 있다.[103]

한 지역의 신산(神山)인 감악산(紺岳山)을 가진 적성(積城)이 고대에 아말성(阿末城)이라 일컬었음과,[104] 또 진역 계통의 고대 민족과 방국(邦國)이 국세(國勢)의 발전 따라서 경(京)이란 대읍을 두되 여러 경(京) 중에서 으뜸인 것을 상경(上京)으로 칭함이 통례이거늘, 이는 오랜 고풍을 대동으로 계승하여 오는 것인 듯한[105] 방증이 있음 등은 왕험(王險)이 '엄검'(阿莫金) 곧 상경(上京)의 뜻임을 주장하는 우리에게 퍽 큰 기댐이 된다.

이밖에도 역내에 왕산(王山)이라고 부르는 것이 여럿인 중에 특히 대구의 왕산은 팔공산과 합하여 신역(神域)의 취지를 지니고,[106] 산청의 왕산은 산중에 고대의 단유(壇壝)인 듯한 돌 언덕이 있어 신령한 제사터라는 느낌이 들게 하니 왕(王) 대 '엄'의 암시를 줌이 있다.[107] 더욱 경주에서 두두리(豆豆里)라는 토속 신을 제사 지내는 곳을 왕가수(王家藪)라 함은[108] 유력한 '얼그'의 한 용례를 얻을 것이다.

다시 눈을 돌려서 음운의 통칙을 따라보면 왕(王)을 '엄', '얼', '언'에 대응하는 글자로 볼 타당성이 크게 늘어난다. 무릇 지나인이 외국의 어음(語音)을 번역할 때는 반드시 엄밀히 원음을 따오는 것만 아니라, 그 주관적 요구에 의하는 다소의 변개를 행함이 많다. 혹은 한문 격식을 맞추기 위해, 혹은 천대를 나타내기 위해, 혹은 축약하기 위해, 혹은 부회하기 위해, 혹은 음의(音義)를 동시에 나타내기 위하여서도 그러하다. 이 밖에도 비슷한 음끼리 상통(上通)한다는 음운상의 이유에서 나오는 것도 적지 않다. 그중에도 ㅏ: ㅓ와 ㅗ: ㅓ와 ㅣ: ㅜ 등의 모음 상통과 ㄴ: ㅇ과 ㄹ: ㅁ 등의 자음 상통은 그것이 발음 기관의 사소한 이동에 불과하며, 또 음운 변환이 격심한 지나인만큼 퍽 흔한 현상이었다.

이제 국고(國故)에 나온 고음(古音)의 여러 사례를 왕(王)자 관계로 들어보자. 『삼국지』에 진한(辰韓)의 방언을 적되 "각 국(國)을 방(邦)이라 한다."라고 하였는데, 방(邦)은 벌(伐)에 대응한 글자로, 이는 ㄹ과 ㅇ의 전변(轉變)이다.[109] 『계림유사(鷄林類事)』에 고려의 국어를 적되, "혜왈성(鞋曰盛)"이라 한 '성(盛)'은 '신'에 대응한 자이니, 이는 ㄴ과 ㅇ의 전변이다.

『삼국사기』 지리지 소재의 지명 중에 "술천군(述川郡)은 성지매(省知買)라고도 한다."는 술(述)과 성(省)의 통용이요, "상홀(上忽)은 거홀(車忽)이라고도 한다."는 '상'과 '술'의 통용이다.[110] "양구군(楊口郡)은 요은홀차(要隱忽次)라고도 한다."와 "양악(楊岳)은 지금의 안악군(安岳郡)이다."는 모두 ㅇ과 ㄴ의 통용이다. 이렇게 ㄹㅁ과 ㄴㅇ의 서로 혼동됨은 이론은 어찌 되었든지 실제 예에는 퍽 많은 음운 현상으로 지나 고금의 여러 문적 가운데에도 허다한 증본(證本)을 붙잡을 수 있다.[111]

이로써 말하건대, 그렇지 않아도 상경(上京)을 의미하는 '엄검'을 번역한 글자로 왕험(王險)이란 글자를 사용했다 함은 조금도 억지가 아니다. 우리의 이 견해가 과히 망령된 추정만이 아닐 것이며, 다만 많은 비슷한 종류의 글자들에서 이 두 자를 집어쓰기는 아닌

게 아니라 『역경』의 "왕공설험(王公設險)"에 의미의 연관을 두려 하는 미의(微意)에서 나왔을 것이니, 이것도 그대로 왕험(王險)이 상경(上京)이라는 설을 지지하는 근거의 하나로 쓸 수 있음이 물론이다.[112] 이상에서 우리가 고찰한 것은 다음과 같다.

(1) 평양은 진역 최고(最古)의 도읍으로 반드시 오랜 명호를 가졌을 것.
(2) 평양은 당시 최고(最高)의 도읍으로 그 명칭에는 대개 이 의미가 포함되었을 것(더욱 종교적 이유에 의하여).
(3) 그것이 한(漢)나라 문화 수입 이전의 사실이므로, 그 명칭은 고유한 민속에 의한 본토어로 되었을 것.
(4) 왕험(王險; 檢)을 '올곰'(혹 '옴곰')으로 볼 때에는 그 조건이 이에 합당할 뿐 아니라, 아울러 민속적 유례와 음운상 통칙에 상당한 근거가 있는 것.
(5) 따라서 왕검(王儉)을 『역경』의 문구로서 탈화(脫化)한 줄로만 봄은 그럴 수 없는 일이요, 설사 글자의 형태가 그렇다 할지라도 그는 본토의 옛 명칭을 그대로 베껴 이 문자로 하였음에 불과할 것.
(6) 고대 지명의 한역(漢譯) 사례를 보건대, 가능한 데까지는(음을 약간 바꾸어 가면서라도) 사음(寫音)과 동시에 표의(表意)를 겸하려 하였으니, 이제 '왕험(王險)'이란 글자로 번역해서 대응한 그것을, 거기가 본디 왕국의 성읍(城邑; 혹 한 지역의 上都)쯤 되는 의미를 가졌음을 반영한 것으로 봄직한 것.
(7) 통틀어 말하면, '왕험'은 지명적으로 오랜 내력과 분명한 근거를 가진 것임.

더욱, 왕험이란 이름이 오래된 것이 아니라는 설의 큰 기둥이 된

『역경』의 "왕공설험(王公設險)" 한 구절로 말하면 여기서 다시,

(1) "왕공이 험함을 설치하여 그 나라를 지켰다(王公設險以守其 國).'의 문장으로 일부러 지었다고 한다면, 변경 마을이면 모르되 왕도의 이름으로는 본디부터 적절한 것 아님.

(2) 지나의 지명에는 험(險)자를 쓴 일이 거의 없고, 쓰는 것은 그 형승의 비유한 어구로 제한됨.

(3) 『역경』이 본디 천칙(天則)으로 인사(人事)를 준하여 그 길흉과 이험(易險)의 일단을 보이려 한 문자이거니와, 험(險)이란 글자는 실상 흉(凶)자를 달리 사용함과 같아서 자기네가 『역경』에 의하여 이름을 짓는다 하면 구태여 이런 자구를 골라서 뽑았을 리 없을 것.

(4) 『역경』에는 저절로 험(險)자를 많이 썼고, 또 왕험(王險) 두 자가 한 곳에 모인 것만 하여도 사(師)의 「단전(彖傳)」에 "사(師)는 무리요, 정(貞)은 올바름이니 능히 우리를 바르게 하면 왕(王)이 될 수 있으리라. 강한 것을 중간 정도로 해서 응하고, 험(險)을 행하되 순하게 하니, 이것으로 천하를 혹독하게 하되, 백성이 이에 따르니 길하며 또 무슨 허물이 되겠는가."라 한 것처럼 어느 의미로는 감괘(坎卦)의 단문(彖文) 이상의 적절한 문구를 들 수 있다. 따라서 시라토리 구라키치 씨 이상의 적절한 이론을 세울 수 있을지 모르겠지만, 실체를 비워 놓고 환영을 좇음은 교(巧)하거나 졸(拙)하거나 한가지로 우스운 이론에 떨어지는 것이니 객쩍은 짓 하는 이에게 고언(苦言)으로 주겠다.

우리의 이 고찰이 상당히 추론에 그쳐 아직 학적 단안(斷案)을 만들기에는 부족하고 부실함이 있음은 사실이다. 더 연구를 내켜보

면 우리 스스로 어떠한 새로운 시야와 새로운 논점을 발견할지는 모르겠지만,

(1) 마찬가지 독단적 가정이라 할지라도 우리의 견해가 더 많은 실제성을 함유한 것.
(2) 저네들의 고립적 논거와 예단적 견법(見法)이 어떻게 위룽튀룽한 발바닥에 버티어 있는 것.
(3) 따라서, 저네들의 소견이 설사 약간의 교묘함을 가졌을지라도 결코 그 논리적 귀면(鬼面)에 위협받는 일 없이 진상(眞相)으로의 직성(直性)으로 자립적 탐구에 힘쓸 필요가 있고 또한 흥미 있음.

이것으로써 약간 짐작하게 하였다고 할진대 우리는 지금은 이것만으로도 만족하려 한다.

지명인 왕험(王險)은 그렇게 볼 수 있다고 치고, 인명인 왕검(王儉)은 어떻게 생긴 것일까? 하나의 왕검을 두고, 『삼국사기』는 선인(仙人)의 이름이라 하고, 『삼국유사』는 국조(國祖)의 이름이고 단군의 이름이라 하니, 두 말에 어느 것이 옳을까?

혹시 선인이 그대로 조선의 국조이어서 실상은 두 말이 각각 그 일면씩만을 전하는 것으로, 어느 말이고 다 옳은 것이 아닐까? 그렇다고 하면 선인은 무엇을 의미하는 것일까? 선인과 단군은 어떠한 관계를 가지는 것일까? 이에 단군 문제는 비로소 미묘한 소식(消息)을 건드리게 되지만 상세함은 뒤에 미루고 여기는 왕험성(王險城)의 신(神)인지의 여부를 밝히기에 필요한 만큼 약간 그 진상을 들추어 보기로 하자.

편의상 먼저 선인(仙人)이란 것을 생각해 보건대, 거기는 무릇 세 방면의 시야가 있음을 본다. 첫째는 종교적인 그것이니, 이것이 다

시 도교적인 것과 불교적인 것의 둘로 나뉜다. 불교가 동래하기 전에 이미 선(仙) 사상이 동양에 있었음은 진한(秦漢)의 사이에 이미 선(仙) 추구의 사실이 문헌에 기록됨으로써 알 것이다.[113] 또 그것이 이미 다소의 종교적 색채를 띠었음은 이미 방사(方士)라는 특수한 사제직과[114] 꽤 복잡한 제의와 성전을 갖추어 가진 것으로[115] 짐작할 것이다.

후대의 도교가 선(仙)의 연원을 말하매 노산(老山)을 끌어내다가 황제(黃帝)를 말하였다가, 다시 광성자(廣成子)니 누구니 하는 순설화적 인격을 만들어서 희미한 사실과 한가지로 묘막(渺漠)한 연대를 말함에 이르렀으니, 요약하면 그 기원이 오래였음을 나타내려 함에 불과한 것이다.

대저 도교와 선 사상은 어떠한 계기로 합쳐진 것인지, 어떠한 관계를 가진 것인지 퍽 거북살스런 문제임이 분명하거니와, 보는 방법을 따라서는 선 사상의 종교적 연장이 도교라고도 할 것이다.[116] 그렇지 않고 선과 도교는 원래 다른 내력을 가진 별개의 한 사물로 우연의 기회 혹 필연적 사세(事勢)에 끌려서 연결되어 합일한 것으로 볼 수도 있을 것이다.[117]

지나에 있는 선의 오랜 신념을 상고하건대, 선(仙)자를 본디 선(僊)으로 썼으며 높이 오르는 사람을 의미하였다.[118] 후한 시대의 문헌에 의거하면 그는 장생(長生; 혹은 老而) 불사하는 자요, 산상(山上)에 거주하는 자라 하였다. 선(僊)자의 형태에 헌(仚)과 선(仙) 등이 있음은 곧 그가 산악과 더불어 떠날 수 없는 관계를 가진 표적으로 볼 것이다.[119] 또 그 음이 선(遷)과 통함도 일변 선(僊)이 초현실적 높은 거동을 나타낸 것으로 볼 것이다.[120] 『장자(莊子)』 외편의 「천지(天地)」에,

성인은 메추라기처럼 거처가 일정치 않고 새의 새끼처럼 주는 대로

먹으며, 새처럼 날아다니면서 자취를 남기지 않는다. 천하에 도가 있으면 만물과 함께 번성하고 천하에 도가 없으면 덕을 닦으며 한가로이 지낸다. 천년을 살다가 세상이 싫어지면 떠나서 선경(仙境)으로 올라간다. 저 흰 구름을 타고 천제(天帝)의 가 있는 곳에 이르니, 세 가지 근심이 찾아들지 않고 몸에 늘 아무런 해가 없다.

이라 하고, 『열자(列子)』 상(上)의 「황제(黃帝)」에,

열고야산(列姑射山)은 해하주(海河州) 가운데 있었는데, 산 위에는 신인(神人)이 있었다. 바람을 들이마시고 이슬을 마시며 오곡(五穀)을 먹지 않았다. 마음은 깊은 샘과 같고 형체는 처녀와 같았다. 가까이하지도 않고 아끼지도 않는데 선인(仙人)과 성인(聖人)이 신하가 되었고, 두렵게 하지도 않고 노하지도 않으니 성실한 사람이 그의 부림을 받았다.

라 함 등으로써, 선(僊)이란 관념이 대략 춘추 시대에 있었음을 추측할 것이다.[121] 이것이 철학자의 상상과 시인의 영탄 등 개사적(概思的) 감흥에서 발전하여 생활상 욕구와 종교적 대상이 되기는 대개 전국 시대 말경에 연나라와 제나라 지방에서 비롯하여 진나라 · 한나라 사이에 왕자(王者)의 위세 아래 불끈 그 사회적 세력을 확대한 것이었다. 이것이 다시 내륙 방면으로 점점 침투하면서 한편으로는 노장 사상에서 논리적 근거를 얻고 한편으로는 고래의 각종 민간 신앙을 포합하여 종교적 기초가 넓어지다가, 마침내 후한 말경에 이르러 장도릉(張道陵) 무리의 손을 빌어 종문(宗門)의 성립을 보게 된 것이 이른바 도교란 것이다.

우리가 보는 바로는 애초의 선(仙)은 구체적 기초에 선 물질적인 것이요, 노장 사상은 본디 추상적 존재를 짓는 관념적인 것으로 그 근저에는 섞지 못할 일물(一物)이 있다 하겠다. 그러나 그것이 초현

실적 현실을 흔구(欣求)한다는 공통의 계기가 있음으로써, 어느 틈엔지 접근하고 결착하여 도교라는 용광로에서 혼연히 일체가 되었다.

그런데 이 선(仙) 관념과 노장 사상의 차별상은 남북 양계의 지방적 특색을 나타낸 것으로도 볼 것이려니와, 우리는 이에 대하여 선이란 것이 지나인에게 있어서는 동방의 이종족, 이른바 이인(夷人)에게로부터 유입한 외래 사상인 것을 지적하고 싶다. 연나라·제나라 사이에 동이(東夷)의 교단(僑團)들이 소재지에서 상망(相望)하고, 따라서 특색 있는 문물의 형적을 지금도 많이 지적할 수 있다.

아마 선(仙)의 도란 것도 동이의 사이에는 진작부터 신앙되어 행해지던 것으로, 그 기원은 자못 묘막(渺邈)에 속하는 것이다. 그러다가 동이와 한족의 민족적 장벽이 전국 시대 말경으로부터 감소되어 철폐되면서 문화의 섞임이 행해지기 시작하였다. 다시 일진하여 그 장생구시(長生久視)라는 중심 사실이 진시황·한무제처럼 인간적 욕망이 극도에 이른 자들에게 초인간적 자극을 주니, 그 위세와 풍력(風力)을 의지하여 금시에 천하를 흔들게 된 단서가 열렸을 것이라는 것이 우리의 선도(仙道) 연원에 대한 개인적 믿음이다.

선도(仙道)의 내력을 상세히 고찰함에도 그 문화적 재료를 주로 하여야 할 것이니, 이는 상대 지나의 다른 모든 문화 고찰에서와 같다. 왜 그러냐 하면, 도교가 세워진 뒤 그중에 끼워져서 해설되는 선도의 역사란 것은 관념적 또는 분식적(粉飾的)이어서 믿을 것이 하나도 없다. 이에 반하여 도리어 문자 그것에는 그 문자가 쓰이던 시대의 관념 혹 사실이 속일 수 없는 정상(情狀)으로 들어 있기 때문이다.

통례에 비추어 먼저 글자 형태로부터 관찰하건대, 선(僊)은 해성(諧聲)으로 회의(會意)를 겸한 것으로, 천(䙴)은 뜻으로 한번 승고(升高)를 나타내고 소리로 다시 천화(遷化)의 뜻을 지지하는 것이다.[122] 요약하면 천(僊)이란 동작을 인격 명사화한 것이 선(僊)임에 불과하다.

다시 소리만으로 선(僊)자를 보건대, 상대 지나에 있는 신성어의 주음(主音)으로 볼 'ㅅ'계의 자음(字音)으로 시(示), 신(祺), 생(生), 성(性), 수(修), 시(視), 순(純), 순(舜), 신(神), 순(醇), 선(禪), 수(襚), 성(聖), 상(上), 지(至), 진(眞) 등은 유어(類語) 또는 파생어임이 의심 없다. 더욱 선성(仙聖), 신선(神仙) 등으로 숙성되어 그 의미도 신(神) 혹 성(聖)과 가까웠던 듯하다. 앞에서 인용한 『장자』, 『열자』의 글에 쓴 선(僊)자도 실상 후대의 선(仙)자와는 크게 차이가 있다. 또 세(洗), 설(雪), 태(蛻), 선(蟬), 신(蜃), 승(乘), 수(髓), 신(腎), 신(新), 선(善) 등과 통함에서 개환(改換), 화성(化成)의 뜻이 있음을 짐작할 것이다. 「광아(廣雅)」(「釋詁」 3)에 '선비야(仙比也)'라 함이 또한 까닭 있음을 알 것이다.

이렇게 설문(說文)적 관찰로는 자형 · 자음 · 자의가 모두 천(僊)을 의거하여 성립하여 경양(輕揚), 고거(高擧) 내지 신변(神變), 기이(起異)를 의미할 뿐이다.[123] 고대에는 실상 후세와 같이 장생구시(長生久視)라든지 입산수련이라든지 비행자재(飛行自在) 등의 뜻이 포함되지 않았다. 이것이 내용의 확충을 거쳐서 『설문해자』, 『석명(釋名)』 등 한나라 시대의 책에 장생불사의 이인(異人)을 의미하고, 또 자형에도 인(人)이 산상에 있거나 혹 인(人)이 산방(山房)에 있게 되기는 진실로 선교(仙敎) 발전에 있어서 중대한 변화가 되는 것이다. 그 전기를 이루는 것이 곧 전국 시대 지나 문물 대요람기의 동이 신앙의 전파 · 감화라고 우리는 말하는 것이다.

이제 조선에 떨어져 있는 동이 계통 문화의 종교 관념을 살피건대, 그 속에 '술'로써 일컫는 한 법상(法相)이 있어 꽤 중요한 지위를 차지하였으니, 필시 생명 · 생활 · 창조 · 건립 등 관념의 신비화 내지 신격화로 고인(古人)이 소중히 알던 것이다. 더욱 이것이 그 실천적 · 수행적 방면을 대표하는 명칭인 것은 우선 지명과 그 부수된 설화 가운데 약간 그 뜻을 헤아려 볼 수 있다.

조선에 있어서 옛날의 종교적 대상이 된 듯한 산악의 명호를 검토하건대, '슬'과 또 그 변형인 '순'이 그 주요한 일종이 되었음을 보니 우선 금강산의 옛 명칭인 상악(霜岳)의 상(霜)[124]이 이미 슬의 번역이거니와,

- 음역(音譯): 수리(修理), 소래(蘇來), 소라(所羅), 사라(沙羅), 설례(薛例), 수로(首露), 수용(首龍), 사나(舍那), 수락(水落), 수정(水精), 수도(修道), 속리(俗離), 신류(神留), 신림(神林), 신흥(神興), 신륵(神勒)
- 의역(義譯): 증(甑: 王시루), 취(鷲: 靈鷲)
- 음의쌍거역(音義雙擧譯): 상(霜), 난(難), 송(松), 선(仙), 선(禪), 성(聖), 신(新), 신(神)
- 아화역(雅化譯): 서산(西山), 서산(瑞山), 선산(善山), 성산(星山), 성산(城山), 서림(西林), 소림(少林), 쌍령(雙嶺), 서운(栖雲), 상원(上院), 서린(瑞麟), 청량(淸凉)
- 전변형(轉變形): 삼성(三聖), 삼방(三方), 삼일(三日), 삼랑(三郎), 시랑(侍郎), 사인(舍人), 성거(聖居), 성주(聖住), 대성(大聖)

등 지명의 대개는 '슬' 계통에 붙이는 것이고, 그것은 대개 고대의 성지 특히 종교적 수련의 영장(靈場)이었던 것이다. 이 이름을 가진 산악들에는 지금까지 선인(仙人) 설화를 전해오는 것이 많고, 그것은 대개 조선 고도(古道)의 수행자에 벗어나지 않는다. 그 수행이란 것이 실상 산악적 수련으로써, '슬' 그 변형인 '순'산의 이름과 '슬' 행의 실제적 상관을 알 것이다. 그 한 둘의 실례로, 남에서는 지리산의 상원암(上院庵), 서에서는 무장의 선운산(禪雲山), 동에서는 고성의 삼일포(三日浦), 북에서는 평양의 대성산(大聖山)을 들 수 있다.

지리산의 상원(上院)은 옥보고(玉寶高) 선인의 은둔 수련지로 이름 있는 곳이니, 실로 지리산 가운데 가장 농후한 전설적 분위기를 가졌다. 『삼국사기』에 전하는 바로는 옥보고란 이가 일개 금사(琴師) 비슷하지만[125] 그가 귀인의 아들로 입산을 결행하여 종신토록 음악의 행자가 된 것은 대개 종교적 동기에서 나온 것이다. 또 그것이 그때에 있어서 흔히 행하는 신순(信順) 생활의 한 형상이었으니, 그는 실로 이러한 산악 수행자의 한 사람으로 그 머물고 놀던 땅을 이곳에 가림이었다.

그를 선인으로 보는 설화가 후세까지 많이 전하고[126] 칠자(七子) 성불 따위의 종교적 설화[127]가 그를 둘러싸고 내려옴은 실로 까닭 있는 일이었다. 그런데 그의 유적을 지금은 칠불암(七佛庵)이라 일컫고, 고대에는 운상원(雲上院)이라 일컫고, 일명은 금륜사(金輪寺)라 불렀음은 여러 기록과 같고,[128] 지금까지도 옥보대(玉寶臺)란 것이 칠불암의 뒷등에 높고 평평하게 남아 있다.

우리의 연구를 디디건대, 이 옥보대란 것이 실상은 옛 제단 혹 신령한 장소의 하나로 북으로는 반야의 봉을 지고 남으로는 화개의 골짜기를 당겨서 선성(仙聖) 행자의 일대 복지(福地)였음이 분명하다. 악양(岳陽)으로부터 화개를 거치고 쌍계(雙溪)를 지나서 범왕(梵王)에 이르기까지 사오십리 장곡(長谷)이 지리산에서도 옛부터 가장 많이 선성(仙聖) 설화를 포장한 것이 또한 우연이 아니었다.[129]

이제 지명의 옛 뜻을 더듬어 보아도 가장 오래고 또 본형대로 남아 있는 듯한 금륜(金輪)이 얼른 보면 불교 경전에서 나왔을 듯도 하다.[130] 하지만 산중의 한 절에 금륜(金輪)라는 이름이 실로 말이 안 된다 하겠는데, 대개 오랜 무슨 명호의 전변일 것으로 상상하겠다. 우리는 『삼국유사』 제왕의 "진지왕(眞智王)은 금륜(金輪)이라 불렀고, 사륜(舍輪)이라고도 전한다."의 예로써 금륜은 사륜의 글자

형태적인 작은 변형이고, 사륜은 '슬'의 사음(寫音)일 것을 대개 의심치 않는다.

아울러 운상원(雲上院)의 상원이 실상 또한 '슬'의 다른 전변일 것이라 추리한다.[131] 나아가 쌍계사의 쌍계가 지금까지 전하는 속설처럼 양 갈래 물이 합처져서 얻은 이름이 아니라, 실상 최치원 같은 이의 손으로 '슬'골이 한자식으로 변한 것이 아닐까 생각한다.[132]

내가 전에 옥보대를 등림(登臨)하였을 적에도, 그 솟은 언덕 모양과 산중의 위치로 보아서 그것이 지리산 남쪽 골짜기에 있는 최대의 종교적 유서지(遺緖地)일 것을 믿고 산악도(山嶽道) 일방의 중심지로 이른바 선인(仙人)의 발자취가 여기서 떠난 적이 없었을 것이라고 생각하였다.

이곳이 옥보고로 인하여 비로소 드러났다든지 또 옥보고가 금악(琴樂)을 마음껏 향유하려 하여 이곳을 찾아온 것 아니라, 사실은 이 '슬'터의 사제(司祭)에 옥보고란 한 사람이 있고, 그 신을 공양하는 요건에 금곡(琴曲)이 본디 따르는데 옥보고라는 이가 특히 이 신악(神樂)에 뛰어난 기술을 가졌던 것쯤 되는 것이다. 설화적 변조로 『삼국사기』의 기록과 같이 된 것으로 생각한다. 선인이란 것은 요컨대 이런 옥보고 같은 부류가 아닐는지?

무장의 선운산은 서한(西韓) 일대의 유수한 명산이고, 선운(禪雲)이란 옛 대찰(大刹)이 있어 이름이 났다. 산중에는 허다한 암굴·석주(石柱)·고대(高臺)·기봉(奇峰) 등 고교(古敎)에 상응하는 천연 물소(物素)와 마찬가지로, 국사(國師)니 천주(天王)니 장군(將軍)이니 미륵(彌勒)이니 천문(天門)이니 용문(龍門)이니 만월(滿月)이니 백계(白鷄)니 하는 고신도적(古神道的) 이름이 전하여 그것이 얼마나 고신도의 중요한 영장(靈場)이었는지를 소리 높여 외친다.

그런데 후대에 와서는 선운이란 이름의 의미에 대하여 불교에서 부회한 각종 해석을 하고, 특히 선(禪)이란 글자가 본디부터 승선(僧禪)의 선(禪) 같은 것처럼 말하였다.[133] 그러나 선운(禪雲)은 한편 선운(仙雲)이라 하기도 하여,[134] 실상 글자 뜻과는 관계없는 사음이니, 이 산의 성질로 보아서 선운(禪(仙)雲)이 대개 '술은'에 대응한 번역임을 용이하게 추측할 수 있다.[135]

「도솔참당선운사국내주회기록(兜率懺堂禪雲寺局內周回記錄)」등 고문헌에 나오는 수락촌(水落村)·음성봉(音聲峰)·취봉(鷲峰)·사리봉(射狸峰) 등은 필시 총명(總名)이던 '술'이 분파적 또 쇄산적(碎散的)으로 전하고 있는 것임은, 이 명호의 지역들이 다 선운의 주봉을 공읍(拱揖)하는 위치에 있음으로써 짐작할 것이다.[136] 이렇게 생긴 선운산이 예로부터 애단 선인(挨丹仙人)의 각종 전설이 있고, 특히 그 개태사(開泰寺)는 애단이 단련하는 도장으로 전함은 실로 우연이 아니니, 선운의 애단은 대개 상원의 옥보고 따위일 것이다.

신라 이래로 선운산이 차차 불교도의 독점으로 돌아가서 옛 종교의 유적이 불교의 법상(法相)에 섭화되니, 선운(禪雲)·참당(懺堂)·도솔(兜率)·법화(法華)로 명칭이 바뀌는 것과 마찬가지로 애단 선인은 검단 선사(黔丹禪師)로 변화하여 선운산의 개산조(開山祖)가 되었다.[137] 영험한 산악을 순례하기 위해 찾아왔던 듯한 신라의 진흥왕이 어느덧 선운 개산을 도운 인연자로 화(化)하게 되고, 천주(天柱)니 입암(立巖)이니 하던 고도(古道)의 신물(神物)이 불교적 설화의 한 물소(物素)로 감재사자(監齋使者)의 화석(化石)을 짓게 되었다.[138]

우리의 고찰을 좇건대, 고도(古道)의 영험한 장소로 가장 뿌리 깊은 자로 오랫동안 갈등과 분규 끝에 불교에 포섭된 곳에는 대개 승자인 불도의 손에, 크면 용을 몰아냈다 하고 작으면 도적을 쫓았다는 설화가 성립하였음을 본다. 그 설상(說相)이 가장 전형적으로 생긴 것이 선운산 용문(龍門) 설화라 할 것이다. 이렇게 선운산에 용을 몰아낸 설화가 있고 또 그것이 퍽 장기간에 이른 격렬한 분쟁임이 나타나는 것은 선운산이 얼마나 오래고 큰 고교(古敎) 도장이라는 분명한 증거이다. 그럴진대 이 산에 흔적을 남긴 선도(仙徒) 또한 적을 수 없을 것이다. 애단(挨丹)은 물론 그중의 한 사람이고 또 그와 한가지로 전하는 의운(義雲) 선사란 이도 밑을 캐어보면 산악 행자의 부류가 아닐지 모를 것이다.

선운산이 있는 무장현은 고려의 무송(茂松)·장사(長沙) 두 현을 합하고 그 첫 자들을 취하여 지은 이름이고, 선운산은 장사에 속하였다. 장사는 백제의 상로현(上老縣)을 신라에서 고친 이름이니, 이 상로도 대개는 선운(禪雲)과 어원을 한가지로 하는 것으로 '술' 혹 '술은'의 대응되는 글자로 볼 것인가 한다(무송현의 백제 이름인 松彌知도 또한 한 근원에서 분파된 것일지 모를 것이다). 대체 선운산이 '술'의 어원과 한가지로 선인의 보금자리로 전해온 것을 우선 주의하여 두자.

고성의 삼일포는 사선(四仙)과 영랑(永郞) 선인의 전설을 가진 곳이니, 이른바 선(仙)이 무엇이든 간에 삼일포가 선(仙)과의 인연이 있는 곳인 것만 알아두자. 그런데, 삼일(三日)의 어원에 대하여 고문이 전하는 바에는 "예전에 네 신선이 여기서 놀았는데, 삼일 동안 돌아오지 않아 이러한 이름을 얻었다."[139]라고 하였으나, 우리의 연구로는 이는 실상 문자를 기다려 가탁한 후대의 지명 기원 설화일 따름이다.

실상은 다른 깊은 내력을 가진 것이니, 대개 삼일(三日)은 '사흘'을 번역한 글자이고 '사흘'은 '술'의 와전인 것으로 성지를 의미하였다. 고대에 있어서 금강산이 산악 숭배의 일대 대상으로 국가적 순근(巡覲)을 받았음은 다음 글에 논급할 기회가 있을 터이다.[140]

이 삼일포를 당시에는 금강산의 한 권속으로 쳤던지, 독립한 성지로 알려졌던지는 현재 규명하지 못할 일이다. 여하간 그것이 국선(國仙) 순례의 한 지점인 것은 지금도 전해오는 "영랑도 남석행(永郎徒南石行)"이란 절벽의 각자(刻字)로 알 것이고, 사선의 선(仙)이 또한 국선(國仙)·선랑(仙郎)의 선(仙)일 것으로써도 짐작할 것이다. 송광산과 치락대(鴟落臺)와 삼일암(三日庵)이 다 본디 '슬기'의 다른 번역인 사례로 추정하여 삼일포의 삼일이 대개 동일한 어원에서 나왔음을 짐작할 지니,[141] 여기서도 '슬'과 선(仙)의 상관에 관한 한 유례를 얻는다 할 것이다.

평양의 대성산(大聖山)은 그 신도적 지위가 정히 경주의 서연산(西鳶山), 개성의 송악산에 해당하며, 거주민이 예부터 신앙한 대상이던 곳이다. 그 위에 '황제마누라'의 신당(神堂)이 있어 평양 사람은 매 춘절(春節)이나 새 곡식이 날 때에 1년에 한 차례 이상은 주식병과(酒食餠果)로서 산마지를 내향(來享)하고, 몸이 가지를 못하면 을밀대 같은 데서 산바라기라 하여 반드시 성제(聖祭)라도 해야 하는 줄 아는 존숭지(尊崇地)이다.

여기에는 동명 선인(東明仙人) 대 녹족 부인(鹿足夫人)의 유명한 신화가 전하니,[142] 녹족 부인 운운은 물론 불교 전설과의 융합에서 생긴 것이다.[143] 이 황제마누라가 신라의 서술성모(西述聖母) 같은[144] 고구려의 국모적 신격으로, 이른바 선성(仙聖)의 짝이었을 것은 설화 가운데 여흔이 오히려 있는 바이다.

그런데, 대성산(『여지승람』에는 聖을 城으로 함)의 성(聖)이 대개 '슬ᄋ'의 번역 글자일 것은 다른 데서 '슬'산을 성(聖)자로 많이 번역해 쓰는 것에서[145] 유추할 수 있다. 뿐만 아니라 그 주요한 신령한 연못을 '술못'이라 하고, 춤추는 곳을 '가승당'이라 함에 옛 형상의 그림자가 머무른 듯하니 이 산에 슬의 칭(稱)이 있었던 것을 다시 한번 짐작하겠다.

아마도 『삼국지』, 『후한서』 등에 적은 고구려 동쪽의 수신(燧神)이란 것과 현재 평양 지방 무축(巫祝) 대상의 대신(大神)인 '설'이란 것이 다 여기에 관계 되는 것일 것이다. 또 대성산을 한편으로 대성구룡산(大聖九龍山)이라 하는 구룡(九龍), 대성산성의 동북에 있는 고구려의 장안(長安), 대성산 근처에 두었던 고구려의 대화궁(大花宮) 등도 그 명칭의 유래가 또한 이것과 서로 떠나지 못함이 있을 것이다.[146]

저 신당(神堂)의 앞에 세운 대성산 신당 사적비(大聖山神堂事跡碑)에 "신당 또한 오래되었다. 옛날 단군 때부터 지금에 이르기까지 수천 년 동안 향불이 꺼지지 않은 것은 신이 가장 영험하기 때문일 것이다. 양서(兩西)의 사람뿐만 아니라 동경(東京)의 사람도 와서 제사 지낸 것이 몇인지 모른다."라 함이, 비록 하대의 만언(漫言)일망정 전혀 근거 없는 말도 아닐 듯하다(저 동명성왕의 聖도 대개는 동명 선인의 仙과 같은 원어를 번역한 글자로 다 '술'의 類語群에 속함일 것이다).

백제의 영험한 제사터로 알려진 직산의 위례성이 있는 곳이 성거산(聖居山)인데, 그 재읍(齋邑)이었던 듯한 곳에 지금도 시랑리(侍郎里)의 이름이 전한다.[147] 성골 장군(聖骨將軍)의 전설[148]을 가진 개성의 성거산(聖居山)이 한편으로 평나(平那)·구룡(九龍)의 이름을 가지고[149] 대흥동(大興洞) 박연(朴淵)의 지명을 보존하고,[150] 마한의 영험한 제사터이던 익산의 미륵산에는 상봉에 장군의 이름과 한가지로 상대(上臺)의 호칭이 있다.[151]

역내 최고의 영험한 제사터 중 하나로 전하고 후에 제사 지내는 산의 요단(要壇)이 된 강화의 마니에는 참성단(塹星壇)·삼랑성(三郎城)이 병존하고 있다. 삼랑(三郎)은 한편 정족(鼎足)이라 하여 하나는 음으로 하나는 훈(訓)으로 술을 나타내고 있다.[152] 이처럼 고대의 제단이던 곳에 '술'(그 전변인 '순')의 명칭과 아울러 선인(仙人; 내지 장군)의 전설(내지 故事)을 가진 것을 일일이 셀 수 없겠나 번거로우니 낱낱이 들추지 말기로 하자.[153]

진역의 고신도에 있는 '술'이란 것이 어떠한 성질인지는 앞으로 많은 고찰을 한 후에 판명될 것이다. 대저 '亽'는 첫째 생명을 표시하는 어휘이니, 생존을 '살으', 생활을 '살림', 호흡을 '숨', 흉문(凶門)을 '숫구멍'이라 하는 등이 이것이다(한문의 生·壽 등을 참조할 것). '亽'는 또 변화를 표시하는 어휘니, 갱신을 '새', 시초를 '숫', 선려(鮮麗)를 '산'(듯), 쇠백(衰白)을 '세', 부변(腐變)을 '석' 또는 '쉬'라 하는 등이 이것이다(한문의 新·鮮·衰·傷 등을 참조할 것).

'亽'는 또 개명(開明)을 표시하는 어휘니, 밝는 날을 '새는 날', 밝을 녘을 '샐 녘', 밤이 '새'인다, 날이 '새'인다, '새벽', '새ㅅ별' 등이 이것이다(한문의 曙·晨 등을 참조할 것). 亽는 또 생명의 방위이고 일출의 방위이고 인선(仁善)의 방위로 이는 동방을 표시하는 어휘니, 동풍을 '새ㅅ바람', 동한(東韓)은 '진한(辰韓)'이라 하는 등이 이것이다(한문의 震을 참조할 것).

'亽'는 또 '샘'[泉]·'솟'[湧]이라 함에서 생생함의 뜻을 볼 것이고, '서'[立], '세'[强], '심'[力]이라 함에서 활동의 뜻을 볼 것이고, '수'[幸運], '사망'[吉利]이라 함에서 신우(神佑)의 뜻을 볼 것이다. 신산(神山) - 종교적 영장이던 산악의 '술'(亽)이란 이름은 대개 이러한 어의에 관련될 것이다. 이상에서 우리는 다음과 같은 사실을 알 수 있다.

(1) 진역 고신도의 영험한 제사터에는 '술'의 명칭을 지닌 것이 많음.
(2) 그 높은 곳에는 대개 선인 전설이 지금까지도 점착(粘着)되어 옴.
(3) 그 선인은 대개 악무(樂舞), 수련, 근례(覲禮)를 하는 자였음.
(4) 옛날 '술은'(亽은)의 산은 뒤에 불교의 유명 사찰로 변화하여 변화된 모습으로 생명을 지속하거나 그렇지 않으면 숭엄한 신지(神地)로 의연히 거주민의 신앙을 계속 받음.

동시에 진역 고신도의 '술'이란 수행이 대개 다음과 같은 것임도 알 수 있다.

(1) 기도적 방면에 있어서는 높은 산의 맨 꼭대기를 영험한 제사 터로 하여 산신 내지 천신에게 경건하게 제사지냄.

(2) 그 수행 방면에서는 심산유곡을 도장으로 하여 수련 즉 수심 (修心)으로써 천지의 생명에 합일을 구함.

(3) 몸을 높이 두고 원대한 생각을 함으로써 속된 세상을 끊어 버리고, '천주(天柱)',[154] '천문(天門)',[155] '천제(天梯)',[156] 같이 생각하는 고산 위에서 구체적인 반박환원(反朴還源)의 수행을 쌓던 것임을 짐작할 수 있으니, 대개 이렇게 천봉재(天奉齋)와 한가지로 산악 수련을 겸비한 옛 종교의 도인을 '술은'이라 하고 그것을 후세에 음의(音義) 두 가지를 다 번역하기를 선 인(仙人)이라 한 것임.

진역의 옛 신앙은 다음에 자세히 논할 것처럼, 태양을 천주(天主) 로 하고 고산을 천지(天支)로 하여 자기네의 생명과 문물의 연원이 그 속에서 출발하였음을 믿는 것이니, 그 수행이 산악을 도장으로 하게 됨은 곧 생명의 본원이 신에게로의 접근을 의미함이었다. 그 는 물론 태양을 예배하였고[157] 또는 예배를 위한 제단을 필요로 하 였으니, '술'산이란 것은 요컨대 보통 때 혹은 어떤 시기의 서일지 앙(曙日祗仰)의 신역(神域)이었다.[158]

따라서 이에 관한 제사 계급이 생겨나 일종의 영력(靈力)의 권능 자 노릇을 하게 되니 이것이 곧 '술은'이란 것이고, '술은'의 직무가 처음에는 제사·공희(供犧)에 그쳤을는지 모르지만 태양에의 숭배 가 어느덧 관념적 분자로 가미되었다. 그것이 더욱 이론적 발전을 이루게 되어 복기연형(腹氣煉形)이라는 사실을 유발하게 되면서[159]

'슬'행은 인생에 긴절(緊切)한 구체적 경향을 취하게 되고 그 끝이 마침내 장생불사, 고비승천(高飛升天) 등 이상적 생장을 보게까지 되었다.[160]

이 '슬', 전(轉)하여 '슨'법은 이 문화 계통 공통의 것이겠지만 산악단(山岳團)인 반도에서 퍽 많은 생장을 이루었음은 자연스러운 현상이었다. 이것이 대동강 유역과 산둥 반도 간에 문물 교통이 빈번해짐에 따라 지나로 유입되어[161] 고승(高升)과 경거(輕擧)의 뜻을 가진 선(僊)자로 번역된 것이 대개 지나에 있는 선도(僊道)의 연원이다.

이 선(僊)이 전국 시대와 진나라, 한나라를 거치면서 종교적 색채가 농후해지고 인격적 성립의 명료함을 요구하는 기세에 따라서 글자는 선(仙)을 따르게 되고 뜻은 산중의 수련을 포함하게 되었다. 이로부터 선성(仙聖)과 신선(神仙)이 점점 일반적인 신성의 뜻을 떠나서 일종의 종교적 영격자(靈格者)를 의미하게 되었다.[162]

진역 옛 종교의 '슨'행을 선(仙)으로 번역하고 그 수행자를 선인(仙人)이라 칭함은 설사 지나의 선(仙)과 이쪽의 '슬'에 일원적 관계가 없는 셈 치고라도, 자학(字學)적 이유로 아주 적당하고 긴절한 것임은 물론이다. 도교 편, 지나 사상 편으로만 그런 것이 아니라 불교 편, 인도 사상 편으로서도 마찬가지이다. 인도에서는 불교 이외에 도행이 높은 이를 'Rsi'라 하는데 한역(漢譯)하여 선(仙)으로 쓰니, 그는 대개 입산 수행하여 도과(道科)를 얻은 이이기 때문이다.[163] 그러므로 불교 편으로 보아도 진역 고유 종교의 수행은 일종의 선행(仙行)이고 그 도인은 일종의 선인(仙人)이니, 옛 종교와 그 수행자를 선(仙)으로 칭함은 아마 불교 이후에 한층 선명과 보편을 더하였을는지도 모를 것이다.[164]

다시 한 번 민속적 방면으로 보건대(지명의 남은 흔적과 전설의 숨은 뜻은 앞서 약술도 하였거니와), 『동명왕편』에 나오는 천왕랑(天王郎) 해모수가 웅심산(熊心山)을 중화참(中火站)으로 하여 천상(天上) 인간으로 승강자재(升降自在)하는 사실, 그리고 그 위의가 얼마나 신선적으로 생겼는지는 누구의 눈으로도 보이는 일이다.[165]

이른바 천왕랑이 후세의 이른바 선랑(仙郞)으로 한문적으로는 신선(神僊)에 해당하는 것이고, 또 해모수라는 수(漱)가 또한 '술'계의 이름자로 볼 것일지도 모른다. 그런데 그 사실이 함빡 신선적이면서 신선의 이름이 보이지 않고, 천제자(天帝子; 혹 천왕랑)로 일컬음에 이 전설의 향토적 본질과 특색이 나타나 있음을 본다. 동명(東明)을 따로 선인(仙人)시하는 설화 형태도 있고,[166] 후세의 문학이 선성(仙聖)에 필적하게 대접함도 실로 우연한 것이 아니다.[167]

저 고래의 민간 신앙에 의거하여 꾸며 만든 것으로 볼 수 있는 묘청의 팔성(八聖)이 대개 선인(仙人)·신인(神人)·천선(天仙)·천녀(天女)로 칭하는 자이고, 선인이라 한 것 세 가지 중에 두 가지나 평양에 속하였음은 평양이 얼마나 신선 전설과 인연이 있는 지역임을 짐작하게 함이 있다.[168] 기록의 어형(語形)에 따로 신인(神人)·성인(聖人)으로 칭하는 것이 진역의 산악 설화(특히 건국 설화)에 자주 고개를 내민다.

우선 팔성 중의 증역악 신인(甑域嶽神人)이란 것도 그 하나이고, 가야산 신정견모주(神正見母主)에 대한 천신이비가(天神夷毗訶),[169] 지리산 천왕성모에 대한 엄천 화상(嚴川和尙),[170] 한라산의 삼신인(三神人) 등이 그것이다.[171] 이것이 외형의 호칭은 각각 다르되, 내실은 하나임은 「가락국기」의 칠성(七聖)이란 것이 다른 문헌에는 칠점산(七點山) 선인으로 나오고,[172] 『삼국사기』의 선인 왕검이 후세의 기록에는 신인(神人)으로 나오는 등으로 짐작할 것이다.

역사상의 실적으로 보아도 신라의 국선이 당시 종교 단체의 수령이요,[173] 고려의 선풍(仙風)이 외래 종교에 대한 고유 신앙의 명칭이었으며[174] 지금까지도 그 유풍이 송도의 선관(仙官)이란 것에 남아 있다.[175] 이렇게 이 나라 문헌상에 있는 선(仙)자의 용례와 아울러 그 본지(本地)가 된 민속적 사실들을 비교하여 헤아리면, 고전설(고기록)에 나오는 선인이란 것이 대개 어떠한 것임을 알 것이다. 더욱 지금 민간 신앙에 있는 '선앙'이란 것,[176] 그리고 산신·산왕(山王)·독성(獨聖)이란 것을 비교해볼 때에 그것이 얼마나 뿌리가 깊고 보편성을 가진 고신도적인 사실임을 밝게 짐작할 것이다.[177]

또 한편으로 동일 계통 문화의 민속적 사실에 비교를 시도하면 동아시아 신도(神道)의 총명(總名)이 되다시피 한 Shaman으로부터[178] 만주어에 무당을 '사만', 굿을 '삼담비', 사원을 '스', 요정을 '심누',[179] 몽고어에 사원을 '수머', 도깨비를 '포쌘', 일본어에 신의 뜻을 살피는 자를 '사니하(サニハ)',[180] 일종의 여무(女巫)를 '사루메(サルメ)'[181]라 함 등은 다 '술'계의 유어(類語)일 것이다. 또 일본에서 대대로 신기(神祇)의 도제조(都提調)를 맡은 일가가 시라카하(シラカハ)의 씨를 쓰는 것과 신을 받드는 중요 도구인 영(鈴)을 '스즈(スズ)'라 함 등도 또한 '술'에 인연이 있음일 것이다.

한 논자의 말마따나 신라어에 무(巫)를 차차웅(次次雄)이라 하는 것과 일본의 대신(大神)인 스사노오(スサノヲ)란 것이 다 한가지로 Shaman에 기원한 말로 또한 '술'계에 귀속할 것일지 모를 것이다. 스사노오 신의 딸로 오쿠니누시카미(大國主神) 신의 아내가 되었다는 스세리비메(須世理姬)란 이도 그 어원은 또한 '술'의 한 권속일 것 같다.

동이의 고속(古俗)으로 지나인이 전승한 듯한 가장 중대한 제천(祭天) 의식에 '션(禪)'이란 것이 있어서 진나라 이래로 왕자(王者)의 빛나는 공적에 일대 성전(盛典)이 되었는데, 이 '션'도 본디는 '슨'이란 수행법의 전화에 불과함일 것은 그 이름과 실상이 한가지로 표증(表證)된다 할 것이다.[182]

또 일본어에 천조(天祖)와 주상(主上)에 관계되는 사물에 관하여

존경의 뜻을 표하는 말에 '스메(スメ)'와 '스메라(スメラ)'가 있어 스메신(スメ神), 스메오야(スメ親) 등으로 관용한다. 황상(皇上)을 단순히 스메라기(スメラギ; スメロギ)로 칭하기만도 하니, 지금까지의 학자는 그 어원을 통솔을 의미하는 말인 스베(スベ)에 둔다. 그 본말 관계는 정확히는 모르지만, 우리는 이것이 또한 'ㅅ'계와 동떨어진 것이 아님도 주의해야 할 것이다.

또 '알'을 의미하는 시라(シラ; シロ)란 어휘의 용례에는 영유 또는 통치의 뜻이 있어 신지(神祇) 또는 제왕은 "하늘의 지시를 받는 자"라 하였다. 국어에는 지(知)를 '알'이라 훈독하여 시로(シロ)와 어형은 같지 않으나 '알안곳', '알은체'에는 관여 내지 참여의 뜻이 있으며, 따로 치리(治理)를 '다스리'라 함에서는 '시로(シロ)'와 '(다)스리'에 어형적 일치가 있음을 본다(한문의 知의 뜻과 率의 음과 뜻을 참조할 것).

'슬ᄋ'란 이름의 상격적(祥格的) 방면에는 필시 이러한 의미도 포함되지 않을 수 없었을 것이다. 이는 고대의 군주가 대개 Magician 임으로써도 짐작할 수 있는 일이다(한문에 作之君 作之師란 師가 師巫란 師임을 주의할 것). 또 해모수의 "아침에는 정사를 돌보고 저녁에는 하늘에 오르니, 세상에서 천왕랑(天王郞)이라 이른다."(『동명왕편』 주)와 환웅 천왕의 "풍백(風伯)·우사(雨師)·운사(雲師)를 거느리고, 곡식·질병·형벌·선악 등 인간의 360여 가지 일을 주관하면서, 세상에서 다스리고 교화하였다."란 고전(古傳)의 뜻에서 그 증적을 엿보기도 할 것이다. 더욱 황웅 천왕의 신단(神壇) 정치에서는 신(神)과 선(禪) 대 '순'법의 연쇄적 관계를 살필 수 있다.[183]

또 한 가지 진역의 고신도와 원시 선도(仙道)의 사이에는 관념적 공통의 일면을 볼 것이 있다. 그것은 죽음에 대한 관념으로 국어에 죽음의 별칭에 '돌아가'와 한가지로 '올라가'란 것이 있음은 둘다 오랜 신앙으로부터 온 사생관일 것인데, '돌아가'ㄴ다 함은 곧 자기의 조선(祖先)이요 생명의 본원인 한울로 귀거(歸去)함을 의미하고, '올라가'ㄴ다 함은 곧 돌아가는 한울은 위에 있는 것이기 때문이다. 또 일면으로 하늘로 올라감에는 천제(天梯) 혹 천문(天門)인 지역 내 고산(高山)의 정상을 경유한다 함에 말미암았다.

그러므로 사자(死者)가 있으면 그 송종(送終)의 중심 사실은 다른 것이 아니라 아무쪼록 산으로 와서 하늘로의 '올라감'을 순리(順利)하게 함이다. 저 선비(鮮卑)가 사자의 영혼이 사마(邪魔)의 방해를 받지 않도록 그의 천산이라 하는 곳까지 명도(冥途)의 자량(資糧)을 붙여서 호송하는 것,[184] 진한인(辰韓人)이 사자의 신혼(神魂)이 잘 비상하라고 큰 새 깃털을 얹어 송종하는 것[185] 등은 이 관념이 구체화된 것이라 볼 것이다. 저 고구려의 동명성왕이 임종 후 황룡을 타고 승천하였다 하는 것,[186] 신라의 혁거세가 또한 승천한 지 7일에 오체(五體)가 흩어져 떨어졌다고 하는 것,[187] 단군 이하로 끝에는 입산해 신이 되었다는 이가 많은 것 등에[188] 보이는 옛 뜻은 다 죽음을 올라감으로 본 설화상의 투영이라 할 것이다.

또 고구려의 대신(大神) 중 하나에 등고(登高; 혹 高登)란 것이 있으니,[189] 이것도 물론 토속어의 사음이려니와 그 글자를 등고(登高)로 선택해서 사용한 것은 그 신격(神格)의 내용을 글자의 의미로 표현함으로도 볼 것이다. '올음'이란 것이 고대 '술'도(道) 신학(神學)상에서 매우 중요한 한 법상(法相)임은 여러 가지로 알 수 있는 일이다.

선도(仙道) 발전에 있어서 환원이니 복박(復朴)이니 하는 것이[190] 아무리 고상하고 미묘한 것이라 하여도 실상 이 '돌아가'라는 고대 관념의 성장에 벗어나지 않는 것이고, 우화(羽化)니,[191] 선태(蟬蛻)니,[192] 고거(高擧)니,[193] 상승(上升)이니[194] 하는 것이 『열선전』 이후와 갈홍(葛洪) 이래 어떠한 개념을 갖게 되었든지, 그 원시 형태는 일종의 세계 관념,[195] 혼백 관념에 따른 '올라가'라는 단순한 사상이던 것이다.

선(僊)자의 뜻이 본디 높이 오름을 의미하는 것에 그치는 것에서도 그 옛 뜻을 분명히 짐작할 수 있다. 지나에 있어서도 선인(仙人)을 고대에는 신인(神人)으로 부르고 성인(聖人)과 동일시하고 또 군사(君師)의 사(師)나 한가지로 고대로부터 사무(師巫)를 널리 쓰고,[196] 후세에도 여무(女巫)를 사랑(師娘)이라 하였다.[197] 그런데 신무(神巫)는 산중에서 영을 받는 줄로 앎[198] 등을 여기서 비교해 볼 것이다. 여기까지의 고증을 다시 한 번 요약하여 보면 다음과 같다.

(1) 조선의 고신도에는 신을 섬기는 수행법에 '슬'(혹 '슨')이란 것이 있었음(仕神을 '섬기'라 하고, 告事를 '슬외'라 함 등을 참조할 것).

(2) 이 '슬'행을 경건하게 수행하는 이를 '슬은'이라 일컫고, '슬은'이 줄어 '슨'이라고 하게도 됨.

(3) 영력(靈力) 제일의 고대에는 이 '슬은'이 사회적·정치적으로도 일종의 우월자로 존경과 신뢰를 받았음.

(4) '슬'은 처음에는 단순한 태양 예찬을 중심으로 하는 천신 봉재(奉齋)였으나, 조천(早天) 예일(禮日)의 형식이 전하여 일종의 호흡 운동이 생기고, 이것이 차차 이론과 실제의 양 방면으로 발달하여 양생 연형(養生煉形)의 도로 발전하여 갔음.

(5) 그리되기까지에는 맨 처음에 혼백은 유리(遊離)하는 것이라 함과 자기네의 생본(生本)은 천(天)이라 하는 두 관념이 합쳐져서, 차차 사후의 영혼은 천상으로 환귀(還歸)한다 하게 되고, 또 사귀(邪鬼)와 요정(妖精)의 관념이 생기면서 안혼(安魂)과 위령(慰靈)의 도는 망혼(亡魂)을 하늘로 안귀(安歸)하게 함에 있다 하게 되고, 그것이 또 이상적으로 변하여 승천이니 비행이니 선화(仙化)니 하는 신념을 양육해 내었음.

(6) 이것은 '슬'의 도장이 고산의 정상에 있었다는 것과 그네의 고신념에 고산은 하늘의 관문 혹 계단이라 하는 것이 있었음

이 인연이 되었음.

(7) 이 산악도인 '숣'법이 지나로 유입되어 제왕가에는 선례(禪禮)로 받아들여지고 종교가에는 선도(儒道)로 보존되어 선신선(仙神儒)으로 차차 발전하였음.

(8) 점차로 한문학이 수입되고 그 사상이 유포됨을 따라서 '숣'의 고유 사실과 선(仙)의 외래 명칭 사이에 접근과 결착이 행하게 되었음.

(9) 그러나 처음에는 이 '숣은'을 한역(漢譯)하는 이름이 구구하여 혹 신인(神人)이라 하기도 하고 혹 천신(天神)이라 하기도 하였으나 후에는 오로지 종교적인 선(仙)자를 취용하게 되었음.

(10) 이렇게 '선(仙)'이라 호칭하게 되자 그것이 지나적 신선(神仙)과 혼동을 일으키게 되고 또 조선 고전에 나오는 선인(仙人)이 필시 지나 선(仙)설의 수입 혹 모방같이 보이게 되었으나, 그 민족학적 연원 관계는 어떻든 간에 후대적 사실에서는 진역의 '숣'법과 지나의 선(仙)설은 별개에 속하는 것임 (그러므로 당나라 시대에 지나적 仙風이 유행한 뒤로부터는 國仙이라는 標號를 붙여서 지나의 그것과의 혼동을 피하게 된 것은 다음 글에 따로 적을 기회가 있을 것).

(11) 진역의 '숣'법은 그 원시 형태로 말하면 본시 신산(神山)에 들어가서 영력을 감득하는 수행이니, 곧 지금의 지리산·덕물산 등에서 무술(巫術)을 감수(感受)하는 것과 비슷한 것이었음.

(12) '숣'의 영험한 장소였던 옛 땅에는 그 증적이 '숣' 어휘가 붙은 산 이름에 전해졌음.

(13) '숣' 이름을 가진 명산에는 대개 선인 전설을 가진 것이 그 민속적 배경과 설화적 본질을 분명히 일러 줌.

아직 예증이 넉넉하지 못하여 논함이 투철하지 못한 감이 있으나 이만하여도 조선 고기(古記)에 나오는 이른바 신인(神人)·선인(仙人)이란 것이 어떠한 내력과 성질의 것임을 약간 밝혔을 줄로 안다. 그리하여 선인 왕검의 선인도 다른 데서는 혹 신인(神人)이라고도 하는 것처럼 분명한 출처가 있는 것이지 백판 맹랑한 것이 아님을 알며, 따라서 일부 논자가 이 선인을 『열선전』의 그것에 비거(比擧)하여 이러쿵저러쿵하는 것이 타당하다 할 수 없음을 깨닫는다. 과연 선인에 왕검이란 이가 있었든지 또 그이가 단군이란 이였든지는 저절로 별개의 문제에 속할 것이려니와, 줄잡아도 이 지역 고대의 신대적(神代的) 사실 가운데는 후대에 선인으로 번역할 만한 무슨 사실 또는 호칭이 있었던 것만이 이로써 약간 증명되었으면 그만이다.

※필자로서 독자께

처음에는 「단군론」을 40회 예정으로 그 요략(要略)을 기술하려 하였으나, 틀린 것을 옳다고 주장하는 것에 서로 따르고 뭇 의심이 옮겨 다니면서 늘어나고 있어, 문헌과 민속의 양 방면으로 우리 입론의 근거를 보임이 또한 긴요할 것으로 생각하여 이렇게 번쇄(煩碎)와 장황을 무릅쓰게 된 것입니다. 일반 독자의 싫증과 괴로움을 샀는지 모르지만 단군의 학문적 파현(破顯)과 합리적 호지(護持)가 얼마나 우리가 당면한 대사건인지를 생각하면 다소 원량(原諒)하심이 있으리라 합니다.

이제 백두산 근참(覲參)을 위하여 앞으로 잠시 속론(續論)을 멈추지 않을 수 없으니 더욱 송구한 일이나, 성스런 사적의 답험(踏驗)은 본론상에도 다소의 새로운 색채를 기대할 듯합니다. 왕험성의 신설(神說)은 아직 인명으로서의 왕검에 대한 고찰이 남았으며 이것을 마치면 묘향산 신설에 대하여 약간 검핵을 시도하여 말살론의 검토를 마치고 비로소 본론에 들어가 우리의 견해를 피력하게 됩니다.

■ 저자 주석 ■

【1】환국이 천(天)을 의미함은『삼국유사』에 게재된 아래 문장에 '천하(天下)', '인세(人世)', '천부(天符)', '천왕(天王)' 등의 언어 반영으로 알 것이다.

【2】단군 설화의 한 갈래로 이 계통의 인민 문화에 속하는 모든 건국 설화는 통틀어 국조 천강(天降)을 말하니, 몽고나 일본만 해도 그러하며, 국내로 말하면 부여와 고구려 이하가 모두 그러하다.

【3】조선의 고어(古語)를 깊이 살펴 보건대, 천(天)을 의미하는 언어가 여럿이었으나 다른 어형은 나중에 다 다른 뜻으로 전화하여 갔는데 그중에 이만이 후세(지금)까지도 천을 의미하는 유일한 언어임은, 그것이 본디부터 천을 일컫는 주어였던 까닭일지도 모를 것이다.

【4】일본의 다카아마하라(高天原), 나카쓰쿠니(中津國), 네노쿠니 (根の國)와 기타 동북아시아 고대 주민의 신앙에 그 유례를 찾을 것이니, 우선 도리이 류조(鳥居龍藏: 1870~1953) 씨의『인류학상으로 본 우리 상대의 문화(人類學上より見たる我が上代の文化)』(p.11)를 참조하기 바란다.

【5】안정복 독본의『삼국유사』와 기타 이런 것을 옮겨 인용한 도서이다.

【6】'밝'에 관하여는 뒤에 자세하게 밝혀질 것이며, 천(天)을 광

명 세계로 생각함은 인류의 대사상이라고도 할 것이거니와 범어(Deua)에도 광명의 의미가 있는 것처럼 동북아시아의 옛 신앙에도 이 유례가 있다. 야쿠트인의 최상신 Urun-Aiy-Tcyon이 세계 및 인류의 창조자이자 광명의 신, 조피(照被)의 신은 같은 것이요, 일본의 아마테라스오미카미(天照大神)도 이 관념이니, 이는 다 천을 광명으로 봄으로써 나온 것이다.

【7】환(桓)은 환(丸)과 관(冠)과 같이 한(寒) 운(韻)에 속하였다.

【8】'활옷'을 '할옷', '관가(官家)'를 '간가(간家)'로 이르는 따위가 그것이다. 「고기」 필자 및 『삼국유사』 찬자가 영남 사람임에 주의해야 할 것이다.

【9】한(韓)을 일본의 역사가는 흔히 반도 남방의 민중들에 한정한 명칭으로 인정하지만, 이것은 『삼국지』 이후의 사실로써 그 이전까지를 법칙화하려 함에서 나온 착오일 뿐이요, 본디는 남북을 통한 동방 지역의 동북 지역 백성의 일반적 명칭이었던 것이 『시경』, 『산해경』 등의 고문에서 그 증거를 더듬을 수 있는 일이다.

【10】우리의 고서에 의하건대 이(夷)자는 음·훈·의미 무엇이든지 다 천인(天人)의 의미를 나타내는 글자이니, 이전에 『동명(東明)』에 게재한 『조선역사통속강화개제(朝鮮歷史通俗講話開題)』에 이를 약간 논설하였거니와 본론의 후문(後文)에도 논급할 기회가 있을 것이다.

【11】해모수 설화, 동명 설화 같은 것으로 볼지라도, 얼른하면 천제자(天帝子; 天王郎)를 내세우니 이것이 왕이던 그네의 통칭인 까닭

임은 알기 쉬운 일이다.

【12】차차웅은 무(巫)의 호칭이요, 거슬한(居瑟邯)도 그 비슷한 말이니 권력적 표시의 어구 이전에 비권력적(초권력적)의 의미를 가진 언어로서 왕을 일컬었던 것으로 볼 것이다.

【13】『사학잡지』제18편 제2호 시라토리 구라키치 씨의 『몽고민족의 기원』특히 p.127 참조.

【14】편의상『자치통감』권114,「진기(晉紀)」36, 안황제기의희(安皇帝紀義熙) 3년 정미조(丁未條) 혹은『어비역대통감집람(御批歷代通鑑輯覽)』35의 같은 조항.

【15】『서경』에 "천자는 백성의 부모가 됨으로서 천하의 왕이 된다."라 하고,『시경』에 "향토의 제후들이 천자(天子)에게 뜻을 받들어"라 함도 그것이거니와『춘추』에는 왕을 많이 천왕으로 일컬었으니,『독단(獨斷)』으로부터『일지록(日知錄)』에까지 그 해석이 많으나 요컨대 천왕은 역시 천자의 다른 호칭일 따름일 것이다.

【16】지나 상대(上代)에 군왕에 관한 천강 또는 감생(感生)의 설이 많음에 비교하여 헤아릴 것이다.

【17】전단(栴檀; Candana)은 여락(與樂)이라고 번역까지 하여 (『慧苑音義』상) 불교 식물의 저명한 하나의 물건이요, 과연 석가의 사인이 전단 버섯의 중독에 말미암았다 하고(『長阿含經』3), 또 그 화장 때에도 전단을 썼다 하여 '전단신진(栴檀薪盡)'이란 조어가 생겼다. 또 부처나 보살상을 전단으로 조각하는 일이 있어(『西域記』5), 후의 대

승경(大乘經)에는 『전단향신다라니경(栴檀香身陀羅尼經)』이란 것도 있게 되었지만, 전단이 반드시 불교 경전 중의 제1위 명목(名木)은 아니다.

불교에서 나무의 왕이라는 것은, 첫째 『법화경』 머리말 부분에 "나라와 세계가 자연히 수묘(殊妙)하고 좋으니 천수왕(天樹王)이 그 꽃을 두루 피어냄과 같다."라고 나오는 것처럼, 도리천(忉利天)의 파리질다라수(波利質多羅樹; Paricittra, 번역하여 香遍樹 또는 晝度樹)란 것이니(『起世經』6, 『長阿含經』권20 등에 보임), 이미 제석의 국토인 도리천성(忉利天城)에 있는 나무요, 또 『혜원음의』에 적은 것처럼 "이 나무는 뿌리가 튼튼하여 많은 꽃과 열매를 맺고, 향기가 도리천궁(忉利天宮)에 골고루 퍼진다."라는 이 나무야말로 불교 경전 중에서 차용하자면 천국을 무대로 하는 단군 고전의 가장 적절한 첫 번째 물건일 수밖에 없을 것이다.

또 부처와 보살에 인연이 있는 것으로 말할진대, 먼저 도량수(道場樹) 곧 보리수(菩提樹)로 주의가 가는데, 석가모니불의 열매 필발라(畢鉢羅; Pippala) 같은 것에 가까운 무엇이 생각날 것이다. 억지로 말하자면 파리질다라(波利質多羅) 나무와 열매 필발라가 단(檀)의 국훈(國訓)인 '박달'에 가깝다고도 하겠지만, 다른 튼튼한 방증을 얻기까지 이런 억설을 세울 수 없음은 물론이다.

【18】 전단(栴檀)은 석가와 관세음과 관련이 된다. 『전단향신다라니경(栴檀香身陀羅尼經)』은 관음과 인연이 깊은 경전이기 때문이다. 그러나 제석(帝釋)에는 그리 긴밀한 인연이 없는 것이다.

【19】 국어의 향나무라 하는 것은 향기 있는 나무의 범칭보다 흔히 원백(圓栢)이라 하는 것에 해당하는 나무의 전속 명칭이 되고, 이밖에는 혹시 '노간주'[杜松]를 일컫거나 하는 것이니, 원백은 학

명을 Juniperus chinensis(L. Pinord)라 하여 일본식 명칭에 뱌쿠신(ビ
ャクシン; 柏槇·柏心·白身·白心)이란 것으로, 마쓰무라 진조(松村任三;
1856~1928)의 『개정증보식물명휘(改正增補植物名彙)』(157페이지)에는
『본초강목(本草綱目)』의 노송나무[檜]나 회백(檜栢)을 여기 대비시켰
고, 『조선거수노수명목지(朝鮮巨樹老樹名木誌)』(155페이지)에도 뱌쿠신
에는 '향나무', '향목'의 번역 이름을 붙였다. 『조선식물명휘』(20페
이지)의 학명 아래에 일본어 이부키(イブキ)에는 회백(檜栢), 노송나
무[檜], 향목 등의 한자와 마찬가지로 '향나무'라 적고, 마찬가지의
'뱌쿠신'에는 따로 '산나무'를 붙였으나, 산은 향의 지방적 사투리
오역일 뿐이다. 두송은 '노간주' 혹은 '노가주향나무'라 하니, 상식
적으로는 원백의 작은 것으로 볼만하므로 또한 '향나무'를 일컫는
것이다.

【20】『조선식물명휘』의 박달나무 기록을 보건대, 학명 Betula
dahurica의 항목 아래에 일본 명칭 고오노오레(コヲノヲレ)에는 '박
달나무', 미야마칸바(ミヤマカンバ)에는 '사스래나무'를 적고(115페이
지), Betuls schmidtii의 항목 아래에는 일본 명칭 오노오레(ヲノヲレ),
한자로 단목(檀木)과 국칭(國稱) 박달나무를 적었다(116페이지). 단
(檀)은 본디 자단(紫檀)·백단(白檀) 하는 열대산의 향목이니, 우리의
박달나무를 이에 대함은 물론 근거가 없는 것이다.

【21】『동국사략』의 문장이니, 『고려사』 지리지 서경조(西京條)의
문장을 합하여 고려·조선 시기의 단(壇)자가 단(檀)자로 변하는 예
를 볼 것이며, 『동국사략』의 문장은 『동국통감』(외기)에 계승되어
(단, 문장이 약간 다르다) 이후에 이어지고, 다시 『동몽선습(童蒙先習)』에
들어가서 국민 교과서의 결정된 생각같이 된 것이다.

【22】단군의 단(壇)이 단(檀)이 아니면 단(檀)자 근거의 뭇매가 아무리 아플지라도, 그 최대 한도의 성공이 조선 이후의 단군설을 흔듦에 그칠 것이요, 또 단군 말살론 중에서 단(檀)자에 대한 분분한 토론이 근거를 잃어버릴 것 같으면, 그 수많은 말이 혹시 환국·환웅은 건드릴지 모르되, 알맹이인 단군에는 저절로 상관이 없는 것이다.

【23】요사이 안정복 독본『삼국유사』의 교토제국대학 영인본 간행이 있기 이전에는 도쿄제국대학 간행의 총서 활자본이 너나 할 것 없이 흔히 연구의 대본으로 쓰던 것이었거니와 이 활자본에도 물론 분명히 '신단수하(神壇樹下)', '단군(壇君)' 등 흙토 변 글자로 나왔다. 이런 것을 주관에 있는 단(檀)자를 객관에 반영하여 단(壇)자를 늘 단(檀)으로 읽은 것이었다.

【24】『동사강목』부권(附卷) 상, 고이(考異), 단군이칭(檀君異稱)조에 "『삼국유사』는 신단수(神壇樹) 아래에 내려왔다고 여겼기 때문에 '단군(壇君)'이라 칭하였다.『자치통감』과『여지(麗志)』는 단목(檀木)에 내려왔다고 여겼기 때문에 '단군(檀君)'이라 칭했다. 지금은『자치통감』과『여지』를 따른다." 라 했다. 이 고설(考說)은 안정복의 정밀한 학풍하고는 딴판인 논이지만, 여하간 단군의 단(壇)자를 인정한 일례로 들었다.

【25】해당 항목의 '전조선국' 기사 아래에, "내 생각에,『삼국유사』는 신단(神檀)을 신단(神壇)으로 하고 단군(檀君)을 단군(壇君)으로 하였는데, 대개『삼국유사』는 동방에서 처음 나온 사서이고, '신(神)' 자로 본다면 단유(壇壝)의 '단(壇)'과 비교하는 것이 옳다. 신단(神壇)의 '단(壇)'은 '단(檀)'이라 하더라도, 단목(檀木)에는 두 종류가

있다. 하나는 향이 있는 자단(紫檀)이고, 하나는 세속에서 박달나무라고 하는 것이다. 단단하고 견고하여 재목으로 쓴다. 태백산(太伯山)에 자단이 많아서 묘향(妙香)이라고 이름하였는데, 산은 태산(太山) 아래에 있다. 사람들은 자단을 단군의 단(檀)이라고 여겼다. 강동현(江東縣)의 진산(鎭山)은 대박산(大朴山)이라고 하는데, 아래에 큰 무덤이 있다. 세상에는 단군묘(壇君墓)라고 전한다. 대박달(大朴達)인데, 단군묘가 있어서 이름을 그렇게 지은 것이다."라고 했다. 여기서도 그 단군을 단(壇)으로 주장한 점만 보아 두자.

【26】 원전의 단(壇)을 모르는 체하고 짐짓 나중에 나온 단(檀)에 의거하여 이러니저러니 함은 마치 환국(桓國)의 국(國)자를 인(因)자로 고쳐 가면서 환인 제석(桓因帝釋)에 부회하려 듦과 같은 떼꾸러기의 짓이다.

【27】 단군전 중의 천부인 세 개를 어떻게 볼 것인지는 꽤 거북한 문제이다. 부(符)는 부서(符瑞)의 부(符)로도 보겠지만 부인(符印)이라 할 것 같으면 두 글자가 충분히 섞여 무엇의 표식을 나타냄으로 볼 것이다. 또 부인(符印)을 둘로 나누어 보면 부(符)는 좀 더 도교적이요, 인(印)은 좀 더 불교적이로되, 불교에도 부가 없는 것은 아니니, 특히 밀교의 『예적김강금백변법경(穢跡金剛禁百變法經)』에는 42종의 신부(神符)를 설명한 것이 있다.

【28】 인계(印契)는 인상(印相)·인명(印明)으로 칭하기도 하고 정인(定印; 三昧印)·해인(海印)·법인(法印) 등처럼 인(印)은 불교에서 많이 쓰이는 말이니, 그 통속적 의미는 또한 표신(表信)이라 함에 지나지 않는다.

111

단군론

【29】밀교에서 만다라(Mandala)를 단(壇)이라 번역하니, 단(壇)을 축성하고 제존(諸尊)을 안치하기 때문이다. 또 밀교의 지(地)·수(水)·풍(風)·화(火) 사단(四壇) 이외에 현교(顯敎)에도 계단(戒壇)·불정단(佛頂壇)·신중단(神衆壇) 등 단(壇) 이름들이 많이 있다.

【30】주(呪)는 불교에서 'Dharani'의 번역어로 쓰는 말이니, 명확한 것은『화엄경』정행품(淨行品)에 설명된 것처럼 보살행을 수련하는 자의 일거일동을 모두 축원 속에서 하도록 하는 불교 수행상의 필요 항목이 되는 것이다. 그러나 주력(呪力) 신앙이 원시 민족의 중요한 생활면이요, 단군전 중에 쑥과 마늘의 주력을 설명한 일단이 있음으로써 이 축원을 반드시 불교 모방이라고 할 이유는 없음이 물론이다.

【31】우리 생각에는 단군전의 문장이 만일 불교에 관계가 있다 하면 그것은 밀교와 연관되었기 때문인데, 단(壇)·주(呪)·인(印) 등이 모두 그러하다. 그러나 그것이 최대 한도에 있어서도 약간 명제상의 사칭에 그칠 것은 그 민속적 증거를 말미암아 분명한 일이다. 제석(帝釋)은 고려 국조 이래로 특히 존숭을 받은 하나의 천중(天衆)이요, 국난이 거듭되던 중엽쯤에는 더욱 제석 의존의 소재기축(消災祈祝)이 행해진 것은 역사서 문장에 나타남과 같다. 그 이유에 관하여는 우리가 따로 고찰한 것이 있는데, 일연의『삼국유사』가 환국(桓國) 아래에 "위제석야(謂帝釋也)"라고 주석을 붙인 것은, 실상 이러한 시대 의식의 반영으로 볼 것이다. 우리는 특히 단(壇) 자를 중심으로 밀교의 실상과 단군전과의 관계를 꽤 고증해 보고 더욱 이것을 통하여 현재 단군전의 고기 성립 연대를 헤아려 보려 하였으나 그 유사함과 공통점도 외피 한 겹만 제치고 들어가서는 아주 환멸(幻滅)됨을 아는 것이 그 결론이었다.

【32】 국조(國祖) 설화에 부서(符瑞)가 따라다님은 진역에 있어서도 통례이다. 혁거세 설화의 "이상한 기운이 번갯불 같은 빛이 땅에 드리운 것과 같았다."와 탈해 설화의 "까치가 모여서 울었다."와 알지 설화의 "자색 구름이 하늘에서 땅으로 드리웠는데, 흰 닭이 나무 아래서 울고 있었다."와 수로 설화의 "거북아, 거북아"와 "자줏빛 구름이 하늘에서 땅에 드리웠다. … 흰 닭이 나무 아래에서 울었다."라 함은 다 신성한 일이 있을 것을 미리 보여주는 부서였다. 단군전에도 옛날에는 응당 이러한 무엇이 있었겠지마는 이후의 상식적 기록가의 손에 지워져 없어졌을 것이다. 혹시 그 하나의 편린이 여기 나온 부인(符印)의 부(符)일지도 모를 것이다.

【33】 천부인(天符印)이 천인(天人)이란 특수한 종족의 성씨 표식물일 것은 - 천손으로 제왕 계통을 잇는 자를 나타내는 물건일 것임은 얼른 알 일이지만, 고대 진인이 문명의 선구자로 일종의 강대한 자존심을 가진 것은 최초의 개명 지역을 의미하는 '조선'이라는 국호에도 나타났다. 근방 타민족들의 초라하고 거친 풍속에도 일찍부터 "의관을 갖추고 검을 차고 다니는 것"을 특색으로 하고(『산해경』), 또 상하 구분 없이 두건 모양의 관모를 선호함이 천성인 것도(『삼국지』) 다 이러한 자존심의 발로로 볼 것이다. 더욱 구동명왕(舊東明王) 본기의 "머리에는 조우관(鳥羽冠)을 쓰고, 허리에는 용광검(龍光劍)을 찼다."로 천제자인 해모수의 복장을 삼음 같음은 이 상상을 퍽 유력하게 지지해 주는 것일 듯하다.

【34】 무사(巫師) 즉 군장이던 조선 고대에 매직(Magic)이 존숭되고 몇 개의 터부(Taboo)가 성행하였을 것은 마땅한 일이니, 이는 『삼국지』의 동이 열전에도 그 증거가 많이 있다. 단군전만 하여도 보는 태도에 따라서는 터부 중심인 한 편의 설화라고도 할 만한 것이다.

그런데 주력적(呪力的) 식물이 불교로 말하면 비타라(毘陀羅) 법의 파초주(芭蕉呪:「十誦律」2)나 용수보살(Nagarjuna)의 백개자주(白芥子呪) 같은 것은 있지만, 쑥이나 마늘을 주술에 사용한 것은 없는 듯하다. 그 대신 이 쑥과 마늘이 동북 지역의 특산이요, 동시에 속방(俗方)에 일종의 영력이 있는 약으로 믿어짐은 다 아는 바와 같다.

【35】천부인의 일단을 모두 모아서 일본 신화에 대비하여 볼 때에 그 원의를 살피기가 편하다. 천부인 세 개와 이른바 삼종 신기(三種神器)의 옛 뜻이 거의 같음은 물론이다. 홀로 부서적(符瑞的)으로 말할지라도 혁거세의 말, 수로의 거북, 주몽의 비둘기, 탈해의 까치, 알지의 닭이 저 진무 천황(神武天皇) 동정(東征) 때의 금빛 소리개[金鵄]란 것하고 동일한 모티프에 속함도 물론이다.

【36】무슨 까닭에 불교도는 단군전을 만들었다 할까? 그것은 아무래도 선교상 필요 때문이라 할 것이니 저『심청전』·『적성의전(翟成義傳)』같은 소설의 중요한 부분이 불법 확대상의 방편에 간섭을 갖는 것과 같은 비슷한 예가 될 것이다. 그런데 불덕(佛德)으로 융섭할 필요가 있었다 하면 아무 것보다도 그 욕구가 컸을 이 단군전 중에는 아무 그러한 투영이 없으며, 특히 일본의 본지수적론(本地垂迹論)에서 보는 것 같은 실질적 중생 구제의 흔적은 조금도 보이지 않는다.

일연의『삼국유사』찬술로부터 이전 약 1세기 간은 실상 고려 불교와 그 조정과의 접근이 최고 절정에 오르고, 따라서 조정 중심의 전통적 국민 신앙과 불교와의 동화·통섭 작용이 가장 활발하게 이루어진 시대이다. 묘청의 팔성당(八聖堂) 제안에 나타난 소위 실덕론(實德論)이라는 것은, 요컨대 이러한 기운을 구현한 한 단면이다. 인종 13년(1135,『삼국사기』찬술 전 10년,『삼국유사』찬술 전 140~150

년) 묘청의 '대위(大爲)' 변란은 이 국가 불교로 통합된 시대 사조에 가벼운 배로 빨리 달리기를 기약하였던 일이다. 만일 논자의 설과 같이 단군전이 승도의 손에 나온 것이고, 또 『삼국유사』의 전하는 바가 찬술된 시기로부터 과히 오래지 않은 때 만들어진 이야기에 의거한 것이라면 이 시대 정신의 반영이 반드시 농후하였을 것인데, 일연의 개인적 주석 한 구절 이외에는 이러한 노력의 흔적이 도무지 나타나지 않았다.

【37】이미 선교상의 필요에 의해 나왔거나 본적적(本迹的) 관계를 말하려는 것도 아니라 하면 – 또 한창 왕성한 시대 사조가 정히 이러한 경향을 보이는데도 이 색채의 물듦이 없는 것 같으면 어째서 승도가 단군전을 만들었다 할는지 또 승도가 만들었다 할 형적이 무엇이라 할는지 다 똑똑히 설명할 수 없을 것이다.

【38】인도는 세계 설화의 총원지(總源地)라고 하는 곳이다. 조선 신화(건국 고담)의 일대 특질이라 할 태양신의 설화만 하여도 꽤 많은 종류를 가졌으니, 다른 어려운 것은 그만두고라도 뻔히 여러 경론(經論)에 나와서 불교인이 익히 듣고 관습적으로 아는 것만을 말하여도 일천자(日天子)·보광천자(寶光天子)·보의천자(寶意天子)와 '수야(修野)' 일궁(日宮) 설화(「立世阿毘曇論」日月行品) 같은 것이 있다. 그러나 단군전 중에 이러한 것들의 영상은 조금도 발견되지 않는다.

【39】인도 설화(불교 경전에 실림)에 태양 화현(化現) 종류 이야기도 적지 않다. 우선 석가 오성(五姓)의 하나에 일종(日種; Surya vamsa)이라는 것이 있음이 그 일례이다. 석씨(釋氏)의 조상은 옛날에 감자 두 줄기가 일광(日光)에 쬐여서 남녀 한 쌍으로 변해 태어난 자라

하여 그 가문을 일종(日種)이라고 일컬음이 마치 동북 지방 고대의 여러 왕족이 태양신의 후예라 하여 부여는 해(解), 고구려는 고(高; 함께 고어에 日을 의미하는 'ᄀ'), 신라는 박(朴; 광명을 의미하는 '밝'), 백제는 부여(夫餘; 曙白을 의미하는 '부여')로 성씨를 삼음과 같은 것이다.

【40】 조선 건국 신화의 또 하나의 특색은 난생(卵生)이라는 하나의 모티프이다. 인도 고담(古談)에도 난생이 퍽 많은데, 이 유사성을 사실적 근거로 삼아 학자 중에 조선과 인도 간의 종족적 연결을 상상한 이도 있다(林泰輔와 같이). 만일 불교도가 불교 경전과 '국전(國傳)'을 습합하려 하면 일종(日種)과 한가지로 난생의 공통점을 가진 양국 고전을 포함시킴은 극히 용이한 일이었을 것이다. 지금 평양에는 대성산(大聖山) 성모(聖母)와 『잡보장경(雜寶藏經)』(1) 연화 부인(蓮華夫人)과 습합한 녹족 부인(鹿足夫人) 오백 난생 설화가 전해져 온다(廣法寺蹟碑銘 참조). 그런데 특히 단군전 중에는 직접·간접을 막론하고 이러한 영향으로 볼 것이 조금도 없음은 그것이 얼마나 옛 모습을 고스란히 보유하였는지를 말하는 것이다.

【41】 불교에서 정토의 초목을 진귀한 보배의 수림(樹林)이라 하여 보수(寶樹)라 일컬으니 『법화경』 「수량품(壽量品)」의 "보수(寶樹)는 화수(華樹)가 많으니, 중생들은 노닐며 즐기는 바이다."와 같은 것이 그것이다. 『관무량수경(觀無量壽經)』에서 설명하는 바 16관(觀) 중의 제4에 '보수관(寶樹觀)'이라는 것까지 있다. 또 불교에서는 무엇이든지 그 한 종류 중에서 원장(元長)될 만한 것을 왕이라 일컬으니, 상왕(象王)·우왕(牛王)·녹왕(鹿王)·아왕(鵝王) 등처럼 나무에도 거룩한 것을 수왕(樹王)이라 하는데 전단을 모든 나무의 왕처럼 여긴 곳은 없다.

【42】단군 고전을 한번 도교적으로 건너다보면 그 통일적 설명에도 그다지 억지가 적어, 도리어 불교 이상의 친근미를 발견할 것이다. 이 점에 대해서는 따로 고찰을 시도하기로 하고 여기에서는 그만두겠다. 저네들이 어설프게 불교적 명칭과 어구를 붙들어다가 운운(云云)하는 방식으로써 하는 일례를 만든다 하면, 천왕(天王)의 명칭이 천존(天尊) · 천제(天帝) · 천왕(天王) 이하 천완(天元) · 천공(天公) · 천후(天后) 등 그 대신격(大神格) 명칭이 부합함은 물론이고, 환국과 환국 서자의 인간 분할 통치의 한 구절은 지나 고전인 환산(桓山)의 새에 비교할 것이다(바로 도교 문자는 아니지마는 「孔子家語」 안회(顏回) 제18, 『說苑』 권18, 辨物 참조).

또한 신시(神市)는 도교 최대의 영장인 제천(祭天) · 초성(醮星) 등 제사 지내는 터 그것이라 할 수 있고, 바람과 비, 곡식 등에 관한 일들이 도교적 기도의 중요 항목임은 더구나 이를 꿰뚫는 논의이며, 그 산악을 무대로 한 것, 곰이나 호랑이를 한 가족으로 한 것, 혹은 왕검 선인(『삼국사기』) · 환인 선인(『청학집』) 등의 고전을 가진 것 등은 단군을 도교류로 몰기에 더욱 편리한 점들이다.

【43】환(桓) 한 글자만 가지고 말할지라도, 환은 『설문(說文)』에 "역참의 푯말이다."라 하고 서주(徐注)에 "표는 쌍으로 세워서 막는다. 한법(漢法)의 정표사해(亭表四解)에는 큰 나무를 세우고 네모난 판을 꿰어서 이름을 '환표(桓表)'라고 했다. 현(縣)에서 다스리는 곳 양쪽 가에 각각 하나씩 두었다."라 한 것처럼 지금 우리의 장승 비슷한 것이다.

단군 고전에도 신단수(神壇樹)를 말하고 또 그 비교 재료에도 한(韓)의 소도와 북방 고금 여러 민족의 신간(神竿)이 있음으로써 환국의 '환'이라고 말할 것이다. 마구 끌어다 대자면 『서경(書經)』 우공(양주)의 "서경산(西傾山)의 것은 환수(桓水)를 통한다."의 문구나

『주례(周禮)』 춘관(春官)의 "공(公)은 환규(桓圭)를 잡는다."에라도 억지로 맞추지 못할 것 아니며, 환웅(桓雄)을 가져다가 『진서(晋書)』에 보이는 환이(桓伊)의 탈화라고 말할 수도 있을 것이다. 삼갈 것은 이러한 종류의 견강부회이다.

【44】 우선 그리스 신화에서 명칭과 사실이 유사한 것을 찾아 볼지라도, 환국(桓國)은 헬렌 민족의 조상 이름으로 국명까지 된 Hellas에, 환웅은 태양신으로 성좌(星座)의 별들과 공간 세계 현상의 동일 신인 Helios에, 태백 산정의 신시(神市)는 올림푸스 산의 신도(神都)에, 단군은 포도의 재배와 마찬가지로 그리스의 국토로 이입하여 호랑이·표범·살쾡이 등에게 임금의 수레를 끌게 하고 인심을 온화하고 부드럽게 문명을 계발하는 공덕을 가진 신으로 각별히 존숭하는 Dionysos에 비유할 수 있을 것이다.

또 이것을 태양을 시조로 하는 풍속을 동일하게 하는 이집트 신화에 옮겨서 대비를 시도할진대, 환(桓)은 '영혼의 사전(社殿)'이라고 일컫는 푸른 하늘의 일부인 '안누'(혹 '온' 또 '헬리오볼리스'라 함)에 해당한다 할 것이다. 환웅은 신인(神人) 두 종족의 통합 시조라 하는 '아도움'에, 단군은 그 소생인 '다흐누'에 해당하는 것으로 설명할 수 있다. 상상의 날개를 벌려서 견강(牽强)의 하늘을 낢에는 불교 경전 이상의 자유를 이집트의 고전 중에서도 얻을 수 있다(편의상 『세계성전전집』 「死者之書」 상권 p.386 제9항, 前田越嶺 편, 『건국 신화: 이집트 이야기』 p.60과 p.107 참조). 또 환웅은 그 성질로나 호칭으로나 바빌론 신화에서는 '아누'와 히브리 신화에서는 '헤녹'에 비유함을 얻을 수 있다. 이러한 우연의 일치 중에서 억지로 필연적인 자식과 부모 관계를 말하려 함은 퍽 위험한 일이 아닐 수 없다.

【45】 인도 신화(그중에서도 불교 설화) 중에도 가장하여 차용하기에

합당한 여러 가지 모티프가 있지만 모두 다 그만두고, 일연의 주석일 법하되 제석 운운을 말하기에 그쳤음은 환(桓)이라는 글자 음의 유사함을 취하려 함에 얽매인 것이다.

【46】 가령 단군 서적의 밀교적 모방을 인정한다 할지라도 양부(兩部) 만다라(曼多羅: 금강계 九會 총 361尊, 胎藏系 13院 총 700여 尊 혹 12원 414존)의 허다한 불보살 천중(天衆) 중에 하필 제석 천왕을 뽑은 것은 물론 천왕이라는 말을 취하려 한 것이며, 단(檀)이고 단(壇)이 다 또한 '단'이란 음을 떠날 수 없기 때문에 차용된 문자이다. 이는 물론 단군전과 불교 경전 사이에 약간 용어상 상관 관계가 있음을 전제로 한다 하더라도 이렇다는 말이다.

【47】 국사에는 가라(加羅: 加良)·가락(駕洛)이며, 중국 서적에는 구야(狗邪), 일본 서적에는 가라(加羅) 등으로 나타난 것이 후대에는 5가야니 6가야니 하여 오로지 가야(伽耶)의 이름으로 일컬어지게 되었다. 가야는 물론 범어 Gaya(象)의 번역 글자로 가야산(伽倻山)·가야성(伽倻域) 등 불교 경전에 많이 나오는 것이고, 또 가라(加良)의 가야(伽耶)화는 실상 국어의 'ㄹ'종성의 'ㅑ'화 법칙에 의거하는 음운 변화를 이룬 이중적인 것이다.

【48】 『삼국사기』에 "휘(諱)를 유리(類利)라 하고", "혹은 유류(孺留)라 말한다."라 하고, 『삼국유사』 연표에 "누리(累利) 또는 유류(孺留)"라 하고, 영락태왕비(永樂太王碑)에는 '유류(孺留)'라 하고, 『위서』에는 '여달(閭達)'로 나타난 것이니 불교 경전에 유리(瑠璃) 태자(『열반경』)·유리왕(瑠璃王: 『유리왕경』 외 기타)의 이름이 있고, 유리(類利)의 태자 시기 완행(頑行)이 저이에 통할 듯하므로 뒤에 유리(琉璃) 글자를 무릅쓰게 되었다. 유리왕(琉璃王) 이름의 본래 형태는

Virudhaka요, 유리(類利)는 필시 '누리'의 번역 글자이리니 양자가 물론 본래는 다르지만 상관 관계가 있는 것이다.

【49】삼국 시대 고기(古記)에 보이는 인물명에는 글자는 다르나 음은 서로 같은 것에 의한 불교 경전적인 어구가 많다.『삼국유사』연표에 따라 신라 상대의 왕명을 점검해 볼지라도, 탈해(脫解)는 토해(吐解)·파사(婆娑), 미추(未鄒)는 미소(味炤)·자비(慈悲), 비처(毗處)는 소지(炤知), 지정(智訂)은 지철(智哲)·지도로(智度路) 등으로 쓰이는 예가 건성드뭇하며, 지금까지 행하는 지명에도 옛 명칭이 불교 경전의 어구화된 것이 이루 열거하기 어려울 지경이다. 또한 신곡(神曲)이 도솔가(兜率歌), 신사(神事)가 팔관회(八關會)가 되는 등 사물의 이름도 이중삼중으로 변하고 바뀐 예가 허다하다. 논자가 말하기를, 이것들은 불교 경전적 어구 이외에 또 다른 이름이나 별전(別傳)이 있으니까 우리가 그것을 믿을 수 있지만 환웅·단군 등은 그렇지 못하니 어찌하랴 할는지 모르되, 그네들의 미처 주의 못한 방면에 단군의 이칭(異稱)과 별전(別傳)이 하나 둘에 그치지 않음을 아래에 열거하겠다.

【50】시라토리(白鳥) 씨는『삼국사기』고구려 본기의 문장을 인용한 뒤에 평가를 내며 말하기를,

금와(金蛙)의 재상 아란불과 동해의 가섭원(迦葉原)은 분명히 불설(佛說)로서 탈화해온 명칭이니 그 증거로는 「지도론(智度論)」에 "미륵불이 말하기를, 이 사람은 과거 석가모니불의 제자로 이름은 마하가섭(摩訶迦葉)이다. 아란야(阿蘭若)에서 수행하여 작은 것에 족함을 알고, 두타(頭陀)를 행해 비구 중에서 첫 번째로 육신통(六神通)을 얻었다고 한다."라 한 것이 그것이다. 대저 아란불은 아란야(阿蘭若)의 야(若) 글자를 제

거하고, 불(弗; 아들의 의미)자를 넣어 사리불(舍利佛) 따위를 흉내 내어 인명을 만들고, 아란야사 고요한 곳의 평원에 인연이 있음으로써 가섭(迦葉), 바르게는 가섭파(迦葉波)를 도리어 벌판 이름을 만든 것처럼 거짓으로 꾸민 흔적이 명명백백하게 간파된다.

고 하였다. 그러나 아무 터무니없이 그것을 답습하여 사용하는 바에 아란이라는 장소를 사람으로 덮어씌우고, 가섭이라는 사람을 도리어 장소로 답습하였다 함이 설명하기 어려운 점이고, 일부러 그랬다 하기로 말하면 아란·가섭의 글자 모양을 그대로 답습하였을 리도 없고 또 이것은 천착이 지나친 말이다.

아란은 따로 설명하기로 하고, 가섭으로 말하여도 온 나라의 영산(靈山) 동굴 유적지에는 금강산의 가섭굴과 상원 관음산의 가수굴(佳殊窟)(『동국여지승람』 55, 「臥遊錄」 권3, 南秋江 「遊佳殊窟記」) 등처럼 얼마쯤 신성한 의미를 표현하는 이름도 되고, 또 강계의 가사동(家舍洞), 단천의 가사산(家舍山), 연천의 가사평(袈裟坪), 음성·충주의 가섭산(迦葉山), 영광의 구수산(九岫山), 언양의 가사현(加士峴), 울산·진부의 가수개(可樹介), 삼가(합천)의 옛 호칭인 가수(嘉壽), 고창의 옛 호칭인 고사부리(古沙夫里), 문경의 옛 호칭인 고사갈이(高思曷伊), 봉화의 옛 호칭인 고사마(古斯馬), 진원의 옛 호칭인 구사진혜(丘斯珍兮) 등처럼 각종 지명에 널리 쓰이는 이름에 예로부터 'ㄱㅅ'의 형태가 있었으니, 가섭원의 가섭이 또한 가사평 따위 한 지명 설화 중의 참입일 것이다(가섭굴 같은 것은 필시 大迦葉 鷄足山 入定의 일에 갖다 붙이려 한 것이겠지마는 다른 데 佳殊라는 이름이 있으니 그 원형을 생각할 수 있다). 또 아란불의 '불(弗)'이 사리불의 '불'과 마찬가지로 당시 남자의 미칭 내지 성스러운 호칭에 해당함은 뒤에서 밝혀질 것이다.

【51】 고전설의 종합적 연구의 결과에 의거하건대, 신화·전설

속에 나오는 인물에는 개인이 없고 대개는 한 국토, 한 왕조, 한 시대, 한 직업의 인격화·개인화한 명칭이 많다. 동명(東明)·혁거세(赫居世) 등이 그 좋은 예이다.

【52】『동명』 소재, 졸저 「조선역사통속강화개제(朝鮮歷史通俗講話開題)」 제15 참조. 무(巫)의 권위에 관해서는 유리왕 19년 조항도 참고하기 바란다.

【53】 정약용의 『아방강역고(我邦疆域考)』 권1, 조선고(朝鮮考) 중에

용안(鏞案: 정약용 견해). 『주역』에 이르기를, "왕공(王公)이 요해처에 방비를 설치하여 그 나라를 지켰다."라고 했다. 평양의 별칭인 왕험(王險)은 이 뜻인 것 같다. 단군이 평양에 도읍했다는 것도 믿을 만한 문헌이 없는데, 하물며 이름이 왕검(王儉)이라는 것을 누가 알겠는가? 선인(仙人) 왕검(王儉)의 이야기가 동인(東人: 우리나라 사람)의 책에 두루 실려 있지만 험(險)자를 검(儉)자로 고친 것은 이미 천착이 심하다. 또한, 『사기』에서 직설적으로 말하기를, "왕험은(왕험성이라고 하지 않음) 분명 지명이다."라고 했으니, 그것을 단군의 이름이라고 하는 것은 망령된 것이다.

라 하고, 한진서(韓鎭書)의 『해동역사속(海東繹史續)』 권2, 조선조에 이것을 좀 더 부연하여,

안(按) … 평양은 기씨(箕氏: 箕子)의 말부터 동국(東國)의 관할이 아니었다. 수백 년이 지나 위진(魏晉) 때 고구려가 비로소 도읍하였다. 당나라는 안동도호부를 두고 발해(渤海)를 함락시켰다. 또 수백 년이 지나 고려에 이르러, 비로소 판적(版籍)에 들어갔다. 신라인은 일찍이 평양이 어떤지 안 적이 없다. 김시중(金侍中: 김부식)이 사서를 편찬했지만, 이미

본국에는 믿을 만한 자취가 없으므로 그저 두씨(杜氏)의 설을 답습한 것이다. 또, 「고기(古記)」에 이른 바로 단군 왕검의 설에 부회하여 평양이 선인 왕검의 집이라고 한 것에 이르러, 이로부터 동인(東人)의 찬술은 거칠고 잡된 말을 이루어 단군의 이름이 왕검이라 하고 왕험(王險)이라고도 하였으며, 평양을 왕검이라 하거나 왕험이라고도 했다. 평양은 마침내 왕험이 되었으며, 굳어져서 깨트릴 수 없었다. 단군이 평양에 도읍했다는 것도 믿을 만한 문헌이 없는데, 하물며 이름이 왕검이라는 것을 누가 알겠는가? 험(險)자를 검(儉)자로 고친 것은 더욱 천착이 심하다.

이라 하니, 이마니시 류(今西龍) 씨의 설은 대개 이것을 다시 한 번 추론해 확장한 것이다.

【54】『한서』 지리지에 나오는 진역의 고지명은 다음과 같다.

- 조선(朝鮮), 염한(詌邯), 패수(浿水), 함자(含資), 점선(黏蟬), 수성(遂成), 대방(帶方), 사망(駟望), 해명(海冥), 열구(列口), 장잠(長岑), 돈유(屯有), 소명(昭明), 누방(鏤方), 제해(提奚), 혼미(渾彌), 탄열(呑列), 동선(東暆), 불이(不而), 잠이(蠶台), 수려(垂麗), 사두매(邪頭昧), 전막(前莫), 부조(夫租) (이상은 낙랑부 속현 25).
- 고구려(高句驪), 상은대(上殷台), 서개마(西蓋馬) (이상은 현도부 속현 3)

이 중에서 세 글자의 지명이 무릇 4개가 있으나 고(高)·상(上)·서(西) 등은 그 위치의 표시로 붙인 것인즉 사두매(邪頭昧)가 그 유일한 예가 될 것이며, 그 자면의 품격에 힘쓴 것은 손쉽게 간취되는 바이다. 오히려 어수선하고 궁벽하여 의빙(依憑)할 만한 것이 적음은, 그것이 대개 사음적으로 옛것을 모방한 것이고 본래 뜻을 취한 신조어가 아님을 엿볼 것이다. 그중에 설사 출전을 끄집어낼 몇 가지가 있을지라도 우연이거나 혹 음이 서로 비슷한 탓에 사칭함일 따름일 것이다.

필시 정약용의 설에서 힌트를 얻은 듯한 자에 시라토리 구라키치(白鳥庫吉)가 있으니, 그는 왕험(王險)뿐 아니라 한사군의 고지명이 많이 『역경』의 글에서 나왔음을 주창하였다. 그는 『만주역사지리』 제1편 「한나라 시대의 조선」 가운데 일부러 '지명의 해석'이란 항목을 두고 각종 새로운 설을 세웠다. 낙랑군의 형승(形勝)을 대강 설명하고 그 수도가 평양일 것을 헤아린 뒤에,

유역은 동에 준령이 솟고, 북에 대하가 흐르고, 서는 창해의 묘망(渺茫)함에 임하고, 남은 자비령(慈悲嶺)의 험조(險阻)와 맞잡았는데 또 평양은 이 강물의 중류 지역에 위치하여 남북의 요충지에 해당하고 육해(陸海) 교통의 추축을 점유한다. 이는 진실로 산하 사방이 요새인 땅으로 왕자(王者)가 거하여 이로써 개업하여 터를 세울 곳이라. 그런데 이것을 이름하되 왕험성(王險城)이라 하니 또한 그 형승의 뜻에 맞는 도다. 『역경』의 상단사(上象辭)를 보면, "습감(習坎)은 거듭 험한 것이다. 물이 흘러서 차지 않으며, 험한 것을 행해도 그 믿음을 잃지 않는다. 유심형(維心亨)은 강(剛)으로써 중정함이고, 행유상(行有尙)은 가서 공이 있음이다. 하늘의 험함은 오를 수 없고, 땅의 험함은 산천(山川) 구릉(丘陵)이다. 왕공이 험함을 설치하여[王公設險] 그 나라를 지키니, 험함을 때맞춰 씀이 크도다."라 하였으니, 왕험성(王險城)의 이름은 대개 이 글에서 비롯한 것이로다. 후세 고려 시대에 여진의 침입에 대비하려 하여 동북의 국경에 공험진(公險鎭)이라 칭하는 성을 쌓은 일이 있었으니, 이 이름도 또한 『역경』의 위 글에서 나왔음으로 짐작된즉, 왕험성에 관한 이와 같은 고안(考案)이 반드시 망령되지 아니하도다. 과연 그렇다면 왕험성의 건설이 『역경』 단사(象辭) 제작 이후, 곧 전국 시대 이후일 것임은 물론이지만, 이 명칭은 조선 왕이 기씨로 선정되면서 나왔는지 혹시 위만의 명

명과 관계되는지, 이것은 다시 일고(一考)를 요할 문제이다.『사기』의 조선 열전에는 홀로 위만이 왕험성을 근거하여 왕이 되었음을 적음에 그친즉, 이 글만 가지고는 아직 이 성이 과연 기씨 왕조의 때로부터 이미 동일한 명칭을 짊어지고 왔는지 아닌지를 판정하기 어려운 것이 있도다. 그러나 기자(箕子) 왕조의 왕명이 말끔『역경』의 글에 관계가 있음은 마침 왕험성의 명칭의 기원을 추측함에 좋은 예증을 제공함이 아닌가?

하고 다시 실례를 들어 가로되,

　　생각해보라, 진의 시황제 때에 조선에 군림한 이를 부(否)라 하는데, 부(否)는 실로『역경』의 괘 이름이다. 또 부(否)의 아들을 준(準)이라 하니, 이 왕의 이름은『역경』계사상전(繫辭上傳)의 "역(易)은 천지와 같다. 그러므로 천지의 도를 두루 다스린다(易與天地準 故能彌倫天地之道)."에서 나온 것이 아닐까? 또『역경』하경(下經)을 보면 "육오(六五)에, 기자(箕子)의 밝음이 가리는 것이니 정(貞)한 것이 이롭다(六五 箕子之明夷 利貞)."란 것이 있고, 그 아래 상전(象傳)에 "기자의 정(貞)은 밝음이 종식될 수 없는 것이다(箕子之貞 明不可息也)."란 것이 있은즉, 조선국의 시조라고 전칭한 기자도 또한『역경』에 적힌 인물이로다. 또 종래로 조선국이 주나라 초에 은나라의 유신(遺臣) 기자의 창설과 관계된 줄로 믿게 되기는 복생(伏生)의『상서대전(尚書大傳)』에 "무왕(武王)이 감옥에 갇힌 기자를 풀어주자 기자는 조선으로 갔다. 무왕이 듣고 그대로 조선에 봉하였다."란 것이 있고,『사기』(38권) 송세가(宋世家)에 "무왕이 기자를 조선에 봉하였다."란 것이 있고,『한서』(28권 하)의 지리지에 "기자가 조선으로 갔다."란 것이 있다. 또『삼국지』「위지」의 한전(韓傳)에 인용한「위략(魏略)」의 글에 "옛날 기자의 후손 조선후(朝鮮侯) 운운"이란 것이 있는 등의 문장에서 기인한 것이겠지만, 이러한 책은 모두 후세인의 편집으로 이루어진 것이고 선진(先秦)의 문자에는 아무래도 이런 일들을 적지 아니하였도다. 또 조선이란 이름이 사적에 보이기는 전국 시대 말의 책으로 알려진 『국어(國語)』로써 시작되었다 한즉, 기자로써 조선의 시조라 하는 전설에 대하여는 크게 의심을 둘 여지가 있도다. 생각건대, 기자가 역사적 인물이요 또 유명한 현철(賢哲)이었음은 공자의 『논어』에 그를 은나라의 삼인(三仁) 가운데 들었음으로도 알 것이로다. 이로써 조선국의 시조를 삼음은 전국 시대에 조선 반도에 근거하였던 기부(箕否)의 선조가 자기의 문벌을 높이기 위하여 당시 저들이 가장 애독한 『역경』에 보인 기자를 차용해 그 계보를 장식하려 썼다 할지로다. 이렇게 조선국의 시조 기자를 비롯하여 그 후예인 부(否)와 준(準)의 이름이 다 『역경』에 관계가 있다고 하면, 왕험성의 명칭도 또한 이 왕조의 창의에서 나왔다고 추측함이 결코 무모한 말이 아닐지로다.

하고, 다시

이외에 고조선의 지명에는 『역경』에서 나온 것이 적지 아니하니, 이를테면 위만의 때에 조선의 속국이 된 임둔국(臨屯國) 곧 한나라의 임둔군의 이름은 『역경』의 임(臨)과 둔(屯)의 괘를 취한 것이고, 또 낙랑군의 속현 돈유(屯有)의 이름도 돈(屯)의 괘에서 나왔고 거기 유(有)자를 붙이기는 대유(大有)의 괘 이름과 같은 숙어일지로다. 대수(帶水) 유역에 있으리라고 추측되는 함자현(含資縣)의 이름은 『역경』 상상전(上象傳)에 "지극하도다, 곤원(坤元)이여, 만물이 이것에 도움을 받아 생겨나니, 이에 하늘을 순하게 받들도다. 땅이 두터워 물건을 싣는 것은 덕이 무궁함에 합하고, 넓게 머금고 크게 빛나서 모든 사물이 모두 형통한다(至哉坤元 萬物資生 乃順承天 坤厚載物 德合无疆 含弘光大 品物咸亨)."라고 한 구절에 기인했을 것이다. 또 소명현(召明縣)의 이름은 하상전(下象傳)에 "밝음이 땅위로 나온 것이 진(晉)이니, 군자가 스스로 밝은 덕을 밝힌다(明出地上

晉 君子以自昭明德)."이라 한 것에 기인함일 것이요, 그렇지 않다면 소명성 (昭明星)의 이름을 취한 것이리로다. 누방현(鏤方縣)·대방현(帶方縣)의 방 (方)은 기제설(旣濟卨)의 조에 "구삼(九三)에, 고종이 귀방(鬼方)을 정벌하 여 삼년 만에 이김이니, 소인을 쓰지 말라(九三 高宗伐鬼方三年克之 小人勿 用)."이라 함에 나온 귀방(鬼方)의 방(方)과 같은 것이요, 또 귀방의 귀(鬼) 는 28수(宿) 가운데 남방 7수의 하나인 귀수(鬼宿)를 가리킴이니, 귀방이 라 함은 귀수의 방(方)이라는 뜻일 것이다. 또 이와 마찬가지로 누방(鏤 方)이라 함은 서방 7수의 하나인 누수(婁宿)의 방(方)이라는 이름일지로 다. 그런데 누방(婁方)이라 할 것을 누방(鏤方)이라고 쓰기는 서방(西方) 은 금기(金氣)에 속한다는 오행 사상으로써 고친 것일까 하노라. 또 수 성현(遂成縣)이란 이름은 계사상전(繫辭上傳)에 "삼(參)으로 세고 오(伍)로 세어 변하며, 그 수를 교착하고 종합한다. 그 변함에 통하여 마침내 천 지의 문(文)을 이루고, 그 수를 지극히 하여 마침내 천하의 상(象)을 정 한다(參伍以變 錯綜其數 通其變 遂成天下之文 極其數 遂定天下之象)."라 한 글에 기인함일 것인즉,『후한서』의 군국지(郡國志)에 이것을 수성(遂城)이라고 고쳤음은 당초의 의미를 몰각한 것이로다. 또 당시에 대동강을 부르던 열수(列水)란 이름은『역경』의 같은 전(傳)에 "건곤(乾坤)은 역(易)의 핵심 인가. 건곤이 열(列)을 이루면 역이 그 가운데 선다."란 것이 있고, 계사 하전에 "팔괘(八卦)가 열(列)을 이루면 상(象)이 그 가운데 있다."라 함에 기인한 것이리로다.『한서』(28권 하)의 지리지 낙랑군조를 보건대, 그 속 현 탄열(呑列)의 주석에 "분려산(分黎山) 열수(列水)에서 나와서 서쪽으로 점제(粘蟬)에 이르러 바다에 들어가는데, 820리를 간다."라 한 것이 있 다. 그런데 한국어로는 열(列)을 Pöi·Pöri라 한즉 분려산(分黎山)의 이름 은 이 Pöri의 음을 대비한 것이니 열(列)의 토착어일 것이며, 후세 수당 시대에 이르러 이 열수(列水)를 한나라 시대 압록강의 명칭이던 패수(浿 水)와 혼동한 것은 토착어인 Pöri(Pöi)가 패수와 음이 서로 비슷한 까닭 일까 하노라. 만일 이상의 해석과 같이『한서』지리지에 나오는 지명도

또한『역경』의 문장에서 나왔다 할진대, 이러한 명칭들은 한사군이 설치되던 당시의 명명에 관계되는가. 혹시 기씨 시대로부터 이미 불리던 것을 그대로 습용함에 불과한가. 이를 판정함이 심히 곤란하지만 한사군이 위씨(衛氏)의 조선령에 포함된 지역에 설치되었음은 물론이다. 그런데 위씨의 조선 본국은 기씨에게 약탈한 것에서 벗어나지 않음을 생각하면, 여기 해당하는 낙랑군 내부의 지명 가운데『역경』의 글에 연고가 있는 것은 줄잡아도 기씨 시대의 명칭에 따른 것으로 추측하여도 불가하지 않을까 하노라.

라고 결론하였다.『역경』과 진인(震人)과의 심리적 또는 사실적 관계에는 자못 미묘한 것이 있어서 여러 가지로 흥미 있는 관찰을 시도할 수 있다. 한나라의 현 이름 중에는 그 글자 음을『역경』에서 차용한 것 있음도 사실일 듯하지만, 여기 제시된 예증을 말끔 승인하지 못할 것은 물론이다. 또 시라토리의 말에는『역경』에서 그 글자를 가차(假借)하게 된 근본 동기에 대한 설명이 결여되어 마치 그 명호가『역경』에 기인하여 불쑥 출현한 것인 듯하게 만들어 놓았는데, 이 또한 핵실(覈實)이 불완전한 논임을 면치 못할 이유이다. 잠시 그 몇 가지 인용한 사례에 대하여 그 허황한 부분을 지적해 보자.

왕험(王險)의 글자가『역경』의 단전(彖傳)에서 나왔다 할지라도 그것이 지리적 형승으로서 왔으리라고 보는 것은 심한 독단이다. 특히 왕험(王險)이『역경』의 문자라 함과 동시에 단전(彖傳)의 성립 연대를 고려하여 전국 시대 말의 일이라고 단정하려 함은, 민속적 근거를 무시함으로써 타당성이 퍽 감소한다고 하지 않을 수 없다.『후한서』예전(濊傳)에 근거하면 조선의 국조 기자와 그 마지막 왕 준(準)의 사이에는 세대가 40여 대를 지난다 하였으니, 줄잡아도 준왕 이전의 많은 연대를 승인할 것은 물론이요 그동안에도 왕궁과 국도(國都) 및 그 칭한 명호가 있었을 것이다. 또 그것이 이유 없이 중간 변개를 거쳤으리라고 볼 수 없음이 물론이다. 그러면 단전(彖傳)의 글이 전국 시대 이후의 저작임이 분명할진대, 그럴수록 왕험(王險)의 이름이 『역경』에서 비롯하였다는 견해는 우선 이유가 박약하여짐을 느낄 것이다.

또 그 왕험(王險)이 『역경』의 문자란 주장의 방증으로 제시한 왕명인 부(否)·준(準)은 과연 『역경』에서 빌려온 글자인가 여부가 심히 의심스러운 것이다. 첫째 그 글자 이름이 너무도 지나적인 점에서 그 명호의 원형인지가 의심스러운 것이고(鄒牟를 『한서』에 騶로 줄이고, 國岡上廣開土境平安好太王을 『晉書』, 『梁書』, 『通鑑』에 다 安으로 줄이고, 巨連을 송, 제, 양, 위, 주, 수의 서적과 남북사에 다 璉으로 줄인 것처럼 여러 글자 되는 원래 이름을 한문적 투식으로 줄이지 않았다고 보장하기 어려운 것이다), 설사 조선이 당시에 한북(漢北) 문명의 중심지여서 이렇게 한문식 외자 이름이 통했다 할지라도, 부(否)·준(準)의 글자가 본디부터 『역경』에서 차용하였다고 볼 이유가 썩 뻣뻣하달 수 없다.

기씨는 은나라 왕실의 후예라 하니 은대의 왕명을 보건대, 태갑(太甲)·태강(太康)·조을(祖乙)·조정(祖丁)처럼 간지(干支)에 연도의 순서를 붙여서 짓는 것이 통례로, 그 연대는 주나라와 서로 비슷하다. 그런데 주나라의 왕명을 보건대 무왕(武王)의 '발(發)'과 성왕(成王)의 '송(誦)' 이후로 길상(吉祥)의 글자가 아니면 무의미한 당시의 속어로 지었음이 상례였을 뿐만 아니라 진나라 이래로도 이름자에 특히 경전의 준거가 있음을 숭상한 실례는 볼 수 없다.

이제 기씨만이 반드시 『역경』의 구절을 취용하였다 봄이 이미 중뿔나다 하겠는데, 또 그 자면을 볼지라도 부(否)와 같은 글자는 그 자체가 고대인이 즐겨 사용할 것 같지 않다. 또 부(否)의 괘(卦) 됨이 "군자의 바름에 이롭지 못하다(不利君子貞)"의 것이요, 그 글이 또한 "하늘과 땅이 서로 교합하지 않고 만물은 막힌다(天地不交而萬

物不通)"하고, "상하가 서로 통하지 못하니 천하에 나라가 없는 것이다(上下不交而天下無邦)"이라 하여 특히 군국(君國)에 꺼리고 피하는 것뿐이다. 그저 인명이기로 하필 이 흉악한 글자를 선택하였을 까닭이 없을 듯하고, 준(準)으로 말하여도 평균을 의미하고 법칙을 의미함이 그대로 왕자(王者)의 이름임에 합당한 것이니, 구태여 계사(繫辭)의 구절을 차용하였다 할 것이 없다.

『서경』 입정(立政)에 "정사를 맡은 자를 거하게 하고 목민(牧民)을 거하게 하며 준인(準人)을 거하게 하니, 이것이 오직 군주이다(宅乃事 宅乃牧 宅乃準 玆惟后矣)"하고, 또 "정체를 확립함은 6경이 그 행정조직을 법령 제도화하여 세 가지 정치 사업을 일으키는 것(立政, 任人, 準夫, 牧, 作三事)"이라 하고, 『예기』에 "미루어 동해(東海)에 이르게 하면 평평해진다(推而放之束海而準)"란 것이 있으니, 반드시 『역경』의 문자에서 기인했다 할 수 없을 것이다. 이렇게 『역경』 상하경 십익(十翼)에서 고립된 문자들이 적합하다고 말하면, 어지간한 글자는 다 거기 억지로 가져다 붙일 수 있으리니 이 어찌 힘 있는 논이랴.

"기자명이(箕子明夷)"의 좋은 예증은 『역경』에도 보임은 사실이지만, 이것이 부(否)나 준(準)이 『역경』에서 근원하였다는 증거가 될 수 없음은 진실로 논할 여지가 없다. 이것을 확장하여 기자의 국조화가 『역경』을 애독하는 중에서 나왔다는 것처럼 말함은 스스로 자기의 환상에 속은 따름이다.

이렇게 서로 어긋나게 된 것은, 대개 한나라 현의 이름에 『역경』에서 나온 문자가 있음과, 왕험(王險)의 글자가 『역경』에 근본하였음과, 기씨 왕조의 왕명과 기자 국조 전설과는 본래 상관없는 것을 다른 필요로 연관하여 설명해 보려 함에서 나온 것이니, 본디부터 효과 있을 일 아니다. 부(否)나 준(準)이나 기자(箕子)나 왕험(王險)이나 그 자면이나 출처를 어떻게 추정할지 여부는, 그 이름이 오랜 전설과 본토의 호칭을 전문(傳聞), 모사(模寫)한 것에서 벗어나지 않는다는 사실부터 시작해야 할 것이다(상세한 사항은 '箕子論'에 미룬다).

이제 시험 삼아 시라토리 씨가 제시한 지명 가운데 비교적 선명한 한문 투와 『역경』의 뜻을 띤 것 몇 가지를 취하여 외형에 얽매이다가 내실을 잃기 쉬운 통례를 보일까 한다. 『역경』의 성물(成物)과 더불어 아주 일치를 보인 것은 소명(昭明)이니, 그 하경(下經) 진(晉)의 단전(彖傳)에서 나왔다 한 것이다. 소명(昭明)의 위치에 관하여는 아직 정설이 없어 선유(先儒)는 많이 춘천(春川)으로 지적하고 (한백겸의 『동국지리지』 등), 근래의 학자는 혹 개성으로써 지적하니 (『滿洲歷史地理』, 箭內亘의 「漢代의 朝鮮」), 그 이유로 삼는 바는 다 낙랑군의 남방이라 함에 있다.

소명(昭明)은 남부도위(南部都尉)의 치소이고 도위(都尉)는 변경 경비의 직책이니, 그 지역은 토착인 접촉의 일이 자못 많은 곳에 있었을 것이다. 고대 한강 유역 가운데 이런 갈등이 가장 많기는 한(韓)·예(濊)·말갈·한사군의 교충지인 그 상류 일대이다. 이 일대 지방이 원래 우묵한 구역을 지어서 관위(官威)를 보존하려면 따로 구분된 관리가 필요하였을 것이다. 이런 여러 이유로 달리 유력한 반증이 없기까지는 춘천을 소명(昭明)이라 한 선유(先儒)의 견해는 대체로 승인할 것이다. 그런데 이것을 지명으로 추측하건대 여흔(餘痕)이 오히려 새로움을 본다.

① 『삼국사기』 백제기 첫머리에 백제 동쪽 경계 문제에 관련하여 주양(走壤)의 이름이 자주 보이고, 이것이 현재 춘천의 땅에 속하였음은 『삼국사기』 신라기 문무왕 13년조에 "수약주(首若州)의 주양성(走壤城)은 일명 질암성(迭嵓城)이라고도 한다."는 문장으로써 분명히 알 일이다. 그런데 이 '양(壤)'은 우리의 연구에 근거하건대 고음을 '낭' 혹 '냥'이라 하여 고구려와 예(濊)의 말에 장류수변(長流水邊)이 있는 땅의 호칭이었다.

『삼국사기』 지리지의 기록에 근거한즉, 경기·강원·충청 등지의 고구려 고지명을 신라가 옮길 때 골의노(骨衣奴)를 황양(荒壤), 잉벌노(仍伐奴)를 곡양(穀壤), 잉근노(仍斤奴)를 괴양(槐壤), 금물노(今勿奴)를 흑양(黑壤), 어사내(於斯內)를 부양(斧壤)이라 하였다. 그런데, 신라에서 금양(金壤)이라 한 것을 고구려지에 "휴양(休壤)은 일명 금뇌(金惱)라고도 한다."라고 하였고, 순전한 신라의 지명에 이 유례가 없음으로 그것이 고구려어이거나 예어(濊語)임을 알 터이다. 양(壤)의 원형인 노(奴)·내(內)·뇌(惱) 등이 모두 지금 말로 '늬', '나루' 등의 고어형이므로 양(壤)이 장류수(長流水) 혹은 수변(水邊)이 있는 땅이라는 뜻임을 알 것이다. 이로써 다시 평양이 실상 '평'(平; 독음 피)이란 양(壤), 곧 패수(浿水) 혹은 패변(浿邊)이 있는 땅의 뜻임을 알 것이다.

이 양(壤)이 양(良)·양(陽)·야(耶)와 상통하였는데, "신라의 강양군(江陽郡)은 본래 대량주(大良州)였다. 양(良)은 야(耶)로도 쓴다."라거나, "신량현(新良縣)은 본래 백제의 사시량현(沙尸良縣)인데 경덕왕이 이름을 고쳤다. 지금은 여양현(黎陽縣)이다."라거나, "희안현(喜安縣)은 본래 백제의 흔량매현(欣良買縣)인데 경덕왕이 이름을 고쳤다. 지금은 보안현(保安縣)이다."라고 하는 등과 같은 예가 있다. 한양이 또한 한수변(漢水邊)이 있는 땅이란 뜻에 벗어나지 않음을 알 것이다(한양의 옛 이칭에 평양이 있다). 그런즉 주양(走壤)의 양(壤)이 또한 주(走)라는 양(壤), 곧 주(走)라는 수변(水邊)이 있는 땅을 의미함을 깨달을 것이다.

② 『삼국사기』 지리지 고구려조의 "두수주(牛首州; 首는 頭로도 쓴다)는 수차약(首次若)이라고도 하고 오근내(烏斤乃)라고도 한다."는 곧 춘천의 고구려어 지명을 열거한 것이다. 신라 문무왕 때에 '차(次)'를 줄여서 수약주(首若州)라 일컬었으므로, 『동국여지승람』 춘천군명(春川郡名)의 조에는 두수(牛首)·수약(首若)·수춘(壽春) 등을 적고 수차약(首次若)을 모른 체하였다. 그런데 두수(牛首)는 훈(訓)으

로 '쇠말'이라 읽고, 수약(首若)은 음으로 '쇠냐'라 읽으란 것이니, 자형은 풍(風)·마(馬)·우(牛)로되, 그 '쇠'는 물을 의미함은 '말'과 '야'가 다 고어에 수(水) 또는 수변(水邊) 있는 땅의 뜻임으로써 알 것이다. 그런즉 북한강의 남북 양 수원이 춘천의 북에서 합류하는 점을 부르는 소양(昭陽)이란 것이 실상 두수(牛首)·수약(首若)의 다른 번역임을 깨달을 것이다(昭陽의 陽은 물론 漢陽의 陽에 준해 볼 것이다). 또 소양강의 하류를 신연진(新淵津)이라 함은『동국여지승람』에 적음과 같으니, 신연(新淵)도 본디는 또한 '새말'(새못)의 다른 번역으로써 같은 곳이 나중에 이름이 변한 것임을 짐작하기 어렵지 않다.

③ 그런데 "미추이질금(未鄒尼叱今)은 미소(味炤)·미조(未祖)·미소(未召)라고도 한다."(『삼국유사』 연표), "가조현(加祚縣)은 본래 신라의 가소현(加召縣)이다. 방언이 서로 비슷하여 소(召)가 조(祚)로 변했다."(『고려사』 지리지 2)는 기록이 있고, 현재 음에도 소(召)와 조(祚) 등의 글자가 ㅅ과 ㅈ을 상통하는 예로써 볼진대 주양(走壤)과 소양(昭陽)이 또한 마찬가지로 하나임을 깨달을 것이다.

이상의 실례로써 춘천은 예로부터 수변(水邊) 있는 땅이라는 데서 기인하는 '쇠믈'이란 호칭이 있었음을 알지니, 저 낙랑의 속현으로서 소명(昭明)이란 것이 본시 이의 사음(寫音)으로, 명(明)이 곧 '믈'의 ㄹ 음이 ㄴ으로 변전하고 ㅇ으로 변화한 것에서 벗어나지 않음을 알 것이다(明자의 옛날 韻을 살피건대,『시경』鷄鳴에는 明昌光을 叶하고, 기타 小東·楚茨·南山·大明·旣醉·卿執競 등 여러 편에 다 陽 韻字를 叶하였고,『역경』屯에 明光長,『서경』洪範에 成明章康,『예기』祭儀에 上明愴을 叶하고,『楚辭』의 惜誦·卜居·九辯과『노자』의 辯德과『장자』의 天運·知北遊』와『순자』의 佹詩와『呂氏春秋』의 盡數와『靈樞』(黃帝內徑)의 外揣 등 이런 叶韻의 예가 많으니,『奎章全韻』陽叶條에도 謨郎切의 음이 나온다. 이렇게 明의 古音에는 '믕'이 있어 '믈'과 통하기 쉬웠다).

이밖에도 혼미(渾彌)가 광개토왕비의 각미(閣彌),『삼국사기』의 관미(關彌), 후세의 검주(黔州; 衿州) 혹 김포(金浦; 黔浦)에 해당되고, 대방(帶方)·누방(鏤方)의 방(方)이 진번(眞番)의 번(番)처럼 '불'(물이 번역되어 明이 됨)의 사음이고, 사망(駟望)·해명(海冥)의 망(望)과 명(冥)이 또한 '물'의 대자일 것 등을 생각하면, 반둥건둥과 엉거주춤의 어원론이 얼마나 투철하지 못한 것임을 알 것이요, 줄잡아도 시라토리 씨의 고지명이 『역경』의 문자에서 근원한다는 설이 결국은 어림잡아 짐작하기 어려운 것임을 짐작할 것이다. 다만 같은 지명이라도 사음하는 글자가 왕대(王代)를 따라 변한 사례는 『삼국사기』에 많이 실린 바이다.

한나라 군(郡)의 이름도 이미 전한과 신나라 왕망(王莽)의 사이에 얼마큼 변통이 더 하였음을 보니, 저 임둔(臨屯)·소명(昭明) 등이 『역경』의 문자에서 근원한 것이라 하면 그것은 필시 위만 전후 『역경』 숭상이 지나에 성한 시대의 투영으로나 볼 것이요(한나라 시대에는 『역경』에 통하지 못하면 고등관이 될 수 없는 제도가 있었다), 왕험(王險)이란 글자도 대개 이러한 시대의 한 산물일 것이다.

『역경』에서 나왔거니 무엇에서 나왔거니, 언제 무엇에든지 자면의 배후에 있는 원형을 자세히 연구할 것이요, 자면 밑에서부터 모호하게 주무르면서 피상적 견해를 득의하게 세움은 학자가 삼갈 일이 아닐 수 없다. 저 "드디어 천지의 글을 만들었다(遂成天地之文)"에서 한 단어를 중둥무이하여 '수성(遂成)'만을 집어내어 왔다 하는 정도의 거북한 말을 만들어 가면서, 『역경』에 출처를 두려 함 같은 것은 아무래도 그리하기 위하여 그리할 뿐이지 그런 것을 그렇다는 태도가 아님이 물론이다.

숙신(肅愼)이니 부여(夫餘)니 예(濊)니 맥(貊)이니 하는 것이 모두 사음이요, 지명이라도 패(浿)·열(列)·대(帶)·분려(分黎)·개마(蓋馬)가 다 그러하다. 『사기』·『한서』 이하 역사서의 외국전 중에 나오는 국성(國城)·인물이 토음(土音) 그대로의 대음(對音)이니, 험윤

(獫狁)의 자형은 어떻든지 흉노(匈奴)의 글자 뜻은 어떻든지, 그 형태와 의미를 벗어나 '훈누'의 실체 존재를 인지하는 자는 고조선의 고유 명사에서도 자구를 초월하여 심원하게 진실을 파악하기에 힘쓰기를 주의할 것이다.

【55】 평양도 오랜 이름이고 그것이 패수변(浿水邊)에 있는 땅의 뜻이라는 것, 왕험(王險)이 '엄금' 곧 최고의 수도를 의미하는 말로 평양이란 지역에도 통할 수 있는 이름이라는 것, 왕험(王險)의 어원이 "왕공설험(王公說險)"의 문구에 있다 할지라도 그것은 고유한 옛 지명을 뒤에 음의(音義)가 비슷한 이 자구로써 취하여 번역하였음에 지나지 않을 것은 앞서의 논증에서 얼른 해득하였을 것이다.

【56】 금마(金馬)는 '곰물'에 대한 글자이니 서울이란 말과 같아서, 그 위치는 어디인지는 기준(箕準)이 머물러 살 곳을 정한 땅이면 거기가 곧 '곰물'일 것이다.

【57】 위례(慰禮)는 '얼'의 한 형태로 광개토왕비의 아리(阿利)와 『삼국사기』 백제기 개로왕 21년조의 욱리(郁里)와 같은 것이니, 수(水)와 성(城)이 다 '얼'의 이름을 덮어씀은 각기 국중(國中)의 수위(首位)이기 때문이다. 한성(漢城)의 한(漢)은 '얼'의 유의어인 대(大)를 의미하는 국어 '한'의 사음이며, 웅천(熊川)의 웅(熊)은 '곰' 곧 '금'을 번역한 글자요, 공주(公州)의 공(公)은 그 사음이다. 위례나 한이나 웅이나 그 최고자란 의미에 있어서는 똑같은 것일 따름이다. 백제에 위례와 한가지로 웅천이 있음은 바로 고구려에 울나암(蔚那岩)과 한가지로 '국내(國內)'가 있음과 같으니, 다 도읍의 유의어들이다(蔚那岩도 '얼은' 혹 '엄'의 다른 역어로 볼 것이니 那는 耶로도 통해 볼 것이다).

【58】 고구려비의 관미(關彌)와 『삼국사기』 백제기의 관미(關彌)는 곧 『한서』 지리지의 혼미(渾彌)와 한가지로 그 원의는 '금'성(城)일지니, 그 위치는 하나로 정하기 어렵다. 그러나 대개 그것이 한강변의 요충지이고 큰 성임은 『삼국사기』 아신왕기(阿莘王紀)의 "왕이 진무(眞武)에게 말하기를, '관미성(關彌城)은 우리 북쪽 변경의 요해지이다. 지금 고구려 소유가 되었으니 이는 과인이 분하고 애석하게 여기는 바이다. 경은 마땅히 마음을 써서 설욕하라.'고 하였다." 의 문장으로도 알 일이다. 뒤에 금주(衿川; 시흥)·검포(黔浦) 등의 지역도 그 하나일까 하거니와, 대개는 백제 혹 비류(沸流)의 고향이던 곳에서 습용하는 이름일까 한다.

【59】 『삼국지』 소재 마한 45국 가운데 건마(乾馬)가 또한 그 하나이니, 이 건(乾)과 금마(金馬)의 금(金)은 취한 글자가 다를 따름인가 한다.

【60】 관미(關彌)의 '금'이 지금의 '큼'에 해당하는 것이고 한(漢)의 원형 '흔'이 본디 '근'의 파생어임은 음운상으로 승인되는 사례이다. 이와 근원을 한가지로 하는 듯한 일본어의 '가미(カミ)'에 상(上)과 두(頭)의 뜻이 있으니 그 원의가 어떤지 짐작할 것이다.

【61】 건(健)은 물론 '큰'의 고형에 대한 글자이고, 모라(牟羅)는 '믈'의 고형에 대한 글자이다. 지금 국어에서 '마을'과 일본어의 '무라(ムラ)'나 한가지로 취락의 뜻인데, 도읍은 이것이 확장된 것이므로 '건모라(健牟羅) = 큰말'이란 말이 생겼을 것이다. 『삼국사기』 신라기의 금성(金城)이란 것은 대개 건모라가 변전한 것일 따름이다.

【62】 검(儉)과 험(險)이 동음에서 둘로 갈라짐은 현재 일본어로는

음이 '겐(ケン)'임에서도 짐작할 것이다. 험(險)을 가차하여 검(儉)으로 사용한 사례로는『이아(爾雅)』석어(釋魚)의 "군(蜠)은 크고 험(險)하다. 주, 더럽고 얇음을 이른다(蜠大而險 注 謂汚薄)",『주례』고공기(考工記) 궁인(弓人)의 "진질(疢疾)은 속이 험(險)하다. 주, 소가 속까지 상함이 있음이다. 생각건대 실제가 적은 것 같다(疢疾險中 注 牛有至裏傷, 按少實也)",『춘추좌전』양공(襄公) 29년의 "험이역행(險而易行)" 등이 있다. 검(儉)을 험(險)으로 차용한 사례에는 유수(劉修)의 비(碑)의 "동호검중(動乎儉中)"이 있고, 험(險)을 검(儉)으로 차용한 사례에는『순자』부국(富國)의 "속험이백성불일(俗險而百姓不一)"이 있다. 고운(古韻)에 검(儉)은『문자(文字)』부언(符言)에 감(敢)과 협(叶)하고, 험(險)은『역경』감단전(坎彖傳)에 감(坎)과 협(叶)하였으니, 그 '굼'에 대한 음일 것이다.

【63】 '물'이 한번 변한 것이 '불'이니, 불의 'ㆍ'모음과 관계되어 불(弗; 火)도 되고, 벌(伐)도 되고 어미가 생겨서 부리(夫里)가 되고, 부리가 변하여 부여(夫餘)가 되었다.

【64】 서야벌(徐耶伐), 본비화(本比火), 모화(毛火), 거지화(居知火), 퇴화(退火), 노사화(奴斯火), 절야화(切也火), 도동화(刀冬火), 골화(骨火), 사정호(史丁火), 간화(干火; 弓弗), 추화(推火), 서화(西火), 바자화(比自火; 比斯火), 달구화(達句火), 위화(喟火), 고화(古火), 음리화(音里火), 굴화(屈火), 가주화(加主火), 적화(赤火) 등. 국원(國原), 소원(小原) 등의 원(原)이 또한 이 불(弗)의 이형(異形)일 듯하다.

【65】 소부리(所夫里), 고량부리(古良夫里), 고사부리(古沙夫里), 부부리(夫夫里), 미동부리(未冬夫里), 반나부리(半奈夫里), 모량부리(毛良夫里), 파부리(波夫里), 이릉부리(爾陵夫里; 竹樹夫里 · 仁夫里) 등. 또『삼국

지』마한 국명 가운데 자주 나오는 하하비이(何何卑離)란 것이 이 부리(夫里)의 다른 번역임은 물론이다.

【66】진역의 고어에 'ㄹ'이 'ㅑ'로 전화하는 법칙이 있으니, 가라(加羅)가 가야(伽倻)가 되고 대량(大良; 달)이 대야(大也)가 됨 등이 그것이다. 부여(夫餘)도 실로 이 법칙에 의한 '불'로의 전화이니 뒤에 야말로 북부여니 동부여니 하여 부여라 하면 엄연한 국가의 호칭이 되었으나, 본디는 읍락의 칭호일 따름이었다. 서라벌(徐羅伐) 같은 것은 읍(邑)이 국가화한 명실 양방(兩方)의 적절한 사례라 할 것이다.

【67】가라의 원어인 '갈'은 갈래·갈앵이 등처럼 '갈으'(分岐)가 명사화한 어휘이니, 고어의 '골'과 지금의 '결에'와 어원을 같이하는 것으로 하하가라(何何加羅)라 함은 본시 하하(何何) 지파 혹은 하하(何何) 단부(團部)의 의미쯤 되는 것이다.

【68】홀(忽)은 마땅히 '골'로 읽을 것이니 지금 고을의 어원이 되는 것이요, 『삼국지』의 "구루(溝漊)는 고구려에서 성(城)을 일컫는 것이다."라 함에 해당하는 것이다. 고구려 지명에 홀이 들어간 것은 다 대읍이었다. 잉홀(仍忽), 내혜홀(奈兮忽), 방복홀(肋伏忽), 매홀(買忽; 水城), 상홀(上忽; 車忽), 매소홀(買召忽; 彌鄒忽), 수이홀(首尒忽), 동자홀(童子忽), 술이홀(術尒忽; 首尼忽), 다지홀(多知忽; 大谷忽), 매단홀(買旦忽; 小谷忽), 덕액홀(德額忽; 十谷縣), 동음홀(冬音忽; 鼓監忽), 궁차운홀(弓次云忽; 五谷縣), 내미홀(內米忽; 池城), 한홀(漢忽; 漢城), 식성(息城; 乃忽), 동홀(冬忽; 子冬於忽), 동사홀(冬斯忽), 비열홀(比烈忽; 淺城), 가아홀(加阿忽; 淺城), 달홀(達忽) 등이다.

【69】뒤에 신라가 성(城)으로 번역한 백제 고어에 '기'(支)란 것이 있어, '굼'이 변전된 사례인 것 같으니, 벌음지(伐音支), 구지(仇知), 벌수지(伐首只), 열기(悅己), 노사지(奴斯只), 결기(結己), 두잉지(豆仍只), 소력지(所力只), 굴지(屈支), 과지(菓支), 율지(栗支), 둔지(遁知), 두부지(豆夫只), 다지(多只), 길록지(古祿只), 내기(奈己) 등이 다 그것이다. 일본어에 신라를 '시라기(シラギ)'라 하는 '기(ギ)'가 이에 해당한다 함은 그릇되지 않은데, 우리의 생각에는 백제인이 신라를 부르던 말을 배운 것인가 한다(신라에도 闕城郡, 本闕, 支縣의 사례가 있기는 하다). '지'라 하면 지금도 성(城)을 '재'로 훈(訓)함은 본디 굼 → ᄀᆞ → 긔 → 기 → 지로 전변해 내려왔을 것인가 한다(古記의 借字에 居, 巨, 己, 奇와 監, 甘, 今과 통용한 사실을 비교하여 살필 것이다).

【70】『양서』에 의거하면 신라에서는 "그 읍은, 안에 있는 것은 탁평(啄評)이라 하고, 바깥에 있는 것은 읍륵(邑勒)이라고 한다."라고 하였다. 이 탁평(啄評)은 『삼국유사』 진한조에 "진한(辰韓) … 사는 읍리의 이름을 사탁(沙涿)·점탁(漸涿) 등으로 부른다."이란 구절에 단 주(注)에, "신라인의 방언에 탁(涿)의 음을 도(道)라고 읽었기 때문이다. 지금 혹 사량(沙梁)이라고 하는데, 양(梁) 또한 도(道)라고 읽는다."라 하였다. 또 신라 시조조에 진한 6부의 이름을 열거하는 가운데 급량(及梁)·사량(沙梁)·점량(漸梁)·모량(牟梁)의 이름이 보이고 모량(牟梁)의 주에 "양(梁)은 도(道)라고 읽는다. 혹은 탁(涿)이라 하는데, 또한 음이 도(道)이다."라 하니, 이는 지금도 진량(露梁)·노량(鷺梁)의 량(梁)을 '돌'이라고 읽는 것과 같은 것이다. 『양서』 소재 백제의 "읍(邑)을 담로(擔魯)라 이른다."라 함도 이의 유의어일까 한다.

【71】'물'은 모여 있다는 뜻이니 지금 '무리(群)'의 유의어이다.

'블'은 개발된 땅의 뜻이니 지금 '밝으(明)'의 유의어이다. '골'은 구획된 땅의 뜻이니 지금 '그을(劃)'의 유의어이다. '울'은 엄호된 곳의 뜻이니 지금 '울이(圍)'의 유의어이다. '갈'은 할거한 곳의 뜻이니 지금 '갈으(分)'의 유의어이다. 다 사회적 발달의 정도를 표시하는 어휘의 등급인 것이다.

【72】『삼국지』동이전 변한조에 "변한과 진한을 합쳐 24국이다. 대국은 5천 가(家)이고 소국은 6~7백 가인데 모두 4~5만 호이다. 그중 12국은 진왕(辰王)에 속하는데, 진왕은 마한인으로 하여 대대로 서로 이으니 진왕은 스스로 왕으로 서지 못하였다.『위략(魏略)』에 말하기를, '흘러들어온 사람이 분명하므로 마한의 통제를 받은 것이다.' 하였다."고 하였다. 또 마한의 조에 "진왕이 월지국(月支國)을 다스린다."라 하였는데,『후한서』이전에는 "한(韓)은 세 종(種)이 있는데, 첫째는 마한(馬韓)이라 하고 둘째는 진한(辰韓)이라 하고 셋째는 변한(弁韓)이라 한다. … 모두 옛날의 진국(辰國)이다. 마한이 가장 커서 그 종(種)을 진왕으로 함께 세우고 목지국(目支國)에 도읍하여 모든 삼한 땅에 왕이 되었다. 그 여러 나라의 왕이 예전에는 모두 마한의 사람이었다."라 하였다. 마한의 마(馬)도 대개는 '마리(首)'의 뜻을 가진 것일까 한다.

【73】조선은 당시에 문화와 세력이 아울러 최고 최대(最高最大)한 자이고 국조(國祖)가 최초로 내려온 전설의 곳으로 제사 총장의 제사지가 되었으니, 우리의 생각에는 낙랑(樂浪)도 '언냥'이라 읽어야 하며 제사 올리는 곳을 의미하는 것 같다.

【74】'검'은 고어에 신(神: 혹 靈)을 의미하는 동시에 수장·존귀의 뜻을 가졌음은 일본어의 '가미(ヵミ)'에서 징험되는 바이다. '검'

스러운 곳이라 함은 금성(金城) 기타 '금'으로 부르는 고도의 명칭
이 생긴 이유일 것이다.

【75】앞에 나온 동천왕기(東川王紀)의 문장이 그것이니, 인명 왕
검(王儉)과 지명 왕험(王險)을 결합한 최초의 사례로 주의할 것이다.

【76】『후주서(後周書)』에 적은 백제어에 "왕은 어라하(於羅瑕)라고
하고, 백성은 건길지(健吉之)라고 하였는데, 하(夏)나라의 말에 모두
왕이다. 처(妻)는 어륙(於陸)이라고 불렀는데, 하나라의 말에 왕비이
다."라 한 것이 있고, 일본 서적에 보이는 '가라(加羅)' 및 백제의 왕
호를 아라사등(阿羅斯等) · 아리질지(阿利叱智) · 아리사(阿利斯) · 안라
신지(安羅臣智)라고 한 것 등에서 알 것이니, 당초에는 지금의 '얼은'
그대로 군왕을 존칭하였던 것인 듯하다.

【77】『장자』에 신(神)을 진재(眞宰)라 하고, 『순자』에 심(心)을 천
군(天君)이라 한 것처럼, 국어에 정신 · 기백을 '얼'이라 함도 태양
신을 주재하는 군장(君長)으로 생각하였기 때문이다.

【78】빗살이 굵은 빗을 얼레빗, 체의 굵은 것을 얼레미, 대강을
얼추, 일의 꼼꼼하게 하지 않는 것을 얼렁얼렁 · 얼쭘얼쭘이라 하
는 따위이다.

【79】얼굴(고어로 '얼울')은 '얼'의 윤곽 내지 전형이란 뜻이니, 이
'얼'도 인신(人身)의 상부에 있음을 의미하는 것이다.

【80】'알', '맹이'는 모두 그것의 가장 주요하고 근본된 것이라 해
서 생긴 말이다.

【81】'아라(アラ)'가 지금은 물건이 조잡하고 세밀하지 못한 것을 나타내는 말이지만, 본디는 굵고 크고 엄청난 것을 이름에서 유도된 말일 것이다. 지금도 사람의 만용스러움과 파도의 용출침을 '아라(アラ; 荒)'라 함은 고의의 일부가 전해진 것일 것이다.

【82】『만엽집(萬葉集)』 2권의 "아라카(在香)에 올라서"의 '아라카(アラカ)'는 『고어습유(古語拾遺)』의 "즈이덴(瑞殿; 고어로 美豆能美阿良可)"이라 한 것처럼 일본 고대의 궁전을 일컫던 말이니, 축사식(祝詞式; 大殿祭)의 "미즈노미아라카(瑞之御殿; 고어에서는 阿良可)"라 함이 이것이다. 이에 대하여 도리이 류조(鳥居龍藏)는 몽고어의 방사(房舍)를 의미하는 Baragha에서 나왔을 것을 하였으나(편의상 『일본외래어사전』 9항 참조), 아라(アラ)는 국어의 '얼'이요, 가(カ)는 국어의 '곳' 혹 '게'로 성소(聖所)의 뜻을 포함한 양 지역의 공통어가 일본에 유독 전한 것이니, 이것이야말로 우리 왕험(王險)이 존엄소라는 설의 커다란 근거가 될 것이다. 왕험 즉 아라카(アラカ)는 둘이 상호 증명 관계를 가지는 것이다(カ는 スミカ, アリカ의 カ와 한가지로 그 장소를 가리키는 접미어일 것이다).

【83】아루지(アルジ)는 임자 · 주재자 · 두령 · 가장 등의 뜻을 가진 어휘이니, 이 '아루(アル)'가 또한 '얼은(尊)'의 '얼'에 연원을 가질 것이다.

【84】안면이 인체에서 가장 주되고 중하기에 또한 오모(オモ)라 함일 것이다.

【85】『일본서기』 인현기(仁賢紀)에 보인 "어머니에게도 세(兄), 나에게도 세(兄)이다.[어머니에게도 세(兄), 나에게도 세(兄)이다. 이것은 '어모

니모시, 아례니모시'라고 한다〔於母亦兄, 於吾亦兄〔於母亦兄, 於吾亦兄, 此云於慕尼慕是, 阿例尼慕是〕)"라 한 것처럼, 일본에서도 고어에는 모친을 오모(オモ)라 하니, 이것은 부친을 오야(キヤ)라 함이 국어 '어이'의 변전인 것처럼 오모(オモ)가 '어머'의 변전일 것을 얼른 살필 일이다. 국어의 '엄'이 모(母)와 마찬가지로 존중의 뜻을 가진 것처럼 일본어도 오모(オモ)가 모(母)와 아울러 '중(重)'을 의미함에 주의할 것이다.

【86】아마(アマ; アメ, 天)의 어원에 관하여 여러 설이 구구하나, 우리의 생각에는 또한 국어 '엄'과 어원을 한가지로 하는 어휘로, '엄'(萌芽), '우무'(ウム; 産)와 관련하여 하늘을 생명의 주인으로 인식하여 생긴 말일까 한다. 일본인도 우리와 한가지로 하늘을 조상시하는 민족임이 우리의 이 추측을 퍽 힘 있게 하여 준다(주요한 어원 가설에 관하여는 『일본외래어사전』 4항을 보라. 기타 平井, 木村, 石山 여러 사람의 바빌론, 유태, 그리스 등 여러 비교설이 있지만 얼른 수긍하기 어려운 것들이다).

【87】바다를 '아마(アマ)'라 함도 "바다는 하늘과 땅 사이에 가장 큰 물건이다."(韓愈의 南海神廟碑)이란 말마따나 그 법대(法大)의 엄청남으로부터 이름하게 됨일 것이다.

【88】『동문유해(同文類解)』 참조. 산은 높음으로써 '알'의 이름을 얻고, 백(魄)은 인신(人身)의 임자인 것으로써 '올'의 이름을 얻고, 기식(氣息)은 생명의 어미인 것으로써 '얼'의 이름을 얻음일 것이다.

【89】. 우룩, 아루, 얼긴은 모두 존숭하라는 의미로써 생긴 말일 것이다(『蒙語類解』 참조).

【90】섬은 해상에서 높게 솟은 것이므로 또한 '알'로써 일컬음일

것이다.

【91】『원사(元史)』권1의 응리(應里), 권8의 아리(牙里), 권106의 연리(燕里) 등은 『원사어해(元史語解)』에 "아이(雅爾)는 당고특어(唐古特語)에서 상(上)이다."라 하였다. 이것은 이 어족의 '알' 원의의 가장 오랜 것을 전함으로 볼 것이다.

【92】편의상 『일본외래어사전』 11항 'Sruji'조 참조.

【93】열수(列水)는 근래의 연구에 의하여 패수(浿水)의 별명이라 하게 되고, 그 원어에 대하여 '열(列)'을 훈독하여 패수(浿水)의 다른 형태처럼 말하는 이도 생겼다(앞에 나온 시라토리 씨의 설 참조). 그러나 중국 전적에 전해온 다른 모든 진역 고대 지명이 다 사음임으로 열수(列水)만 훈독을 허락하는 것은 거의 불가능하니, 우리의 생각에는 역시 음독으로 하여 '얼'의 변형인 '열'의 사음으로 낙랑과 자매어일까 한다. 국어에는 진실로 ㄹ 초성의 어휘가 없으나, 없기 때문에 혼용되는 단초가 열리었음은 달리 유례(類例)가 적지 않는 바이다(자세한 서술은 '낙랑론'에 미룬다).

【94】광개토왕비의 시작에 "옛날 시조 추모왕(鄒牟王)이 처음으로 기틀을 세웠다. … 어머니는 하백(河伯)의 딸이다. 알을 가르고 세상에 내려오니 나면서부터 성덕을 갖추었다. … 명을 받들어 수레를 타고 순행하며 남쪽으로 내려갔는데 부여의 엄리대수(奄利大水)를 지났다."라 한 것이 있으니, 이 엄리대수란 것은 동명왕의 창업담에는 빼지 못할 한 요소이고, 어느 기록에든지 다 나오는 것이다.

『논형(論衡)』・『후한서』에는 엄류수(掩流水), 『위략(魏略)』에는 시엄수(施掩水), 『양서(梁書)』에는 엄대수(淹大水), 『삼국사기』 고구려기에는 혼사수(混瀡水)로 보였다. 나카 미치요(那珂通世)와 같이 『위략』의 시엄(施掩)을 거꾸로 된 것으로 보면 엄(掩)은 엄(奄)과 통하고 사(瀡)·시(施)·대(帶)는 대(大)의 음에 가까우니 여러 책은 다 엄리대(奄利大)의 리(利)의 음을 생략한 것이라 함이 부당하지 아니하다(『那珂通世遺書』 48항, 『外交繹史』 권4 「高句麗碑考」, 단 施가 혹 施 등의 통용일지는 모르되, 施에는 大에 가까운 음이 없다). 그러나 엄리(奄利)가 '얼'에 대응한 글자이고, '얼'은 '엄'과 통하여 전함이 상례이니, 엄(掩)·엄(淹)은 엄리(奄利)의 축약된 다른 형태로도 볼 수 있는 것이지 반드시 '리(利)'를 탈락시켰다고 할 것만도 아니다. 여하간 엄리(奄利)와 엄(掩)과 엄(淹)이 통용됨에 주의할 것이다.

【95】 광개토왕비에 아리수(阿利水)를 건너 백잔왕성(百殘王城)을 핍박했다는 구절이 있는데, 당시 백제의 국도는 남한강 방면이므로 아리수는 한강임은 분명하다(『조선역사지리』 1권 43항 「백제위례성고」 참조). 『삼국사기』 백제기 개로왕 21년조에 보인 욱리하(郁里河)가 그것임도 의심 없는 일이니, 한강의 고명에 또한 '얼'이 있음을 알 것이다. 한수(漢水)에서 인하여 한성(漢城)이 있는 것처럼, 위례성(慰禮城)의 이름이 욱리하(郁里河)에 인한 것이라 하는 쓰다 소키치(津田左右吉) 씨의 주장도 대체는 승인될 것이다(앞의 책, 46항 참조).

그런데 『한서』 지리지에 보이는 대수(帶水)가 또한 한강임은 최근의 연구로 추정된 바이다(앞의 책, 33항 「삼한강역고」 참조). 지금도 한강의 상류에 우통수(于筒水)의 이름이 있고, 그 발원점인 산 이름을 오대(五臺)로 일컬음으로써 우통(于筒)이란 이름이 실상 오대산(五臺山)의 '오대'와 관계있음을 상상할 것이다. 이것을 더 추론하여 한수의 일명(一名)에 오대(우통) 비슷한 일명이 있어 한문 이름으로 축약할 때에 '대수(帶水)'의 형을 얻은 것인즉 오대의 원형이 실상 엄사(掩瀡)·엄대(淹帶)의 유의어임이라 생각함은 억지가 아닐 것이다. 이것도 '얼' '수(水)'의 성질과 그 음운 변화 상태를 고찰하는 데에 유력한 자료일까 한다.

【96】 경주의 동천(東川)을 알천(閼川)이라 하니,『삼국유사』권1 신라 시조의 조에서 알영정(閼英井)의 아래에 "아리영정(娥利英井)이라고도 한다."이란 것에 근거하여 알(閼)이 '얼'로 읽을 것임을 알 수 있다. 또 일본 서적에 보인 아리나례하(阿利那禮河)란 것도(『일본서기』神功紀 참조) 필시 이 알천의 설화적 투영일 것이다. 그런데 이 알천에는 북천(北川)의 별명이 있고(『東京雜記』북은 '밝'의 한 형태로 볼 것), 또 그것이 성수(聖水)로 계욕지(禊浴地)·공의장(公議場)인 것은 『삼국유사』신라 시조의 조에 "3월 초하루에 6부의 조상들은 각기 그 자제들을 거느리고 알천의 언덕에 모여 의논하기를, '우리들은 위로 군주가 없이 백성들을 다스리니 백성들이 모두 방자하여 자신이 바라는 바를 쫓을 뿐이다. 덕 있는 사람을 찾아 군주로 삼아, 나라를 세우고 도읍을 설치하는 것이 어떻겠는가?'라고 하였다."라고 함과, 김극기(金克己) 문집의 "동도(東都)의 유속(遺俗)에, 6월 보름에 동쪽의 흐르는 물에 목욕하고, 계음(禊飮)을 하는데 유두연(流頭宴)이라 한다."이라 함으로써 짐작할 것이다. 또 북천(北川)이 숭사(崇祀)되는 사적은 『삼국유사』(2권) 원성대왕의 조에

이찬(伊飡) 김주원(金周元)이 처음에 상재(上宰)가 되고, 왕은 각간(角干)이 되어 상재의 다음 자리에 거하였는데, 꿈에 복두(幞頭)를 벗고 흰 삿갓을 쓰고는 12현의 가야금을 잡고 천관사(天官寺) 우물 속으로 들어갔다. 꿈에서 깨어나 사람을 시켜 점치게 했더니, 말하기를, "복두를 벗은 것은 직책을 잃을 조짐이고, 가야금을 잡은 것은 칼을 쓸 조짐이며, 우물에 들어간 것은 감옥에 들어갈 조짐입니다."라고 하였다. 왕은 그 말을 듣고 매우 근심하여 문을 닫고 나가지 않았다. 그때 아찬(阿飡) 여

삼(餘三; 어떤 판본에는 餘山이다)이 와서 알현하기를 청하였다. 왕은 병 때문에 나갈 수 없다고 거절하였다. 다시 통기하여 한번 만나기를 바란다고 하자 왕이 허락하였다. 아찬이 말하기를, "공은 무슨 일을 꺼리십니까?"라고 하자, 왕은 꿈을 풀이한 일을 모두 말하였다. 아찬이 일어나 절을 하면서, "이것은 바로 길하고 상서로운 꿈입니다. 공께서 왕위에 올라 저를 버리지 않으신다면 공을 위해 해몽해 드리겠습니다."라고 하였다. 왕은 이에 주위 사람들을 물러가게 하고 풀이해 줄 것을 청하였다. 아찬이 말하기를, "복두를 벗는 것은 그 위에는 거하는 사람이 없는 것이고 흰 삿갓을 쓴 것은 면류관을 쓸 징조입니다. 12현의 가야금을 지닌 것은 12손이 대대로 전할 징조이고, 천관사 우물에 들어간 것은 궁궐로 들어갈 상서로운 징조입니다." 하였다. 왕이 말하기를, "위로는 김주원이 있는데 어떻게 윗자리에 오를 수 있단 말인가?" 하였다. 아찬이 말하기를, "청컨대 몰래 북천신(北川神)에게 제사를 지내십시오." 하니, 왕이 따랐다. 얼마 지나지 않아 선덕왕(宣德王)이 죽자, 나라 사람들은 김주원을 왕으로 삼아 궁궐로 맞아들이려고 하였다. 그의 집은 북천 북쪽에 있었는데, 갑자기 시냇물이 불어 건널 수가 없었다. 왕이 먼저 궁궐로 들어가 즉위하자 상재의 무리들이 모두 따라와서 새로 오른 주군에게 절하고 하례하였다. 이 사람이 바로 원성대왕(元聖大王)이다.

이라 함에서 약간 살필 것이다. 위 전설에 사로 6촌에 알천 양산촌(楊山村)이 머리가 되고, 신라의 시조가 이 양산의 산기슭에서 난생(卵生)하였다 하고, 뒤에도 『삼국유사』 진덕왕조에 보이는 것처럼, 역시 알천의 호를 지닌 자가 왕가(王家)의 영수가 됨 등은 다 우연이 아닐 것이다(혁거세 설화의 알천을 인연으로 하여 개국함은 저 동명왕 설화의 엄리수를 인연으로 하여 건국함에 비할 것이니, 요컨대 '얼'이란 물의 설화적 지위를 나타낸 것들로도 볼 것이다).

【97】알목하(斡木河)는 오음회(吾音會)로도 쓴다. 지금 회령의 여진족 이름이요, 회령의 별명인 오산(鰲山)의 출처가 되는 것인데, 『여지승람』에 두만강이라 한 진산(鎭山)을 오산(鰲山)이라 함으로써 알목하의 이름이 이 산과 물로 생긴 것 아닌가 생각하게 한다(『여지승람』 50 회령도호부조 참조). 이것이 『만주원류고(滿洲源流考)』 권1 부족편에 실린 만주 건국 설화 중의 "장백산 동남쪽 악모휘(鄂謨輝)라는 땅"이란 것으로, 만주족의 발상지라 하는 곳임은 선배의 학설과 같다. 우리는 다만 그 음의 '옴'이 오랜 내력 있을 듯함을 주의하려 할 뿐이다. 몽고의 건국 설화에 나오는 알난하(斡難河)도 '언'이란 그 음을 그대로 간과할 것 아니다(『元朝秘史』 권1에는 "처음 元朝의 人祖는 하늘이 푸른색의 이리 한 마리와 창백한 색의 사슴 한 마리를 내었는데, 서로 짝이 되어 함께 騰吉思라는 이름의 물을 건너서 斡難이란 이름의 강 머리에 도착하여 不兒罕이란 이름의 산 앞에서 살았다. 사람 한 명을 낳았는데, 이름이 喚作 巴塔赤罕이다."라고 되어 있다).

【98】지리산 중에 있는 도읍이라 한 운봉(雲峰)의 옛 이름에 모산(母山) · 아영(阿英) · 아막(阿莫) 등이 있음은 필시 산의 옛 이름에 '엄'이 있던 까닭일 것이고, 또 그것을 지금 속칭에 어머니 산이라 함은 오랜 내력이 있음을 알 것이다(『여지승람』 31, 함양 산천조 참조). 모두 '엄'산 시대의 남은 흔적일 것이다. 지리산신을 천왕성모라 하여 지금까지도 근처 백성이 모시는 제사가 흥성하거니와, 이 성모의 본체가 당초에는 지리산 그것으로부터 차차 인격화 · 모성화 함일까 하니, 얼른 말하면 산 그것을 '엄'으로 알고 또 그렇게 부르던 것일까 한다(자세한 서술은 졸저 '지리산'에 미룬다).

【99】엄산도 '붉산', '술산' 등처럼 어느 한 지역마다 하나씩 있었을 것이니, 금구의 모악산(母岳山), 동복의 모후산(母后山)처럼 글

자로 번역한 것이 있고, 남포의 아미산(峨嵋山), 홍산의 아미산(阿彌山), 영춘의 어라산(於羅山), 철산의 어랑산(於郎山)처럼 음으로 맞춘 것도 있으니, 기타 허다한 전변 형태로 역내에 산포되었을 것이다. 이를테면 아산(牙山)은 백제의 아술현(牙述縣)으로부터 신라에는 음봉(陰峰)이 되고 고려에는 인주(仁州)라는 이름을 얻었으니, 아(牙)·음(陰)·인(仁) 공통의 어원에 '엄'이 있었을 것을 상상할 수 있으므로 아산이 대개 '엄'산이던 것을 짐작할 따위가 그 일례일까 한다 (아산의 옛 성을 於羅振山城이라 하는 於羅도 주의를 요한다). 금산 속현에 어해(禦侮)와 영동의 어리산(於里山)과 기타 엄(嚴)·음(陰)을 접두로 한 지명에는 존숭의 뜻인 '엄'(또 '얼')이 그 어원을 짓는 것이 많을 것이다.

【100】『거란국지(契丹國志)』에 "장백산은 냉산(冷山)의 동남쪽 천여 리에 있는데, 바로 백의관음(白衣觀音)이 사는 곳으로 그 산의 짐승은 모두 흰색이었다."란 것이 있으니 백(白)은 이 지방의 성스러운 색이고 신상(神像)에는 백의를 입히는 것이 고례(古例)이므로, 백의관음이 본디는 장백산 성모로 불교에 섭화된 이름인 줄을 짐작할 것이다(백색에 관하여는 작년 『동아일보』학창(學窓) 란에 연재한 것이 있다).

【101】점필재 김종직 「두류기행록(頭流紀行錄)」에,

천왕봉에 오르니 구름과 안개가 자욱하게 일어 산천이 모두 어두워져서 중봉(中峯) 또한 보이지 않았다. 해공(解空)과 법종(法宗)이 먼저 성모(聖母)의 사당에 참배했다. … 사옥(祠屋)은 단 3칸이었는데, 엄천리(嚴川里) 사람이 고쳐 지은 것으로, 또한 판자 지붕에다 못을 박아서 매우 튼튼하였다. 이렇게 하지 않으면 바람에 들릴 것이다. 두 중이 그 벽에 그림을 그려 놓았는데, 이것이 이른바 성모(聖母)로, 바로 석상(石像)이었는데 미목(眉目)과 쪽머리에 모두 분을 발라 놓았다.

이라 하고, 탁영(濯纓) 김일손(金馹孫)의 「속두류록(續頭流錄)」에는,

　　천왕봉에 오르니 봉우리 위에 판잣집이 있었는데, 바로 성모(聖母)의 사당이다. 사당 안에는 돌로 된 조각상이 하나 안치되어 있었는데 흰 옷을 입은 여인의 상이었다. 성모가 누구인지 알지 못하지만, 혹자는 고려 왕 태조의 어머니인데, 어진 왕을 낳고 길러 능히 삼한을 통일하게 하였으므로 받들어 제사지내는 것이라고 한다. 지금까지 영남과 호남 사이에 복을 바라는 자가 의탁하여 받들어 음사(淫祀)를 지내니 초월(楚越)의 귀신을 숭상하는 풍속이 이루어졌다. 멀고 가까운 무당과 박수가 이것에 의지하여 먹고 산다.

라 하였다(성모를 누구니 누구니 하는 것은 다 고의를 모르고서 되는 대로 지껄임들이다). 작년에 내가 천왕봉에 올라가서 성모사(聖母祠)에 참배할 때에도 석상이 의연히 십습(十襲) 백의에 쌓여 있음을 보니, 백의는 필시 오랜 내력을 가짐일 것이다.

【102】 개마대산(蓋馬大山) 밑에 서채마현(西蔡馬縣)이 있고(『후한서』 군국지 현토군), 임존산(任存山) 밑에 임존성이 있는 것처럼(『자치통감』 주석), 고대의 성읍에는 그 소재의 산(혹 물) 이름 그대로를 쓰는 일이 많다. 지금 운봉이란 것부터 '엄말' 혹 '얼운뫼'가 한문 투로 변화된 것임은 얼른 살필 수 있는 일이다.

【103】 아영(阿英)은 『삼국유사』 신라 시조조에 있는 아리영(娥利英)에 준하여 성모의 존호임을 알 것이요('얼은'에 대응한 글자일지도 모르며), 아막(阿莫)은 '엄' 혹 '어미'에 맞춘 글자인 것이니, 아영성(阿

英城) · 아막성(阿莫城)은 '엄성' 곧 모성(母城)의 뜻이다.

【104】『여지승람』 권11에 "감악사(紺岳祠). 민간에 전하기를, '신라에서 당나라 장수 설인귀를 산신(山神)으로 삼았다.' 한다. 본조에서는 명산으로 중사(中祀)에 싣고, 봄가을에 향과 축문을 내려서 제사한다."라 하니 설인귀 운운은 저 부안 변산에 소래(蘇來)를 소정방(蘇定方)에 부연하는 것처럼, 진역 고대 종교의 한 신격인 '술'의 각종 번역 글자가 고의를 망실한 뒤에 마침 당나라와의 전장이었던 것을 인연으로 하여 이렇게 부회된 것들이다(졸저 『심춘순례』 참조). 아말성(阿末城)은 이 감악산(속칭 감박)의 밑에 있는 고성이다.

【105】 금나라에서는 구토(舊土)인 해고륵(海古勒)의 땅을 처음에는 내지(內地)라 하다가 나라가 커져 오경(五京)을 두니, 이를 상경(上京)이라 일컬었다. 그 전의 요나라도 오경을 두고 그 본거지인 장춘주(長春州)를 또한 상경이라고 일컬었으며, 또 그 전의 발해도 오경을 두고 수도를 또한 상경이라고 일컬었다(편의상 『만주원류고』 권 9-12 참조). 그런데 말갈 7부에는 속말(粟末)이 근본부요, 속말부는 현재 영고탑이 그 중심지였음은 그 사방에서 당시의 유물이 쏟아져 나옴으로도 알 것이다.

영고탑(Ninguta)의 어원에 관하여서는 종래 만주어에서 6개의 뜻을 가진 '닝구'라 하고 형제 6인의 거주지 운운의 기원 설화가 생겼다. 그러나 우리의 견해로는 역시 만주어의 으뜸을 의미하는 '닝구'에서 나온 것으로(『同文類解』 상권 지리 참조), 발해 상경 때의 명칭이 유전함으로 볼 것일 듯하다. 또 그 연원은 물길(勿吉; 靺鞨) 시대에까지 소급할 듯하나, 『삼국지』 위지(魏志)에 "본래 연노부(涓奴部)가 왕이 되었는데 차츰 미약해져서 지금은 계루부(桂婁部)가 대신하였다."라 한 연노(涓奴; 국사에 이른바 椽那)는 '언니'의 '언' 곧 상부를 의미하는 것으로 일본 서적에 보이는 상부(上部)라는 것에 해당할지 모를 것이다.

여하간 그중에는 일종의 상경이 있었음은 물론이며, 백제에는 오방(五方)이 있고 고마성(固麻城)이 그 통치 지역임은 『후한서』에 적혀 있고, 신라는 6부가 있어 수장이 금성(金城)에 머무른 것은 국사에 전하고 있는데, 고마(固麻)와 금(金)이 다 큰 성의 뜻일 것은 앞에서 고찰함과 같다. 이렇게(특히 고대일수록) 오경 내지 6~7부의 연립으로 나라를 만들고 상경(그 비슷한 것)이 있어 총람함은 진역 고대 인민과 방국의 통례이다. 하대에는 그것이 정치적 통제와 부속의 관계로 바뀌었지만 상대에는 대개 일종의 종교적 계급과 통제 관계로 볼 수 있는 것이었다. 아마 이러한 체제는 삼국 이전에까지 그 연원을 찾아볼 수 있을 듯한 것이다.

【106】『여지승람』권26, 대구부 산천조에 "왕산(王山)은 해안현(解顔縣)에 있다." 또 "공산(公山)은 팔공산(八公山)이라고도 부르는데, 해안현 북쪽 70리에 있다. 신라 시대에는 부악(父岳)이라고 칭했다. 중악(中岳)에 비견하여 중사(中祀)를 지냈다. 둘레에 있는 것은 대구부(大邱府)와 하양(河陽)·신녕(新寧)·부계(缶溪)·인동(仁同)·팔거(八莒) 등의 고을이다."라 하니, 부악(父岳)의 부(父)는 '어이'로 읽을 것이다.

【107】『여지승람』권31, 산음현 산천조, "왕산(王山)은 현의 서쪽 10리에 있다. 산 속에는 쌓인 돌이 언덕이 되었는데, 사면에 모두 층계가 있다. 세속에 왕릉(王陵)이라고 전한다."라고 되어 있다. 왕릉(王陵)은 필시 '얼은'의 와전이요, 구(丘)는 필시 고대 제단의 남은 터일 것이다.

【108】『동경잡기』권2, 고적조에 "왕가수(王家藪)는 경주부의 남쪽 10리에 있다. 고을 사람들이 목랑(木郎)을 제사지내는 곳이다. 목랑은 속칭 두두리(頭頭里)라는 것이다. 비형(鼻荊)이 있은 이후로 세속에서 두두리를 섬기는 것이 매우 성대해졌다."라고 되어 있다.

【109】'ㄹ'과 'ㅇ' 사이와 'ㄹ', 'ㄴ', 'ㅁ', 'ㅇ' 사이의 상통은 국어 음운의 한 법칙이니, 더욱 'ㄹ'아래에 'ㄱ'음이 올 때에 그러하다. 단것을 '당것', 언걸을 '엉걸'이라 하게 된 것 따위이다. 왕검(王儉)도 이런 것의 하나이다.

【110】상홀(上忽)의 상(上)은 '술' 혹 '수뤼'의 사음일 것이다.

【111】우선 'ㄹ'과 'ㅇ' 사이의 예로는,

Kalayssas → 강량야사(畺良耶舍).

또 삼가를 상가, 삼기를 생기, 숨기를 숭기라 하는 것처럼 'ㅁ'과 'ㅇ'의 예로는,

Sanikhya → 승법(僧法), Sinihala → 승가라(僧伽羅), Snighari → 승가리(僧伽利), Hanisaka → 항사가(恒娑迦).

'ㄴ'과 'ㅇ' 사이의 예로는,

Aukusa → 앙구사(央俱舍), Sanavana → 상나화수(商那和修).

또 근래의 예로는 명나라와 청나라 사이에 왔던 서구인의 이름자의 번역을,

Francois → 방제(方濟), Ursis → 웅(熊), Emmanuel → 양마락(楊瑪諾)이라 한 것과 특히 Alfonso → 왕풍숙(王豊肅)이라 한 것을 들어 두자.

【112】조선부터 토착어의 음을 옮기면서 이른바 동방에 있어

'조일(朝日)이 선선(先鮮)'이란 뜻을 붙인 것이니, 고대의 역명(譯名)은 할 수만 있으면 이렇게 하기를 힘쓴 것들이다.

【113】 지나에 있는 도교 및 신선 설화가 후세에는 불교의 영향을 입음이 퍽 많았다. 그러나 그 맹아는 진작부터 지나에 고유한 것이고, 특히 신선 설화는 대개 연나라와 제나라부터 들어온 외래 사상과의 결합으로 일종의 체계를 확립하게 된 것이다. 전국 시대에는 이미 신선의 실재를 믿어서 제나라의 위왕(威王)·선왕(宣王) 두 왕과 연나라의 소왕(昭王) 이래 해상의 신산(神山)과 불사약을 구하는 군주가 생기고, 진나라의 시황과 한나라 무제 등 대규모로 이를 추구한 자도 생겼다(『史記』「封禪書」참조). 문학상으로 선(仙)을 구한 것에는 굴원의 「원유(遠遊)」에서 다음과 같은 예를 본다.

세상의 박절함이 서글퍼
가벼이 날아올라 멀리 가서 노닐고 싶지만
바탕이 보잘 것 없고 인연이 없으니
어디에 이 몸을 맡겨 타고 오르겠는가
…
안으로 살펴 바로 잡고
바른 기운 말미암는 곳을 구하노라
그윽한 고요함으로 편안하고 즐거우니
담담히 하는 것 없이 저절로 터득한다
적송자(赤松子)의 맑은 행적을 듣고
남긴 법칙 받들기 바라네
진인(眞人)의 아름다운 덕을 귀히 여기고
옛날 하늘에 오른 신선을 찬미하노라
신선되어[登仙] 떠나가 보이지 않지만

명성은 드러나서 이어지네

【114】신선을 구하고 금단(金丹)을 굽고 금주(禁呪)와 기양(祈禳)에 종사하는 부류를 주나라·진나라·한나라에서는 방사(方士)라고 일컬으니, 선(仙)의 종류를 일종의 방술(方術)로 보았기 때문이다. 그러나 이도 또한 자형(字形)에서만 그러한 것이요, 실상 동이(東夷)의 말을 사음한 것임은 뒤에 논급하려 한다(또 이러한 제의를 총칭하되 方이라고 일컬었음은 「봉선서」의 "장홍은 방술로 주나라 영왕을 섬겼다. 또 주나라 사람들이 방술과 괴이함을 말한 것은 장홍으로부터 비롯되었다." 운운의 글로 볼 것이다).

【115】봉(封)이니 선(禪)이니 하는 성대한 것으로부터 사(祠)·새(賽)·도(禱)·축(祝)이니 하는 공사의 여러 제사와 단장(壇場)이니 규치(畦畤)니 궁(宮)이니 사(祠)니 하는 대소 제단과 생폐(牲幣) 기용(器用)의 허다한 등급 등은 한나라 시대까지 이미 큰 분화를 이루었음이 「봉선서(封禪書)」에 나온다.

【116】신선가는 본디 방기(方技)의 종류로 인지되니 『사기』의 논을 보아도 신선가나 황로파가 한가지로 황제(黃帝)를 시조로 한 듯하다. 그러나 노자학파와 신선가는 확연히 구별하여 대접하였다. 『한서』 예문지에도 도가는 유(儒)·도(道)·음양(陰陽)·법(法)·명(明)·묵(墨)·종횡(縱橫)·잡(雜)·농(農)·소설(小說) 중에서 제자(諸子) 10가의 가운데 자리하였으나, 신선가는 저 끝으로 내려가서 시귀(蓍龜)·잡점(雜占)·술수(術數)·의경(醫經)·경방(經方; 醫書)·방중(房中) 등과 한가지로 방기 36가의 가운데에 자리하였다(『한서』, 권30). 그러나 이렇게 방술로만 있던 것이 황로(黃老), 열자, 장자의 사상과 저서에서 이론적 근거와 철학적 체계를 얻어서 차차 한 교

문을 이룬 것이 도교라고 볼 수 있다.

【117】말하자면 도교는 지나 고래의 유력한 한 학파이고, 선가(仙家)는 민간에 잠행한 속신(俗信)으로 본래 상관없는 것임은 사실이다. 그러나 마침 둘이 동일하게 황제(皇帝)로써 연원을 삼고 도(道)는 너무 고등에 흐르고 선(仙)은 너무 미혹에 떨어지니, 상하를 합할 일대 세력을 이루기 위해 양자의 합일을 필요하게 되어 어느덧 차차 접근하기 시작한 것이니(그 큰 근원은 어디서 나왔든지), '도는 곧 선'이고 그것이 지나 민족의 마음 근저에 본질적으로 흐르는 종교적 정서임에는 서로 일치하는 것이다. 이것이 형식적, 현실적인 유도(儒道)와 외래 사상인 불교에 대한 반발로 자연히 일치한 세력을 이루어 민족적 신앙의 자위(自衛)를 꾀한 것이 대개 도와 선이 결합되어 도교가 성립된 비기(秘機)임을 우리는 추측한다.『사고전서총목(四庫全書總目)』(권146)에 있는 다음의 '도가류(道家流)의 서(敍)'를 참조하라.

후세의 신기하고 괴이한 자취가 도가(道家)에 많이 붙여졌다. 도가 또한 스스로 그 기이함을 자랑하였으니『신선전』과『도교 영험기』같은 것이 그것이다. 그 본시(本始)를 요약하면, 깨끗하게 자신을 지킴을 주로 하고 굳게 참는 힘으로 구제하여 부드러움으로 강함을 제어하고 물러남을 나아감으로 삼는 것이다. 그러므로 신자(申子; 申不害)와 한자(韓子; 韓非子)의 부류는 형명(刑名)의 학문을 하였는데,『음부경(陰符經)』이 병법(兵法)에 통할 수 있다고 하였다. 그 뒤에 장생설이 신선가(神仙家)와 하나로 합쳐져서 복이(服餌)와 도인법(導引法)이 들어갔다. 방중가(房中家)는 신선에 가까운 것으로 또한 들어갔다. 홍보(鴻寶)라는 책은 소련(燒煉)으로 들어갔다. 장로(張魯)가 종교를 세움에 부록(符籙)이 들어갔다. 북위(北魏)의 구겸지(寇謙之) 등이 또한 재초(齋醮)와 주문(呪文)으로 들어

갔다. 세상에 전술되는 바는 대체로 나중에 붙은 문장이 많다.

【118】선(僊)은 인(人)과 선(䙴) 두 자를 합하여 선(䙴)으로 뜻을 나타내는 동시에 음부(音符)를 겸하게 하니, 선(䙴)은 승고(升高)를 의미하는 글자이다(『설문해자』). 또 선(䙴)자의 본형은 與이고, 이것은 여(舁)와 신(囟; 西자의 본형) 두 자를 합하여 여(舁)로는 뜻을 나타내고 서(西)로 음부(音符)가 되니, 여(舁)는 공거(共擧)를 의미하는 글자이다(『설문해자』). 서(西)는 연성(衍聲)으로 '선'음을 나타낸 것이며, 또 한편으로는 서(西)자의 전자(篆字) 형태인 서(鹵)가 새가 둥지 위에 있는 것을 형상하여 새가 둥지에 들어가는 때 해가 있는 방위를 표시한 글자이다. 이렇게 새가 둥지 위에 있다는 자원(字源)이 특히 서(西)자로 음부를 삼은 까닭일 것으로 우리는 생각한다.

이 선(䙴)과 사행사지(乍行乍止; 『설문해자』) 또 순도질행(循道疾行; 『六書故』)의 뜻을 가진 착(辵) 두 자를 합하여 된 것이 천(遷)이니, 그 본의는 등(登)이다(『설문해자』). 이것이 전변하여 사(徙; 『爾雅』 「釋言」)의 뜻을 가졌다. 그런데 자원(字源)도 같고 자의(字意)도 비슷하므로 선(䙴)·선(僊)·천(遷) 등은 고문에 흔히 통용하고, 그 뜻은 다 재상(在上) 혹 승고(升高)를 나타냄에서 일치하였다(『설문해자』 通訓定聲 屯部 제15 西之派 참조). 인(人)과 선(䙴)을 합한 선(僊)자가 승고(升高)의 사람을 의미함을 알 것이다(『설문해자』 段玉裁注 및 通訓定聲의 僊字注 참조).

【119】"늙어도 죽지 않는 것을 선(仙)이라고 한다. 선(仙)은 천(遷)이고, 천(遷)은 입산(入山)이다. 그러므로 그 글자를 만들 때 인(人) 방에 산(山)을 쓴 것이다."(『釋名』 釋長幼)

"사람이 산 위에 있는 모양이다[인신(引伸)하여 높이 나는 모양이다. 안원손(顔元孫)이 포명원(鮑明遠)의 『서세(書勢)』를 인용하여 '새는 높이 날고 물고기는 뛴다(鳥仚魚躍).'라고 하였다] 인(人)과 산(山)을 따른다[산은 역성(亦

聲)이다]"(『설문해자』段注 仚字條)

"사람이 산 위에 있는 모양이다. 인(人)을 따르고 산(山)을 따른
다. 회의자(會意字)이다. 마땅히 선(僊)의 혹체(或體)가 되어야 할 것
같은데, 지금 여기에 붙어 있다. 『설문』의 '악(偓)'의 전(篆) 해설에
서 '작선(作仙)'이라 했다. 『석명(釋名)』에는, '선(仙)은 천(遷)이고, 천
(遷)은 입산(入山)이다.'라고 했다. 가차(假借)하여 천(罨)이 된다. 포
조(鮑照)의 『서세』에는 '새는 높이 날고 물고기는 뛴다(鳥仚魚躍).'하
고 하였으니, 높이 나는 모양이다. 혹 '기(企)'의 오자(誤字)라고도
한다."(『설문해자』通訓定聲 天字附載 仚字條)

　단옥재(段玉裁)의 고증에는 선(仙)자는 한나라 말에 글자체가 통
일되지 못한 가운데 선(僊)의 한 형태라고도 하고 또 선(仙)이 유행
하면서 선(僊)이 없어진 것이라 하였다.

　【120】『설문해자』 선자주(僊字注)의 장생천거(長生遷去)라 함과 위
항의 주석에서 천(遷)의 글자 뜻이 등(登)임과 『석명(釋名)』의 천입
산(遷入山)이란 글을 참조하라. 또 주석 【113】의 굴원 「원유(遠遊)」에
서 등선(登仙)이란 구절도 참조하라.

　【121】 선(仙)이 하나의 초인적 존재로 문헌에 나오기는 대개 춘
추 · 전국 시대 사이에 있었다. 『노자』의 성인(聖人), 『장자』 · 『열자』
의 신인(神人) 등 본지(本地)에다가 연나라 · 제나라 사이의 방사 무
리들이 설하는 선(仙)이 서로 결합하여 신선(神僊)이란 영적 인간이
생겨났다(仙格의 확립은 대개 전국 시대 말경일 듯). 상기한 여러 문서 외
에도 『한비자(韓非子)』, 『전국책(戰國策)』 등에도 그 이름이 보인다.

　【122】 주석 【118】 참조.

【123】 "중언형황자(重言形況字)다.『시경』빈지초연(賓之初筵)의 '자주 너울너울 춤추네(屢舞僛僛)'은 전(傳)에서 '춤추는 모양'이라고 했다.『장자』재유(在宥)의 '훨훨 돌아가리라(僛乎歸矣)'의 주에는 '앉았다 일어나는 모양'이라고 했다. 또한 단사형황자(單辭形況字)다.『관자』주합(宙合)의 '잘 맞고 갖추어졌으니 선택한다(適善備)'의 주에는 '가벼이 따르는 모양'이라 했다."(『설문해자』통훈정성 僛字條)『광아(廣雅)』권3, 상 석고(釋詁)에 "旬質流口譁蔫湼仙卦變匕也"라 한 것을 왕씨(王氏)의 소증(疏證)에 다른 글자에는 다 전거를 보였으되 홀로 선(仙)자에만 인용을 빠뜨렸다. 대개 선(仙)은 천(遷)과 통하는데, 천(遷)은 전(轉), 전(轉)은 변(變), 변(變)은 화(化)에서 유래함일 것이요, 저 고인(古人)에게 특히 허물을 벗는 사실을 인식하게 된 매미를 선(蟬)이라 하는 '선'음이 이에 연관이 있을 것이다.

【124】『삼국사기』권32, 제사지(祭祀志)에 나오는 "소사상악(小祀 霜岳; 高城郡)"이란 것이 물론 금강산을 이르는 것이니,『삼국사기』에는 소사(小祀)라고만 하였지만 그 본래의 존중한 의의는 뒤에 별도로 해설하겠다.

【125】 "사찬(沙湌) 공영(恭永)의 아들 옥보고(玉寶高)는 지리산 운상원(雲上院)에 들어가 거문고를 배운 지 50년에 스스로 신조(新調) 30곡을 지었다. 속명득(續命得)에게 전했고, 속명득은 귀금 선생(貴金先生)에게 전했으며, 선생은 또한 지리산에 들어가 나오지 않았다."(『삼국사기』권32, 樂志)

【126】 옥보고와 우륵은 다 고대의 악사로『삼국사기』에 적혀 있지만, 후세의 기록에는 둘을 다 선인으로 일컬어 보옥선(寶玉仙; 김해김씨족보에 인용된 가락국기), 옥부 선인(玉府仙人; 震彙續稿 道流部), 옥부

선인(玉浮仙人; 晋陽志) 등으로 쓰게 되니, 이것들은 대개 산중의 고전(古傳)에 인함일 것이다. 옥보고의 산중 고전에 고대의 전적 이외의 사실이 있음은 이륙(李陸)의 「유지리산록(遊智異山錄)」의 다음 일례로써 안다.

"칠불사(七佛寺)의 원래 이름은 운상원(雲上院)이었다. 신라 진평왕 때 사찬 공영의 아들 옥보고(玉寶高)라는 이름의 사람이 거문고를 메고 지리산 운상원에 들어가 거문고로 50여 년 동안 마음을 닦았다. 30곡을 작곡하여 날마다 연주하였다. 경덕왕이 길가의 정자에서 달과 꽃을 감상하다가 문득 거문고 소리를 들었다. 왕이 악사인 안장(安長; 일명 聞福)과 청장(請長; 일명 見福)에게 묻기를, '이것은 무슨 소리인가?'라고 하자, 두 사람이 아뢰기를 '이는 인간 세상에서 들리는 소리가 아니라, 바로 옥보 선인(玉寶仙人)이 거문고를 타는 소리입니다.'라고 하였다. 왕이 7일 동안 재계하자, 옥보가 왕 앞에 이르러 30곡을 연주하였다. 왕이 크게 기뻐하고 안장과 청장으로 하여금 그것을 익혀 악부(樂府)에 전하게 하였다. 다시 그가 거처하던 절에 큰 가람을 세우니, 37국이 모두 이 절을 으뜸으로 여겨 원당(願堂)으로 삼았다. 선법(禪法)을 조금 알아서 산중의 승려들의 스승이 된 형 수좌(泂首坐)가 나에게 말해주었다. 기사일(己巳日)에, 절의 온법주(溫法主)가 나에게 옥보의 사적을 보여주었는데, 형 수좌가 말한 것과 같았다."

【127】"반야봉에서 남쪽으로 30리에 칠불암이 있는데 우리나라의 제일 선원(禪院)으로 불린다. 옛 현판은 운상원이었다. 처음 신라 210년에 신문왕의 아들 두 명이 궁모(宮母) 다섯 명과 함께 이곳에 들어와 도를 이루었기 때문에 지금의 이름으로 고쳤다. 59년 후 경덕왕에 이르러 은사(隱士)인 옥보가 이곳에 거처하였다. 682년, 곧 홍무 4년(1371)에 중창하여 지금의 절이 되었다. 「신암기(愼庵記)」에

이르기를, '내가 일찍이 오대산의 사적을 본 적이 있다. 신문왕의 아들 두 명은 하나는 효명(孝明)이고 하나는 신성(神聖)인데, 오대산에 가서 화신(化身) 문수(文殊)에게 참배하고, 효명은 들어가서 왕위를 이었고 신성은 승려가 되었다.'고 하였으니, 궁모가 득도했다는 말은 없다. 「신암기」에 의문이 없을 수 없다. 「김해김씨보」에는 김수로에게 아들 10명이 있었는데 한 사람은 태자가 되고, 두 사람은 허씨에게 후사로 주었고, 나머지 일곱 사람은 속세와 인연을 끊을 뜻으로 보옥 선인(寶玉仙人)을 따라 가야산에 들어가 도를 배워 신선이 되었다고 하는데, 이는 틀림없을 것이다. 아마도 보옥은 옥보(玉寶)의 글자가 뒤집힌 것일 뿐이고, 신선과 부처는 세상 사람이 서로 부르는 이름이다. 가야산에서 운상원에 들어와 마음의 부처를 깨달았기 때문에 후세 사람들이 사모하여 '칠불'로 암자 이름을 지은 것이다. 그런데 승사(僧史)에 잘못 전해져서 한결같이 여기에 이른 것이리라. … 암자 뒤에는 옥보대(玉寶臺)가 있다."(『鏡巖集』 하권 七佛庵記)

【128】 "일명 진금륜(眞金輪)이다. 옥부 선인(玉浮仙人)이 여기에 은거하여 옥피리를 불었는데 신라 왕이 그 소리를 찾으니 바로 금륜사(金輪寺)였다. 이에 일곱 아들을 거느리고 선인과 더불어 함께 놀았다. 일곱 아들은 성불하고 왕은 스스로 범왕(梵王)이 되었다. 그래서 신흥(新興) 위에 범왕촌(梵王村)이 있는 것이다. 그 아래는 천비촌(天妃村)이 있는데, 비는 바로 왕비이다."(『頭流全志』 권 하, 梵天總表 所引 晋陽志 七佛庵條). 이륙(李陸)의 「유지리산록」에는 칠불사의 서쪽에 금륜암(金輪庵)이 있는 것으로 적었다.

【129】 『여지승람』 39권 남원 산천조에 "지리산(智異山)은 … 또 지리(地理)라고도 하고 방장(方丈)이라고도 한다. 두보의 시 '방장

산은 삼한 밖에 있고(方丈三韓外)'의 주(注)와 『통감집람(通監輯覽)』에서 모두 '방장이 대방군(帶方郡)의 남쪽에 있다.'라고 한 곳이 이곳이다. 신라는 남악(南岳)으로 삼아 중사(中祀)에 올렸다. … 민간에는 태을(太乙)이 그 위에 거하니 많은 신선들이 모이는 곳이며 용상(龍象)이 살고 있는 곳이라 전한다.'라 한 것이 실상은 까닭이 있는 것이니, 그것은 예로부터 '드글'산이요, '슬은'산이요, 번역하면 곧 선산(仙山)이기 때문이었다. 태을(太乙) 운운하는 것도 또한 '드글'의 음이 비슷하기에 생긴 것이다.

특히 그 남쪽 방면인 화개 골짜기에는 운상원(雲上院)으로부터 신흥(神興)·의신(義神)·영신(靈神)의 세 신령한 동(洞)과 청학동(靑鶴洞)·쌍계동(雙溪洞)을 거쳐 화개·악양까지 내려가면서 신선 설화가 부착되지 아니한 곳이 없음이 또한 우연함이 아닐 것이다. 후세에 최치원에 부회하여 운운하는 것 가운데는 다른 고전(古傳)의 설화적 환주(換主)인 것도 많을 것이요, 또 최치원이 특히 이곳으로 유식(遊息)의 장소를 삼았음도 오랜 인연이 있는 일일지 모를 것이다.

상봉에는 태을선(太乙仙)의 상원(上院)에는 옥보선(玉寶仙), 악양에는 범왕표(汎王杓)의 그 중간에는 청학동 중심의 많은 신선의 자취와 최치원 중심의 무더기 신선 설화가 전하니, 이 시원은 다만 그 아름다운 경승에만 말미암는 것 아니라 깊고 오랜 내력이 있는 때문으로 볼 것이다(『五洲衍文長箋散稿』 42 智異山辨證說, 같은 책 48 靑鶴洞辨證說에서 인용한 여러 신선담 참조). 그리고 불교에 들어서는 문수(文殊)가 세상에 왔다는 이야기를 지었다.

지리산은 혹 두류라고도 한다. 처음 북조(北朝)의 백두산(白頭山)으로부터 일어나 아름다운 봉우리와 골짜기가 이어져서, 대방군까지 수 천리에 서려 있다. 둘레로 거한 것은 10여 고을로 열 달을 지나야 그 가장자리를 다할 수 있다. 늙은이들의 말로 대대로 전하기를, "그 사이에 청학동이 있는데, 길이 매우 좁아 겨우 사람만 통행한다. 엎드려서 몇 리쯤 가면 텅 빈 곳을 만나는데, 네 모퉁이가 모두 좋은 밭과 비옥한 토양으로 식물을 기르기에 적당하지만 오직 푸른 학만 그 가운데 서식하고 있다. 그러므로 청학동이라 이름 지은 것이다."라고 하였다. 대개 옛날에 은둔한 사람이 사는 곳으로, 담은 무너지고 구덩이가 파여 오직 가시가 우거진 터만 남아 있었다. 옛날에 나와 당형(堂兄) 최상국(崔相國)이 벼슬을 그만두고 가서 영영 돌아오지 않을 뜻이 있어서 그 마을을 찾기로 서로 약속하고, 대바구니를 송아지 두세 마리에 싣고 들어가니 세속과는 서로 들리지 않을 만하였다. 마침내 화엄사(華嚴寺)로부터 화개현(花開縣)에 이르렀다. 신흥사(新興寺)에서 묵었는데 지나는 곳이 선경(仙境)이 아닌 곳이 없었다. 천 가지 바위가 빼어남을 다투고 만 가지 골짜기가 흐름을 다투며, 대나무 울타리와 모사(茅舍)에 복숭아나무와 살구나무가 빛을 가리니 거의 인간 세상이 아닌 것 같았다. 이른바 청학동이라는 것은 끝내 찾지 못하였다(李仁老, 『破閑集』).

또 악양현(岳陽縣)의 북쪽을 가리키면서 청학사동(靑鶴寺洞)이라고 하였다. 아! 이곳이 옛날에 이른바 신선(神仙)의 거처라는 곳인가. 인간 세계와 그리 서로 멀지도 않은데, 미수(眉叟) 이인로(李仁老)는 어찌하여 못 찾았단 말인가? 호사가가 그 이름을 사모하여 절을 짓고서 기록한 것은 아닌가?(金宗直의 『頭流紀行錄』)

지리산을 신령한 산 신선의 구역으로 본 것은 시에도 물론 많이 드러났다. 목은 이색의 시를 그 대표라고 할 수 있다.

> 두류산이 가장 커서 신선이 표범 가죽 깔았네
> 나무 끝에서 두 다리로 날고 구름 사이로 반신을 내어 놓았네
> 남들은 삼무(三武)에 쫓겼다 기록하고

혹은 외로운 진(秦)을 피했다고 말하기도 하네
어찌 그윽한 은거지가 없어 풍진 속에 백발이 세었는가

그 가장 신비적인 것에는 "쌍계사. 절에는 신라 최고운(崔孤雲)의 화상(畵像)이 있고 냇가 석벽에는 고운의 대자(大字)를 많이 새겨 놓았다. 세상에 전하기를, 고운이 득도하여 지금까지 가야산과 지리산 사이를 왕래한다고 한다. 선조(先祖) 신묘(辛卯) 연간에 절의 중이 바위 사이에서 종이 하나를 얻었는데, 절구 한 수가 있었다. '동쪽 나라 화개동(花開洞) 병 속의 별세계로다. 선인이 옥 베개 밀쳐 두니 이 세상 천년이 잠깐이네. 글자의 획이 새것과 같고 그 자법(字法)은 세상에 전하는 고운의 필치와 같았다.'"이란 것 같음도 있다(『擇里志』卜居總論 산수조 참조). 김일손(金馹孫)의 『속두유록(續頭流錄)』에는 다음과 같은 작자 미상의 글이 실려 있다.

을해일(乙亥日), 드디어 홍류동(紅流洞)으로 내려가 시내를 따라 올라갔다. … 기담(妓潭) 가로 앉으니 쪽을 쌓아둔 듯 파란 물에 옥빛 무지개가 비스듬히 드리워져 있었고, 거문고 같은 소리가 숲 너머로 울려 퍼지고 있었다. 이른바 홍류(紅流)라는 것은 사영운(謝靈運)의 시 "돌층계에서 붉은 샘물 쏟아지네(石磴射紅泉)"라는 구절에서 취한 것인데, 해석하는 사람이 홍천(紅泉)은 단사혈(丹砂穴)에서 나오는 것이니 홍류라는 이름은 선가(仙家)의 책에서 나온 것이라 한다. 그렇다면 지금 기담이라고 부르는 것은 무엇을 이르는 것인가? 진경(眞境)이 해를 당하는 것이 심하도다. … 신흥사(神興寺)에 이르니 동행한 사람들이 누워 쉬고 있은 지 오래였다. 드디어 중과 함께 시냇가 바위 위에 올랐다. 시냇물은 대일봉(大日峯)·방장봉(方丈峯) 사이에서 흘러나오는데, 우거진 숲이 하늘을 가리고 맑은 물이 돌을 굴렸다. 평평한 바위는 60~70명이 앉을 수 있을 정도였다. 바위 위에 '세이암(洗耳巖)'이라는 세 글자가 큰 글자로 새겨져 있었는데 누구의 글씨인지 모르겠다. 골짜기 이름은 삼신동(三神洞)인데, 이는 골짜기에 영신사(靈神寺)·의신사(義神寺)·신흥사(神興寺)의 세 사찰이 있기 때문이라고 한다. 그 귀신을 숭상하는 풍속을 이것으로 미루어 볼 수 있다. 비지(秘志)에 또 이르기를 "근년에 혹 최고운(崔孤雲)이 푸른 나귀를 타고 독목교(獨木橋)를 나는 듯이 건너는 것을 보고 강씨(姜氏) 집의 젊은이가 고삐를 잡고 만류하였지만, 채찍을 휘둘러 돌아보지도 않았다."고 하였다. 또, "고운은 죽지 않고 지금까지 청학동에서 노닐고 있다. 청학동의 중이 하루에 세 번 고운을 보았다."라고 하였다. 이 말은 믿을 수 없지만, 세상에 참다운 신선이 있다면 어찌 고운이 신선이 되지 않았음을 알겠는가? 고운이 정말 신선이 되었다면, 이 땅을 버리고 또 어디에서 노닐겠는가?

또한 유몽인(柳夢寅) 『유두류록(遊頭流錄)』에는 다음과 같은 글이 나온다.

장로(長老)가 이르기를, "세상에 물러나 은거한 법사가 신흥사에 머물고 있었는데, 하루는 그 문도에게 말하기를 객실(客室)이 있으면 깨끗하게 청소해 놓고 기다려라 하였다. 얼마 뒤에 한 사람이 흰 망아지를 타고 등나무 덩굴을 묶어 가슴걸이와 고삐를 하고 급히 달려 왔다. 외나무다리를 평지처럼 밟아서 사람들이 모두 놀랐다. 절에 이르자 방으로 맞이하여 들어가 밤새 함께 이야기를 나누었는데, 듣고 기록할 수 없었다. 다음날 아침 작별하고 떠나려하니, 절에서 공부하던 강씨(姜氏) 성을 가진 젊은이가 그 기이한 손님에 미혹되어 말의 재갈을 잡고 받들었다. 그 사람이 채찍을 휘두르며 떠나는 바람에 소매에서 책 한 권이 떨어져서, 젊은이가 급히 책을 주웠다. 그 사람이 말하기를, '속세의 하찮은 사람이 취하여 보게 되었구나. 보배처럼 소중히 여기고 조심히 감춰두고 세상에 보이지 말라.'고 하였다. 말을 마치고는 급히 떠나 다시 외나무다리를 지나서 갔다. 젊은이는 지금 백발이 되었지만 진양(晉陽)의 경계에 살면서 사실을 아는 사람이 보기를 구해도 주지 않는다고 한다. 그 사람은 바로 고운 최치원인데, 죽지 않고 청학동에 있다고 한다." 라고 하였다. 말은 터무니없지만 기록할 만하다.

이 밖에도 『오산설림초고(五山設林草藁)』에 보인 화담 서경덕이 만났다는 우의이인(羽衣異人) 등 이러한 이야기가 요새에도 사실처럼 전해지는 데서 그 뿌리 깊은 선연(仙緣)을 볼 것이고, 거기 나오는 지명에서도 많은 암시를 얻을 것이다. 또 지명에서는 김일손 등의 기록으로써 아는 천왕봉 권속 중의 영랑봉(永郎峰)·향적봉(香積庵)·사자봉(獅子峰)·비로봉(毘盧峰)·좌고봉(坐高峰)·아리왕탑(阿里王塔)·가섭대(迦葉臺) 등이 다 재미있는 고사의 흔적이라 할 것이다. 또한 『두류전지(頭流全志)』에 실려 있는 견문록에는 "신선대(神仙坮)는 악양의 서쪽에 있다. 대 위에는 옥표천(玉杓泉)이 있는데, 선인이 옥으로 된 표자(杓子)를 띄우고 노닌 곳이라고 전한다. 사람들은 종종 화살촉을 얻어서, 이것이 선인이 모여서 활을 쏜 땅이라고 하였다."(악양에는 고려 한유한의 成仙說 등 기타의 비슷한 설화가 있다) 『오주연문장전산고(五洲衍文長箋散稿)』 의상청구비기(義相靑丘秘記)에는 "두류산, 일만의 문수(文殊)가 세상에 사니, 그 아래 풍년이 드는 것이 백성의 바람이네."이라고 되어 있다.

【130】 한역(漢譯)하여 윤(輪)이 된 범어 AKRA(斫羯羅)는 그 원주(圓周)라는 뜻을 빌려서 세계의 형태를 비유하는 어휘이다. 불교에서는 3, 4, 5, 9 각종의 윤(輪)을 말하고 보통의 이 세계는 풍륜(風輪)·화륜(火輪)·금륜(金輪)이 밑이 되고, 그 위에 구산팔해(九山八解)의 지륜(地輪)이 얹혔다 한다. 다시 이 윤을 각종 형태의 비유로 차용하여 왕자의 권력을 윤에 비하기도 하고, 그 우열의 정도를 금·은

·동·철의 4등급으로 나누어 금륜왕이라 하면 천하통일의 주군을 의미한다. 이른바 전륜성왕(CAKRAVART) 가운데에도 금전륜왕은 윤왕(輪王) 중의 윤왕인 자이다(『俱舍論』 제12 참조).

불교 문화의 영향이 군왕의 이름자에도 나타나게 되니 자비(慈悲)·지증(智證)·법흥(法興)·진흥(眞興) 등과 마찬가지로 왕호로 가장 영휘(英徽)한 뜻을 가진 금륜이 신라에서는 제25대 진지왕의 일명으로 채용되었다. 그러나 진지왕대 전후 왕명의 예에 살펴보건대, 이때까지도 당초부터 불교 경전의 명구를 취하여 바로 이름자를 삼은 예는 적고, 대개는 국속(國俗)에 준하여 무엇이라고 이름 지은 것을 당시 혹 후대 사람이 음이나 뜻이 가까운 불교 경전어로 변통함에 그친다. 지대로(智大路)가 지도로(智度路)·지철(智哲)·지증(智證)에 이르는 것과 비처(毗處)가 소지(炤知)로 화(化)함 등과 같다. 진지(眞智)의 금륜도 필시 이러한 것의 하나로, 본디는 사륜(舍輪; 또 그 원형은 무엇이든지)인 것을 사(舍)가 그 형태와 뜻이 다 금(金)과 가까우므로 금륜(金輪)의 글자를 차용하게 된 듯하다.

『삼국유사』에는 "이름은 금륜이고, 사륜(舍輪)이라고도 부른다."라 하였으되, 『삼국사기』에는 "이름은 사륜(舍輪; 혹은 金輪이라고도 한다)."라 하여 사륜을 주로 함이 짐작 있는 필법일까 한다. 또 『삼국사기』에 "진평왕의 이름은 백정(白淨)이며, 진흥왕의 태자 동륜(銅輪)의 아들이다."라 한 것을 『삼국유사』에 "이름은 백정(白淨), 아버지는 동륜(銅輪)이다. 일명 동어태자(東語太子)라고도 한다."라 하였다. 이 동륜도 얼핏 보면 사륜(四輪)의 하나에서 온 듯하지만, 이는 다만 글자 형태뿐이요 실상은 동어(東語)라는 본명으로부터 차차 변통된 것으로 보인다. 금륜이 사륜에 근본함을 이에서 더 잘 알 것 같다. 그러나 이렇건 저렇건 인명과 왕호에는 금륜이 뜻으로 적당하나 사원(寺院)의 이름에는 그리 적합하다 할 이유를 찾기 어렵다. 신통치 않지만 구태여 이 글자를 씀은 그 글자를 쓰게 한 원형과 관계된다 할 것이요, 이것이 대개 사류의 예와 같은 '술은'의 종류일까 한다.

【131】『삼국사기』 악지에 옥보고가 만들었다는 30곡의 목록을 기록한 가운데 상원곡(上院曲)·중원곡(中院曲)·하원곡(下院曲) 등이 있고, 우륵이 만들었다는 12곡이란 것에는 상가라도(上可羅都)·하가라도(下可羅都)란 것이 있으니, 이로써 운상원(雲上院)의 상원(上院)이 상중하의 상이라 상상할 수도 있다. 그러나 다시 생각하면 운상원이란 운(雲)에는 중(中)과 하(下)가 닿지 않고 또 상원(上院)으로 이름한 불(佛)자의 통례에 비추어도 강릉 오대산, 영천 팔공산, 함창 재악산(宰岳山), 진안 마이산, 창평 몽선산(夢仙山), 고창 우등산(牛登山), 익산 용화산(龍華山), 공주 계룡산, 여주 혜목산(慧目山), 지평(砥平) 용문산, 봉산 정방산(政方山)(이상『동국여지승람』), 영변 묘향산(『妙香異蹟』) 등 어느 곳에든지 상원 있는 곳에 중과 하의 원(院)을 거느린 사례가 없다. 현재 운상원의 남은 터로 보아도 상중하의 3부로 나누어질 형지(形止)가 아니니, 운상원의 상원과 금곡(琴曲)에서 상중하 원의 상원과는 자형은 우연히 같지만, 원래 근거는 무관한 것이다.

상을 '술'로 새긴 듯한 자취를 『삼국사기』 지리지에 "상홀(上忽)을 거홀(車忽)이라고도 부른다."라 함에서 보고 또 상원이 '술은'과 음이 가까우니, 운상원은 대개 운산(곧 얼산)의 '술은'이란 것이 줄어서 번역된 것일까 한다. 또 진역 고대의 통례에 비추어 보면, 그 종교적 흔적은 산이나 봉우리와 한가지로 산중의 물 이름에도 남아 있는 것이다. 지리산 사이에서 발원하는 주요한 수맥에 동천(東川)·도천(道川)·덕천(德川)에도 '두글'이 남아 있고, 엄천(嚴川)·원천(源川)·압록진(鴨綠津)·남강(南江)에 '얼'이 남아 있고, 부연(釜淵)에 '금'이 남고, 용연(龍淵)·마천(馬川)에 '물'이 남은 것처럼, 살천

(薩川)·쌍계(雙溪)·삼장수(三壯水)에는 '솔'형이 남아 있으니, 이 살수(薩水; 청천강)의 묘향산에서와 같다.

【132】 최치원의 시대는 온갖 법률과 제도에서 당나라 풍이 극도에 달하고 필시 최치원 같은 이가 그 영수였으리니, 국어를 한역(漢譯)하는 것에 비추어볼지라도 마립간(麻立干)으로 번역하는 'ㅁ금'을 '매금(寐錦)'이라 하여 부귀의 뜻을 부치고(鎭鑑碑 서문), '부루'라 번역하던 '불'을 '풍류(風流)'라 하여 유람하는 뜻을 나타내는(鸞郎碑 서문) 등 최치원의 사례로 보아서 쌍계의 변형이 또한 최치원의 번역인 '솔'의 한 형태임을 상상할 수 있다. 경성 백록산 쌍계사, 부령 쌍계산, 비안 쌍계, 나주 쌍계산, 금구 묘고산 척계사, 은진 불명 쌍계사 등의 그것도 다른 쌍곡(雙谷)·쌍림(雙林) 등과 한가지로 대개는 '솔'이 전(轉)해 번역된 것일 것이다(寐錦의 이름이 최치원보다 앞서서 『일본서기』 神功紀에 쓰인 사례가 있기는 하다).

【133】 "모두 산 이름이고 절 이름인데, 어찌하여 선운산(禪雲山)이라 하며 어찌 선운사(禪雲寺)라 하는가? 말하기를, '선(禪)이라는 것은 부처들과 조사(祖師)들의 안목으로, 또한 항상 일용하는 공안(公案)이라고도 한다. 운(雲)이라는 것은 불조(佛祖)의 지경(智境)으로, 또한 신묘한 작용의 진풍(眞風)이라고도 한다. 선운의 여러 산에 월수(越峀)와 삼각(三角)이 모두 참선하는 곳이 있어서 참선하는 자가 서식하는 곳이다. 아침에는 상서로운 구름이 공중에 요란하고, 저녁에는 보배로운 달이 허공에 밝다. 이것으로 인하여 선운산, 선운사라고 이름한 것이다.'라고 하였다."(成化 14년 1월 德源君別願堂禪雲山禪雲寺重創山勢事蹟形止案)

【134】 "선운산(禪雲山). 선(禪)은 선(仙)이라고도 한다. 현의 북쪽

20리에 있다. 『고려사』 악지에는 선운산곡(禪雲山曲)이 있는데, 백제 때 장사인(長沙人)이 역을 지러 가서 기한이 지나도 오지 않자 그 아내가 그를 생각하면서 이 산에 올라가 바라보면서 불렀다."(『동국여지승람』 권36 무장 산천조). 위 주석 인용문의 바로 아래에 "그 산세를 말하면, 경(庚)이 오고 태(兌)가 일어나며 건(乾)에 앉아 손(巽)을 향하니, 만 마리 말이 하늘에서 내려오는 상(象)이다. 또한 임금과 신하가 경사스럽게 모인 상이라고도 하고, 근원을 되돌린 신선이 모인 상이라고도 한다."라 한 것에서 신선 운운의 구절은 물론 풍수를 넘어선 고전(古傳)의 단편으로 볼 것이다. 또 이 글에서 수(水)를 소원(掃源)으로 이름하고 봉(峰)을 사선동(四仙童)으로 헤아리고 고개의 이름에 '선녀취회소장영화(仙女聚會梳粧榮華)'를 상상한 점 등을 참조하라.

【135】명산, 특히 종교적 영산이 있는 곳에는 군(郡)의 이름과 산의 이름이 상즉(相卽)함이 고대의 통례임은 전에 한 번 말하였다. 선운산이 있는 무장의 고호(古號)에 송미지(松彌知) · 무송(茂松) · 송산(松山) · 장사(長沙) · 상로(上老) · 사도(沙島)이 있음으로써 선운의 본형이 송(松)에 가깝고, 따라서 선운이 '술은'의 전(轉)임을 상상하기에 족하다. 송(松)자가 '술'의 번역자로 쓰인 또 하나의 적합한 사례는 순천의 송광산에서 볼 것이다. 송광산의 어원이 '술'임은 산의 주인인 송광 · 선암 두 절의 명칭 유래에서 더 들을 수 있다. 송광사의 연기(緣起)가 있는 땅에는 치락(鴟落) 전설이 있고 또 그 근본 도량에 삼일암(三日庵)이란 이름이 있는데, 치(鴟)의 '솔', 삼일(三日)의 '살', 송(松)의 '솔'이 한가지로 옛 '술'의 전형(轉形) · 전의(轉義)임은 선암사의 선암이 또한 '술은'일 것 같음까지 합하여 얼른 알 수 있다. 그런데 송광산 있는 순천의 순(順)과 그 옛 이름인 승평(昇平) · 승화(昇化) · 승주(昇州) · 삽평(歃平)이 또한 '술불'(곧 '술' 있는

도읍)에서 왔을 듯함은 정히 선운산과 '송미지'의 관계와 같다(졸저
「심춘순례」 송광사 관련 부분 참조).

【136】 수락(水落)과 사리(射狸)는 음으로 '술'을 나타내고, 음성 취
(鷲)는 훈(訓)으로 '술'을 나타낸 것이니 수락과 취와 '슬'을 번역한
글자로 흔히 쓰임은 다른 많은 사례와 같다.

"백견치(白鷄峙)에서 처음 일어나서 서북쪽 5리쯤에 천리암(泉利
庵)이 있고 재를 넘으면 광정암(廣井庵)이다. 서남쪽 5리쯤에 수락
촌(水落村)이 있고 뒷 고개 3리쯤에 삼성굴(三聖窟)이 있다. 다음으로
천주봉(天柱峯)이 있고 천주봉 아래에 용문굴(龍門窟)이 있는데, 나
한을 봉안한 법당이다. 다음에 상도솔암(上兜率庵)이 있고, 암자 아
래 하도솔암이 있으며, 북쪽으로 북도솔(北兜率)이 있다. 다음으로
개심사(開心寺)가 있고, 서쪽으로 5리쯤에 국사봉(國師峯)이 있으며,
다음으로 관성봉(音聲峯)이 있고, 관성봉 아래 [영천사(永泉寺)가 있고,
영천사 아래에 영천동(永泉洞)이 있다] 재를 넘어 동쪽으로 절이 있는데,
참당사(懺堂寺)라고 한다. 참당사 위에는 취봉치(鷲峯峙)가 있다. 다
음에 마두치(磨頭峙)가 있고, 그 다음 흑산치(黑山峙)가 있다. 다음에
사적치(射翟峙)가 있고, 사적치 위에 취령봉(鷲嶺峯)이 있다. 취령봉
아래에는 적동(翟洞)이 있으며, 적동 위에 종조리봉(終條理峯)이 있
고, 종조리봉 아래 삼인동(三仁洞)이 있다. 그 국(局) 위에 은선암(隱
仙庵)이 있고, 북쪽에 험산(驗山)이 있는데, 장수(長水)가 두르고 그
가운데 서 있다. 북쪽으로 수다사(水多寺)에 접해 있으며, 절 아래에
수다촌(水多村)이 있다."

(射狸峙란 이름은 『사기』 「봉선서」의 "장홍이 방술로 주나라 영왕을 섬기니,
제후들이 주나라에 조회하지 않았고 주나라의 힘이 약해졌다. 장홍은 이에 귀신
의 일을 밝히고 살쾡이[狸]의 머리를 과녁으로 세웠다. 살쾡이의 머리는 제후들
이 오지 않으니, 이상한 물건에 기대어 제후들을 이르게 하고자 한 것이다. 제후

들은 따르지 않았고 진나라 사람들이 장홍을 잡아서 죽였다."에서 집어 쓴 말이니, 이로써 얼마쯤 神事의 처소임을 냄새 낸 것일 듯하다).

【137】 선운이 이미 '슬은'의 번역일진대 선인(仙人) 설화가 거기에 전함이 당연하니, 지금은 선운사 개산조라 하는 검단 선사(黔丹禪師)란 이도 본디는 이 산의 설화상 주인이던 옛 선인의 불교적 섭융(攝融)일 것이다. 검단을 고문헌에 많이 선인으로 쓰고 지금까지도 선과 승 양쪽을 전설함은 다 그 옛 선인인 본지(本地)가 아직까지도 아주 탈피되지 못함을 나타낸 것이다. 앞서 인용한「형지안(形止案)」에는 다음과 같은 글이 있다.

"다음으로 개태사(開泰寺)가 있는데, 애단 선인(挨丹仙人)의 도량이다. 그 아래 큰 바다 가운데 이름이 애단(挨旦)인 마을이 있었는데, 신승(神僧)이 염정(鹽井)을 만들어 세웠다. 성현의 옛 자취가 오늘날까지 없어지지 않았다. 이는 관음원통(觀音圓通)의 신묘한 노래이고, 서른둘 응신(應身)이 넓게 중생으로 화한 신묘한 덕이다. 이것으로 인하여 마을 이름을 애단이라고 하였다. 옛날의 애단은 선사(禪師)가 거처하며 도를 닦던 곳이다."

내가 작년에 선운사에서 이 문헌을 검토하니, 종이의 품질, 글자 모양, 글의 뜻이 다 자못 예스러운데 다만 원문에는 애단(挨旦)이란 것을 후인이 덮어 쓰거나 끼어 써서 검단(黔丹)이라고 개칠하였음을 알아냈다(旦자를 諱치 아니함으로 그것이 대개 이조 이전의 문헌을 전승한 것으로 보아야 할 듯하다). 애단과 검단 어느 것이 옳을지는 모르겠고, 애(挨)가 혹 검(黔)을 달리 옮긴 자인 검(黬)을 검(撿)으로 씀에서 전와(轉訛)된 것일지 모른다.

여하간 그 문장 가운데 문득 선인이라 하였다가 고대 신승(神僧)이라 함이 서투르게 말이 겹치고 뜻이 되풀이됨을 주의할지나, 원래 한 편의 문장이 그다지 통창(通暢)하지 못하거니와 이렇게 좌형

(座形)의 선(仙)과 두찬(杜撰)의 불(佛)이 쌍으로 움직이고 같이 나와서 삽입 개찬의 형적을 말끔히 엄폐하지 못함에서 더욱 그 수단이 높지 못함을 볼 것이다. 산중에 전해 오는 고인의 이름을 그곳 불교의 개산조로 바꾼 것은 다른 곳에도 예가 있으니, 선운의 애단(挨旦; 黔丹)이 또한 그 종류일까 한다.

『여지승람』 권36 무장현 산천조에는 "검당포(黔堂浦)는 현의 북쪽 35리에 있다."라 하고 "염정은 검당포에 있는데, 바다로 2리 정도 들어가면 그 물이 희고 짰다. 그 땅의 사람들은 조수가 물러가길 기다렸다가 다투어 두레박으로 길었다. 구우면 소금이 되었으니, 수고롭게 걸러서 햇볕을 쬐여 말리지 않고도 그 이득을 많이 거두었다. 오직 검당포만 그러할 뿐이었다."라 하니, 이것을 검단 선사가 사물을 이롭게 한 신화(神化)라 하는 따위의 여러 전설이 선운산을 중심으로 많이 있다.

여러 서적을 살피건대 검단(黔(儉)丹)으로 이름하는 산이 교하·광주·청주(보은)(이상은 『동국여지승람』), 경주(『동경잡기』) 기타 등등에 있는데, 『여지승람』의 청주(보은)조에 "백제 승려가 사는 곳 지명을 검단(儉丹)이라 한다."라 한 지명의 연원을 적었다. 이밖에 『지봉유설』(권 18) 외도문(外道門) 선도(仙道)조에 일종의 선향(仙鄕) 엄류(淹留) 설화를 적으면서 검단 선사를 말하고, 또 같은 책 선문(禪門)조에 진감 국사(眞鑑國師)의 일을 적은 다음에 "속칭 검단 선사(黔丹禪師)는 바로 진감(眞鑑)이다. 최치원이 지은 그 비(碑)의 서문에, '선사는 얼굴이 검어서 중생들이 흑두타(黑頭陀)라고 했다.'라 한 것이 이 사람이다. 내가 노승에게 들은 것도 이와 같았다."라 한 것이 있다. 국어에 검(黔)을 '검당'이라 함으로써 끌어당긴 일설이려니와 또 검단을 중으로 본 기전(記傳)이다.

그러나 검단이 중이라는 사적은 고적(古蹟)에 보인 것이 없고 후대의 전설에 나오는 그것은 언제든지 반선반불적(半仙半佛的)일 뿐 아니라, 더욱 그로써 선운산의 주인이라 함에서 그 근원을 짐작할 것이 있다. 대개 검단 선인(儉丹仙人)의 선인이 선사(禪師)로 바뀌었을 따름일 것은, 다른 데서도 이러한 개산조는 조사(祖師)나 대사(大師) 등이 아니라 하필 선사로 일컬음으로써 어렴풋이 짐작할 것이다. 이 검단(儉丹)의 산명(山名)은 우선 무장의 검당포(黔堂浦)로부터 부안의 검모포(黔毛浦), 문의의 검단연(儉丹淵), 의령의 검정천(黔丁川), 양천의 검두산(黔頭山) 등과 또한 검(劍)·검(儉) 등으로 부르게 된 많은 산천의 명칭과 한가지로 무슨 신도적 내력을 가진 것일 것이다(『海東佛祖源流』 같은 데도 검단의 이름은 보이지 않았다).

　검(黔)이고 검(儉)이고 단(旦)이고 단(丹)이고 글자 뜻으로 보아도 불교다운 점은 조금도 없으면서 선도(仙道)적 의미는 매우 농후하다. 검(黔)은 조화신의 이름으로 쓰이는 글자이니, 『초사(楚辭)』의 "검영(黔嬴)을 불러서 만났네."와 사마상여(司馬相如) 부(賦)의 "왼쪽은 현명(玄冥)이요, 오른쪽은 검뇌(黔雷)라네."란 따위가 이것이다. 검(儉)은 선도가(仙道家)에서 수양상 요목으로 쓰는 글자이니, 『노자』의 "나에게는 세 가지 보물이 있는데 잘 지키고 보존한다. 첫째는 자애로움[慈]이요, 둘째는 검소함[儉]이요, 셋째는 감히 천하에 앞서지 않는 것이다."이라 함과 『내관정정도(內觀靜定圖)』의 "보기를 검약하게 하여 정신을 기르고, 듣기를 검약하게 하여 비움을 기르고, 말을 검약하게 하여 기를 기르고, 욕심을 검약하게 하여 정을 기른다(儉視養神 儉聽養虛 儉言養氣 儉欲養精)."이란 따위가 이것이다.

　단(丹)은 선(仙)의 별칭쯤 되는 글자니 말할 것도 없고, 단(旦)도 도가에서 특수한 의미를 붙여서 쓰는 글자이니, 『장자』의 "저 사람은 형체에 놀라기는 하지만 마음이 상하는 일은 없고, 거처를 옮김은 있지만 정신이 죽음은 없다(彼有形骸而無損心 有旦宅而無情死)."를 「성현영소(成玄英疏)」에 "단(旦)은 날로 새롭게 함이고, 택(宅)은 정신의 집이다. 형체의 변화로 집을 날로 새롭게 하는 것이다."라 한 따위가 이것이다(맹자 이래의 旦氣란 것과 導引術을 관련하여 생각할 것).
검단(黔丹; 儉丹·挨旦)이 물론 고어의 사음이겠지만, 그 음부(音符)로
취용한 글자의 뜻을 보면 대개 선(仙)의 냄새를 풍겼음을 볼 것임
이 물론이다. 검단(儉丹)이 여러 지명에 흔히 쓰이는 말이어서 그
것이 꼭 인격적 명칭인지 여부는 딱 잘라 말하기는 어렵다. 설사
인명이라 할지라도 불자(佛者)의 이름이라거나 백제의 중이라 함은
근거 없는 말이다.

【138】 선운산은 고신도(古神道)와 고대 산악(동굴) 주민과의 많은
유적을 가져서 고대 연구의 보고이니, 거기 남아 있는 많은 지명과
지명에 부대된 여러 가지 옛 전설은 다 귀중한 암시를 머금은 것들
이다. 그런데 뒤에는 이것이 대개 불교로 융화되어 불교적 설화의
색채를 가지게 되었다. 이를테면 Megalithic Culture의 유적으로 볼
천연 혹 인조의 많은 선돌 가운데, 특히 금산(金山)의 외곽을 지은
어떤 봉두(峰頭)에 있는 현저한 멘히르(menhir)에 관하여 아래 글과
같은 설화적 이용이 생긴 것 따위이다.

이 산에 불법이 들어오기 전에 용지(龍池)가 있었는데, 신승(神僧)
이 있어서 그 용을 쫓고 그 못을 메우고 절을 만들 때에 우전국(于
闐國)으로부터 온 십육나한의 감재사자(監齋使者)를 시켜서 그 용을
다른 산으로 이끌어 가게 하고 이르기를, "데려다 두고는 뒤도 돌
아보지 않고 와야 무사하지 그렇지 않으면 큰 봉변을 하리라." 하
였다. 그러자 그 사자가 데려다 두고 여기까지 무사히 돌아와서는
이제야 설마 어떠랴 하고 뒤를 돌아보다가 그 자리에서 몸이 석화
(石化)하여 용이 간 산을 바라는 쪽의 그 선돌이 되었다는 이야기를
전한다(졸저 『심춘순례』의 兜率山 기록).

도솔에서 수십 보 떨어진 곳에 솟아나온 암자가 있는데, 또한 의운

(義雲)이 창건한 것이다. 이곳이 이른바 옛 용담(龍潭)이다. 당시에 돌배가 산 밖의 죽포구(竹浦口)에 와서 떠 있었는데, 심오한 음악 소리가 그 가운데서 일어났다. 속인들이 보고자 하니 배는 절로 물러났다. 의운이 듣고는 제자들을 거느리고 갔다. 배는 저절로 기슭 가까이에 왔다. 이에 배에 올라 보니, 옥축(玉軸)의 대장(大藏), 석가모니불, 가섭과 아난, 십육나한이 배 안에 함께 앉아 있었다. 한 금인(金人)은 오른 손으로는 옥노장수범(玉櫓張繡帆)을 흔들고, 왼손으로는 상아로 만든 '금(金)'자 보인(寶印)을 잡고 있었다. 모두 육지에 내렸는데 봉안할 곳을 정하지 못했다. 그날 밤 의운의 꿈에 금인이 이르기를, "나는 우전국(于闐國)의 왕이다. 상(像)을 받들 곳을 찾으려고 해동의 여러 산천을 돌아다니다가 도솔산을 바라보니 대참(大讖)의 기이한 기운이 공중에 가로질러 있기에 이곳으로 왔다. 청컨대 집을 지어 평안하게 해주게."라고 하였다. 의운선사는 마침내 절을 세우고 진흥왕이 보시하였으니, 참사(讖寺)가 이것이다. 이 절의 불(佛)은 바로 그때 온 여러 불상들이다. 용담 위에 암자 하나를 지어 나한을 봉안하고 나서 감재사자(監齋使者)에게 명해 흑룡(黑龍)을 채찍질하여 흥성의 방등산(方等山)으로 나가게 했다. 사자는 돌아오지 못하고 지금까지 그곳에 돌이 되어 서 있으니, 바로 사자비(使者碑)이다. 용이 일어나서 나오는 까닭에 암자의 이름을 기출(起出)이라고 하였다. 나한 진상은 예전 그대로 아직도 새 것 같은데, 참으로 이른바 "산은 비고 사람 없는데, 물은 흐르고 꽃은 피네(空山無人 水流花開)"라는 것이 이것이다. 온 골짜기가 아름답고 온갖 모습이 기이하니, 이 산의 큰 경관이 여기에 모두 갖추었다. 그 서쪽에는 탑선사(塔禪寺)가 있고, 또 그 서쪽에 홍동치(泓洞峙)가 있다. 속세에는 흑룡이 잠복해 있을 때 서해를 빨아들여서 물이 여기를 넘은 것이라고 전한다. 동(洞)의 이름이 이러한 것은, 혹시 큰 바다의 물이 잔속에 쏟아진다는 뜻이 있는 것이 아니겠는가?(도솔산 讖堂寺 故事)

【139】 "삼일포(三日浦) 안축(安軸)의 기(記)에 이르기를, '삼일포는 고성 북쪽 7~8리에 있는데 밖에는 중첩한 봉우리들이 둘러싸고 있으며 그 안에는 서른여섯 개의 봉우리가 있다. 골짜기가 맑고 그윽하며 소나무와 돌이 기이하고 예스럽다. 물 가운데 작은 섬이 있는데 푸른 바위가 평평하여, 옛날 네 신선[四仙]이 여기서 놀며 삼일 동안 돌아가지 않았기 때문에 이러한 이름을 얻은 것이다. 물 남쪽에는 또 작은 봉우리가 있고, 봉우리 위에는 돌로 만든 감실이 있으며, 봉우리의 북쪽 절벽 석면에는 여섯 글자가 붉은 색으로 쓰여 있으니, '영랑도 남석행(永朗徒南石行)'이다. 작은 섬에 옛날에는 정자가 없었는데 존무사 박공(朴公)이 그 위에 지으니, 바로 사선정(四仙亭)이다.'라고 하였다." (『여지승람』 권45, 고성 산천조)

여기 선(仙)이란 것이 신라의 낭도를 국선(國仙)이라 하는 선(仙)임은 『지봉유설』(권18 外道部 仙道)에서도 논증함과 같다. 그런데 당시의 국선이란 것은 국가 신도(神道)의 살아 있는 우상으로 나라에서 뽑아 백성들이 받들던 한 시대의 일인자이다. 또 후인이 그릇되게 "산수에 노닐다(遊娛山水)"로 칭하게 된 그 성지 순례도 풍월도(風月徒)라 하는 낭(郎)을 중심으로 한 단체씩 차례로 행하는 것이니, 사선(四仙)의 네 무리가 한 곳에 함께 유(遊)했다 함부터 사리에 부당하고, 삼일 운운이 삼일(三日)이란 글자를 얻은 뒤에 생긴 말임은 쓸데없이 더 말할 필요가 없다. 진역에서는 희귀한 이만한 호수가 필시 예로부터 주민에게 신령시되고 그러한 것이 명호(名號)의 위에 떨어져서 삼일로까지 전(轉)하여 번역됨일 것이다.

【140】 풍월도의 선랑(仙郎)에는 주요한 직사(職司)가 둘이 있으니, 하나는 국교(國敎)에 의거한 국민 정신(도의 관념)의 함양이고, 하나는 그 신앙적 배경으로의 신도 영장(神道靈場)의 순근(巡覲)이었다. 최치원의 난랑비(鸞郎碑)의 말과 같이 "산수에 노닐면서 멀리 이르

지 않는 곳이 없네." 하는 것이지만 그 순례의 중심은 관동의 여러 요지(지금의 勝地, 그때에는 靈場)이고, 그 종국의 결말은 대개 지금의 금강산에 와서 지었던 듯하다. 이 풍월도가 다니던 곳에 선유(仙遊) · 강선(降仙) 등 그야말로 언어 질병적인 선인 설화가 생기게 되고 멀쩡한 실재적 인물이 어느덧 『열선전(列仙傳)』 중의 괴물로 보이게 되기까지 하였다.

【141】진역의 고전에 나오는 이른바 선(仙)이란 것은 대개 두 종류로 나눌 수 있다. 그 오랜 것은 '술' 또는 '순'을 번역한 글자인 것이고, 그 후대의 것은 풍월주의 별명인 국선(國仙) · 선랑(仙郞) · 선가(仙家) · 선풍(仙風) 따위의 한 용례이다. 그 근원이야 물론 동일한 '붉'도의 수행자이지만 전자는 개인적 · 지방적임에 대하여 후자는 국권적 · 단체적인 것이 양자의 차이였다. 얼른 말하면 전자는 산악 신도의 사제이고, 후자는 궁정 신도의 대승정인 것이다. 그런데 후세의 지명 혹 지방 설화 중에 나오는 선적(仙迹)이란 것은 이 양자를 포괄한 것이다.

【142】"천축(天竺)의 가르침은 서에서 동으로 전해졌는데, 동쪽에는 왕검 선인(王儉仙人)의 나라가 있었다. 나라의 동쪽에는 또 대성구룡산(大聖九龍山)이 있는데, 산은 곧 태백의 주맥이다. 그리 높거나 깊지는 않지만 산속에 기이한 자취가 많다. 옛날에 녹족 부인(鹿足夫人)이 한 번에 아홉 아들[九子]을 낳았는데, 상서롭지 못하게 여겨 함에 넣어 바다에 버리니 흘러가서 중국에서 거두어져 길러졌다. 자라서는 본국을 침범했는데 끝내 그 부모의 나라임을 알고는 투구를 버리고 이 산으로 돌아왔다. 용지를 빼앗아[奪龍池] 암자를 지어 살면서 도를 닦아 성불했다. 지금의 녹수암(鹿水庵)과 두타사(頭陀寺)가 바로 구불(九佛)의 처음과 끝인 땅이다. 또, 한 골짜기

에 99개의 못[九十九池]이 있는데, 이는 갠지스 강의 만팔천 세계에도 없는 것인데, 이 산에 있다. 그 가운데 큰 못 하나는 깊고 검푸르러 깊이를 가늠할 수 없었다. 때때로 바람과 구름, 우레와 비를 일으켜 가뭄으로 타들어가는 중생을 되살렸으니, 이 못이 드러나지 않게 우리를 돕는 혜택이 어떠하겠는가? 백룡(白龍)이 땅에 떨어진 것 같은 바위와 신우(神牛)가 돌을 밟고 머문 듯한 자취 역시 기괴하니, 이것은 모두 기록하여 고금에 전해져 분명히 증명할 만한 것이다. 이 산에는 십 수 개의 도량이 있는데, 광법사가 가장 크다. 처음에 아도화상이 부진(苻秦)으로부터 와서 불전(佛殿)과 승료(僧寮) 수백 칸을 지었다. 중간에 큰 불이 나서 열에 둘도 남지 못했지만, 보광(普光) 약탁(約椓)의 뛰어난 조화, 명부(冥府) 이소(泥塑)의 사실성, 삼일암(三日庵)의 맑고 깨끗함, 칠성당(七星堂)의 그윽한 절경은 모두 총림(叢林)에서 으뜸가는 것이다(廣法寺 사적비명 서문; 나의 臨碑 手抄本에 의거함. 『조선금석총람』 하 37호, 38호본에는 결자가 있다). 글 중에 대성구룡산 · 녹수 · 삼일 등의 명칭과 아홉아들[九子], 99개의 못[九十九池], 용지를 빼앗아[奪龍池], 백룡(白龍), 신우(神牛) 등의 사실을 특히 주의할 것이다.

【143】 녹족 부인 운운의 설화형은 『잡보장경(雜寶藏經)』 1에 보이는 제파연선인여연화부인(堤婆延仙人與蓮華夫人)의 전설을 모방한 것이 분명하나, 그 골자인 성모(聖母) 난생(卵生)의 일단은 고대로부터 확실한 유래를 가진 구비(口碑)일 것이다.

【144】 대성산의 주신(主神)은 근세에는 황제마누라라 하여 평양에 있는 민간 숭배상 최고 신격이었는데, 황제마누라가 곧 녹족 부인이란 것임은 전설의 의미로써 밝히 알 것이다. 또 그것이 부여신(夫餘神) · 수신(隧神)이란 것임은 기전(記傳)의 사실로써 어슴푸레 짐

작할 것이다. 송악산에 숭봉(崇奉)한 고려의 국모격인 신을 지금 속
칭에 대왕마누라라 함으로 대성산 신의 황제마누라란 것이 민간
신앙상 또는 고신도상 어떠한 의미를 가지는 것임을 깨달을 것이
다. 조선 신화의 중심 사실은 건국이요, 건국 사실의 공통 분자는
지모(地母; Earthmother) 사상이니, 이 여주인공을 '엄'이라 하여 그 유
례에 'ᄉ시'가 있고 이것을 신격적으로 호칭할 때에 마누라라 하고
다시 그것을 2인칭으로 부를 때에 어머니나 할머니라 하고, 이것들
을 한역(漢譯)하여 성모(聖母) 혹 신모(神母; 혹 天人)라 하고 전(轉)하
여 여선(女仙)이라고 하였다.

　이네는 어느 민족이나 나라의 신화에서든지 국왕의 생모로 나오
고, 뒤에 전(轉)하여 건국자의 생모라 하게 되었다. 그런데 이를 한
역하여 성모(聖母)·신모(神母)·여선(女仙)이라 하는 선(聖)·신(神)
·선(仙)이 한자의 음의(音義)로 통하는 것일 뿐 아니라, 그 원어로
부터 백제의 소서노(召西奴), 신라의 사소(娑蘇) 등처럼 선(仙)과 서
로 가까운 첫소리를 가진 것이요, 또 그것은 물론 신성을 의미하는
'ᄉ' 음계의 권속으로 'ᄉ라'의 자매어인 것이다.

　『삼국지』에 전한 고구려의 수(隧; 『후한서』에는 燧)가 곧 『후주서』에
전하는 부여신으로, 그것이 『삼국사기』 백제본기에 나오는 소서노
의 부류요, 후세 문헌에 동신성모(東神聖母)라 하여 고려에서 계승
하여 제사 지내는 것이다(『송서』의 고려의 歲神은 따로 볼 것). 세속에 대
왕마누라, 왕신(王神)마누라가 평양 대성산에서 황제마누라라 하는
것임은 고의(古義)와 통례에 비추어 얼른 짐작할 일이다. 성모의 성
(聖)이나 성산의 성(聖)이나 그 근원은 'ᄉ'에서 왔으리니, 대성산은
대개 고구려의 국모 숭배지였을 것이다. 국모인 성모·신모를 여
선(女仙)으로 변통함은 신라의 서술성모(西述聖母)를 여선으로 별칭
하는 예에서 볼 수 있으니 다음과 같은 사례가 있다.

신라의 박씨(朴氏)와 석씨(昔氏)는 모두 알에서 태어났으며, 김씨(金氏)는 하늘에서 금궤 안에 들어가서 내려왔다. 혹은 금수레를 타고 왔다고 한다. 이는 더욱 괴이하여 믿을 수 없다. 그러나 세속에서는 서로 전해져서 실제 있던 일로 여겨진다. 정화(政和) 때 우리 조정에서 상서 이자량(李資諒)을 보내서 송나라에 들어가 조공하게 했는데, 신(臣) 김부식(金富軾)은 글 쓰는 임무를 띠고 보좌하여 가게 되었다. 우신관(佑神館)에 이르러 어떤 당(堂)에 여선상(女仙像)을 둔 것을 보았다. 관반학사(舘伴學士) 왕보(王黼)가 말하기를 "이는 귀국(貴國)의 신(神)인데 공들은 아는가?"라 하였다. 마침내 말하기를, "옛날에 어떤 제왕의 딸이 남편 없이 임신하여 사람들에게 의심을 받게 되었다. 이에 바다를 건너 진한(辰韓)에 도착하여 아들을 낳았는데, 해동의 첫 임금이 되었다. 제왕의 딸은 땅의 신선이 되어 오래도록 선도산(仙桃山)에 살았는데, 이것이 그녀의 그림이다."라고 하였다. 신은 또 송나라 사신 왕양(王襄)의 「제동신성모문(祭東神聖母文)」을 보았는데, "어진 사람을 낳아 나라를 세웠다."라는 구절이 있었다. 이에 동방의 신이 선도산의 신성(神聖)임을 알게 되었다. 그러나 그 선녀의 아들이 언제 왕을 하였는지는 알 수 없다(『삼국사기』권12).

진평왕 때에 지혜(智惠)라는 이름의 비구니가 있었는데 어진 행실이 많았다. 안흥사(安興寺)에 살았는데, 불전(佛殿)을 새로 수리하려 했으나 힘이 없었다. 꿈에 한 선녀가 진주와 비취로 쪽머리를 장식한 아름다운 모습으로 와서 위로하며 말하기를, "나는 선도산(仙桃山)의 신모(神母)이다. 기쁘게도 네가 불전을 수리하려 하니, 금 10근을 주어 돕고 싶다. 나의 자리 아래에서 금을 취하여라." … 지혜가 놀라서 깨어나 무리를 데리고 신사(神祠)에 가서 자리 아래를 파서 황금 160냥을 얻어서 일을 잘 이루었다. 모두 신모가 인도하는 대로 따랐다. … 신모는 본래 중국 황실의 딸로, 이름이 사소(娑蘇)였다. 일찍이 신선의 술법을 배워 해동에 와서 머물면서 오랫동안 돌아가지 않았다. 아버지인 황제가 편지를 솔개의 발에 매달아 보내어 말하기를, "솔개를 따라가 멈추는 곳에 집을 지어라."라고 하였다. 사소가 편지를 받고 솔개를 풀어주니, 날다가 이 산에 이르러 멈추므로 마침내 그곳에 와서 집을 짓고 살며 지선(地仙)이 되었다. 그러므로 서연산(西鳶山)이라고 이름한 것이다. 신모는 오랫동안 이 산에 의지하여 나라를 안정시켰는데, 신령스럽고 기이한 일들이 매우 많았으므로 나라가 세워진 이래로 항상 삼사(三祀)의 하나로 삼았고, 차례도 여러 망제(望祭)의 위에 있게 하였다. 제54대 경명왕은 매사냥을 좋아하였는데, 일찍이 이 산에 올라서 매를 놓았다가 잃어버린 적이 있었다. 신모에게 기도하기를, "매를 잡으면 마땅히 작위를 봉해드리겠습니다."라고 하자, 갑자기 매가 날아와 책상 위에 앉았으므로 대왕(大王)으로 봉하였다. 신모가 처음 진한에 도착했을 때, 성자(聖子)를 낳아 동국(東國)의 첫 임금이 되었는데, 아마도 혁거세와 알영의 두 성인을 낳은 것일 것이다. 그러므로 계룡(雞龍)·계림(雞林)·백마(白馬) 등으로 칭하는데, 닭이 서쪽에 속해 있기 때문이다. 일찍이 하늘의 여러 선녀들을 시켜 비단을 짜고 붉게 물들이게 하여 조복(朝服)을 지어 남편에게 주었으니, 나라 사람들은 이것으로 인하여 비로소 신비한 영험을 알게 되었다(『삼국유사』 권5 仙桃聖母隨喜佛事).

성모사(聖母祠)는 서악(西嶽)의 선도산에 있다. 성모는 본래 중국 황실의 딸이다. … 세상에는 혁거세가 바로 성모가 낳은 이라 전한다(『여지승람』, 경주 祠廟조).

이렇게 사소(娑蘇)라는 그가 성모도 되고 신모(神母)도 되고 여선(女仙)도 되었다(또 산신을 여선으로 칭한 사례로는 『여지승람』 14 충주의 風流薔薇女仙, 連珠女仙의 일을 참조하고, 성모에 관해서는 같은 책 30 진주의 지리산 성모의 일을 비교해서 살피라).

【145】성거(聖居: 개성·직산·광주), 성주(聖住: 남포·음성), 성흥(聖興: 임천), 성왕(聖旺: 서산), 성안(聖安: 비안), 성수(聖壽: 진안), 성혈(聖穴: 풍기), 성당(聖堂: 당진·보령), 성등(聖燈: 장단), 성륜(聖輪: 양지), 성력(聖歷: 영흥), 성류(聖留: 울진), 성대(聖代: 북청), 성덕(聖德: 옥과), 삼성(三聖: 문화·풍덕·시흥·진원), 요성(邀聖: 예안) 등 산수와 마을 이름은 대개 고신도에 인연을 가진 것이다. 그것이 뒤에는 혹 사원으로 새로운 사명을 잇고 혹 제단으로 옛 뜻을 보존하였다(시흥 삼성산의 安養寺·영랑성 등 있는 것처럼).

최치원의 성주사(聖住寺) 낭혜화상자월보광탑비(郎慧和尙自月葆光塔碑)의 글에 의거하면, 남포 성주산의 이름이 혹 낭혜(郎慧)를 인하여 성주사 이후에 비롯하였을 듯하되, "절의 현판을 바꾸어 성주(聖住)라 하였다."는 그 이전에는 달리 무엇이라 하던 절 이름을 성주로 호칭하게 하였다 함이고, 산 이름의 기원을 말하는 것이 아닐 것이다. 성(聖)의 유음(類音)으로 쓰는 글자에 성(成)·성(城)·성(省)·성(星) 기타가 많고, 또 그 변례(變例)에는 형(兄; 訛音 성)과 같은 것도 있으니 경주의 형산(兄山)이 그 통례이다. 북형산이 신라의 중사(中祀)가 되었고 서쪽 산악인 선도산(仙桃山)을 서형산(西兄山)이라고도 일컬었음은 『여지승람』에 적음과 같다.

【146】『고려사』지리지(권58)에 의거하건대, 명산으로는 특히(또 유일한) 대성산을 들고, "구룡산이라고도 하고 노양산(魯陽山)이라고도 부르는데, 이는 『문헌통고(文獻通考)』에 전한다. 평양성 동북에 노양산이 있는데 이를 가리키는 것으로, 산 정상에는 세 개의 연못이 있었다."라 하니, 이렇게 대성산은 예로부터 평양을 대표하는 산이다(『文獻通考』35 원문의 아래에 "魯城在某下"가 있고 『通典』에도 같은 문장이 있다).

『여지승람』(51) 평양 산천조에는 "구룡산은 부(府)의 북쪽 20리

에 있는데, 혹은 대성산(大城山)이라고도 하고 노양산(魯陽山)이라고
도 한다. 「고기」에는 산꼭대기에 9개의 연못이 있다고 했지만, 지
금은 단지 3개의 연못이 남아 있다. 가뭄에 기우제를 지내면 효험
이 있다.”이라 하고, 『대동지지(大東地志)』 평양에는 “대성(大城)은
동북쪽으로 20리이다. 고려 인종 6년에, 임원역(林原驛) 땅에 대화
궁(大華宮)을 지었는데, 가운데 건룡전(乾龍殿)이 있었다. 둘레가 2만
4천 3백 척(尺)인 석성(石城)을 쌓았는데, 가운데 순지(蓴池)가 있었
다. 성안 궁궐의 터에는 도랑의 흔적이 지금까지 완연하다. 지금은
대성산이라 부른다.”이라 하였다(구룡산을 단지 용산으로 칭하기도 함은
曹偉의 「平壤八詠」과 董越의 「朝鮮賦」에서와 같다).

　고신도적 산 이름의 일례에 구룡이 있으니, 구룡도 또한 국어의
사음(寫音)으로 나라나 하늘을 의미하는 고어이고, 고구려어의 구
루(溝婁; 城)와 흉노어의 기련(祁連; 天)과 여진어의 구루(國)와 곤륜산
의 곤륜하고 관계있는 말이다. 이 대성산에 구룡의 이름이 있음은
곧 그것이 제천(祭天)과 인연이 있는 곳임을 드러내는 것이고, 대성
(大聖; 大城)의 성(聖; 城)이 또한 예사로운 글자가 아님을 방증하는
것이다.

　『통전(通典)』 이래로 대성산을 노양산이라고 기록함은 국어에
‘ㄹ’ 첫소리가 없어 한번 한문적 아화(雅化)를 거친 것으로 인정할
듯한데, 『한서』 지리지 남양군현의 “노양(魯陽)에는 노산(魯山)이 있
는데, 옛날의 노현(魯縣)으로 어룡씨(御龍氏)가 옮겨간 곳이다.”이라
함과 『원화군국지(元和郡國志)』의 “대룡산은 노산현(魯山縣) 동남쪽
35리에 있는데, 유루(劉累)가 용을 길들여 노현(魯縣)으로 옮겨갔기
때문에 이름이 되었다.”이라 함과 『좌전(左傳)』의 어룡씨(御龍氏) 고
사를 합쳐 살펴보건대, 용산(龍山)이 변한 것이 노양산임을 짐작할
지니, 노양을 빨리 읽으면 음이 또한 용에 가까워짐을 본다.

　이로써 추정하면 대성산의 오래고 주된 명칭은 구룡이었을 듯하

다. 이것을 개성의 신악인 성거산(聖居山)이 또한 구룡의 별명을 가지고(『中原志』), 금마(金馬)의 신악인 미륵산이 그 밑에 구룡리를 데리고(『대동여지도』), 고분이 있는 문의의 신악이 그 이름을 구룡이라함(『동국여지승람』) 등을 비교해 보면, 성(聖)자와 구룡이 서로 연결되고 구룡과 신도와의 교섭을 대강 짐작할 것이다. 구룡의 전변형은구룡(仇龍), 구라(謳羅), 구랑(仇郞), 구량(仇良), 귀령(龜齡), 귀룡(龜龍),국령(國靈), 건령(乾靈), 구릉(仇陵), 구리(仇里), 굴(掘), 굴(屈) 등이 있다. 광법사비에 다른 것과 달리 대성(大城)을 대성(大聖)으로 쓴 것은 어찌 되었는지, 특히 그 대성구룡산(大聖九龍山)이라고 붙여 칭한것이 매우 주의를 끄니, 이렇게 하여 선인 제천지(祭天地)를 나타냄이 그 온전한 이름이고 원명이었을는지 모를 것이다.

내가 전년 답사할 때에도 산중 곳곳에 작은 물이 모여 괸 곳이있고 그중 현저하게 큰 것이 둘이 있는데, 늙은 거주자에게 물으니아래에 있는 하나는 '수못' 혹 '술못'이라 하고 위에 있는 하나는'백못'이라 한다 하였다. '수'·'술'·'박'이 다 신성을 의미하는 고어임은 덧붙여 말할 것도 없거니와, 특히 그 수못은 근래까지도 지방 수령의 공식 기우처(祈雨處)로 제사를 받들던 곳이다. 부근 거주민은 여기서 '용신(龍神)굿'을 경건하게 지내고 그 옆에 신당 터가있어 애기탱집의 자리라 한다. 광법사의 늙은 중의 말을 듣건대, 대개 산 위 신당의 규모를 약간 작게 한 때문에 그렇게 이름한 것이라 하였다.

『세종실록』(권154)의 지리지 평양 대성산조에 "지금은 단지 세개의 못이 있는데 가뭄을 만나면 못에 기도를 한다. 순채(蓴菜)가있다."라 하고, 『대동지지』에도 이것을 적었으니, '수못'의 이름이순채로 해서 얻은 것이라 하는 말도 있다. 거기서 나는 일종의 수조(水藻)가 순(蓴)이고, 아닌 것은 여하간에 지명의 '수'는 오래 전부터 다른 내력으로 부른 이름일 것이니 대개 신성한 못물이라는 의미로 '솔못'이라 한 것이 전변한 것으로 보았다.

장안성의 장안(長安)과 대화궁의 대화(大華)도 필시 하늘을 의미하는 한 고어인 '둥글'·'드글'로부터 유도된 명칭 또는 사상일 것이요, 고려의 묘청 등이 인종을 미혹하여 대화궁을 영건하고 팔성당(八聖堂)을 건립한 것도 전혀 근거 없이 함부로 지은 것이 아니라, 실상 옛 신앙을 분식(粉飾)하고 고대의 영험한 제사터를 이용한 것으로 볼 것이니, 팔성(八聖)을 팔선(八仙)이라고도 일컬어 백두산 이하의 산령(山靈)을 들었음을 주의할 것이다. 그중의 구려평양선인(驅麗平壤仙人)이란 것이 대개 이 대성구룡산령을 가리킨 것일까 한다. "마침내 평양성 가운데 이 대화(大華)의 지세를 점쳐 궁궐을 만들고 삼가 음양(陰陽)의 이치에 따라 그 사이에 팔선(八仙)을 안치하고, 백두(白頭)를 받들어 시초로 삼았다."(鄭知常, 祭林原闕丙九聖文)

【147】『삼국사기』에 백제 시조 수도의 땅이 위례성이라 적고(권23), 그 위치는 미상으로 부쳤다(권37). 그런데 『고려사』 지리지(권56)의 천안부 아래에 "직산현(稷山縣)은 본래 위례성(慰禮城)으로, 백제의 시조 온조왕이 나라를 열고 도읍을 세웠다. 뒤에 고구려가 취하여 사산현(蛇山縣)으로 고쳤다. 신라는 그대로 이어서 백성군(白城郡)의 영현(領縣)으로 삼았다. 고려 초에 지금 이름으로 고쳤다."라하고, 그 뒤에 『여지승람』(권16) 이래로 이것을 전례로 하여 따라하니 직산이 드디어 백제의 처음 도읍으로 변하여 믿게 되었다.

정약용이 『아방강역고(我邦疆域考)』(권3 위례고)에서 비로소 백제의 수도가 직산이 아니라 한수(漢水)에 가까운 남북을 옮겨 다녔음을 분석하고, 한진서(韓鎭書)가 『해동역사속(海東繹史續)』(권8 지리고)에 이를 이어서 밝히고 기타 제가(諸家)가 이를 확증하여(『本翁地志』,『寡日瑣錄』 등) 온조왕의 처음 도읍은 지금 한양성 동북이고 그 13년 후의 이주지는 지금 광주군(廣州郡)이라 함이 거의 통설이 되었다. 다시 근래에 이르러 백제의 국도가 국초로부터 웅진 천도 때까지 지금 광주에 고정되어 일찍 이동이 없음을 밝히고(今西龍, 「百濟國都漢山考」, 『史學雜誌』 제23편 제1호), 나아가 욱리하(郁里河)가 한수의 옛 지명임으로써 위례성이 본디 한성의 별명임을 논증하게 되었다(『조선역사지리』, 제1권, 津田左右吉, 「百濟慰禮城考」). 이리하여 위례성의 위치와 그 명의(名義)는 대개 논이 정한 것같이 되었다.

백제의 처음 도읍이 지금 광주임은 우리도 시인한다. 또 국도의 이름으로 위례가 한수의 별명인 욱리(郁里)에 상관되리라 함도 우리는 시인한다. 또 정약용의 "그 위례(慰禮)라고 이르는 것은 방언이다. 무릇 담의 네 둘레를 위리(圍哩)라고 하는데, 위례의 소리와 서로 비슷하다. 울타리를 세우고 흙을 쌓아 담을 만들었기 때문에 위례라고 이른 것이다."라 하는 별개의 어원 해석도 또한 유리하게 알며, 또 보는 방법을 따라서는 위례의 어원에 관한 설과 쓰다(津田) 설이 반드시 격에 맞게 서로 통하지 못할 것이 아님까지를 인정한다.

그러나 직산의 위례성을 일필(一筆)로 말소하고 아주 일소에 붙이는 태도에 대하여는 우리가 따로 이견을 품는다. 반드시 여암(旅庵) 신경준의 설(『疆界志』 권9, 백제국 국도조)을 시인코자 함도 아니로되, 직산이 또 위례성일 것을 인정치 아니치 못하는 한 이유를 가졌다. 그것은 위례의 이름이 욱리하(郁里河)로서 왔다고 하면, 물 이름인 욱리는 무엇에서 나왔는가? 또 성책(城柵)을 '울이'라 함에서 왔다고 하면 성책은 어째서 '울이'라고 하는가를 생각할 때에 위례성에 대하여 새로운 시야가 전개되는 감이 있다. '얼', '올'이 고대 진역 사람의 신성(神聖) 표시어로 특히 종교적 대상이 되는 산수의 명명에 많이 쓰임은 우리가 각종의 기회에 변증을 힘쓴 바이다.

무릇 신령한 것을 일러 '얼'이라 하고 위대한 것을 일러 '얼'이라 하고 존귀한 것을 일러 '얼'이라 하고 주요한 것을 일러 '얼'이라

한 것은, 여러 가지로 그 옛 뜻을 더듬을 수 있다. 또 그 후세의 번역한 글자가 다양다기에 이른 것도 이미 다소의 고찰을 시험한 바이다. 이제 이 위례란 것이 음이 이미 서로 비슷하고 그 용례 또한 상경(上京) 혹 신읍(神邑; 고대의 수도는 대개 종교적) 같은 일종의 고급이란 의미의 표현에 해당하는 것이니, 위례를 또한 '얼'의 번역 형태로 설정함이 그리 억지가 아닐 듯하다.

시험 삼아 백제의 방(邦)과 읍(邑) 명명의 실제를 살펴보자. 당초에는 마한 연방 가운데 한 도읍이었던 백제(百濟)는 백제(伯濟; 중국 문헌)·백잔(百殘; 고구려비)이라고도 하니 그것이 단순한 사음임을 알 것이다. 백(百; 伯)이 '붉'이요, 제(濟; 殘)가 '재' 혹 '잣'의 번역으로 신성(神城; 곧 神州)를 의미함은 글자 뜻에서뿐 아니라 주권의 책원지를 신시(神市)로 칭하였다는 비슷한 사례가 이 종족의 고신화(환웅 신화)에 보임에서도 유추할 수 있다.

위례성 이후의 도읍을 고마(固痲; 熊·錦)라 하였다는데(『梁書』), 곰 = 굼 = 신성(神聖)으로 또한 신성지의 뜻을 나타내고, 고마성 이후의 도읍을 부여 또는 소부리(所夫里)라 하였다는데(『삼국사기』, 『삼국유사』), 부여 = 볼 = 붉 = 신명(神明)과 소부리 = 스볼 = 신읍(神邑)이 또한 신성지임을 나타냄에서 일치가 보인다. 이들로써 우선 백제인이 도읍에 대하여 가지는 관념을 엿볼 만한데, 위례가 존귀한 고급의 의미를 표시하는 단어로 이와 함께 어형(語形)이 같고 또 실제의 용례까지 있다 하면, 위례성이 한 소부리요, 한 고마성이요, 한 백제요, 한 신시로 대개 상경 내지 신읍의 뜻을 단적으로 표현한 명칭으로 봄이 매우 타당하다 할 것이다.

이미 위례의 어의를 이렇게 추정할진대, 물 이름인 욱리와 성 이름인 위례가 거칠은 외형적 유사를 넘어서 긴밀한 내용적 부합을 보인 줄 알 것이다. 또 고대의 국도를 신읍으로 칭함은 다만 그 지위를 빛내는 표시로가 아니라, 대개 당시 인문 일체의 핵심과 주축이 되는 신궁(神宮)의 봉안지(奉安地)가 되는 민속적 사실의 배경을 가졌기 때문이다. 이러한 신읍의 설치는 산머리의 정결한 땅을 택하여 일종의 위곽(圍郭)을 만들어 신성의 오랜 보존지임을 표시하는 것이니(조선의 金城·月城, 일본의 神龍石·瑞籬처럼), 신성(神城)의 '울이'가 담의 '울이'로 어형을 같이하는 것도 이러한 이유가 있음으로 알 것이다.

위례가 상경(上京)으로 명칭됨이 이렇게 신역(神域)·제사장(祭祀場)에서 온 것이라 하면, 상경이야말로 한 장소로 고정된 것이고 또 그것이 한성이었으려니와, 신단(神壇)과 신령한 제사터와 산악의 특수 성지야 하필 상경 한 곳으로 제한될 것이 아니다. 정치적 사정과 인접 관계와 무관한 순수 종교지는 그 위치를 조건에 따라 자유롭게 하였으리니 남한산 즉 광주(廣州)의 일장산(日長山)이 백제의 영지(靈地)로 상경이었으려니와, 그렇다고 대방(帶方) 점탈 이전 어느 시기의 백제 권역 중의 가장 웅대한 산악이던 이 직산 성거산이 백제인의 존신(尊信)의 대상이 되지 못한다거나 되지 말란 법이 없을 것이다. 그러면 상경으로가 아니라도 단지 신읍이라는 의미의 위례란 명호가 여기 부착됨이 충분히 가능할 것이다. 누가 변한이나 마한이나 신라나 백제의 상경적 신읍이 아니란 이유로써 지리산의 대신악(大神岳)임과 아울러 그 아리영(阿利英: 嚴)의 명호를 부인할 것이냐?

우리는 이러한 이유로써 직산의 위례성이란 고전(古傳)을 일종의 독특한 태도로 시인하려 한다. 그 성거산이란 산명이 다른 유례로 보아 이미 예사롭지 않고, 이 산하의 촌리에 신산에 수반되는 지명인 '술', '굴'의 전형(轉形)으로 보이는 시랑리(侍郎里)·기로리(耆老里) 등이 있음과 그 외에도 송당(松堂)·천흥(天興)·당곡(堂谷)·군단(軍丹)·삼룡(三龍) 등 유서 있음직한 지명이 그 주위를 둘러싸고 있음과(陸地測量部, 五萬分一地圖 참조) 역대의 군왕이 지나갈 때 반드시 제사했다는 것(『여지승람』 참조) 등으로써도 간략하게 그 고의(古意)를 짐작할 것이다.

내가 전년에 산에 올라 그 형세를 살펴보니, 그 이른바 성이 산정(山頂)을 가운데 두고 동그랗게 두른 모양이라든지, 『여지승람』에는 흙으로 쌓았다고만 하였는데 그 큰 들과 큰 바다를 조망하는 쪽에는 꽤 긴 석대를 축조하고 그 위에는 제단의 유적이 역력히 남아 있는 것이라든지, 용추(龍湫)라 하여 신산에 필수적인 영천(靈泉)이 있어서 지금까지 기우(祈雨)의 대상이 되는 것이라든지, 기타 각종의 형승으로 보아서 아무리 고대 초기라도 국도(國都)가 될 여지는 없으되 제단으로의 모든 조건은 매우 구비했음을 살피고 성거라는 이름과 위례의 호칭이 다 고대 제사터의 잔영임을 확인하였다.

백제가 본래 마한의 한 나라로 남으로부터 북진한 자인 것을, 고래의 역사가가 『삼국사기』 이하의 기록을 과신하여 마치 북에서부터 남진한 것처럼 보는 것이 착오임과 이렇게 보면 광주 이전에 직산도 일시적으로 상경이었을 가능성이 있음 등은 아직 거론하지 말기로 하자(성거산의 남쪽 기슭에 望日峙가 있으니 望日도 까닭 있는 이름이려니와, 王字城에 인한 王字山의 이름이 있으니 이 王字는 필시 '얼자'=위례성의 남은 형태일 것이다. 『山經表』 80항 참조. 또 『여지승람』 천안의 留麗王山이란 留麗도 '울이'의 한 전형으로 볼 수 있음이 물론이다).

『여지승람』에 보이는 관련 기록은 아래와 같다.

- 왕자산(王字山). 군(郡)의 동북쪽 12리에 있으며, 진산(鎮山)이다. 고려 태조가 이곳에 군사를 주둔시켰을 때에 윤계방(尹繼芳)이 이곳을 다섯 용이 구슬을 다투는 형세라고 아뢰어 보루를 쌓고 군사를 벌려 세워 검열하였다. 왕자성(王字城)이란 이름을 내렸는데, 왕자는 바로 그 산의 모양이다(『여지승람』 권15 천안 산천조).
- 유려왕산(留麗王山). 군의 동쪽 11리 목천현의 경계에 있다(『여지승

람』권15 천안 산천조).

- 유려왕사(留麗王寺). 고려 태조가 유숙하였으므로 이 이름이 되었다(同 佛宇條).

- 고려 태조묘(太祖廟) · 왕자성(王字城) · 고정(鼓庭). 모두 왕자산 아래에 있다. 지금은 옛터만 남아 있다(同 古跡條).

- 성거산(聖居山). 현의 동쪽 21리에 있다. 고려 태조가 일찍이 현의 서쪽 수헐원(愁歇院)에서 행차를 멈추고 동쪽으로 산 위를 바라보니 오색 구름이 있었는데, 신(神)이 있는 것이라 여겨 제사지냈다. 마침내 성거산(聖居山)이라 부르게 되었다. 우리 태조와 세종이 온천에 갈 때도 역시 여기에서 제사지냈다(同 권16 직산 산천조).

- 위례성은 성거산에 있다. 흙으로 쌓았는데, 둘레가 1천 6백 90척이고, 높이가 8척이며, 안에는 우물 하나가 있다. 지금은 반쯤 무너졌다(同 고적조).

- 천흥사(天興寺). 성거산 아래에 있었다. 지금은 없어지고, 당나라 때 세운 철당간만 남아 있다(同 고적조).

이상 여러 글 가운데 고려 태조 운운은 설화적 부착이니까 그만두고 그 외의 사실을 비교하여 살필 것이다. 이밖에 성거산 남쪽의 천안이 본래 동서 도솔의 땅이라 하는 함과 같은 산 북쪽 안성의 서운산(瑞雲山)에 "서쪽 봉우리에 단(壇)이 있고, 단 아래에는 세 개의 우물이 있다. 가뭄을 만나면 우물을 손질하고 비가 내리기를 비는데, 꽤 응답이 있었다." 등 성거산 권내의 일들도 주의해 둘 것이다.

신경준의 『강계지』에는 성거산 밑의 요동(料洞) · 저성(猪城) · 염수어리(厭水圍裏) 등의 온조에 부회된 지명 설화를 들었으나, 그 말이 얼토당토않음은 마치 지금 민간에서 시랑리를 백제 시랑의 살던 곳, 기로리(耆老里)를 기로(耆老)가 놀던 곳이라고 이야기되는 것과 마찬가지이다. 이것이 직산 위례성이 백제국의 처음 수도임을 증명함에 아무 도움이 되지 못함이 물론이다. 설사 이런 지명이 백제의 옛 흔적을 전하는 것일지라도 그 의의는 따로 찾아서 살필 일이다. 또 남한성은 본디 일장성(日長城)이라 하고(『고려사』 56 광주목) 남한산은 또 일장산(日長山)이라 하는 것이니(『여지승람』) 이 일장도 대개 위례성의 한 전형(轉形)일까 한다(신라에서는 晝長이라 하였음은 日長의 전변일 것이다).

【148】『중경지(中京誌)』 권7 고적에 인용된 김관의(金寬毅)의 『편년통록(編年通錄)』에는 다음과 같은 기록이 있다.

이름이 호경(虎景)이라는 사람이 있었는데 스스로 성골 장군(聖骨將軍)이라고 불렀다. 백두산으로부터 두루 유람하다가 부소산의 왼쪽 골짜기에 이르러 장가를 들었는데, 집은 부유했으나 자식이 없었다. 활쏘기를 잘하여 사냥을 일로 삼았다. 하루는 같은 마을 사람 아홉 명과 평나산에서 매사냥을 했다. 날이 저물어 바위굴에서 묵었는데, 호랑이가 굴 입구에 와서 울부짖었다. 열 사람이 서로 말하기를, "호랑이가 우리들을 잡아먹으려 하니 시험 삼아 쓰고 있는 관을 던져 호랑이가 잡는 자가 맞서기로 하자"고 하였다. 마침내 모두 관을 던지자, 호랑이가 호경의 관을 잡았다. 호경이 나가 호랑이와 싸우려 했는데, 호랑이는 갑자기 보이지 않고 바위굴이 무너져 아홉 명은 모두 나오지 못했다. 호경이 돌아가 평나군(平那郡)에 알리고, 아홉 명을 장사지내러 왔다. 먼저 산신에게 제사를 지냈는데, 산신이 나타나서 말하기를, "나는 과부로 이 산을 주관하고 있다. 다행히 성골장군을 만났으니, 부부가 되어 함께 신정(神政)을 펴고자 한다. 이 산의 대왕으로 봉해주기를 청한다."라고 하였다. 말을 마치고, 호경과 함께 숨어 보이지 않았다. 평나군 사람들은 호경을 대왕으로 봉하고 사당을 세워 제사지냈다. 아홉 사람이 함

께 죽었기 때문에 산 이름을 구룡산(九龍山)으로 고쳤다. 호경은 옛 부인
을 잊지 못하여 밤마다 항상 꿈결처럼 와서 교합하여, 아들을 낳아 강
충(康忠)이라 했다. 강충은 외모가 단정하고 근엄하며 재주가 많았는데,
서강(西江) 영안촌(永安村)의 부잣집 딸인 구치의(具置義)를 아내로 맞아
오관산(五冠山)의 마하갑(摩訶岬)에서 살았다.

성골 장군 설화는 그 기원에 있어서 매우 후대적인 것이요 또 허
다한 복합성을 머금은 것이다. 그러나 그 주요한 화소(話素)는 의연
히 진역 건국 설화의 통례를 충실하게 계승한 것이니, 환원하여 보
면 호경 설화가 곧 그대로 환웅 설화로 그 모티프가 서로 부절을
합하는 듯하다. 여기는 자세한 서술은 피하거니와, 그 이른바 장군
내지 산신이란 것이 다른 데서의 선(仙)에 해당함과 구룡이란 산
이름이 그로 말미암아 생겼다 함만을 주의해 둘 것이다.

위 인용문의 아래 글에는 "아들 둘을 낳았는데, 막내의 이름을
손호술(損乎述)이라 부르다가 보육(寶育)으로 개명하였다. 보육은 성
품이 자혜로웠다. 출가하여 지리산에 들어가 도를 닦고, 평나산(平
那山)의 북갑(北岬)에 돌아와 살다가 다시 마하갑으로 이사했다."와,
"당나라 숙종이 송악군에 이르러 곡령(鵠嶺)에 올라가 남쪽을 바라
보며, '이 땅은 반드시 도읍이 될 것이다.'라고 하자, 종자(從者)가
'이곳이 진팔선(眞八仙)이 사는 곳입니다.'라고 했다. 마하갑의 양자
동(養子洞)에 도착하여 보육(寶育)의 집에 묵었다."와 용녀저민의(龍
女翥旼義) 운운의 일단 등 신선류 설화가 가끔 고개를 불쑥불쑥 내
미는 것이 있다.

『여지승람』에 의거하면 팔선궁(八仙宮)이 송악 정상에 있다 하고,
이색 시의 "돌길을 빙빙 돌아 산꼭대기에 오르니 팔선(八仙)의 궁관
(宮觀)이 신주(神州)를 굽어보고 있네."란 것을 첨부하였으니, 고려
에 있는 팔선(八仙) 숭배는 대개 묘청으로써 시종(始終)한 것이 아니

라 꽤 보편적인 일면을 가졌던 줄을 짐작할 것이다. 팔선의 근원이 실상 국신(國神) 산령임으로 그 종교적 성질이 어떠한 것임을 짐작할 것이다. 내가 작년 겨울 송악을 등반할 때에 제작된 지 자못 오랜 평판 부조의 선상(仙像)이 처소를 잃어 유락(流落)하는 것을 여러 곳에서 보았는데 그것이 팔선의 옛 뜻을 전하는 물건임은 대개 의심 없으리라 하고, 어떻게든지 적당히 보존할 필요 있을 것을 생각하였다.

【149】『중경지』 권3에는 다음과 같은 기록이 있다.

- 성거산은 천마산 동쪽에 있다. 일명 구룡산이라고도 하고 평나산이라고도 한다. 위에는 5개의 봉우리가 있다. 봉우리에는 각각 작은 암자가 있는데, 오성(五聖)이라 일컫는다.
- 인달암(因達巖). 성거산에 있다.
- 오도령(悟道嶺). 위와 같다.
- 대흥동(大興洞). 천마산과 성거산 사이에 있다.
- 박연(朴淵)이 골짜기 안에 있는데, 박연에서 위로 올라가면 바위가 더욱 기이하고 험준하다. 관음굴 앞에 이르면 물이 깊어 못을 이루었는데, 물 가운데 솟아나온 돌이 있어 구담(龜潭)이라 한다. 또 몇 리를 올라가면 깨끗한 바위가 있는데, 길이가 몇 걸음이 된다. 샘물이 졸졸 흘러서 그 위에 작은 폭포가 되어 떨어진다. … 또 위로 몇 리를 올라가면 동쪽 기슭에서 솟아나는 샘물이 있는데 보현동(普賢洞)이라 한다. 또 몇 리를 올라가면 마담(馬潭)이라고 하며, 또 몇 리를 올라가면 대흥사(大興寺)라고 한다. 절의 위에는 원통(圓通)·시혈(詩穴)·선암(禪巖)·적조(寂照) 등의 암자가 있다.

성거산이 그 총명(總名)과 부착 전설에서 이미 농후한 신악(神嶽)

의 색을 드러내었지만, 각종으로 모습을 바꾸어 전래하는 다른 명상(名相)을 계고할 때에 그것이 다시 일층 선명해짐을 본다. 이를테면 인달암(因達巖)은 필시 인타라암(因陀羅巖)이 축약된 전(轉)으로 본래 천왕암(天王巖)·선인암(仙人巖)이라던 것이 불교적 명구를 뒤집어쓰기를 저 환웅 설화와 같음일 것이다. 오도령(悟道嶺)은 다른 곳에서 많은 실례를 보는 것처럼 붉 → 블 → 불(佛; 成佛) → 오도의 경로를 밟음일 것이요, 대흥(大興)은 '당굴'의 축약인 '당'에 대응한 글자요, 박연(朴淵)의 박이 붉의 전형(轉形)임은 췌언할 것도 없는 일이며, 보현도 붉의 글자류요, 마담(馬潭)의 마(馬)가 또한 신역(神域)의 일칭인 마고성(麻姑城)의 마(麻)의 다른 형태임은 뒤에 논급할 것과 같다(이러한 지명에 붙어 내려오는 후대적 전설은 저절로 논외에 속하는 것이다).

【150】여러 가지 방면으로 보아서 성거산을 중심으로 개성 일대의 지역은 그 지방의 중심적 신역(神域)의 하나였다. 팔선(八仙)이니 오성(五聖)이니 장군(將軍)이니 당황제(唐皇帝)니 하는 것이 그중에서도 단적인 것임은 물론이거니와, 이런 이름들의 증적은 그 좌우의 권속에도 고찰할 것이 있다. 지금은 대흥동(大興洞)을 사이로 하여 한쪽을 성거(聖居)라 하고 다른 쪽을 천마(天磨)라 하지만, 본디 한 산의 양쪽 사면(斜面)이 각기 다른 이름을 가졌을 것이 아니니, 대개 천마와 성거는 한 산의 두 이름으로 사용을 달리하던 것이 뒤에 원의를 잃으면서 편의상 갈라 붙였을 것이다.

우리의 짐작에는 천마는 '듕글'을 번역한 형태로, 성거가 신산(神山)이라 함에 대하여 천마는 천산(天山)이라 나타낸 말일 따름이며, 그 주봉인 보현은 '붉'에, 청량은 '슬'에 대응한 글자임과 신산에서 필수적 조건인 국사봉까지 있음을 요량할 것이다. 천마산의 서북을 따로 제석산이라 일컬음이 또한 우연이 아니다. 또 송악은 요컨

195
—
단군론

대 송악산의 의의를 국도(國都)의 진산(鎭山)으로까지 당겨다가 놓은 것이니, 송악의 송(松)과 그 일명인 신숭(神嵩)의 숭(嵩)이 실상은 성거의 성(聖)과 한가지로 '술'의 유어(類語)에서 유래한 것으로 함께 볼 것이다. 따라서 송악이란 이름의 근원에 대한 각종 속설은 본디부터 하나의 속설일 따름임을 알 것이다.

【151】 금마지(今麻只: 金馬渚)라고 하는 익산이 후조선의 상도(上都)였던가 여부는 여하간에 김제 만경평야의 관령자(管領者) 같은 그 엄연한 위용을 우러러보는 이는 그 미륵산이 당연히 한 지방의 대신악(大神岳)일 것을 볼 것이다. 미륵이란 것이 고대에 흔히 '붉'을 번역한 글자로 쓰여 미륵산은 곧 백산(白山)이라는 통칙이 있으니 이 산의 고신도적 지위를 알 것이다.

아니나 다를까, 이 미륵산에도 'ᄉ'계의 어류(語類)가 자연물의 호칭상에 많이 남아 있다. 상봉을 장군봉이라 하니, 장군이 'ᄃᆞ금'의 번역임은 다른 데서 논증함과 같고(『심춘순례』 참조), 이 장군봉을 상대(上臺)라고도 하니(『金馬志』 기관조 참조), 이 상대의 상(上)이 예사스럽게 봉우리상의 '상'이 아님은 대개 다른 곳의 상원(上院) · 상림(上林)에서와 같을 것이다. 그렇지 않아도 이 미륵산의 동쪽 기슭에도 상원사 · 상원굴이 있고, 이밖에도 그 기원을 엄청나게 멀리 대는 사자암(師子庵: 獅子는 범어로 僧訶)과 사자암의 개창자를 선화 부인이라 하고 미륵산으로부터 발원하는 물 이름에 부상(扶桑)이란 것이 있는 것 등은 모두 이 산에 '술'적인 것이 흩어진 흔적으로 볼 것인가 한다.

『여지승람』에 보이는 관련 기록은 다음과 같다.

• 용화산(龍華山). 군의 북쪽 8리에 있는데, 일명 미륵산(彌勒山)이라고도 한다(『여지승람』 권33 익산 산천조).

- 장군봉(將軍峯). 용화산 남쪽에 있다(『여지승람』 권33 익산 산천조).

- 미륵사(彌勒寺). 용화산에 있다. 세상에 전하기를, '무강왕(武康王)이 인심을 얻어 마한을 세우고, 하루는 선화 부인과 함께 사자사(獅子寺)에 가려고 산 아래 큰 못가에 이르렀는데, 세 미륵불이 못 속에서 나왔다. 부인이 왕에게 이곳에 절을 짓기를 바란다고 하였다. 왕이 허락하고, 지명 법사(知命法師)에게 가서 못을 메울 방법을 물었더니, 법사가 신통력으로 하룻밤 사이에 산으로 못을 메웠다. 이에 불전(佛殿)을 창건하고, 또 세 미륵상을 만들었다. 신라 진평왕이 백공(百工)을 보내어 도왔는데, 석탑이 매우 크고 높이가 몇 장(丈)이 되어 동방의 석탑 중에 최고이다.'라고 한다(『여지승람』 佛宇條).

- 사자암(獅子巖). 용화산 위에 있다. 두 바위가 벽과 같은데, 내려다보면 땅이 보이지 않는다. 돌길이 굽이굽이 이어져 부여잡고 올라가니, 바로 지명법사가 사는 곳이다(『여지승람』 佛宇條).

- 석장동(石檣洞). 군의 서쪽 10리에 있다. 산기슭에 고사(古寺)의 남은 터가 있고, 돌 당간이 높이 세워져 있는데, 높이가 두 길이나 된다. 세속에서 그 골짜기를 석장동이라 한다. 전대(前代)에 주와 현에 혹 동(銅)이나 돌로 돛대의 모양을 만들어, 지기(地氣)를 누른 것이 곳곳에 있는데, 이것이 그 중 하나이다(『여지승람』 고적조).

내가 왕년에 사자암에 임하여 그 형승이 정히 백양산의 약사암이나 선운산의 도솔암이나 묘향산의 상원암에 해당함을 보고, 미륵산이 신악이 아니면 그만이거니와 그렇기만 하였다면 이 처소가 그 '술'이 행하던 장소가 아닐 수 없을 것임을 얼른 간취하면서 사자(獅子) 이름의 유래를 깨달았다. 또 선화는 대개 이 산의 성모였고, 지명(知命)이 또한 선운산의 검단 선인(儉丹仙人)의 종류였을 것을 추정하니, 사자암과 그 부착 설화는 진실로 미륵산 고의(古意)에 대한 연구상 비결을 짓는다 할 것이다.

미륵 운운은 고신도의 성석(聖石)을 불교에서 상(像)으로 세운 것을 설화적으로 표시한 것이니, 익산이 지금 있는 유적으로만 보아도 우리 거석 문화기의 일대 중심이요 따라서 종교적 대중심인 것은 읍 전면의 탁연(卓然)하게 병립한 인석(人石)이라는 특별한 유물과 기타 입석·석불·석장(石墻)·지석(支石) 등 다수의 실물로써 알 수 있다(상세한 논의는 졸저 '마한고도'에 미룬다). 남태보(南泰普)의 『금마지(金馬志)』 상(上)에는 다음과 같은 기록이 있다.

- 장군봉. 용화산의 서쪽에 있는데, 산에서 가장 높은 곳이다(산천).
- 부상천. 군의 동쪽 5리에 있다. 용화산 동쪽 기슭에서 발원하여 도천(道川)과 신방교(新方橋)에서 만나 횡탄(橫灘) 하류로 들어간다 (산천).
- 상원굴(上元窟). 상원사에 골짜기 입구에 있다. 그 깊이를 재기 어려우며 옆에 층암으로 된 폭포가 두 개 있다. 옥구슬 부딪히는 소리가 나니, 자못 좋은 흥취가 있다(佳境).
- 기우단(祈雨壇). 하나는 사자암 동쪽 맨 꼭대기에 있고, 하나는 도순산(都順山) 위에 있다(사묘).

  (미륵산의 것은 장군봉의 동쪽 허리 오목한 땅에 있는데, 神井을 중심으로 하여 쌓아 만든 것이요, 그것이 정히 직산 성거산 시흥 삼성산의 용추라는, 지금의 祈雨處와 한 가지로 제사터 필수의 神泉일 것을 인정하였다.)

- 상원사는 용화산 동쪽 기슭 아래에 있고, 사자암은 용화산의 맨 꼭대기에 있다. 승도의 전하는 말에, 기준(箕準)의 스승 지명 법사가 이 암자를 창건했다고 한다. 그런데 기준의 시대에는 불법이 아직 들어오지 않았으니, 이 말은 근거 없고 허황함을 면치 못한다. … 시야가 끝없이 넓고, 명승지라 일컬어진다(사찰).
- 입석(立石). 군의 남쪽 15리에 있다. 제석면(帝石面) 길가에 5척의

땅이 솟아 있는데 땅으로 7~8척이 들어가 있다. 앞면에 구멍이 팠는데 반까지 하고 다 뚫지 못하였다. 옛 사람이 무엇 하러 이것을 만들었는지 알 수 없다. 리의 이름이 입석인 것은 이것 때문이다(고적).

- 지석(支石). 군의 서쪽 5리에 있다. 지석면 임내리(林內里) 서쪽에 돌을 쌓고 위에 큰 돌로 덮은 것이 있는데, 옛 사람이 어떤 형상을 취한 것인지 알 수 없다. 이름은 이것 때문이다(고적).

조선의 고문화를 조사함에는 거의 그 전부가 종교적 사실이요, 종교적 사실 가운데 가장 현저한 유물은 각종의 석물이다. 입석(立石: 선돌), 지석(支石: 고인돌), 서석(瑞石), 광석(廣石), 총석(叢石), '미력', 화표(華表), 석장(짐대), '수구(水口)맥이', '당산돌' 등으로 부르는 것들이다. 그런데 나의 답험(踏驗)에 의하건대, 조선에 있는 거석 문화 유적의 계통적 연구가 편리한 곳은 전라도요, 특히 그 북도요, 특히 미륵산 남쪽의 큰 들판 일대요, 특히 익산군 일원이었다.

익산에서 가장 놀라게 하는 것은 각종 입석이 있는 중에 구읍(지금 금마면)의 전면에 있는 인석(人石)이란 것 한 쌍이다. 이는 자연석으로부터 인물상으로 전입하는 기간을 대표하는 증거물로 자못 귀중한 가치를 가진 것이다. 이 인석이 한층 전화(轉化)를 보인 것이 석불리(石佛里) 승사(僧舍)의 뒤뜰에 깨져 뒤집어진 큰 불상석임을 보았으며 국중 제일이라는 미륵사의 폐탑(廢塔)도 그 연기(緣起)는 대개 거석 문화 유의(遺意)의 불교적 전승인 듯하였다.

남조선에서 희한한 지석(고인돌)의 실물이 또한 익산에 있음을 내가 작년 여름의 답사 때에 발견하였다. 임익(臨益) 수리조합 저수지에서 멀지 않은 임내면 몽관리와 오상리 중간의 소나무 숲 안에 있는데, 지금은 무리하게 무덤을 조성한 사람 때문에 '고임'은 그대로 묘실이 되고 개석(蓋石)은 네다섯 조각으로 파열되어 그 전면에 방출되었으나 오히려 옛 뜻과 법도를 더듬을 만하였다(훼손된 지가 약 20년쯤 됨을 주민에게 들었다). 이렇게 거석 문화의 갖은 표본이 익산의 한 지경에 모를 부은 듯함은 미륵산을 등진 익산이 얼마나 오래고 큰 신읍(神邑)인지를 가장 웅위하고 확실하게 이야기하는 것이다. 그런데 이 각종 석물의 총명·대표명이 선돌이요, 또 그것이 원시 '숟'행 수련법상의 요소임을 생각하여 미륵산이 역시 한 선산(仙山)임을 인식할 것이다.

【152】강화에 대한 기록으로는 여러 종류가 전한다. 『고려사』권 56 지리지에는 "강화 … 마리산(摩利山)[부(府) 남쪽에 있다. 산 정상에 참성단이 있는데, 세상에 단군이 하늘에 제사지내던 단이라고 전한다], 전등산[일명 삼랑성(三郞城)이라고도 하는데, 세상에 단군이 세 아들에게 쌓도록 했다고 전한다]이 있다."고 되어 있다.

『여지승람』권12 강화(江華)조에는 다음 기록들이 있다.

- 참성단(塹城壇). 마니산 꼭대기에 있다. 돌을 모아 쌓았는데, 단의 높이는 10척이며, 위는 모가 나고 아래는 둥글다. 위의 네 면은 각각 6척 6촌이고, 아래 원은 각각 15척이다. 세상에 단군(檀君)이 하늘에 제사지내던 곳으로 전한다. 본조(本朝)에서 전조(前朝)의 예전 방식대로 여기에서 별에 제사를 지낸다. 사당 아래에 재궁(齋宮)이 있다. 우리 태종이 즉위하기 전에 대언(代言)이 되어 여기에서 재숙(齋宿)했다(같은 책, 祀壇).

- 이색의 시에,
무릉(茂陵)은 무슨 일로 수고롭게 신선을 구하는가
다만 봉래(蓬萊)는 또한 그럴 듯도 하다
산은 뜬 구름과 더불어 절로 끝이 없고

바람 불어 배가 가니 앞설 수 없네
금인(金人)은 소반에 한 방울 이슬을 떨어뜨리고
청조(靑鳥)는 바다 위 하늘로 외로이 날아가네
참성단에서 산천의 신에게 제사지내
사람들이 태평한 해를 누리게 함이 어떠한가

산하의 험함 이와 같으니, 장하도다, 우리나라여
꼭대기에는 구름 기운 흐르고, 벼랑은 고목나무를 굽어보네
바람에 길게 휘파람 부니, 남은 소리 바위 골을 울리네
소문(蘇門)의 놀이 이으려 하는데 석수(石髓)는 지금 한창 푸르겠네
해와 달은 두 수레바퀴요 우주는 한 칸 집이라네
이 제단이 하늘이 만든 것이 아니라면 정녕 누가 쌓았는지 모르겠네
향이 오르니 별은 낮아지고 축문을 들이니 기운이 비로소 엄숙해지네
신(神)의 은혜에 보답할 뿐 어찌 스스로 복을 구하겠는가

『강화부지(江華府志)』에는 다음 기록들이 있다.

- 참성단. 마니악(摩尼嶽)의 꼭대기에 있다. 돌을 포개어 쌓았다. 일
  명 참성단(參星壇)이다. 대대로 전하기를, 단군이 감응으로 태어났
  기 때문에 하늘에 제사를 지내 은혜에 보답하였는데, 이곳이 그
  곳이다. 동방의 특교(特郊)의 예가 비롯된 바라고 한다. 나중에는
  번번이 짐승이 늘어났다(같은 책, 권 하 고적).
- 삼랑성. 정족산성(鼎足山城)의 한 이름이다. 단군이 그의 세 아들을
  시켜서 각각 한 봉우리에 쌓게 했으므로 이름하였다고 전해진다.
  믿을 수는 없지만 대체로 산성은 신라와 고려 이전에 있었다(같은
  책, 고적).
- (고려 고종) 46년 기미에, 몽고의 대병(大兵)이 이르자, 싸워서 지킬

대책을 의논하였다. 최자(崔滋)와 김보정(金寶鼎)이 말하기를, "강도 (江都)는 땅이 넓고 사람이 적어 지키기 힘듭니다."라고 하였다. 5 월에 삼랑성과 신니동(神泥洞)에 임시 궁궐을 짓도록 명하였다. … 신니동은 지금 어디인지 자세히 알지 못한다. 선원리(仙源里)에 신 지동(神智洞)이 있는데, 혹 이것이 아니겠는가(같은 책, 사실).

• 옛 이름은 갑비고차(甲比古次)인데, 고구려에서 처음 도읍을 설치 하고는 혈구(穴口)라고 하였다. 신라에 귀속되니 해구(海口)라고 하 였다. 신라에서는 진을 설치하고 혈구진(穴口鎭)이라고 하였다. 고 려는 옛 이름을 그대로 따르고 현(縣)으로 삼았다. 그 천도(遷都)에 미쳐서는 강화(江華)라고 하였다. 또 심주(沁州)라고도 했다. 군(郡) 을 설치하여 도(都)라고 일컬었다. 강도(江都) · 심도(沁都)의 호칭이 본래 이것이다(같은 책, 권 상 建置沿革).

『동문선(東文選)』에 실린 최자(崔滋)의 「삼도부(三都賦)」 중 강화 관 련 시는 다음과 같다.

대부(大夫)가 말하기를,
두 객(客)이 어찌 또한 강도(江都)의 일을 들어 보았겠는가.
간략히 하나의 실마리를 들어서, 대개를 논해 보겠네.
동해의 크기는, 모두 아홉 강, 여덟 내를, 겨자 하나처럼 삼키고,
구름을 씻고 해에 물을 대니, 물결이 세차게 일어 솟구치네.

그 가운데 화산(花山), 금오(金鼇)가 우뚝 이고 있네.
물가에서 올라와 잎을 안고, 물가가 점점 평평해져 가지가 붙네.
그 가지와 잎에 붙어서 모래 흩고 바둑돌처럼 놓여 있는 것은,
강과 바다의 상인, 고기잡이 노인과 소금하는 노인의 집들이네.

신령스러운 큰 산에 꽃술이 열리고,

신령스러운 언덕에 꽃받침이 받들고 있네.

그 꽃송이와 꽃받침을 시렁에 걸어두고,

어지러이 나는 새처럼 솟아 오른 것은,

황제와 제왕의 집과 공경사서(公卿士庶)의 늘어선 용마루라네.

안으로는 겹으로 둘러선 마리(摩利)와 혈구(穴口)를 의지하고,

밖으로는 동진(童津)과 백마(白馬)의 사방 요새로 경계를 지었네.

출입하는 사람은 동쪽의 갑화관(岬華關),

손님을 맞고 보냄은 북쪽의 풍보관(楓浦館)이네.

두 화산이 문지방이 되고 두 효산(崤山)이 지도리가 되니,

참으로 천지의 깊은 오지(奧地)로다.

십주(十州)니 삼도(三島)니 봉영(蓬瀛)이니 하는 것처럼 해상의 도산(島山)은 그 지형에서 유도되어 별세계·이경(異境)으로 보게 되는 일이 있다. 반도의 역사는 모든 것에서 그 서안(西岸)이 가장 혜택을 받고 인문적 선편(先鞭)이 저절로 이 측면에 붙게 되었으며 또 그 중심은 대동강 하구로부터 한강 하구에 이르는 일선(一線)이었다.

그런데 반도의 서해상 특히 가장 오랜 문화선(文化線) 안에 이른바 '꽃처럼 만개한 신악(神岳)' '꽃받침 같은 영구(靈丘)'의 강화도가 유일 최대와 한가지로 홀로 빼어난 특별한 경승의 조건을 갖추어 인간 세상 가까이 그 영험한 자태를 뽐내었으니, 이것이 고대인의 신비감에 특별히 접촉되어 진작부터 특수한 영적 사명을 띠게 되었다. 위치로, 성질로, 또 사실로 다 강화는 실로 조선 반도의 아틀란티스(Atlantis)라 할 것이었다.

그 생졸(生卒)의 연관된 땅을 빼고 단군의 이름으로써 구원(久遠)히 이름을 드러내게 된 유일한 땅이 실로 이 강화도이다. 퍽이나

오래 또 깊이 이 희한한 큰 섬이 고대 진인에게 신령시되었음을 알 것이다. 이색 시(詩)의 영탄과 최자 부(賦)의 서술이 다소 지나친 찬미를 섞은 채 관념 또는 사실의 양방으로 강화의 생명을 드러낸 것 아님이 아니다. 필시 옛날에는 다른 여러 곳에서와 같은 선적(仙迹)과 아틀란티스 섬의 포세이돈과 같은 신화도 있었으련만, 오랜 세월이 이를 말끔히 씹어 삼켜서 이제 들을 수 없게 됨일 것이다.

참성단(塹星壇; 參星壇)이 제천(祭天)의 신령스런 터였다 함은 마리(摩利)라는 그 이름으로도 그 진실함을 짐작할 것이니, 마리는 하늘과 인연이 있는 산을 일컫는 예명(例名)의 하나이다. 진인의 고어에 무릇 지상(至上)에 이른 것을 'ᄃᆞ굴'이라 하여, 일신(一身) 위에 처하였으므로 머리를 'ᄃᆞ굴'이라 하고, 대계(大界) 위에 거하였으므로 하늘을 또한 'ᄃᆞ굴'이라 하고, 머리나 하늘은 다 그 형태가 둥글기에 무릇 원형의 사물을 '둥그' 또는 '두루'라 하니, 또한 'ᄃᆞ굴'과 동근(同根)의 어휘이다.

이렇게 하늘과 머리와 주위가 일체 통용함은 그 유어(類語)인 '물'에서도 동일하니, 머리를 의미하는 '마리'가 산정(山頂; 嶺脊)을 의미하는 '마루'(마랑)도 되고, 지상(至上; 最要)을 의미하는 '마루'(宗)도 되고, 범물(凡物)이 둥글게 뭉치는 것을 의미하는 '마르'(捲)도 됨 등으로 징험할 것이다(일본어의 マル, マロ와 ツブド 및 ツブリ, ツムリ의 관계와 조선어 '마리' 및 '맛'과 일본어 マル 및 マド의 관계 등 참조).

마리산(摩利山)이라 함은 요컨대 수산(首山) = 천산(天山)의 뜻이니 바로 두륜산(頭輪山)·원산(圓山) 등에 비할 것으로 하늘인 산을 직접으로 표현한 이름이요, 글자를 마리(摩利)로 사용함은 마리지천(摩利支天)에서 취하였을 것이요, 혹 마니(摩尼; 범어의 寶玉)로 씀은 얼마쯤 원산(즉 천산)의 고의(古義)를 음과 뜻 모두 취하려 함으로 볼 것이다. 마리산의 봉두(峰頭)가 아닌 게 아니라 거석적(Megalithic)으로 생겨서 천연 그대로 이미 제단을 이루었는데 여기 다소의 수정을 더한 것이 참성단이란 것이다. 그 기원을 단군에 댐은 언젠지 모르는 아득한 옛날부터 원시 제단이었던 까닭인 것이요, 고려로부터 이조에 걸쳐 항상 하늘과 별에 제사 지내는 영험한 장소로 항상 쓰였던 것도 예사롭지 않은 민속적 내력이 있기 때문일 것이다.

강화가 이미 이러한 신성한 성이요 마니가 이미 이러한 신선의 산악일진대, 이 국내(局內)에도 물론 '술'행의 남은 자취가 떨어져 있을 것이다. 그런데 기묘하게 그 전형적 이름이라 할 삼랑성이란 것이 여기 전해 오니, 삼랑은 물론 '술ᄋᆞᆫ'에 대응한 글자요, 단군의 세 아들 운운은 글자로 부회한 이야기일 따름일 것이다. 뒤에 정족산성이라 함도 대개 ᄉᆞᆯᄇᆞᆯ = 신읍(神邑)의 한문 투 번역이리니 삼랑과 정족은 요컨대 한 어휘의 두 형태이다.

성의 소재는 절로 인하여 전등산(傳燈山)으로 일컫지만 그 남쪽 주산(主山)에는 길상(吉祥)의 이름이 있으니, 길상은 필시 이 산의 원명으로 다른 곳의 성(聖)자 혹 선(仙)자에 해당함일 것이다(『여지승람』에 傳燈寺在吉祥山으로 나옴). 에둘러 있는 서남촌(동), 서두리(북), 선두포(서)와 내지 온수리 등 지명이 또한 우연함이 아닐 것이다(오만분일지도 김포 온수리 및 『江華府志』 坊里條 참조). 이밖에도 크게는 전체 섬을 심(沁)으로 칭함과 작게는 허리부에 선원(仙源)이란 이름이 있음이 다 본래 '술' 어휘에 속함일지도 모를 것이다(『강화부지』에 "禪源寺는 仙源里에 있는데, 고려 고종 때 최우가 세웠다. 내우 웅장하고 아름다워 이른바 반천 년의 禪龕이 이것이다. 禪을 仙으로 고치고 그대로 지명이 되었는데, 어느 시대부터인지 알지 못한다."라 하니, 仙源의 이름이 禪源寺에서 왔음은 그러려니와, 절 이름을 하필 禪源이라 한 그 원인을 한 번 생각해 볼 것이다).

또 『강화부지』(권 상 佛宇)를 인용하면 "천재암(天齋庵). 마니산의 북쪽 기슭에 있다. 고려 때 우리 태종이 대언(代言)으로서 마니산에 제사를 지냈는데, 여기에서 재숙(齋宿)했다고 한다."라 하였으니, 이는 바로 조계산(曹溪山)에 있는 신령한 봉우리 재장(齋場)의 높은 위치를 점한 절에 천자암(天子庵)이란 이름이 있음과 명실(名實)이 다 잘 부합함을 보는 것이다(『심춘순례』참조). 또 그 일반적 비교와 위치로 말하면 지리산 천왕봉에 대한 향적사(香積寺)·법계사(法界寺)(『頭流全志』권 하 梵天總表 참조)와 묘향산 비로봉에 대한 상비로암 등과 더불어(「妙香異蹟」참조) 동일한 반열에 서는 것이다. 족히 참성단 내지 마니산의 옛 뜻을 심화하는 일조로 삼을 것이다.

또 고려 시대에 풍덕(豊德)을 승천부(昇天府)라 칭하기도 하고, 풍덕(송경 방면)으로부터 강화를 들어가는 목을 승천포(昇天浦)라고 일컬으니, 승천포에 올라서면서 우뚝하게 보이는 봉천산(鳳天山)과 한가지로 또한 강화의 종교적 지위를 암시하는 일단이라 할 것이다. 승천포에 당산리의 일명이 있고 봉천산 밑에 각곡(角谷)이란 동리 이름이 있음을 여기서 참고할 것이다(『강화부지』권 상 산천에 "鳳頭山. 府의 읍치 북쪽 20리에 있다. 혹 河陰이라 부르기도 한다. 산 위에는 돌로 쌓은 네모난 대가 있는데, 옛 하음현이 그 아래 있었다."라 한 것을 오만분일지도에는 鳳天山으로 나와 있다. 鳳天·鳳頭는 다 奉天의 전화로 볼 것이요, 방대 석축은 그 古祭壇일까 한다).

송경(松京)으로부터 강화에 이르는 다음 길인 풍덕(豊德)에는 고려의 우소(右蘇)인 백마산, 무당의 강령지(降靈地)인 덕적산·삼성당산·당두산 등 신산(神山) 및 신사(神祠)가 모두 모여 있고 따라서 차풍(差風) 즉 고대 '선풍(仙風)'의 중심 도량이 되는 것은 대개 강화라는 신역(神域)·선구(仙區)를 차지함에서 생긴 일이다. 『강화부지』에 부의 풍속을 기록하되 특히 귀신을 믿고 무당을 좋아한다고 기록했으니 유래가 먼 일일 것이다(河陰은 고구려 이름으로 芽音 혹 冬音奈라 하니 그 '엄'의 호칭을 가짐에 주의할 것이요, 또 『여지승람』에 하음성산 즉 봉두산에 河陰神祠가 있음을 적었다).

【153】 역내의 명산에는 어떠한 형식으로든지 선인 설화가 얼

마씩 전하니, 이것이 뒤에는 흔히 지나류의 신선으로 변모하였지만, 가만히 조리를 찾아보면 대개는 옛 '△'도(道)의 여운임을 해석할 수 있을 것이다. 그런데 그 대상인 성모(聖母)가 어느새 여선(女仙)으로 변화하고 일전(一轉)하여서는 옥녀(玉女)란 것이 되어 그 흔적을 봉만(峰巒)의 이름에 남겼으며, 한편으로는 남성화도 하고 불교화도 하여 유선(遊仙)·강선(降仙)·천선(天仙)·금선(金仙) 등 허다한 전자(轉滋)를 내었다. 더욱 기묘한 것은 옥녀 전설이 있는 곳에는 장군 전설이 따라다니는 것이니 현저한 예증을 들면 순천 조계산의 그것과 영변 묘향산의 그것 등이 이에 해당하는 것이요, 이 장군의 본지(本地)는 하늘을 의미하는 한 고어(古語)의 전변으로 선(仙)과 한가지로 그 신악(神岳)이었음을 나타내는 이름이다. 뒤에 좀 자세히 논급할 기회가 있겠다(『심춘순례』 참조).

【154】 고대인들은 그 '놉'흠의 방면으로서 항상 하늘과 산을 연관해 생각하였으니, 혹 하늘이 산중에 있다 하기도 하고(『日知錄』 권 1 天在山中條, "張湛이 주를 단 『列子』에 '땅 위로는 모두 하늘이다. 그러므로 하늘이 산중에 있다.'라고 하였다"), 혹 산악의 근원이 천상에 있다 하기도 하고(『日本風土記』 "천산에 산이 있었는데, 나뉘어 땅에 떨어졌다. 한 조각은 伊豫의 천산이 되었고, 한 조각은 大和의 香山이 되었다"), 기타 각종으로 하늘과 산의 연락, 교통을 말함이 거의 세계의 통례이다. 우주를 궁전으로 보아서 산악을 그 한 구성물이라 할 때, 첫째 준극(峻極)한 봉만(峰巒)을 천지의 지주(支柱)로 생각하는 풍이 생기니, 지나로만 보아도 산악의 조종인 곤륜을 예로부터 하늘의 중심 기둥으로 일컫고 또 무릇 고산의 찬사에 툭하면 천주(天柱)를 내세움 같음이 다 그것이다. 이에 관련된 기록은 다음과 같다.

• 곤륜(崑崙)의 산에 동주(銅柱)가 있었다. 그 높이가 하늘에 들어가

이른바 천주(天柱)라 한다. 둘레는 3천 리로 깎은 듯이 둥글었으며, 아래에는 사방 백 장(丈)이 되는 집이 둘러 있었는데, 선인(仙人)의 9부가 다스렸다. 위에는 이름이 희유(希有)인 새가 있었는데, 남쪽을 향해 왼쪽 날개를 펴서 동왕공(東王公)을 덮고, 오른쪽 날개로 서왕모(西王母)를 덮었다. 등 위에는 깃이 나지 않은 작은 곳이 1만 9천 리였는데, 서왕모는 해마다 날개 위로 올라 동왕공을 만났다(『神異經』 中荒經).

• 공공씨(共工氏)가 전욱(顓頊)과 황제가 되기 위해 다투다가, 노하여 불주(不周)의 산을 쳐서 천주(天柱)를 부러뜨리고 지유(地維)를 끊었다. 그래서 하늘이 서북쪽으로 기울어 일월성신(日月星辰)이 나아갔다. 땅은 동남쪽이 차지 않아서 수많은 내의 물이 모였다(『열자』 탕문).

• 곤륜산은 하늘 속의 기둥이다(「淵鑑類函」에 인용된 龍魚河圖).

【155】 어떠한 민족이든지 진작부터 인간에 대한 천상계의 존재를 믿어 그 교통은 대개 고산준봉을 경유하는 줄로 생각하니, 지나를 볼지라도 특히 종교적 대상이 될 최고 영산 – 곤륜산 · 태산 · 숭산 등에서 산정으로 이르는 좁은 목을 천문(天門)이라 일컬음이 이런 종류이다. 진역과 같이 산악교(山岳敎)로의 특수한 발달에 이른 곳에는 이 경향이 한층 선명하게 나타나게 되었다. 이에 관련된 기록은 다음과 같다.

• 곤륜은 서북쪽 땅으로 천문(天門)이니, 오제(五帝)가 그 남쪽에 거처하고 삼왕(三王)이 그 정지(正地)에 살았다(「佩文韻府」에 인용된 楊炯 少姨廟碑).

• 반도(盤道)가 이리저리 꺾이고 굽으면서 올라가는데, 모두 50여 반(盤)이다. 작은 천문(天門), 큰 천문을 지나 천문을 우러러 보니 동

굴 속으로 하늘의 창을 보는 것 같았다(같은 책, 태산지).

- 천문에 올라, 험한 반석(盤石)에 앉네(같은 책, 宋之問嵩山天門歌).

(그밖에 같은 책 天門條에 인용된 각 항 참조)

【156】승천하는 경로이기 때문에 계단과 사다리[階梯]라고도 생각하니, 왕일(王逸)의 「구사(九思)」에 "緣天梯兮北上 登太乙兮玉臺"란 등이 그것이다(仙梯·玉梯·雲梯·丹霞梯 등은 다 그 유어임이 물론이다). 동명성왕과 구제궁(九梯宮)과 조천(朝天)을 연관하여 참고할 것이다.

【157】진역의 옛 종교는 태양을 우주의 대주재(大主宰)라 하여 최고의 존앙을 그에게 바쳤음은 다음에 상론할 것이다. 작게는 각 사람과 각 가문에서 삭망(朔望) 혹 조석(朝夕)의 예배를 하고 크게는 한 나라의 주상이 원단(元旦)에 대례를 거행한 것은 문헌에도 나온 바이다.

- 매년 정월에 초하루 아침에 서로 하례하는데, 왕은 연회를 열어 여러 관원들에게 나누어 준다. 그 날은 일월신주(日月神主)에게 절한다. 8월 15일에는 음악을 베풀고, 관인에게 활을 쏘게 하여 말과 포목을 상으로 준다(『수서』 동이전 신라).
- 매달 초하루 아침에 서로 하례하는데, 왕은 연회를 열어 여러 관원들에게 나누어 준다. 그 날은 일월신주(日月神主)에게 절한다. 8월 15일에는 음악을 베풀고, 관인에게 활을 쏘게 하여 말과 포목을 상으로 준다(『북사』 열전 제82 신라).
- 그 풍속에 음사(淫祀)가 많은데, 영성신(靈星神)·일신(日神)·가한신(可汗神)·기자신(箕子神)을 모신다. 수도 동쪽에는 큰 동굴이 있는데, 이름이 신수(神隧)이다. 모두 10월에 왕이 직접 제사지낸다

(『구당서』 동이전 고려).

- 정월 초하루를 중요하게 여겨 서로 경하하고 연회를 여는데, 매번 그 날은 일월신에게 절한다. 또 8월 15일을 중요하게 여겨 음악을 베풀고 연회를 열어, 그 뜰에서 여러 신하들에게 활을 쏘게 한다 (같은 책, 신라).

- 그 풍속에 음사(淫祠)가 많은데, 영성신 및 일신·기자신·가한신 등에 제사지낸다. 나라 왼쪽에 큰 동굴이 있는데, 신수라고 한다. 매년 10월에 왕이 모두 직접 제사지낸다(『당서』 동이전 고려).

- 산신(山神)에 제사지내는 것을 좋아한다. 8월 15일에 큰 연회를 열어, 관리들에게 활을 쏘게 한다. … 정월 초하루에는 서로 경하하는데, 이날은 일월신에게 절한다(같은 책, 신라).

- 해마다 동짓달에 하늘에 제사지낸다. 나라의 동쪽에 동굴이 있는데, 세신(歲神)이라 부른다. 항상 10월 15일에 맞이하여 제사지내는데, 팔관재(八關齋)라고 한다. 의례가 매우 성대하고, 왕과 비빈은 누각에 올라 크게 음악을 베풀고 연회를 연다. 장사꾼은 막을 치는데, 백필(百疋)이나 이어서 풍성함을 보인다. 3년만의 큰 제사 때는 그 봉내(封內)를 두루 돈다. 이것을 통해 백성의 재물을 거두어 왕과 여러 신하들이 나누어 가진다(『송사』 외국전 고려).

또 진역의 고방(古邦)은 다 해를 하늘로 제사지내고 또 해로써 시조를 삼았으니, 역사상에 보이는 교례(郊禮: 郊祀)와 시조묘에 관한 기사는 그대로 태양 숭배를 오로지 함으로 볼 것이다. 이에 관해서는 『삼국사기』 예지(禮志)를 보라.

【158】 민속학에 보이는 바에 의하면 태양 숭배는 석기 시대에 있는 세계적 경향이요, 또 그때 이래로 원시 신앙의 주축 비스름히 된 것이었다. 이것이 각종 종교 의식이 되어 출현한 중에, 갈리아인

의 고대 영국 주민 간에 행한 드루이드교 같은 것은 그 현저한 것이라 하니 거석을 놓기도 하고 토양을 모으기도 하고 그 위에서 솟아오르는 욱일(旭日)을 숭배하였다. 이 의식의 풍속은 흉노로 반도로 왜에 이르는 동안에도 행한 모양인데, 어느 학자는 조선의 당산(돌무더기·造塔)을 그 예식장으로 추정하였다(西村眞次, 『大和時代』 p.112, p.441 본문 및 그 전주).

스미스(Elliot Smith) 교수의 태양 거석 복합 문화(Heliolithic Culture-complex; 태양 숭배와 거석 기념물 건조를 중심으로 한 복잡한 문화)에 관한 학설 - 그 이집트 일원설 같은 것이 얼른 학계에 용인되지 아니함은 당연하지만(편의상 西田己四郎의 『인류학개론』 p.140 참조), 우리는 줄잡아도 아시아 일대의 태양 거석 복합 문화에는 오랜 일대 중심과 배경이 있어 사방으로 분포하는 출발점 또는 동기를 지었음을 인정하고 이 속에 각종의 비기(秘機)를 더듬으려 하는 것이다.

태양 숭배와 거석 건조가 서로 붙어 다님은 동방의 옛 민중에서도 마찬가지였음은 브라운(Rev. Broun) 씨 등의 보고로 알게 된 일이거니와, 이 양자의 관계와 또 그 진정한 의의는 조선의 그것을 연구함으로써 비로소 판명될 것이다. 당산이란 것도 니시무라(西村) 씨가 생각한 것 같은 단순한 것은 아니지만, 여하간 몽고의 오보(몽고식 무덤)에 비할 일종의 당산 석퇴(石堆; 돌무더기)에도 태양 숭배의 영상을 인지하지 못할 것은 아니며, 나아가 입석·인물·지석 등을 연구함으로써 이 민족의 사이에 떨어져 있는 이 문화의 선명한 색채를 볼 것이다. 그러나 한 무더기 한 기둥의 돌보다 퍽 큰 태양 숭배의 성단(聖壇)이 우리에게 있으니 그것은 산 전체, 봉두(峰頭) 일원을 들어 해를 받드는 단장(壇場)으로 쓴 자취가 분명히 내려옴이다.

많은 성스런 산의 무리 중에 '술'의 이름을 지니고 많은 성스런 산 이름 가운데 '술'의 호칭을 겸한 것들은 요컨대 자의(字義)상으로 태양 특히 아침 해에 관계되는 것임이 분명한 것이다. 진역 중 신산(神山)의 명호는 저절로 다 태양 어휘 가운데서 나왔지만, 거기 동정(動靜)의 두 색이 구별되니, 이 '슬'은 그 동적인 부류에 속하는 것이었다. 어느 한 산을 '슬' 또 그 전변인 '슨'으로 부름 가운데는 아침에 돋는 해로 인하여 가장 먼저 광명을 받고 일조(日照)를 입어서 항상 많이 선려(鮮麗)를 지키는 지점이란 의의가 포함되어 있는 것이니, 이는 실로 신산의 동적·적극적 방면으로 성덕(性德)보다 그 위용을 드러내는 것이다.

그런데 '슬'이란 것은 범물(凡物)의 새로워짐이요, 밝아짐이요, 암흑과 음랭(陰冷)과 공포와 쇄침(鎖沈)으로부터 그 대극(對極)으로 옮겨가는 것이니, 이 모든 것은 태양을 말미암아 받는 바요, 아침 해로부터 비롯하는 바이었다. 이 은총과 위력의 주인인 하느님(곧 태양)을 한시가 바쁘게 내달아 반가워함이 아침 해의 숭배요, 오늘도 어제처럼 따스하고 편안하고 배부르게 우리를 덮어 달라고 하루 동안 행복의 딱지를 떼려 하는 것이 그 아침 해에게의 기원이었다. 이 지극한 정을 발돋움 발돋움하여 표현하려 하는 것이 돌이라도 모아 놓는 것이요, 단이라도 다스리고 올라가는 것이요, 한 봉우리 한 산을 온통 제공하여 그 넘쳐 흐르는 성의를 내어 쏟으려 한 것이다. 이리하여 이 지방 신산의 가운데는 '슬'산이란 부류가 있게 된 것이다.

이러한 의미에 기초한 아침 해 숭배의 의식은 각 개인 혹 한 가장을 말미암아 문정(門庭) 사이에 간편히 거행도 되었으려니와, 혹은 한 부락 한 집단을 대표로 하는 이가 부락적·집단적 특정지에서 정기적으로 또 단체적으로 설행되기도 하였을 것이다. 이것이 좀 더 규모를 늘리고 의의를 높이고, 또 상설 기관과 특정 계급의 제도로 성립을 본 것이 '슬은'이란 특수 영산과 그 특수자의 출현이었을 것이다. 이것이 뒤에 신(神)이라 성(聖)이라 선(仙)이라 하는 허물을 뒤집어쓰게 된 명칭의 근원이며, 또 황로류(黃老流)의 선법(仙法)과 섞여서 옛 뜻이 심히 의심스럽고 어지럽게 되고 모호해진 그것이다.

【159】선가 수양의 가장 원시적이고 또 중심적인 방법은 이른바 '도인(導引)'이라는 일종의 신체 단련이고, 그중에서도 근본적인 실천 방법은 호흡 조정의 운동이다. 이것이 복기(服氣)니(『晋書』 "마음을 고요히 하고 욕심을 적게 하고 맑게 비워 服氣한다." 또 "항상 복기할 때마다 한 번의 기에 천여 숨이다."), 연기(鍊氣)니(鮑照詩, 服食鍊氣讀仙經), 태식(胎息)이니(『漢武內傳』, 『抱朴子』), 종식(踵息)이니(『장자』 하는 것들이다. 출기(出氣)를 함에도 가(呵) · 호(呼) · 취(吹) · 희(嘻) · 허(噓) · 희(呬)의 6종이 있을 정도로(『雲笈七籤』) 세밀한 내용적 분화까지 이루었다.

요컨대 호흡을 균제하게 함으로 생기는 심리적 평정과 생리적 화통(和通) 등의 효과를 극도까지 확대하여 이렇게 기혈이 충족해지면 경거(輕擧)와 장생(長生)의 이상적 경지가 그 앞에 있으리라고 상상하는 것일까 한다. 이 단서는 필시 아침 해 예배의 사이에 얻은 실제적 감득에 계발된 것일까 하니, 수련과 배일(拜日)과의 관계에 대하여 우리는 여러 가지 흥미 있는 지적을 할 수 있지만 아직 여기서는 생략하겠다.

- 숨을 내쉬고 들이마셔 호흡하고, 오래된 숨을 토해내고 새 공기를 마시며, 곰이 나무에 매달리고 새가 목을 길게 늘이듯 하는 것은 오래 살기 위함일 뿐이다. 이는 도인(導引)을 하는 사람, 육체를 단련하는 사람, 팽조(彭祖) 같은 오래산 사람이 좋아하는 것이다(『장자』 刻意).
- 유후(留侯)이 따라서 관(關)에 들어갔다. 유후는 본성이 병이 많았는데, 즉시 도인술(導引術)을 하며 곡식을 먹지 않았다(『사기』 留侯世家).

- 기를 운행하는 법과 도인술(導引術)(같은 책, 龜策傳)
- 선가(仙家)에는 태음(太陰)으로 육체를 단련하는 법이 있다(『神仙傳』).

기타 각종 연형(鍊形)의 방법을 선가에서 전함이 있으니, 그것은 모두 간단한 실행으로부터 시작한 것이고 야단스러운 이론은 뒤에 차차 생겨났다.

【160】유애(有礙)하고 유한한 인생에 대하여 무애(無礙)하고 무한한 상태를 흔구하지만 어디까지나 현실의 연장으로의 그것을 생각함이 선도가(仙道家)의 특색이다. 이 방법으로 제공된 것이 하나는 소극적으로 자기를 개조함이요, 또 하나는 적극적으로 타계로 진입함이다. 그 자기 개조의 방법에도 자력과 타력의 두 문이 있다. 내단(內丹)이란 것은 전자를 대표하고 외단(外丹)이란 것은 후자에 해당하는 것인데, 그네들은 이 각종의 방법이 능히 우리 유한의 생명을 무한에까지 연장하고 유애(有礙)한 기능을 무애(無礙)로 전환하리라고 생각하였다. 이른바 장생구시와 비행자재와 백일승천 등의 관념과 전설은 이렇게 발생 또는 장성한 것이었다. 그러나 그 원시 상태를 살펴보면, 산중이나 해상이라는 좀 떨어진 처소에서 경건하고 엄숙한 생활을 하여 좀 더 청순한 생활을 체험하여 보려 한 정도에 그치고, 다시 그 밑을 개어 보면 천주(天主)를 대상으로 하는 산악 신도(神道)의 실천적 한 방면에 불과한 것이었다.

【161】이른바 기씨(箕氏) 조선으로부터 위만 조선에 걸친 수백 년간은 반도와 대륙과의 문화적 상호 견인상으로 가장 흥미 있는 사실을 다량으로 포함한 시기이다. 그것은 한토(漢土)의 문물이 급조(急潮)와 같이 반도로 침윤함에서만 그런 것 아니라, 한편으로는 반도에서 일단의 성장을 이룬 동호(東胡)의 문화가 꽤 알심 있는 수

출을 대륙으로 행하였음으로 그러하다. 전국 시대 내지 한나라 시대에 있는 중국의 문물 - 특히 연나라·제나라 지방의 그것을 고찰하는 데는 무엇보다 반도 방면과의 이 관계를 무시하지 못할 것이다.

그중에서도 현저하고 또 중대한 영향을 지나인의 민족 생활 및 문화 내용에 전파한 것은 진역 '슨'도의 수입 전파이다. 한번 그것이 정신의 가면 아래에서 물질의 이욕을 계도(計圖)하기에, 총명스러운 방사란 계급의 손으로 조정과의 연결이 생김에 실로 요원(燎原)의 기세로써 천하를 풍미하여 지나 고래의 모든 학파와 또 민간의 모든 신앙을 포섭하면서 지나 사상의 전륜왕이라는 결실을 거두었다. 이렇게 반도에서 지나로 이입된 문화의 자취를 살핌은 지나 문화의 부검상 새로운 시야를 얻음이요, 동양 문화의 본질을 여실하게 들여다볼 수 있는 비밀의 구멍이라 할 것이다.

평양의 해씨(解氏)가 은나라 사람 기자(箕子)에 화동(和同)이 되고, 이 동방에 와서 성립된 전설이 지나로 역수입되어 사마천의 『사기』에 믿을 만한 사적으로 등재까지 되고, 또 『산해경』 이하 진나라·한나라 사이의 소설류와 또 『백호통(白虎通)』·『논형(論衡)』 등의 책들에 동방의 전설이 비교적 많이 채록된 것 등은 다 문화적으로 대수롭지 않게 간과하지 못할 일들이다.

【162】『노자』의 '고지성인(古之聖人)'이란 것보다 『열자』의 신인(神人)이란 것이 구체적 내용을 가지고, 『열자』보다도 『장자』의 신인에 좀 더 환괴(幻怪)한 이상을 부가하게 되어서 황로가(黃老家)의 신인이란 것도 전국 시대 이래로 차차 구체적 경향을 취하게 되었다. 그러나 신선이란 것이 일종 독특한 인격적 성립에 다다르고, 분명한 제사나 기축(祈祝)의 대상이 되어 종교적 신앙을 받게 되기는, 방사(方士)로서 대표를 삼는 신선가의 손에 단독으로 발상된 것이

니, 지나에 있는 선도의 종교적 성립과 신선의 종교적 욕구는 이렇게 동방으로부터 들어온 새 신앙이 뒤에서 밀고 앞에서 당김에 말미암은 것이었다.

【163】인도에서는 옛날에 무릇 종교적 행자로 도행이 높은 이를 다 'Rsi'라 일컬으니, 이네들은 신의 계시를 받아서 베다를 외우고, 신을 가납(嘉納)하는 찬송을 짓고, 신에게 제사와 기도를 드림에 특수한 능력이 있다 하여 신과 인간의 매개자로 일반의 존경을 받았다. 리그베다에 있는 칠성(七聖; Saptarsayas) 같음이 그것이다(高楠·木村 공저, 『인도철학종교사』 p.18, p.52 참조). 이러한 성자는 세속을 끊고 심산에 들어가서 고난의 행을 닦아서 승천의 결과를 얻는 이이므로, 후대의 한역 불교 경전에는 대개 선(仙)으로 'Rsi'를 번역하게 되었다.

불교 경전에서 선(仙)이라 하면 곧 브라만교도의 고덕(高德)을 가리키는 말이니, 설산(雪山)의 앞 봉우리인 향산(香山)에는 오만 삼천의 선(仙)이 있다 하고, 『대공작엄왕경(大孔雀嚴王經)』에는 68대선(大仙)을 들고, 기타 명산 깊은 숲에는 반드시 선인 유연(有緣)의 설화를 전하였다. 그러나 불(佛)을 득도자 또는 장수불사자라 하여 또한 선(仙)이라 칭하고(『讚禮阿彌陀文』) 선(仙) 중의 최존상자라 하여 특히 대선(大仙)이라 칭하기도 함은(『名義集』) 여러 논저에 보임과 같다.

아난아, 또 어떤 사람이 사람의 몸을 얻었으나 바른 깨달음에 의지하여 삼마지(三摩地)를 닦지 않고 따로 망령된 생각을 닦아, 망상과 형상을 굳게 지켜 사람이 미치지 않는 산속을 노니는 열 가지 선인(仙人)이 있다. … 이들은 모두 사람들 가운데서 마음을 단련하면서 바른 깨달음을 닦지 않고 따로 오래 사는 방법을 터득하여 천만세까지 사는데, 깊은 산 속이나 큰 바다의 섬 등 사람 사는 세상과 떨어진 곳에서 산다.

이 또한 윤회로, 망령된 생각으로 떠돌면서 삼마지를 닦지 않았기 때문에 업보가 다하면 돌아와서 제취(諸趣)에 흩어져 들어간다."(『楞嚴經』8, 五助道分 仙趣)

또 무릇 무슨 방법으로든지 신통력을 얻은 이를 다 선(仙)이라고 일컬었다.

지명선(持明仙)은 남은 약의 힘 등으로 이룬 바이다. 실지(悉地) 지명선은 모두 오로지 주술에 의지하여 실지를 얻은 사람이다. 직운제선(直云諸仙)은 모두 위타(圍陀)로 불을 섬기는 부류로, 고행을 부지런히 수행하여 다섯 가지 신통력을 성취한 신선이다(『大日經疏』6).

【164】옛 기록의 글자 사례를 보건대 항상 선(仙)과 불(佛)이 대립하여 선은 국풍 곧 고유 신앙을 대표하는 것으로 쓰였으니 국선(國仙)은 물론이거니와 선랑(仙郎)·선화(仙花)·선가(仙家)·선솔(仙率)·대선(大僊) 등의 선이 모두 불도의 손에 이루어진 문헌에 나오는 것이다. 더욱 화랑을 미륵선화(彌勒仙花)로 칭하고 내지 용화향도(龍華香徒)로 전(轉)한 사례(『삼국유사』3권에 미륵선화)에 현재 역내의 미륵·용화·선솔(仙率)·내원(內院)으로 일컫는 산악의 본명이 고신도의 성스런 어휘임을 참조하여 이런 문례(文例)가 불교도에게서 나왔음을 짐작할 것이다.

대개 진역에 있는 문사(文史)의 기원은 자못 오래였을지라도 필시 조정과 기타 좁은 범위에 제한되고 상대(上代)에 있어서 일반의 기록은 많이 불교도의 손을 빌게 되었을 터이다. 산악 중심의 고유 신도를 선(仙)이라 함은 그네의 즐겨서 쓴 칭호였던 듯하니, 대개 불교로 보아서 외도(外道)요, 본래 사상인 국신도(國神道)가 바로 불교에 대한 브라만 비스름한 점이 있어서이다. 일찍부터 도교가 행하지 않은 것도 아니고 신라 말부터는 그 기록적 활동이 좀 현저함을 더하지 않은 것도 아니지만, 한편으로 도교인의 문화사상 흔적이 대개 종덕(種德)하고 한편으로 국선 등 칭호는 통일 신라에 들면서 진작 성립하였으니 국도(國道)의 선(仙)이란 호칭은 대개 불교도에게서 비롯한 것으로 보아서 크게 어그러지지 않을까 한다.

【165】『동명왕편』 주석에 "한나라 신작(神雀) 3년 임술년에 천제가 아들을 보내 부여왕의 옛 도읍에 내려가 놀게 하였는데, 해모수(解慕漱)라 한다. 하늘에서 내려올 때 다섯 마리의 용이 끄는 수레를 탔고, 종자 백여 명은 모두 흰 고니를 탔다. 하늘에는 채색 구름이 떠 있고 음악이 구름 속에서 울렸다. 웅심산(熊心山)에 멈추었다가 10여 일이 지나 비로소 내려왔는데, 머리에는 오우관(烏羽冠)을 썼고 허리에는 용광검(龍光劍)을 찼다. 아침에는 정사를 돌보고 저녁에는 하늘로 올라가니, 세상에서 천왕랑(天王郎)이라 하였다."이라 함에서 『열선전(列仙傳)』과 비슷함을 볼 것이다.

【166】동명성왕은 예로부터 구비(口碑)에 선인(仙人)으로 전하기도 하여 각종의 신이를 염설(艶說)하니 우선 대성산 녹족 부인의 설화에도 선인으로 참입(參入)되었고, 『해동이적(海東異蹟)』·『진휘속고(震彙屬考)』 등의 책이 또한 도류(道流) 문중에 그 이름을 거두었다. 생시에는 기린마를 타고 천상으로 왕래하면서 하늘의 정사에 관여한 것과 죽을 무렵에는 "홀본(忽本) 동쪽 언덕에서 황룡을 타고 승천하였다."한 것을 다 선(仙)의 자취로 전하는 것이다.

【167】동명성왕의 이적을 노래하거나 기록한 문헌으로는 다음과 같은 것이 있다.

• 최자(崔滋)의 삼도부(三都賦)

서도(西都)가 처음 세워질 때 동명(東明)이란 임금이

하늘에서 내려와서 땅을 돌아보고 이곳으로 정하였네.

터를 닦지도 쌓지도 않았는데 화성(化城)이 우뚝 솟았네.

오룡거(五龍車)를 타고 하늘을 오르내리며

온갖 신을 인도하고, 여러 신선을 따르게 하였으며

곰소(熊淵)에서 여인 만나 나는 듯이 왔다 갔다 하였네.

강 가운데 있는 돌, 조천대(朝天臺)라 하는데

너른 비탈 같더니 홀연히 솟아 산이 되었네.

임금이 때로 오르니 신주(神主)가 배회하네.

영령이 거하는 곳 평양이 그 사당이로다.

풍백(風伯)을 부르고 우사(雨師)를 지휘하니

노하면 대낮에 눈 내리고 천둥 치며 나무와 돌이 섞여 날리네.

또 목멱(木覓)이 있으니 농사를 관장하네.

갈지 않아도 볏가리가 산더미 같이 쌓이고

공적으로 사적으로 도와주며 큰 이불로 덮어주네(『東文選』 2).

• 윤인첨(尹麟瞻)의 서도군신대연치어(西都君臣大宴致語)

평양의 신경(神京)을 돌아보면, 실로 주몽의 옛 도읍이다. 장성(長城)
한 면은 넘실거리는 푸른 물이 흘러들고, 쌍궐(雙闕)의 동쪽 끝에는 점
을 찍은 듯한 푸른 산이 두르고 있다. 아득함은 봉래(蓬萊)와 영주(瀛洲)
의 모습이 있고, 규모는 호경(鎬京)과 낙양(洛陽)의 의용과 같다(『동문선』
104).

• 당고(唐皐)의 동명왕사시(東明王祠詩)

동명왕 삼한(三韓)에 웅거하여 신선이 노닌 세월 오래되었네.

여러 사당 서경(西京)에 있으니 계주(鷄酒)를 붓는 사람 있네.

• 김극기(金克己)의 구제궁시(九梯宮詩)

　푸른 산 속의 층진 누각과 넓은 전각 천리 강산이 한 눈에 보이네.

　푸른 하늘로 돌아가는 신선은 사람에게 보이지 않고

　쓸쓸한 송백에는 저절로 바람 이네.

• 권근 시

　붉고 푸른 봉우리 큰 나라에 던지니

　부용(芙蓉) 한 송이 긴 강에 꽂혔네.

　폐한 구제궁(九梯宮)의 남겨진 터를 찾으니

　만세에 전한 노래 옛 가락 고르구나.

　산과 바다 마음대로 보니 눈 가는 곳이 멀어지고

　구름과 안개로 높이 걸으니 마음이 가라앉네.

　초연히 대낮에 선경(仙境)에 오르니

　정녕 인간 세상에는 짝할 만한 것이 없네.

• 김극기의 기린굴시(麒麟窟詩)

　주몽이 수레를 몰아 진인(眞人)을 알현하고자

　산봉우리 가운데 금당(金塘)에서 옥린(玉麟)을 길렀네.

　홀연히 떨어진 채찍 끝내 돌아가지 않으니

　제궁(梯宮)의 누가 다시 가을 하늘에 오르리오.

• 권근 시

　산 앞의 동굴 가장 깊고 그윽한데

　진인(眞人)이 옛날 여기에 머물렀다 하네.

　기린이 스스로 하늘에서 이르니 귀신이 인도하여 땅에서 노닐었네.

　선부(仙府)로 통하는 길 으슥하여 속세와 끊어져 아득히 종적 없네.

　괴이한 것은 성인이 말하지 않는다고 해도

시를 씀에 그저 전하는 바를 기록하네.

- 당고의 조천석시(朝天石詩)

  사람이 신선이면 말 또한 신선인데 물은 가도 돌은 가지 않네.

  지금까지 말의 자취 남아 있어 노인이 남겨진 곳을 가리키네.

【168】"내시 이중부를 보내 서경 임원궁(林原宮)을 쌓고 팔성당(八聖堂)을 궁중에 설치하였는데, 첫째는 '호국백두악 태백선인 실덕문수사리보살(護國白頭嶽太白仙人實德文殊師利菩薩)'이고, 둘째는 '용위악 육통존자 실덕석가불(龍圍嶽六通尊者實德釋迦佛)'이며, 셋째는 '월성악천선 실덕대변천신(月城嶽天仙實德大辨天神)'이고, 넷째는 '구려평양선인 실덕연등불(駒麗平壤仙人實德燃燈佛)'이고, 다섯째는 구려목멱선인 실덕비바시불(駒麗木覓仙人實德毗婆尸佛)'이고, 여섯째는 '송악 진주거사 실덕금상색보살(松嶽震主居士實德金剛索菩薩)'이고, 일곱째는 '증성악신인 실덕늑차천왕(甑城嶽神人實德勒叉天王)'이고, 여덟째는 '두악천녀 실덕부동우바이(頭嶽天女實德不動優婆夷)'이다. 모두 화상을 그렸는데, 묘청의 요사한 말을 따른 것이다. 김안·이중부·정지상 등은 성인의 법으로 나라를 이롭게 하고 기틀을 연장하는 술법이라고 하였다."(『동국통감』권22 고려 인종 9년)

목멱 선인은 최자(崔滋)의 「삼도부(三都賦)」에 의하여 농업신임을 알 것이요, 평양 선인은 동명을 가리킴이 의심 없으니 이 이른바 팔선이란 필시 팔관이란 말과도 관계가 있는 것으로 당시 민간신앙의 대표적인 것을 뽑은 것이요, 결코 함부로 감허(鑒虛)한 것이 아니다.

【169】"최치원의 『석이정전(釋利貞傳)』에 따르면 '가야산신 정견모주(正見母主)는 바로 천신(天神) 이비가(夷毗訶)에 감응하여 대가야

왕 뇌질주일(惱窒朱日)과 금관국왕 뇌질청예(惱窒靑裔) 두 사람을 낳았는데, 뇌질주일은 이진아시왕(伊珍阿豉王)의 별칭이고, 청예는 수로왕(首露王)의 별칭이다.'라고 하였다. 그러나 가락국 고기의 육란설(六卵說)과 더불어 모두 허황되어 믿을 수 없다."(『여지승람』 권29 고령현 建置沿革 注)

【170】『조선불교통사』 하편 무녀새신선무삼불조(巫女賽神扇舞三佛條)에는 다음과 같은 글이 있다.

무녀가 원기를 기를 때, 손으로 금으로 만든 방울을 흔들고 또 채색한 부채를 잡는다. 부채에는 삼불(三佛)을 그리고 빙빙 돌며 춤을 추는데, 때때로 부처의 이름을 부르거나 또 법우 화상(法雨和尙)을 부르는 것은 아마도 저절로 나오는 것 같다. 세상에 전하기를, "지리산의 옛 엄천사(嚴泉寺)에 법우 화상이란 사람이 있었는데 꽤 도행(道行)이 있었다. 하루는 한가로이 살고 있는데 문득 산골짜기가 비가 오지 않았는데도 불어 넘친 것을 보았다. 그 근원을 찾아가니 천왕봉 꼭대기에 이르렀다. 키가 크고 힘이 센 한 여인을 만났는데, 스스로 '성모 천왕(聖母天王)으로 인간 세상에 유배되어 내려왔는데 그대와 인연이 있어서 마침 수술(水術)을 써서 직접 중매한 것이다.'라고 말했다. 마침내 부부가 되어 집을 짓고 살면서 여덟 명의 딸을 낳고 자손이 번창하여 무술(巫術)을 가르쳤다. 금방울을 흔들고 채색 부채로 춤을 추며, 아미타불을 부르고 법우화상을 부르고 방곡(坊曲)을 다니는 것을 무업(巫業)으로 삼았다."라고 한다. 그러므로 세상의 큰 무녀는 반드시 한번 지리산 꼭대기에 가서 굿하며 빌어 접신(接神)한다.

이는 성모의 개산 설화에 각종의 유리(遊離) 분자가 부착되고 또한 번 종교적 전화(轉化)를 지낸 것이니, 그 본지를 닦아 보면 법우

화상이란 본시 신인(神人) 이비가(夷毗訶)의 종류일 것이다. 엄천은 지리산 중 근본이 되는 대수(大水)로 그 신수(神水) 노릇하던 것일 것은 '엄'이란 이름에서도 볼 수 있으니, 엄천은 즉 성모수의 전역(轉譯)일 것이요, 엄천 등은 그 신역(神域)을 그대로 따른 것일 것이다. 내가 작년에 엄천사의 유적을 보고 그 전설을 살펴보니, 엄천사는 지리산 중의 최대 가람으로 산중 수찰(首刹)의 권위를 가졌던 듯한데 이에는 필시 오랜 배경이 있음을 인지하였다.

【171】『고려사』 권57 지리지에는 한라산의 세 신인(神人)에 대해 다음과 같은 기록이 있다. 그 수장을 성주(星主)라고 일컬음에 주의할 것이다.

탐라현. 전라도 남해에 있다. 그 고기(古記)에 이르기를, "태초(太初)에 사람이 없었는데, 세 신인(神人)이 땅으로부터 솟아 나왔다[그 주산의 북쪽 기슭에 毛興이라는 동굴이 있는데, 이곳이 그 땅이다]. 맏이는 양을나(良乙那)라고 하고, 둘째는 고을나(高乙那)라고 하며, 셋째는 부을나(夫乙那)라고 했는데, 세 사람은 거친 땅에서 사냥질을 하면서 가죽옷을 입고 고기를 먹었다. 하루는 자주색 진흙으로 봉해진 나무 상자가 동쪽 바닷가에 떠온 것을 보고, 가서 열어보니 상자 안에 또 돌 상자가 있었다. 붉은 띠와 자주색 옷을 입은 사자(使者) 한 사람이 따라와서 돌 상자를 여니, 푸른 옷을 입은 처녀 세 사람, 그리고 여러 가축과 오곡(五穀)의 종자가 나왔다. 말하기를, '나는 일본국(日本國)의 사자입니다. 우리 왕이 이 세 딸을 낳고, 서해(西海)의 중악(中嶽)에 신자(神子) 세 사람이 내려와 장차 나라를 열고자 하는데 배필이 없다 라고 하며 저에게 명하여 세 딸을 모시고 여기에 왔습니다. 마땅히 배필로 삼아 대업(大業)을 이루십시오.' 라고 말하였다. 사자는 홀연히 구름을 타고 가버렸다. 세 사람이 나이 순서에 따라 나누어 아내로 삼고, 샘물이 달고 땅이 비옥한 곳으로 가서 화살을 쏘아 땅을 정했다. 양을나가 사는 곳을 제일도(第一都)라 하였고, 고을나가 사는 곳을 제이도(第二都)라 하였으며, 부을나가 사는 곳을 제삼도(第三都)라 하였다. 비로소 오곡을 파종하고 또 가축을 기름에 날로 부유하고 사람이 많아졌다. 15대손 고후(高厚)·고청(高靑) 형제 세 사람이 배를 만들어 바다를 건너 탐진(耽津)에 이르렀는데, 신라가 번성한 때였다. 이때 객성(客星)이 남방에 나타났는데, 태사(太史)가 다른 나라의 사람이 와서 조회할 상이라고 아뢰었다. 마침내 세 사람이 조회하니, 신라 왕이 가상히 여겨 큰아들을 성주(星主)라 하고[별자리를 움직였기 때문이다], 둘째 아들을 왕자(王子)라 하였으며[왕이 고청으로 하여금 자기 가랑이 아래로 나오게 하고 나서 자기 자식처럼 아꼈기 때문에 그렇게 이름 지은 것이다], 막내아들은 도내(都內)라고 하였다. 읍은 탐라(耽羅)라고 하였는데, 왔을 때 처음으로 정박한 곳이 탐진이기 때문이다. 각각 보개(寶盖)와 의대(衣帶)를 하사하여 보냈다. 이로부터 자손이 번성하였고, 나라를 공경히 섬겼다. 고(高)가 성주(星主)가 되었고, 양(良)이 왕자가 되었으며, 부(夫)가 도상(徒上)이 되었다. 뒤에 '양(良)'을 '양(梁)'으로 고쳤다."라고 하였다.

【172】 "왕이 말하기를 '짐은 수도를 정하고자 한다.'라고 하고, 임시 궁궐의 남쪽 신답평(新畓坪)에 수레를 타고 가서 사방의 산악들을 바라보고 좌우를 돌아보고 말하였다. '이 땅은 여뀌잎처럼 좁지만, 다른 곳보다 빼어나며 십육나한이 살만한 곳이다. 더구나 하나에서 셋을 이루고 셋에서 칠을 이루니, 일곱 성인이 사는 땅으로 여기가 참으로 적합하다. 땅을 개척하면 끝내 진실로 좋게 될 것이다.'라고 하였다."(『삼국유사』 권2 駕洛國記)

"초현대(招賢臺). 주(州)의 동쪽에 있다. 세상에 전하기를, 가락국의 거등왕(居登王)이 이 대에 올라 칠점산(七點山)의 참시 선인(旵始仙人)을 부르니, 참시가 배를 타고 왔기 때문에 이런 이름이 되었다고 한다."(『고려사』 권57 지리지 금주)

【173】원화(源花)니 화랑이니 국선이니 하는 것이 종래 사첩(史牒)에 적은 것처럼 예사로운 사교 기관이나 증선(證選) 기관의 중심 인물에 그치는 것 아니라, 실상 살아 있는 종교적 우상임은 최치원 난랑비 서문의 문의(文意)로 넉넉히 짐작할 것이다. 뒤에 자세히 논하겠다.

【174】『고려사』 의종 22년의 하교반령(下敎頒令)에 ① 숭중불사(崇重佛事), ② 귀경사문(歸敬沙門), ③ 보호삼보(保護三寶) 등과 한가지로 존상선풍(尊尙仙風)을 들고 그 이유를 설명하여 가로되, "옛날 신라에는 선풍(仙風)이 크게 유행하였다. 이 때문에 용천(龍天)이 기뻐하고 백성이 평안해졌다. 그러므로 조종 이래로 그 풍습을 숭상한 것이 오래이다. 근래의 개경과 서경의 팔관회(八關會)가 날로 옛 격식을 줄여서 남은 풍습이 점차 쇠퇴하고 있다. 이제부터 팔관회는 가산이 넉넉한 양반을 미리 택하여 선가(仙家)로 정하고, 옛 풍습에 따라 거행하여 사람과 하늘이 모두 기뻐하게 할 것이다."이라 한 것처럼 선(仙)으로써 국교의 명칭을 삼음은 고려 시대 문헌의 상례였다.

【175】지금 개성 지방에서는 문벌 있는 집안에서 나온 무당을 선관(仙官)이라 하여 비천한 출신자와 구별하는 풍속이 있는데, 『고려사』에도 보면 귀한 가문에서도 무인(巫人)이 나오고 택주(宅主)의 칭호를 얻은 이까지 있다. 필시 선관(仙官)은 고려 시대에 있어서 무(巫)에 대한 경칭의 하나였을 것이다.

【176】지금 무축(巫祝)의 제장(祭場)을 '선앙'이라 하니, 대개 '술은'의 전와(轉訛)일 것이다. 혹 음이 성황(城隍)에 가까우므로 지나의 토지신인 그것에 견주어지나, 지나의 성황은 대개 그 토지에 공로

있는 사람을 존경해 제사하는 것임에 대하여(『琅邪代醉篇』 권29 참조),
조선의 '선앙'은 대개 성모의 유의(遺意)일 여신들을 숭봉한다는 점
에서 그 차이를 혼동해서는 안 된다. 후세에 와서 무축(巫祝)의 사
회적 저항과 한가지로, '선앙'이란 것도 마을 입구 또는 고갯길에
변변치 않은 몇 칸의 초라한 집을 지닐 뿐에 그쳤으나, 그 본디는
성모(聖母) 중심의 국가 또는 촌락적 진호신(鎭護神)임이 저『삼국유
사』 곳곳에 보이는 천신·지신·악신(岳神)·천신(川神)과 지금 일
본 민속에 고스란히 남아 있는 진수신(鎭守神) 같음일 것이다(『여지
승람』 곳곳에 성황 신당으로 적은 것도 대개 이러한 古神廟일 것이요, 조선어 사
전에 '선앙'은 성황의 轉이라 함은 검증되지 않는 말이다).

【177】 현재 조선의 사찰에서 신불(神佛)을 통하여 가장 경외하는
것은 독성(獨聖)이라는 신격인데, 그 정체에 대하여는 현재까지 수
긍되는 말이 없다. 혹 천태산(天台山) 독수선정나반존자(獨修禪定那
畔尊者)라고 갖추어 쓰는 일이 있으므로 천태지자(天台智者)를 받들
어 제사함이라 하나, 물론 근거 없는 말이다. 세시의 각 절기에 천
제(薦祭)를 베풀면 맨 먼저 '마지'를 독성님께 드리되, 그는 희로(喜
怒)가 빠르므로 다른 데보다 뒤지면 신벌(神罰)이 있어서 그리한다
한다. 사원에서 가람(伽藍)을 수호하는 신으로 천신지기(天神地祇)를
봉사(奉事)함은 천축(天竺) 이래의 일이다(『釋氏要覽』 권 상 四分律 참조).
  이것이 지나에 와서는 더욱 숭상되어 관우(關羽)가 그 소임을 맡
게 되고 특히 천태산 같은 데는 지주산왕원필진군(地主山王元弼眞君)
이란 것을 크게 숭봉하고(倭僧 成尋,『參天台五臺山記』 권1) 이것이 일본
으로 들어가서 산왕일실신도(山王一實神道)란 것의 남상(濫觴)을 짓기
까지 하였지만, 독성(獨聖)이니 나반존자(那畔尊者)니 하는 불천(佛天)
신중(神衆)의 이름은 불경과 한문 전적 아무 데고 보인 것이 없다.
  우리의 생각에는 이 독성이란 것은 그 산 본래의 주신(主神)으로

민중의 신봉을 누리던 것이 불교의 도량이 되면서 그 권속으로 포섭되고, 그러나 산주(山主) 본연의 지위가 잠재적으로 전하여 공헌(供獻) 제향(祭享) 등에는 최선의 자리를 차지함일까 한다. 독성의 독(獨)은 필시 '두굴'의 축약으로 독성이라 함은 고대의 천신이란 말을 불교적으로 번역하여 옮김일까 한다. '독'자를 사용하게 됨은 대개 독각(獨覺)의 '독'을 모방함일 것이니, 이 지방의 고신도 행자는 불교 편으로 독각 즉 연각(緣覺)의 종류에 속하는 것임이 물론이다.

천태산 운운이란 격식 갖춘 칭호는 그 본래적 천신의 한 단서를 우연히 드러낸 것이요, 나반(那畔) 운운은 그 기원의 아득함을 표상함일 것이다. 일본에 있는 산왕(山王)이란 것을 보건대, 그 원조인 히에산(比叡山)의 산왕이란 것은 본디 '오야마쿠이노카미(大山咋神)'이란 이 산의 본래 산신부터 연기(緣起)하여 국토신 또는 산신의 최상인 '오미와카미(大三輪神)'을 진봉(進奉)하게까지 되었다. 그 가람신(伽藍神)으로 동일한 성질을 가진 이 지방의 독성이란 것도 대개 당시의 통례에 비추어 수장적인 산악신의 변형일 것으로 추정된다. 어느 도량에든지 독성각(獨聖閣)은 대개 역내의 가장 높고 정결한 곳에 오똑하게 세우는 것이 통례임도 참작할 일일까 한다.

현재 사원에 산신과 독성이 병렬 대립한 것은 대개 단순히 그 토지신으로 산을 위함은 산신이라고 하게 되고, 천신으로 그 산에 숭봉하였던 것은 독성이란 것이 됨일 것이나, 산천불이(山天不二)의 고대 교의(敎義)로 보면 실상 둘이나 하나일 따름인 것이다. 조그만 몇 칸 연옥(椽屋)이 되어 범궁(梵宮)의 한 구석에서 남은 목숨을 겨우 보전할망정, 독성각이란 실상 그 산의 전제주(專制主)이던 천신이 불교에 눌린 뒤의 잔영임을 생각하면 그런 대로 고신도의 끔찍한 유물이라 할 것이다.

【178】동북아시아의 여러 민족 사이에서는 신과 인간의 매개로

기양(祈禳)을 업 삼는 이를 샤먼이라 하니, 샤먼은 만주어에 근거하면 흥분하는 자, 도발하는 자, 약동하는 자, 인출하는 자의 뜻이니 한역(漢譯)으로 도신(跳神)이라고 하였다(『世界聖典外纂』 30, 샤먼교, p.12 참조).

【179】『동문유해(同文類解)』 권 하, 사관류(寺觀類).

【180】 우에다(上田)·마쓰이(松井), 『대일본국어사전(大日本國語辭典)』에 의하면, 사니와(きには; 명사)는 청정(淸庭)의 의미이다.

① 신 내림을 실시하는 장소. "사니와(沙庭)에서 신의 명령을 받았다."

② 신이 내려오는 장소에서 신탁(神託)을 받는 것. 신공기(神功紀)에, "황후는 길일을 선택하여 재궁(齋宮)에 들어가 스스로가 신주(神主)가 되었다. 그리고 다케우치노 스쿠네(武內宿禰)에게 명하여 거문고를 타게 했다. 나키토미노이카쓰오미(中臣烏賊津使主)를 불러서 사니와(審神者)로 임명했다."

【181】 일본의 신화를 보건대, 천손이 강림할 때에 그를 국토로 인도한 자는 사루다히코(サルダヒコ; 猿田彦)란 이이니 이때 사루다히코를 응대하던 천신인 우지메(ウジメ)가 조정의 명에 의해 사루(サル)의 이름을 받고 그 후예 되는 여자가 신기관(神祇官)이 되어 대대로 신악(神樂)과 진혼(鎭魂)과 다이조사이(大嘗祭) 어가의 선도를 담당하게 되었다 하였다(『古事記』 상권 및 山川 및 『神祇辭典』 p.328 참조. 久米邦武, 『정정증보 대일본시대사』 고대 상, p.200 및 西村眞次, 『大和時代』, p.310 참조).

【182】 봉선(封禪)은 왕자(王者)가 천지의 공덕에 감사하는 전례(典

禮)로 진나라·한나라 이래로 심히 숭상된 것이다. 봉(封)이란 것은 태산 위에 흙을 쌓아서 단을 만들고 이로써 하늘을 제(祭)하는 것이요, 선(禪)이란 것은 태산 밑 소산(小山) 위에 땅을 덜어내어 산천[地]을 제(祭)하는 것이다. 이것은 지금 우리 당산의 풍과 똑같은 것이니, 산상에 베푼 당산이나 동네 중에 신목(神木)의 앞에 황토를 쌓아 올리고 바위를 안치한 당산이나 다 상시 행하는 봉선으로 볼 것이다. 봉선이 주로 천에 제사하는 것임과 동이의 땅인 태산에서 행하게 되었음과 동이 문화의 지나 침점(浸漸)상 한 시기를 구획하는 진나라·한나라의 사이로부터 그것이 국가적으로 성행하게 됨은 다 그 기원이 동이적임을 추정하게 하는 유력한 지주(支柱)이다. 이렇게 봉선이 동이의 고속(古俗)일진대 그 이름부터가 동이로부터의 수입이었을 것이다.

【183】환웅(桓雄)은 천왕(天王)으로서의 신시(神市)를 베풀고 제사 중심의 신정을 행한 이이니, 이는 진역에 있는 '술은' 기원의 설화요, 그 사람은 선(仙)이요, 그 일은 선(禪)이요, 그 뜻은 신(神)인 것이다. 신(神)이나 선(仙)이나 선(禪)이나 사(祀)나 그 본질 또는 어원이 하나에 있을 것이다.

【184】『문헌통고(文獻通考)』권342, 「사예고(四裔考)」19, 오환(烏桓)에는 다음과 같은 구절이 있다(이 구절은 范曄의 『후한서』에서 가져온 것이다)

"습속에 병사의 죽음을 귀하게 여겨 슬피 통곡함이 있다. 장례에 이르러서는 가무로 서로 보내고, 살찐 개 한 마리를 오색 비단 실로 꼰 새끼줄로 끌고 죽은 자가 탄 말과 옷가지와 함께 모두 불태워 보낸다. 속누견(屬累犬)이라고 하는데, 죽은 자의 신령이 적산(赤山)으로 돌아가는 것을 보호하게 하는 것이다. 적산은 요동의 서북쪽 수천 리에 있는데, 중국의 죽은 사람의 영혼이 대산(岱山)으로 돌아가는 것과 같다."

【185】"큰 새의 깃털로 죽은 이를 보내는데, 그 뜻은 죽은 자가 날아가게 하고자 함이다."(『삼국지』 위지 권30 동이전 진한) "죽은 자의 혼백이 날아가게 하고자 함이다."(「寰宇記」; 宇野 赤松이 번역한 『종교사개론』 19항 참조)

【186】"19년 … 가을 9월에 왕께서 승하하셨으니, 당시 40세였다. 용산(龍山)에 장사지내고 동명성왕 이라고 하였다."(『삼국사기』 권13 고구려본기 1 시조 동명성왕)

"옛 시조인 추모왕(鄒牟王)이 기틀을 창건하였다. … 비류곡(沸流谷) 홀본서성(忽本西城) 산 위에 도읍을 세웠다. 세상의 지위를 즐기지 않아서 (하늘이) 황룡(黃龍)을 내려 보내 임금을 맞이하게 했다. 왕은 홀본 동쪽 언덕에서 황룡을 타고 승천하였다."(好太王碑 제1면)

"동명성왕의 묘는 용산(龍山)에 있는데 세상에서 진주묘(眞珠墓)라 부른다."(『여지승람』 권52 中和 능묘)

"세상에 전하기를, 고구려 시조는 항상 기린마(麒麟馬)를 타고 하늘에 아뢰었는데, 나이 40에 이르러 마침내 하늘에 올라 돌아오지 않았다. 태자는 남겨진 옥채찍을 용산에 매장하고 동명성왕이라 하였다고 한다."(『여지승람』 권52 中和 능묘)

【187】"나라를 다스린 지 61년이 되어 왕이 하늘로 올라갔다. 7일 후에 유해가 땅에 흩어져 떨어졌고, 왕후도 세상을 떠났다고 한다. 나라 사람들이 시신을 합하여 장사지내려고 하자, 큰 뱀이 쫓아다니며 막았다. (그리하여) 다섯 몸을 각각 장사 지내 오릉(五陵)이 되었다. 또한 사릉(蛇陵)이라고도 하였다. 담엄사(曇嚴寺) 북쪽의 능

이 이것이다."(『삼국유사』 권1 신라 시조)

【188】산과 천(天)을 동일시하는 사상으로 보면 입산(入山)은 승천과 같고 위신(爲神)은 등산(登山)에 비할 것이다.

【189】『후주서(後周書)』를 보건대, 고구려에는 일대의 대신(大神)이 있어 하나를 부여신이라 함에 대하여 하나를 등고(登高)라고 한다 하는데, 『북사(北史)』에는 등고(登高)를 고등(高登)으로 썼다. 등고와 고등의 무엇이 맞든지 그것이 국어의 사음일 것은 의심 없거니와, 하필 '등'자와 '고'자를 취한 것은 음과 한가지로 뜻을 나타내려 함이 다른 것에서와 같을 것이다.

【190】선도(仙道)의 이론적 연원이 되는 노자 철학에서 수양론의 골자가 되는 것은 우주의 본체로 합일하기를 힘씀이니, 이것을 환(還)이니 반(反)이니 복(復)이니 귀(歸)로 불렀다. 그래서 학자 가운데 노자의 학을 복귀도(復歸道)라고 일컬은 이도 있다(高瀨, 『지나철학사』 p.212 이하 참조).

수컷을 알고 암컷을 지키면 천하의 계곡이 된다. 천하의 계곡이 되면, 늘 덕이 떠나지 않아서 다시 어린 아이로 돌아간다. 흰 것을 알고 검은 것을 지키면 천하의 법도가 된다. 천하의 법도가 되면, 늘 덕이 어그러지지 않아서 다시 무극(無極)에 돌아가게 된다. 영화로움을 알고 치욕을 지키면 천하의 골짜기가 된다. 천하의 골짜기가 되면, 늘 덕이 충분하여 다시 순박함으로 돌아가게 된다. 순박한 것이 흩어지면 그릇이 되니, 성인이 이것으로 관장(官長)을 삼았다. 그러므로 대제(大制)는 가르지 않는 것이다(老子, 『道德經』 권 상, 28장).

원(元)이란 것은 도가(道家)에 있어서 본체를 일컫는 한 어휘이니, 발전한 선도에 있어서는 이 원(元)에 대하여 각종의 수양론이 생겼는데 환원(還元)이라 하면 곧 노자의 복박(復樸)과 다름없는 의미를 가진 것이었다.

【191】 날아 올라 변화함이 우익(羽翼)이 생겨남과 같다 하여 성선(成仙)을 우화(羽化)라고 일컬으니, 『진서(晋書)』 「허매전(許邁傳)」의 "이로부터 끝나는 바를 헤아릴 수 없으니, 도를 좋아하는 자는 모두 '우화(羽化)'라고 이른다."라 하는 따위이다.

【192】 "더러운 진창 가운데에 몸을 씻고 흐리고 더러움에서 매미 허물 벗듯하여 먼지 밖에서 떠돌아다닌다."(『사기』「굴원전」)

조식(曹植)의 유선시(遊仙詩)

사람의 생 백년을 채우지 못하는데,
작은 즐거움에 마음이 움직이네.
옛날 새의 날개 욕심내어,
노을을 배회하고 하늘을 넘나들고.
적송자(赤松子)와 왕자교(王子喬) 같이 허물 벗어,
정호(鼎湖)에 날아오르네.
구천(九天) 위를 날아다니고,
고삐 달려 멀리 가서 노니네.
동쪽으로 빛나는 부상(扶桑)을 보고,
서쪽으로 흐르는 약수(弱水)에 임하며,
북극으로 원저(元渚)에 오르고,
남쪽으로 단구(丹丘)에 날아 오르네.

【193】사마상여(司馬相如)의 대인부(大人賦)

세상에 대인(大人) 있어, 중주(中州)에 살았는데,

집이 만리에 미쳤지만, 일찍이 잠시 머무르기에도 부족하였네.

각박하고 비좁은 세속을 슬퍼하여, 가벼이 날아가 멀리서 노닐었네,

붉은 깃발을 날리는 흰 무지개를 타고,

구름의 기운에 실려 하늘로 올라갔다네.

유천(庾闡)의 유선시(遊仙詩)

세 산 위엄있게 늘어섰는데, 돌은 견고하여 칼을 용납하지 않네.

백룡(白龍)은 자명(子明)에 오르고, 주린(朱鱗)은 금고(琴高)를 움직이네.

가벼이 날아 푸른 바다를 보고는, 아득히 영주(瀛洲)로 떠나갔네.

옥천(玉泉)에서 신령스런 오리 나오고,

경초(瓊草)가 신에게 제사지내는 제단을 덮었네.

강천(康闡) 왕자교 찬(王子喬贊)

자교(子喬)는 가벼이 날기를 좋아하여,

은단(銀丹)으로 단련하기를 기다리지 않네.

학을 타고 아득히 올라가고, 봉황 울음 배워 높은 산을 마주하였네.

산에는 봄에 나는 풀 하나 없지만, 골짜기에 천년 된 난초 있네.

구름옷으로 배회하지 않고, 용에 멍에 하였으니 언제나 돌아올까.

【194】 "모몽(茅濛)의 자는 초성(初成)으로, 화양(華陽) 사람이다. 화산에 은거하여 도를 닦았는데, 진시황 21년 대낮에 하늘로 올라갔다."(『六朝史籍』) "양단(陽丹)은 하늘에 오르게 할 수 있고, 음단(陰丹)은 머물러서 오래 살게 할 수 있다."(『雲笈七籤』)

【195】 영혼의 관념은 원시인의 사이에도 있었다. 이 영혼의 주소

혹 미래의 귀숙지(歸宿地)를 상상하여 타계(저승)의 관념이 생기고, 여기 윤리적 가치가 붙게 되어 타계는 고(苦)와 낙(樂)의 양계로 나뉘었다. 그리하여 현세에서 희원(希願)하면서 만족할 기회를 얻지 못하던 모든 것을 미래의 낙토에서 획득하기를 생각하니 낙토 흔구(欣求)가 마침내 종교 수행의 주요한 목표가 되었다(전게서, 『종교사개론』 제2장 특히 그 제4절 참조).

그런데 낙토의 방위는 민속과 국토와 시대 사조의 여러 가지 조건을 따라서 각각 다른데, 동서의 모든 민족은 상천(上天)으로써 낙토의 소재처라 함이 통례요, 그 진입하는 관문에 대하여는 서방 대륙과 동방 해상의 양계에 나뉜 중에 후자는 진역에서 기원한 사조였다. 이미 천상으로써 영혼의 고향 내지 낙토의 소재라 하고 육지나 바다나 산상을 거쳐 천문(天門)으로 들어간다 하니 이 생(生)과 저 땅과의 연락 방법은 저절로 '올라감'일 밖에 없을 것이다. 선도(仙道)의 비승(飛昇) 등화(登化)의 사상은 필시 이러한 원시 관념의 전화로 생겼으리라 함이 우리의 견해이다.

【196】군(君)과 사(師)에는 의미 상통함이 있음은 "하늘이 백성을 도와 임금[君]을 내고 스승[師]을 세웠다."(『서경』)라는 것과, 삼공(三公)의 우두머리를 태사(太師)라 하는 것과(『서경』 주관), 지방의 최고관을 또한 사(師)라 하는 것과(『서경』 익직), 태종사(太宗師)니(『장자』 편명), 태초사(太初師)니(『운급칠첨』에 보이는 노자의 태초 때 이름) 하는 등의 사례로 알 것이고, 다시 그 원음으로써 신(神)·성(聖)·선(仙)의 유어(類語)임을 살피기 어렵지 않다.

사(師)자를 신력(神力) 또는 교예(巧藝) 있는 자의 호칭으로 쓰고, 이것이 전(轉)하여 무릇 기술적 방면에 종사하는 자의 통칭이 된 것으로써 추정컨대, 사(師)는 필시 옛날 신정 시대에 있는 'Magician'의 명칭이었을까 한다(雲師·雨師의 神名과 偓師·師曠의 인명과 『주례』에 나온 師자 접미의 허다한 관명 등 참조). 지금도 지나 속어에 영무(靈巫)와 술사(術士)를 사무(師巫)라 부르고, 무녀와 술사를 합쳐 칭하는 말에 사파단공(師婆端公)이란 성어가 있다(石山, 『支那語大辭彙)』 p.653).

【197】 "세상에서 여자 무당을 사랑(師娘)이라고 한다. 도성과 강남(江南)에서는 남자 무당도 사랑이라고 한다. 또한 격무(覡巫)라고도 한다. 초나라 말로 남자는 격(覡)이며 여자는 무(巫)이다."(『輟耕錄』)

【198】 "대황(大荒)의 가운데 풍저옥문(豊沮玉門)이라는 산이 있는데, 해와 달이 출입하는 곳이다. 신령스러운 산에 무함(巫咸)·무랑(巫郎)·무반(巫盼)·무팽(巫彭)·무고(巫姑)·무진(巫眞)·무례(巫禮)무저(巫抵)·무사(巫謝)·무라(巫羅)의 십무(十巫)가 있어 이것을 따라 오르내리니 백약(百藥)이 여기에 있다."(『산해경』 16 「大荒西經」)
"무함국(巫咸國)은 여축(女丑)의 북쪽에 있다. 오른손에는 푸른 뱀을 잡고 왼손에는 붉은 뱀을 잡고 등보산(登葆山)에 있는데, 여러 무당들이 오르락내리락 하는 곳이다."(같은 책, 7 「해외서경」)

단군급기연구
壇君及其研究

1. 개제(開題)

조선의 인문적인 모든 것이 단군(壇君)에서 비롯하였다는 것은 우리의 오랜 전통적 신념입니다. 이것으로써 역사의 첫머리를 삼으며, 이것으로써 씨족의 연원을 삼아서 아무도 의심하려 아니합니다. 단군을 제쳐 놓으면 조선이란 장강(長江)도 샘 밑이 막히는 것입니다. 따라서 단군이 소중하고, 단군을 소중하게 하였을 것이라는 점은 조선 문화 전체에 대한 문제로 진실로 필연적이고 당연한 일입니다.

하지만 단군을 소중하게 하는 것에 대한 우리의 노력은 과연 무엇이 있습니까? 믿을 것으로 믿는 것 말고, 그를 참되게 알고 실제로 이해하려 하는 지적 노력들이 무엇이 있습니까? 컴컴한 이대로 그만저만함이, 단군의 구원성(久遠性)을 위하여 한때라도 흠이 되지 아니하면 다행일 것입니다.

무엇으로나 소중하신 단군을 믿는 이는 믿는답시고 흐리멍텅한 속에 모셔 두고, 이러저런 생각이 없는 이는 당초부터 모른 체하여 버립니다. 그러니 단군의 본래 그대로의 참 모습과 실제 가치는 이렁저렁 그믐밤이 되고, 이 허소히 버려 둔 틈을 타서 단군에 관한 전통적 신념을 흔들려 하는 야릇한 일이 생기게 되었습니다. 그뿐 아니라, 예로부터 있던 회의의 싹은 오래거나 혹은 새로운 가지각색의 어떤 인연으로써 조금씩 커 가며, 심하게는 단군 문제는 자신과의 관계에 있어 별로[1] 대수롭지 아니한 것처럼 생각하는 이조차

---

* 이글은 원래 '壇君及其硏究'라는 제목으로 1928년 5월 『별건곤(別乾坤)』에 실린 것이다. 역주자는 『별건곤』에 실린 원문을 대상으로 역주를 했다. '壇君及其硏究'는 우리말로 풀면 '단군 및 그 연구'라는 뜻이다.

1 '자신과의 관계에 있어 별로'라 풀어쓴 이 부분의 원문은 '통양간(痛痒間)'이다. 통양이라는 의미는 ① 아프고 가려움. 소양(搔痒), ② 자신에게 바로 관계되는 이해 관계를 비유하는 말이다. '지장 혹은 영향'이라는 뜻도 있다. 이러

있습니다.

그러나 시간에 있는 과거의 가치와 생활에 있는 전통의 노력을 도무지 모른다 하면 모르되, 조선의 민속과 문화 일체에 대한 연원이나 본성과 현상 등을 밝히는 데 있어, 단군 문제는 온갖 조선적 연구의 출발점이자 모이는 지점일 수밖에 없을 것입니다. 좌인지 우인지를 분명히 할 필요는 무엇으로든지 느낄 것입니다.

2. 회의론의 양파

단군에 대한 회의적 태도는 대체로 두 파로 나눌 수 있습니다. 그 하나는 "단군에 관하여 예부터 전해지는 내용이 황당하고 정상적인 법도에서 벗어나 상식적으로 헤아려 볼 수 없다"하는 구파(舊派)라 할 수 있는 것입니다. 다른 하나는 "민족 감정의 요구로 후세에 성립된 것"이라 하는 신파(新派)라 할 수 있는 것입니다. 두 파는 그 창작 동기와 기초가 불교에 있다는 점에서 일치를 보입니다.

그런데, 이러한 새로운 주장의 제기자는 대개 현란한 배경으로 능란하고 치밀한 변증을 늘어놓으므로, 얼른 들으면 과연 탄복케 할 것이 있는 듯합니다. 하지만 가만히 살펴보면 이러한 논란은 대개 편향된 생각으로 그릇되게 풀이하고 많이 알지 못하는 것[2]에서 나온 것이어서 몹시 아쉽습니다.

대저 단군에 대하여 예부터 전해지는 것이 상식적, 곧 후대의 관념적 눈으로 보면 아닌 게 아니라 과연 허황되고 괴상망측하다 할

한 의미 가운데 ②의 의미를 받아들여, 자기 자신과의 관계에 별다른 지장을 주지 않는다는 의미로 풀어썼다.

2 원문에는 '偏見曲釋 一知半解'라 나와 있는 것을, '편향된 생각으로 그릇되게 풀이하고 많이 알지 못하는 것'이라 풀어 썼다.

만도 합니다. 그러나 인문에 관한 신과학과 그 진보한 방법으로 고찰하면, 허황되고 괴상망측한 것 그대로가 실상 원시 심리의 산물이자 원시 세상의 영상(映像)으로, 정직하고 또 확실한 오랜 전승임이 드러납니다.

또 깊이가 얕은 생각과 근거가 없는 추측으로는 불교적 사상과 어구(語句)일 듯한 것도, 가만히 정관(正觀)하고 투시하면 낱낱이 영원하고 무궁하며 확실한 근거를 가지고 있는 것이 판명됩니다(옛 기록의 수록자인 승려가 자신의 견해라 하여 한 구절의 말 약간을 割注[3]로 삽입한 것이 있지만, 그것이 본문하고 전혀 관계가 없는 것임은 두말도 할 것 없는 일입니다).

이렇게 상식적·독단적으로 하마터면 감추어질 뻔한 단군이 과학의 힘을 입어, 다행히 그 진면목이 한층 명료하여지는 중에 있음은 단군 한 항목뿐만 아니라, 그와 하나가 되어 뜨고 가라앉으며 숨거나 드러나는 동방 문화의 전 시야를 위하여 깊은 다행이라 할 것입니다. 그 도리와 정의는 여하간에, 다른 생각을 품고 줄곧 부인하기 위해서 부인하는 이가 있다 하면, 그것은 배우고 연구하는 것하고는 근본적으로 서로 관계가 없는 감정적 태도니까 본디 우리가 아랑곳할 바가 아닙니다.

3. 단군학을 세우자!

단군을 신념적으로만 숭상하고 받들기에는 근대인이 너무도 이념을 좋아합니다. 단군을 민족 감정적으로 틀어쥐기에는 근대 과

---

3 주석의 일종으로 본문 사이에 삽입된 것을 말한다. 보통 두 줄로 나누어 쓰기 때문에 할주라고 부른다. 분주(分注)라고도 부른다.

학이 너무도 인정 없고 심술궂고 맛맛[4]을 좋아합니다. "태백산 단목(檀木) 아래에 신인(神人)으로 출현하여 나라 사람들의 추대를 받으신 이이니라."하는 것으로는, 단군의 권위를 보존하고 유지할 길 없습니다. 거기에 마땅히 객관적 검토와 과학적 증명을 짝짓지 아니하면 아니될 것입니다. 단군의 세력을 얻음[5]과 소멸, 파괴와 건립 등은 어디까지든지 학문적 원리나 이론적 증명을 할 수 있는 사실적 근거에서 자세히 조사되고 판정되어야 할 것입니다.

그런데 그 방법은 (1) 이전 시대 심리의 산물인 원시 문화 현상으로, (2) 신화 · 전설 · 신앙 · 관념 등 민속학적 통칙(通則)으로, (3) 언어 · 민족과 문화 계통에 기대는 비교적 검토와 규명 등으로 조사 · 연구되어야 할 것입니다. 또 민족 심리학을 중심으로 하고 사회학 · 경제학 · 사학 · 지리학 등의 도움으로 그 내용이 검토되어야 합니다.

이렇게 하는 기대가 조선의 원시상(原始相), 조선 사상(이념)의 씨앗과 조선 생활의 주축, 원사기(原史期) 조선의 가치, 조선을 통해서 나타난 인류 의식과 문화상(文化相)의 특성, 조선인이라는 국민적 신념의 연원 등에 관한 합리적 · 구체적 천명 등에 있음은 다시 할 말도 아닙니다.

---

4 우리말에 '맛맛으로'라는 것이 있다. 이것의 사전적 뜻은 '이것저것 조금씩 색다른 맛으로' 또는 '입맛이 당기는 대로'이다. 역주자는 '맛맛'이 이러한 '맛맛으로'와 연관되는 말인 것으로 파악한다. 문맥에 맞추어 '맛맛'의 의미를 따져본다면, '이것저것 색다른 것을 찾는' 정도가 될 것이다.

5 원문에는 '파지(把持)라 되어 있다. 그런데 파지에는 '물건을 꽉 움켜쥐다'라는 뜻과 '세력 따위를'마음대로 부릴 수 있게 한 손에 쥐다' 뜻이 있다. 이 가운데 후자의 뜻을 취하여 '세력을 얻음'으로 풀이하였다.

4. 단군의 최고(最古) 전승

단군에 대한 현존하는 가장 오랜 문헌적 증거는, 고려 중엽에 불자(佛者) 일연의 손에 채집된 『삼국유사』에 있는 아래의 한 편입니다.

고조선(왕검 조선)

『위서(魏書)』에 이르기를, "지금부터 2천 년 전에 단군 왕검이 도읍을 아사달에 세우고[『산해경』에는 무엽산(無葉山)이라고도 하고 또 백악(白岳)이라고도 했는데, 백주(白州) 땅에 있다. 혹은 개성 동쪽에 있다고 하는데, 지금의 백악궁(白岳宮)이 이것이다] 나라를 창건하여 이름을 조선이라 하니, 요 임금과 같은 시대였다."라고 하였다.

『고기』에 이르기를, "옛날 환인(桓因)[제석(帝釋)을 말한다]의 서자 환웅(桓雄)이 자주 천하에 뜻을 두고 인간 세상을 탐하여 구하였다. 아버지가 아들의 뜻을 알고 아래로 삼위(三危), 태백(太伯)을 내려다보니 널리 인간을 이롭게 할 만하기에 천부인(天符印) 세 개를 주고, 가서 그곳을 다스리게 하였다. 환웅이 무리 3천 명을 거느리고 태백산 꼭대기[곧 태백은 지금의 묘향산이다] 신단수(神檀樹) 아래 내려와 신시(神市)라고 하였으니, 그를 환웅 천왕이라 한다. 그는 풍백(風伯) · 우사(雨師) · 운사(雲師)를 거느리고, 곡식 · 생명 · 질병 · 형벌 · 선악 등 인간의 360여 가지 일을 주관하면서, 세상에서 다스리고 교화하였다. 이때 곰 한 마리와 호랑이 한 마리가 같은 굴에서 살면서 항상 신령스러운 환웅에게 빌면서 사람이 되기를 원했다. 이때 환웅이 신령스러운 쑥 한 주(炷)와 마늘 스무 매(枚) 주면서 말하기를, '너희들이 이것을 먹고 백일 동안 햇빛을 보지 않으면 사람의 모습을 얻을 것이다.'라고 하였다. 곰과 호랑이는 그것을 얻어서 먹으며 삼칠일(三七日) 동안 금기하였는데, 곰은 여자의 몸이 되었으나 호랑이는 금기를 지키지 못하여 사람의 몸이 되지 못하였다. 웅녀는 그와 혼인할 사람이 없어서 늘 신단수 아래에서 아이를 갖게 해달라고 빌었다. 환웅이 이에 잠시 거짓 몸으로 변하여[假化] 그와 혼인하고 아이를 낳아 단군 왕검이라고 불렀다. 그는 요임금이 즉위한 지 50년인 경인년[요임금의 즉위 원년은 무진년이니, 50년은 정사년이지 경인년이 아니다. 사실이 아닌 듯하다]에 평양성(平壤城)[지금의 서경]에 도읍을 정하고 비로소 조선이라 칭하였다. 또 도읍을 백악산 아사달에 옮겼는데, 이름을 궁(弓)[일설에는 방(方)이라고도 한다]홀산(忽山), 또는 금미달(今彌達)이라고 하였다. 1,500년 동안 나라를 다스렸다. 주나라 무왕(武王) 즉위한 기묘년에 기자(箕子)를 조선에 봉하자, 단군은 이에 장당경(藏唐京)으로 옮겼다가 나중에 돌아와 아사달에 숨어서 산신이 되었으니, 나이가 1908세였다."라고 하였다.

이 고기(古記)의 내용을 검토함이 단군학의 거의 전체요, 단군을 죽이고 살림이 또한 이 칼의 작용에 달렸습니다. 하지만 그 자세한 논고 · 변증은 여기서 하지 않고, 다만 그 대의를 각 측면에서 약간 살펴보아서, 단군이 민속적 · 민족 심리적인 오랜 전승임을 증명해 보도록 하겠습니다.

5. 신화적 고찰

단군 고기(壇君古記)는 형식상으로 한 편의 신화입니다. 신화란 것은 원시인이 모든 현상을 신의 뜻 · 신의 일로 보아서, 신격 중심으로 거기에다가 해석과 설명을 시험한 것입니다. 그러므로 신화라 하면 시(詩)나 이론이나 학설에 가까운 만큼, 실록이나 역사나 연대기나 인물지(人物誌)하고는 본디 다른 것입니다.

단군이 설사 역사적 실재 인격일지라도, 그 기록되어 전해지는 것이 신화로 생긴 바에는, 기록 그대로가 사실이 아닐 것은 물론입니다. 또 설사 그 뜻과 취지가 사실일지라도, 그 설화적 결구(結構)에 나타난 요소와 순서가 그대로 실록과 같이 믿을 만한 글이 아닐 것은 물론입니다. 그러므로 형식이 이미 신화인 바에는, 역사적인 본디 속성 여하는 별문제로 하고, 먼저 또 주로 신화학적 고찰을 시험해 보는 것이 당연합니다.

그런데 비교 신화학과 조선 국민 고사 신화학(古史神話學)이 우리에게 가르치는 바에 의거해 보면, 단군 고기에 나오는 의장(意匠)과 바탕이 되는 자료는 실로 조선과 인접 모든 민족과 나라에서 공통으로 행하는, 동일한 계통의 문화 안에 있는 보편적이고 공통적인 것입니다. 그리고 그것이 결코 후대에 개인이 불교 같은 것의 힘을 빌어서 창작한 것이 아님이 분명합니다. 이를 정리해 보면 다음과 같습니다.

(1) 우주를 상 · 중 · 하 삼계(三界)로 보아, 천상을 선신이 거주하는 광명계(光明界)라 합니다. 거기 계신 대신(大神)이 인간 세상의 재앙과 곤란을 보시면, 그 서자를 세상에 내려 보내 구제(救濟)에 종사케 하십니다.

(2) 세상에 내려오는 천제자는 반드시 지역 내 가장 높고 큰 산 봉우리에 신도(神都)를 베풀고, 신정적(神政的; Theocracy)으로 인간 세상을 이화(理化)합니다.

(3) 신혼(神婚) 또는 기타의 방법으로 크게 인접한 민족을 동화시키고 거느리는 데 힘씁니다.

(4) 천신과 인주(人主)[6] 사이에는 반드시 반은 신이고 반은 인간인 과도 인격(過渡人格)이 있습니다.

(5) 이렇게 세상에 내려온 천제자와 그 계통을 이어 받아서 군

---

6 임금을 말한다.

사(君師)의 자리에 있는 사회 규범의 총람자(總攬者)는 반드시 천왕 · 천자 · 신인 · 성인 등으로써 일컬어졌습니다.

이상에서 정리한 것은 북으로 몽고 저쪽과 남으로 일본 저쪽에 널리 행하는 건국 신화의 공통 모티프입니다. 우리나라 안의 일로만 말하여도 대단군(大壇君)뿐 아니라, 부여 · 구려(句麗) · 신라 · 가락 등의 창업담이 각각 독특하면서도 공통되는 점을 가지고 있음이 분명합니다.[7]

이것이 무슨 의미며 또 어찌하여 유사한가 하는 문제는 따로 두려니와, 아무튼지 단군 고기의 신화적 장구성 · 확실성을 여기서 인정하지 아니치 못할 것만을 말해 두겠습니다. 설마 이 모든 것이 죄다 후세의 위조요, 죄다 불교 경전을 원본으로 하여 베낀 것이라고 함부로 말할 사람은 없을 것입니다.

6. 종교적 고찰

원시인과 원시 시대의 문화는 언제 어디서든지 신앙 중심이요, 원시 신앙의 내용은 주력적(呪力的; 威靈的) 관념의 표현이라는 것은, 우리가 민족 심리학과 종교 발달사 등에서 많은 증명을 얻은 바입니다. 그러므로 원시 문화의 정신적 방면을 대표하는 유일한 유물인 신화는 저절로 그 시대의 종교의 신조 내지 성전(聖典)인 일면을

---

7 이 대목의 원문은 "同工異曲의 것임이 분명합니다."이다. 동공이곡(同工異曲)이란 한유(韓愈)의 『진학해(進學解)』에 나오는 말로, 재주나 솜씨는 같지만 표현된 내용이나 맛이 다름을 이르는 말로 쓰인다. 하지만 이 문맥에서는 이와는 달리 "각각의 독특함을 가지고 있지만 그 내용은 같다."는 의미로 쓰였다. 이에 "각각 독특하면서도 공통되는 점을 가지고 있음이 분명합니다."로 풀어 썼다.

가지는 것입니다.

그 신화가 만약 오랜 옛날에 성립된 것이 분명할 것 같으면, 거기 나오는 말의 뜻과 바탕이 되는 자료는 저절로 원시 종교적인 모든 사상(事象)일 것입니다. 뒤집어 말하자면 순수하고 고박(古樸)하게 원시 신앙을 반영한 것이라면 그 신화, 나아가 신화적 표현에 의하는 모든 전승은 그것이 시간적으로 오랜 물건임을 의심할 수 없을 것입니다.

『삼국유사』로 하여 알게 된 단군 고기는 미상불 종교적인 것이요, 원시 신앙 상태가 여실히 실려 전해지는 것이요, 그것이 다른 아무데서도 볼 수 없는 소박한 신앙이 체계적으로 드러나 있음을 봅니다. 후세 사람의 손이나 불자의 손으로 만들었다고 하기에는 너무도 원시 문화적 · 합리적으로 일관한 사실이요, 어떤 진보한 관념의 투영도 섞여 있지 아니한 것이 못내 든든 탐탐합니다.

(1) 단군 고기는 주술 종교적(Magico-rerigious) 사회 규범의 모든 특징, 이를테면 제의와 정치를 총람(總攬)하는 군장(君長)이, 인간의 일들은 말할 것도 없고 풍운뇌우(風雲雷雨) 같은 자연 현상까지도 자유롭게 통치할 권능자로 존재하고 있음을 보여 줍니다.

(2) 단군 고기는 그 구성 재료가 부인(符印: Fetish) · 기도(Prayer) · 주술적 힘(Magic) · 기(忌; Taboo)와 신시(神市; Sanctuary) · 신단(神壇; Altar) · 신단수(神壇樹; Sacred tree)와 곡식 · 질병 · 형벌 · 선악 등입니다. 이에서 보는 것처럼 단군 고기의 구성 재료는 모두 종교 곧 원시 신앙적인 일과 사물입니다.

(3) 단군 고기는 원시 신앙의 여러 양상인 하늘 · 태양 · 산악 · 동물 · 식물 · 조상 · 무군(巫君) 등의 숭배 사실을 포함합니다.

(4) 단군 고기는 한 편에 함축된 뜻이 순전히 조선에 있는 종교

단군론

기원론인, 이른바 "신으로써 가르침을 베푼다."[8]의 내력 설명입니다.

(5) 단군 고기는 심상한 사실 같은 것도 대개는 종교적 활동이나 상태[9]의 하나로, 이를테면 건국이란 것은 종교적 중심의 생성을 의미하고, 도읍을 옮기는 것은 종교적 중심의 이동을 의미합니다.

이상에서 정리했듯이, 단군 고기는 종교 중심 · 종교 본위 · 종교 기조로, 종교 곧 일체의 원시 사회상을 가장 선명하게 표현한 것으로 어떤 후대적 손질의 자국을 찾아낼 수 없는 것입니다. 신화적 성전이자 성전적 신화로서 단군기(壇君記)는 누가 지었을 것이 아니라 저절로 생긴 것임을 알 수 있습니다.

7. 역사적 고찰

단군 고기는 보통의 형식을 초월해서 역사인 일면을 가졌습니다. 원시 시대의 문화 가치는 무엇이든지 신화의 형식을 빌어서 표현합니다. 따라서 신화는 본디부터 그네의 역사이기도 한 것입니다. 그 기조가 관념적이요, 주관적이요, 주관 · 객관 혼화(混和)적이지만, 원시 시대는 관념이 역사를 만든다 할 만큼 그네의 믿는 바가 그대로 역사 과정으로 화(化)하기도 하는 것입니다.

---

8 원문은 '以神設教'이다.

9 원문에는 '행상(行相)'이라 되어 있는 것을, 문맥에 맞추어 '활동이나 상태'로 풀어 썼다. 행상이란 '마음에 비추어지는 영상'이나 '영상을 인식하는 주관의 작용'을 의미하는 불교 용어인데, 이 문맥에서는 '어떤 활동이나 작용 혹은 상태'를 의미하는 것으로 쓰였다.

또한 원시 시대는 신념보다 큰 사실이 없는데, 이 사실의 정직한 기록이 신화입니다. 따라서 신화 속에는 저절로 역사적 가치가 함축되는 것입니다. 또 신화를 만들고 옮기던 당시의 민중이 스스로 이것을 역사로 관념하기 때문에 사실에 있어서도 역사적 가치가 많이 신화 속에 반영되고 또 기대게 됩니다.

더욱이 단군 고기같이 순수 엄정한 역사로만 승인되어 오던 것은 이러한 경향, 곧 역사적 영향과 형적(形迹)을 더 왕성하고 풍부하게 받아들입니다. 이제 단군기에 나오는 골자적(骨子的) 사실과 규범적 명칭을 보면 다음과 같음을 알 수 있습니다.

(1) 원시 국가의 국토가 산중(山中)이라 함은 역사상에 실례도 많습니다. 언어상으로 보아도 산과 읍(邑)을 한가지로 '믈직'이라 하고, 성(城)과 영(嶺)을 한가지로 '직'라 합니다. 또 옛 산성이라 전해지는 유적이 대개 옛날의 나라 터라는 점에서 그 사실을 인정할 수 있습니다(城과 國은 '직'의 변형인 '기'를 아울러 쓰고 있습니다. 이는 『魏志』의 月支, 『삼국사기』의 月城·尉禮城, 일본 史籍의 シラギ(新羅) 등에서처럼, 고대의 나라는 대개 山城 곧 國인 사실에서 기인하는 것입니다).

(2) 원시 주권자의 자리 호칭을 천왕이라 하였다는 것은, 횡과 종으로 동일 계통의 문화인 여러 나라에 관통하는 사실입니다. 이것은 천제자가 인간 세상의 임금이 된다[10]는 신념에서 나온 역사적 사실입니다(아래에서 다시 언급할 것입니다).

(3) 환국(桓國)·태백산정으로부터 평양·장당경(藏唐京)까지 국본(國本)의 이동(발전·전개)이 그치지 아니하였다는 것에는 ① 조선인이 이주자임, ② 그 나아가는 길이 북쪽에서 남진

---

10 원문에 '天帝子 人間主'라 되어 있는 것을 이렇게 풀었다.

하였음, ③ 그 국토가 산성에서 야읍(野邑)으로 내려왔음, ④ 원시 시대의 나라 도읍은 일본 고대의 사실에서 보는 것처럼 여러 이유에서 자주 바뀌어 정해짐 등의 사실이 투영되어 있는 것입니다.

(4) 국호를 조선이라 하였다는 것은 중국의 문적(文籍)으로 보아도, 동방의 국토에 대한 칭호 가운데 가장 오래고 가장 보편적인 것이 조선이기 때문입니다. 동시에 조선이라는 말뜻이 동방에 있는 최초의 개명지(開明地)라는 점에서 그 유래와 역사성이 기인한 것입니다(고대 중국인에게 알려진 동방의 옛 부족이나 고대 중국인에게 불리던 동방의 칭호로는 조선과 肅愼이 가장 오래된 것입니다. 그런데 숙신이나 조선은 그 말뜻에서 初開明을 의미한다는 점에서는 똑같음을 알 수 있습니다. 내켜서 생각하면 周 이전의 숙신이라 불린 것을, 漢 이래로 한층 속되지 않게 만든 것이 조선입니다. 따라서 숙신과 조선은 본디부터 같은 말을 두 가지로 풀이한 것에 지나지 않을 듯합니다).

(5) 단군 고기에서 제시되는 '고조선' 경계 안의 땅은 평양으로부터 아사달까지, 대동강 왼쪽 언덕의 극히 협소한 부분입니다. 그런데 이 지방은 원시 국가의 흥기지(興起地)로, 가장 풍부한 하늘의 혜택과 적합하고 좋은 조건을 구비하였습니다. 뿐만 아니라 실제에 있어서도 반도에 있는 가장 오랜 개발지(開發地)로, 문화와 재화가 계속적으로 모이는 곳입니다.

단군 고기가 오랜 것이요 저절로 성립된 것이요 확실한 내력이 있는 것이 아니면, 이렇게 역사의 대세와 내외의 실제 사례와 긴밀한 합치를 보일 수 없습니다. 더욱이 오랫동안 정확한 역사로써 전해진 것이 아니면, 이렇게 많은 사실의 반영을 가졌을 수 없을 것입니다.

8. 사회학적 고찰

조선에서 가장 오래된 기록은 마땅히 조선인이 사회적 생활의 원시상을 전하는 그것이라야 할 것입니다. 그것이 기록으로의 신빙성을 가지기 위해서는 사회 발달 과정에 대한 정당한 설명이 필요할 것입니다. 인류의 집단적 생활의 전개에 일반적이고 공통된 규칙이 조선만을 테두리 밖에 두었을 리 없기 때문입니다. 이제 단군 고기 중에서 주요부를 형성하는 단군 탄생 부분에서, 그 구성 분자를 조사하여 밝혀 보면 다음과 같습니다.

(1) '신'인 환웅의 '신시'에는 신 아닌 자로 "곰 한 마리와 호랑이 한 마리가 같은 굴속에 살았다"고 하였습니다. 그런데 이 곰과 호랑이는 동물 숭배적으로도 설명할 수 있을 것이지만, 내켜서 그 신앙의 돌아가는 형편은 토테미즘(Totemism)으로 보아야 그 의의가 더 환해질 것입니다. 원시 사회에서는 흔히 어떤 동물을 종족 내에 있는 단체의 칭호로 삼고, 그것을 단체의 선대 조상이라 하여 심히 경외합니다. 이것을 토템(Totem)이라 하며, 이 토템에 기인하는 신앙을 토테미즘이라 합니다. 원시 사회의 종족은 이 토템 단체를 분자로 하여, 2개 이상 분자들의 결합으로써 편성되는 것입니다.

'신시'도 그 사회적 발전이 진행되어 종족의 편성으로 나아가려 하면, 차차 수많은 토템적 기초를 필요로 할 것입니다. 이때 곰과 호랑이는 그 대표적인 것이요, 또 곰이 더욱 두드러진 것이었습니다. 이는 후세의 가장 유력한 왕족 곧 부여계 여러 나라의 왕족이 곰의 토템을 가진 듯한 것에서 알 수 있습니다.

(2) 그 곰과 호랑이는 항상 신웅(神雄)에게 "사람으로 변화"하기를 기원하매, '신'이 영약(靈藥)을 주면서, 이것을 먹고 "백일 동안 햇빛을 보지 않으면" 사람 모양을 얻으리라 하였습니다. 이에 곰은 "조심[忌]"하여서 여자 몸을 얻고, 호랑이는 "조심을 하지 못해" 사

람 몸을 얻지 못하였습니다.

그런데 이 영약이란 것은 주물(呪物: Fetish)로 따로 말해야 할 것입니다. 그리고 "조심[忌]"이란 것은 원시 사회에 있는 법률 겸 도덕인 터부(Taboo)라는 것입니다. 터부라는 것은 종교적으로 규정된 어떤 사람에게 접근하거나, 어느 일정한 물건에 접근하고 또 그것을 사용하거나, 어떤 명령된 행위 등을 어기지 못하는 기휘(忌諱; 금단(禁斷)·제지(制止)·외피(畏避))입니다.

그러니 이 금제(禁制)를 명하는 자는 주로 제의를 주관하는 이입니다. 하지만 왕이나 다른 이가 하는 지방이 있기도 합니다. 특히 제의와 정치의 권력을 함께 갖춘 부족장에게서 나온 금제는 그 실행적 위력이 가장 큰 것입니다.

"사람으로 변화"라는 것을 어떻게 해석하든지 간에, 그 "조심[忌]"을 지키고 못 지킨 결과는 그대로 원하는 바를 이루고 못 이루는 보수(報酬)로 나타났습니다(곰과 호랑이의 '사람으로 변화'는 대개 종족적 통섭력의 동화 과정에 있는 원심·구심의 양경향을 나타낸 것으로 볼 수 있을 것입니다).

(3) 웅녀가 다시 신단수 밑에 가서 잉태하기를 '주원(呪願)'하므로, 환웅이 가화(假化)하여 혼인하였다 하였습니다. 이것을 일종의 신혼 설화(神婚說話)로 보는 것은 별문제로 하겠습니다. 그런데 사회학적으로 보면, 이것은 원시 사회에 있는 혼인의 한 양식을 엿볼 만한 재료인 것입니다.

인류 사회의 기조는 혼인이요, 혼인의 형식은 군혼(群婚; Group marriage)으로부터 개혼(個婚; Individual marriage)으로 나간 것입니다. 원시 사회에서는 남녀의 교구(交媾)가 심히 자유로워서 심하면 부녀(父女)·남매간의 혼인도 행하여졌습니다. 그러다가 차차 사회적 필요에 의한 제한이 생겨서 근친혼(近親婚; Incest)이 금지되고, 동족혼(同族婚; Endogamy)이 금지되었습니다. 그리고 마침내 종족과 토템을 달리하는 자로만 혼사를 하는 이족혼(異族婚; Exogamy)의 제도가 생기게 되었습니다.

신인 환웅이 가화하여 웅녀와 더불어 성혼한다 함은, 당시에 행해졌던 혼인이 허다한 원시 사회에서 보는 것과 같은 이족혼이었음을 나타낸 것이라 할 것입니다. 이 부분은 마치 일본의 고신화에 있어서, 이른바 천신족(天神族) 대 국신족(國神族) 간의 연혼(聯婚)으로써 그 나라의 제도가 성립되어 갔다 하는 것에 비할 것입니다. 그런데 혼인의 목적이 부부를 이루거나 가정을 만드는 것에 있는 것이 아니라, '잉(孕)' 곧 아들 낳기에 있는 것은 부부 관계가 소중하게 여겨지지 않는 원시 사회의 풍모를 볼 수 있게 하는 것입니다.

(4) 신웅과 웅녀의 교합으로써 단군이라는 '아들'이 생겼다 합니다. 그런데 이 교합에 있어서 능동적 지위에 서는 이가 남자 쪽이 아니라 여자 쪽입니다. 또한 남자의 관계는 "거짓 몸으로 변함[假化]"이라는 일시적 행위에 그치고, 여자는 "잉태하여 아들을 낳음"이라는 그 결과에 대한 영구한 향수자(享受者)가 됩니다. 이러한 사례들은 원시 사회의 공통된 법칙인 모계 또는 모권적인 것의 증거이자 자취로 볼 수 있을 것입니다.

군혼(혹시 亂婚; Inter-marriage) · 잡혼(雜婚; Promiscuity)의 사회에 있어서는, 태어난 아이가 어머니는 분명히 알되 아버지는 잘 모를 형편입니다. 따라서 친족의 피는 어머니의 체내로 흐른다는 신앙이 있습니다.

그래서 혈통의 계승은 저절로 어머니를 중심으로 하여 성(姓)도 어머니의 것을 따르게 되니, 이것이 모계(Matrilineal kinship)라는 것입니다. 이렇게 하는 가계(家系) 전승을 모계 전승(M. descent)이라 하고, 이렇게 성립된 사회를 모본가정적(母本家庭的; Matrilocal)이라 이릅니다. 또한 어머니 중심으로 혈속적(血屬的) 군단(群團)이 성립하여 어머니가 가장 노릇하는 것을 모권(母權; Mother-right)이라 하고 그 시대를 모권 시대(Period of M.)라 하는 것입니다.

단군 탄생의 과정에 있어서 환웅이란 이는 잉태의 시기에 잠깐 나타났다가 다시 뒤에는 나타나지 않습니다. 단군은 웅모(熊母)의 아들로의 존재만을 보입니다. 환웅과 단군의 혈속 관계에는 '가(假)'라는 조건이 붙어 있습니다. 이러한 사례들은 모두 아울러서 모권 또는 모계적 사실의 투영일 것입니다(모계 또는 모권이 일어나는 원인에 관하여 여러 학자들의 주장이 분분합니다. 하지만 여기에서는 그 사실만을 볼 것이기에 비교적 널리 행해지는 주장을 취하였습니다).

(5) 이렇게 탄생된 단군에게, 조선에 있는 통치권과 국가 생활이 개시(開始)되었다 하였습니다. 그런데 이것은 얼른 말하면 이족혼의 제도를 포용해서 토템적 종족 조직이 완성된 결과로 추장제(酋長制)가 생기고, 이 추장제가 드디어 종족 조직을 파괴하여 다음의 정치 조직을 발전시키게 된 사회 과정을 드러낸 것입니다.

이렇게 종족의 조직이 단단하고 튼튼하여 종족이 한 몸으로 의식되면, 토지 소유나 사냥터 같은 문제로 종족 간의 전쟁이 생기고 전쟁의 결과로 국가 영토의 개인 소유가 생깁니다. 서로 오고 가는 일이 생김에 따라 무역의 범위도 늘고 따라서 의복·기구 등 외부 문화도 발전해 갑니다. 또 어느 한쪽에서는 경작 곧 쟁기와 호미로 하는 일이 일어나고 또 다른 한쪽에서는 가축을 먹이고 기르는 일도 생겨서 동물이 사람에게 길러지게 됨에 따라서 토템적 곧 숭배적 의미를 잃게 됩니다.

이렇게 차차 사회의 상황이 일변하여 진보한 제도를 가지게 되는 것이니(편의상 桑田 씨의 『ヴントの 民族心理學』, p.147에 의거함), 단군의 개국은 이렇게 사회학적으로 보아서 그 의의를 든든히 붙잡을 것입니다. 그런데 단군과 그 온전한 이름인 단군 왕검은 하늘을 섬기는 자인 수장(首長) 곧 무군(巫君)을 의미한다는 것은, 군주의 기원이 '매직'에 있다 하는 사회학상의 정리(定理)에 꼭 부합하는 것입니다.

이렇게 단군 고기의 내용은 그 재료로나 순서로나 사회학과 민족 심리학의 공통된 법칙과 일치를 보입니다. 이는 단군 고기가 설사 보편적 의미로의 역사라 할 것은 아니라 할지라도 일종의 원사(原史: Proto-history) 곧 조선 원시 사회의 기록으로 유력한 전승임을 수긍치 아니하지 못하게 합니다.

9. 경제사적 고찰

분트류의 민족 심리학[11]으로 설명한다면, 단군 고기에 영사(映寫)된 사회는 꽤 진보한 문화를 소유했습니다. 도시가 성립하고 법제가 발생하고 종족의 지도자가 추대되어 토테미즘적 시도도 마치고, 영웅과 신의 시대로까지 진입된 계단입니다.

그런데 그 속에 나타난 경제 상태가 얼마나 다른 문화상(文化相)과 더불어 조화를 보였는가? 종족이 이미 정착하고, 국토가 평평하고 너른 곳을 차지하였을진대, 거기는 물론 진보한 농업이 있었을 것이요 경제의 대세는 이른바 농업 시대에 진입하였을 터입니다.

그런데, 고기(古記)는 이에 대하여 얼마만한 증빙의 재료가 되는

---

11 빌헬름 막시밀리안 분트(Wilhelm Maximilian Wundt; 1832~1920)는 독일의 심리학자 겸 철학자, 생리학자이며 근대 심리학의 아버지로 평가된다. 분트의 민족 심리학은 감각이나 감정 이상의 고등의 정신 과정을 연구하기 위한 것이다. 분트는 원시 시대, 토템 시대, 영웅과 신의 시대, 인간성의 시대의 순으로 문화가 전개해 온 모습을 더듬어 올라가는 일은 동물에서 인간으로, 어린이에서 어른으로의 발달을 추적하는 일인 동시에 정신 발달 연구의 중요한 과제라고 주장했다. 그리고 이러한 정신 발달의 일반 법칙을 발견하기 위하여 원시 민족의 정신적 특성을 대상으로 해서 그 문화적 소산인 언어, 예술, 종교, 신화 등에 관하여 연구하였다. 10권에 이르는 대작 『민족심리학』(1900~1920)이 이와 관련된 대표적인 저술이다.

가? 농업 발달의 정도에 대하여 상세하고 정확한 표시는 없으나, 고기의 대의가 중농적(重農的)이라기보다는 오히려 농본적(農本的)이라 할 만합니다. 이를 통해서 그 사회에서의 농업의 지위를 알 수 있을 것입니다. 벌써 괭이 경작(Hoe-culture) 시대를 지나고 농업(Agriculture) 시대로 진입한 지도 오랬을 것이 물론입니다. 고기는 우리에게 다음과 같은 것을 일러줍니다.

(1) '홍익인간'을 위하여 천강한 환웅이 '신시'를 건설하고 천정(天政)을 집행할 때, 그 실제적 집행자는 풍백·우사·운사라 하고 있습니다. 농업의 득실이 오로지 자연의 힘에 달렸을 때에, 바람·비·구름 등이 농업에 얼마나 소중한 신격 노릇을 하고 또 이에 관한 주술이 얼마나 야단스럽고 또 그것이 당시의 군장에게 얼마나 중대한 직무였는지는 비교 민속학에서 많은 실례를 아는 바입니다.

(2) '이화(理化)'의 강령을 열거한 중에, 먼저 말한 것이 '주곡(主穀)'이니 무엇보다도 농사를 중시했음을 여기서 밝히 알 것입니다. 또한 『삼국지(三國志)』에서는 "옛 부여 풍속에는 기후가 고르지 않아 곡식이 익지 않으면 왕의 허물로 여기고 왕을 바꾸거나 죽이자는 의논을 했다."고 하고 있습니다. 이것으로써 이 민족에서 농업과 군왕의 관계를 짐작할 수 있을 것입니다.

(3) 신에게 탄원(歎願)을 하고, 원하는 바의 성취를 위한 주물로 넘겨받은 것이 쑥과 마늘 2종이라 합니다. 이렇게 식물, 특히 채소에 신령스러운 능력을 인정한 것도 농업을 중시하는 민족이었기 때문일 것입니다.

(4) '이화(理化)'의 조목(條目)을 들되 '360여 가지 일'이라 하고 있습니다. 이 360여 라는 수는 실로 태양이 운행하는 궤도 한 바퀴에서 얻었을 것으로, 농업 중시에서 기인한 실험적 지식의 응용일 것입니다.

(5) 아마 지극히 어려운 터부로 부과한 듯한 것이 "백일 동안 햇

빛을 보지 않기"입니다. 이 더할 수 없이 중요한 태양 터부는, 태양이 최고의 신성물이요 농업에 대한 절대 최고의 신이기 때문일 것입니다.

환웅 천왕이 천국으로부터 가지고 온 '천부인 3개'라는 것이 무엇인지는 겉으로 드러난 것이 없습니다. 다만 「동명왕편(東明王篇)」에 신모(神母)[12]가 주몽을 보낼 때 오곡(五穀) 종자를 싸서 주었다는 말에서 거슬러 추측해 보면, 곡식 종자가 그 가운데 주요한 한 물건이었을는지 모르겠습니다. 내켜서는 이른바 '홍익인간'이란 것의 구체적 내용이 본디부터 농업 보급 같은 것인지도 모를 것입니다.

이는 환족(桓族) 출현의 역사적 의의가 수목민(狩牧民) 가운데 농업민이 나왔다는 점에 있는 듯해서 생각해 본 것입니다. 오래되고 신뢰가 가는 역사서에서 전하는 바로, 조선과 부여가 다 농업적으로 우월한 국민이라는 것이 사실이라는 점도 참조할 만합니다. 진역(震域)[13] 고신앙의 핵심이 태양 숭배요, 그 가장 큰 이유가 농업 경제에서 비롯된 것임은 새삼스레 말할 것까지 없는 일입니다.

10. 언어학적 고찰

이상에서 인문 과학적 모든 방법으로 그 내용을 검토한 결과는, 그 재료와 결구가 어떤 것과도 모순되지 아니하고, 틀어져 어긋나지 아니합니다. 그러나 사설과 그 표현 문자는 후대의 것이요 외래의 것이라서, 불안스러운 점이 있다면 있을 것입니다. 그런데 그 중에는 다행히 고전(古傳) 성립 당시의 확실한 유물로 한 편의 안목을

257
—
단군론

---

12 주몽의 어머니 유화 부인을 일컫는다.
13 동쪽에 있는 나라라는 뜻으로 곧 우리나라를 일컫는다. 이후에는 '우리나라'로 바꾸어 표현했다.

짓는 소중한 명구가 들어 있습니다. 그러므로 모든 의심과 염려를 가져다가 그 최후의 판단을 이 다듬어지지 않은 옥 덩어리의 투시(透視)와 정해(正解)를 통해 할 수 있습니다.

그것이 무엇이냐 하면, 단군 고기의 총괄적인 마무리이자 최후의 지향점인 '단군 왕검'이라는 한 마디 말의 옛 뜻과 참된 뜻입니다. 전하는 사실이 부실할지라도, 이 말뜻의 지지가 튼튼하면 오히려 본래의 지위가 동요하지 아니할 것입니다. 또한 사실이 이미 상당한 근거를 가지고, 이 이름 호칭의 내용이 거기 증거가 되고 그 표리(表裏)가 된다면, 명실(名實)이 상부(相符)하게 되어 다시 털끝만한 의심이 그 사이에 용납될 리는 없을 것입니다.

고기에 전하는 사실과 단군이라는 이름 호칭은 과연 서로 꼭 들어맞는가, 아닌가? 이제 거기에 언어학적 관찰을 더하여 볼 수밖에 없습니다. 고대의 실제 이름이기에 당시의 어형(語形)을 그대로 예상해 본다면, 저 신라의 차차웅(次次雄), 백제의 어라하(於羅瑕) 등과 같을 것입니다. 따라서 얼른 바로 소리에서 뜻을 구하여 볼 것입니다.

(1) 고기의 내용으로만 보아도 당시의 사회상은 이른바 주술 종교적[14]인 것이 기조를 이루었습니다. 따라서 그 통령자(統領者)·지도자는 이른바 매디신 맨(medicine man) 곧 무군(巫君)이었습니다. 혹 무(巫)자가 못마땅하면 신인적(神人的) 국군(國君)이라 할 수도 있고, 한문 투로 쓰자면 사(師)로써 군(君)을 겸하였던 영적(靈的) 인간이라 할 수 있습니다. 따라서 단군 왕검도 이런 인물과 지위에 상응하는 호칭이라야 할 것입니다.

그런데 무란 것이 후대에는 신분과 지위가 극히 낮아졌지만, 어

---

14 원문에는 '마지코 렐리지어스'라 되어 있는데, Magico rerigious를 말하는 것으로 보인다. 이에 주술 종교적으로 풀어 썼다.

리석고 몽매한 상대(上代)에는 신인(神人)이니 성인(聖人)이니 하는 것이 지금 말로 하자면 무에 해당됨이 어느 나라에서든지 명확하며, 조선에서도 명확한 사실입니다. 그러므로 시대에 따라 그 지위가 어떻게 변하였을지라도, 변할 리 없을 그 이름의 뜻은 오히려 옛 뜻을 전하고 있는 것으로 볼 수 있을 것입니다. 따라서 단군 왕검의 이름 뜻은 현대의 활용어에서 붙잡을 수 있을 것입니다.

이렇게 탐색해 보게 되면, 누구든지 지금 민간에서 무를 부르는 말에 '당굴'이라는 것이 있음에 주의할 것입니다(좀 더 유심히 고찰하고 연구하시는 이는 이 '당굴'이 지금의 뜻으로 首를 의미하고, 옛 뜻으로는 天을 의미하던 '딕굴'과 어원적 관계가 있어, 본디 天人 · 頭人의 의미에서 나왔을 것까지를 생각하실 수도 있을 것입니다). 이 말은 호남과 호서 지방[15]에 더욱 두드러지고 다른 모든 지방에서도 공통적으로 하는 말입니다. 무당을 불러라 할 경우에 '당굴'을 불러라 하는 것이 그 예가 됩니다.

혹 이 말과 소리가 유사한 관계로, 흥정에 쓰이는 '단골'이라는 말과 혼동하는 이가 있습니다. 그러나 '당굴'과 '단골'이 어형으로나 용례로나 서로 아무런 관계가 없는 것임은[16] 조금만 살피면 얼른 알 수 있는 바입니다. ㅇ과 ㄴ, ㄹ과 ㄴ이 서로 통하여 변화되고, 특히 한자를 국어로 번역할 때에는 흔히 그렇게 됩니다.

이로 보건대, 우선 소리의 이치상으로 단군의 어원이 '당굴'에서 나온 것임을 말함이 과히 근거가 없지 않다 할 듯합니다. 그러나 이 추측이 맞고 아니 맞음은 좀 더 유력한 증명을 요함이 물론입니다.

(2) 그런데 민족적 · 언어적, 특히 문화적으로 동일한 근원 또는

---

15 원문에는 '양호지간(兩湖之間)'이라 되어 있다. 호남과 호서 지방 곧 전라도와 충청도 지방을 말한다.

16 원문에는 '風馬牛인 것은'이라 되어 있다. 풍마우(風馬牛)는 '풍마우불상급(風馬牛不相及)'이라고도 하는데, 소나 말이 암내가 나서 짝을 찾으나 멀리 떨어져 있으므로 미치지 못한다는 뜻으로, 서로 아무런 관계가 없음을 비유하는 말이다. 이에 원문을 '아무런 관계가 없는 것임은'으로 수정했다.

밀접한 관계를 가지는 이웃 민족과 나라에서 어원적 유사 관계가 어떠한지를 살펴보면, 우선 몽고에서 좋은 예증을 발견합니다. 몽고어에 천(天)을 '텅걸'이라 하는데, '텅걸'은 동시에 무(巫)를 의미하며, 한서(漢書)에는 이 '텅걸'을 탱리(撑犁)라고 번역하였으니 그 고음에 '탕글'이 있음을 알 수 있을 것입니다.

천과 무를 같은 사유 범주에 넣음은 그 당시 사람의 심리상 당연한 것입니다. 따라서 몽고와 조선에서 무와 천을 같은 말로 쓰는 것은 사실로도 우연한 것이 아닙니다. 동시에 '탕글'과 '당굴'이 어형으로도 본디 일치하는 것임을 알 수 있습니다.

이와 관련하여 『위지(魏志)』에 마한의 법속(法俗)을 적으며, 그 50여 국의 나라마다 신읍(神邑)을 특별히 따로 베풀고 천신께 제사하고 받드는 이를 두었으되, 그를 '천군(天君)'이라 한다는 대목이 있습니다. 이 천군이 갈 데 없이 '당굴'일 것은 그 맡은 책임으로 볼 때 분명합니다. 뿐만 아니라 우리의 이른바 음의쌍창역(音義雙彰譯)[17]이라는 번역 규칙에 준하여 볼 때, 천군이라는 이름 호칭은 곧 '당굴'의 번역 글자임이 분명함을 알 수 있습니다.

이는 그대로 당굴 ‒ 텅걸 ‒ 천군 ‒ 단군 등의 상호 관계에 대한 증거 가운데 어떤 것보다도 유력한 문헌적 자료가 되는 것입니다. 이렇게 '당굴' 곧 단군이, 천인(天人) 곧 하늘을 섬기는 자[事天者]쯤의 의미임은 거의 의심 없이 알 수 있습니다.

(3) 그러면 '왕검'이란 것은 무엇인가? 이것을 '영검스럽다'·'엉큼스럽다'에 견주어 맞추어 보면, 혹시 식견이 부족하고 괴이함이 많다는 한탄이 있다 할지도 몰라서 그만두겠습니다. 그런데 옛 뜻 그대로를 더듬어 보면, 고어의 '알'과 그 변화한 형태인 '암'에는 존경과 높임, 높은 지위와 나이가 많음 등의 뜻이 있고, '가' 또 '감'에

---

17 소리와 뜻이 서로 연관성이 있도록 하는 번역 방식을 말한다.

는 대인(大人) · 신성인(神聖人) 등의 뜻이 있습니다.

그런데 이 두 말을 결합하여 왕자(王者)의 칭호를 삼는 사례를 가락의 한기(旱岐; 阿利叱智)와 백제의 어라하에서 찾아 볼 수 있습니다. 따라서 왕검이 '암감' 혹은 그 비슷한 말의 번역으로 왕의 호칭, 특히 무군적인 지위의 호칭임을 짐작할 수 있습니다. 그렇다면 단군 왕검이라고 온전하게 호칭하는 것은 곧 천인성군(天人聖君), 평평히 말하여 무군이라는 뜻에 해당함을 알 수 있습니다. 이것이 얼마나 고기 전체가 전하는 사실, 표현하려 한 의미와 긴밀히 부합하는지 알 수 있습니다.

(4) 그러나 이론은 어찌되든지 남의 일은 어떠하였든지, 우리나라 고대에 실제로 무군 같은 것이 있어(무군이 다스리는 시대가 있어서), 원군(元君)이신 단군이 또한 그러하실 것을 입증할 비슷한 사례가 있는가, 없는가? 신라 고대에 자충(慈充; 차차웅)이란 칭위를 가진 군주의 시대가 있었는데, "자충은 무이니 나라 풍속이 무를 높임으로 이렇게 부른다."고 하는 사례가 있습니다. 이 사례는 신라 사가(史家) 스스로가 분명하게 말한 바입니다.

이밖에 백제의 어라(於羅), 가락의 아리(阿利), 고구려의 고추(古鄒)라 하는 왕의 호칭들을 어원적으로 조사하고 연구하여 보면, 모두 신을 섬기는 일과 관계있는 말임이 분명하니, 대개 제정 일치기의 무군에서 온 것일 듯합니다. 이때도 오히려 이러하였거든, 하물며 훨씬 그 이전의 사회 곧 원시적 국가에 신무(神巫)가 수장 노릇을 아니하면 누가 하였겠습니까?

(5) 변화하여 덧붙여지거나 그 형태가 변화한 방면에서 보완이나 방증할 근거를 찾아보면, 거의 헤아릴 수 없을 정도로 많다 할 수 있습니다. 국내에 한 사례를 들어 보면 고서에 단군 왕검을 혹 선인(仙人) 왕검이라고 한 것도 있고, 천제자라 하는 대신 선인지후(仙人之後)라고 한 것도 있습니다. 그런데 이 선인이란 것이 무와 유

사한 말인 '산이'(선이)의 번역이요, '선앙당'에서의 '선앙'이 또한 무의 뜻을 갖고 있습니다. 따라서 선인 왕검과 단군 왕검, 선인지후와 천제자가 그 뜻이 상통하는 것이 그 사례가 될 수 있습니다.

나라 밖의 사례로 일본의 예를 들 수 있습니다. 일본 고대의 왕 칭호인 미코(ミコ)라는 것과, 왕의 칭호 내지 신의 칭호(통틀어 大人號라 함)인 미코토(ミコト)라는 것이 있습니다. 그런데 이 칭호들이 무의 미코와 통한다는 것이 그 예가 됩니다.

또 어떤 것보다 포괄적인 큰 증거는 횡적, 종적 차원에서 찾아볼 수 있습니다. 횡적으로 살펴본다면, 우리나라로부터 문화적으로 동일 계통에 속하는 여러 민족과 나라가 모두 천으로 왕의 호칭을 짓고 있습니다. 흉노의 탱리고도(撑犁孤屠; 번역하면 천자), 북연(北燕)의 천왕, 거란의 천황제(天皇帝), 일본의 천황, 류큐의 천 '가나지(加那志)' 등이 그 예가 됩니다.

종적으로 살펴본다면, 단군과 더불어 설화상 같은 유형에 속하는 여러 부족이 모두 천으로써 위호(位號)를 일컬었음을 확인할 수 있습니다. 해모수의 천왕랑(天王郎), 주몽의 천제자, 혁거세의 천자, 가락의 천간(天干), 환웅의 천왕 등이 그 예가 됩니다.

횡적, 종적으로 살펴본 이 사례들은 다 족히 단군 왕검 = 천제(天帝)를 가리켜주는 큰 사실입니다. 단군 왕검이 천군 혹은 무군의 뜻임을 밝히는데, 이보다 더 번거롭고 자질구레한 변증을 요구하지는 않으리라고 생각합니다.

이렇게 내외를 통하고 고금을 꿰어서, 단군 왕검의 어원과 그 용례에서 얼른 말하면 '주술 종교적' 군장의 꼼짝 못할 칭호라는 것을 알았습니다. 따라서 이 사리가 모두 온전함과 명실상부함이 어떤 것보다도 유력하게 단군 고기의 원사적(元史的) 가치와 한가지로 전승적 정확함을 스스로 입증하는 것임을 알았습니다. 이렇건만 단군기를 후인의 거짓 창작으로 알려 하는 이가 있다 하면, 마음대로 눈을 가리고 태양을 보지 말라 할 수밖에 없습니다.

11. 결론

이상에서 고찰한 바를 한데 모아 보면 다음의 사항을 알 수 있습니다.

(1) 우리나라의 고대는 또한 주력 본위 · 제정 일치의 사회였습니다.

(2) 고전(古傳)을 통하여 알 수 있는 시대적 범위 안에서 보면 우리나라의 고대는 농업 경제의 국민이었습니다.

(3) 신화의 형식에 성전(聖典)의 역할을 겸한 단군기는 일면에 있어서 토테미즘 시대에서, 영웅과 신의 시대로 진전하는 사실을 표현하는 일종의 원사(原史)입니다.

(4) 단군 고기에 나오는 규범적 칭호와 역사적 지리는 다 확실한 사실의 근거와 배경을 가진 것입니다.

(5) 단군 왕검이란 것은, 요약하자면 천제자로 신정을 창시한 고대 군장의 칭호로, 개인으로 기억될 때에는 우리나라 인문(人文)의 조상인 어른입니다.

학적 양심 · 성의 · 혜안 앞에 단군은 그 위엄과 권위가 감해질 것 아니라, 더욱 조선 생활과 조선을 중심으로 하는 동방 문화에 대하여 그 심오한 뜻과 비기(秘機)를 번쩍거릴 하나의 큰 존재일 것입니다.

※ 이 입론의 체계를 살피는 재료로 졸저 『아시조선(兒時朝

鮮)』과『백두산근참기』를 한번 읽어보시기 바랍니다. 또 자매 논문으로는 다음의 여러 종류가 있습니다.

「단군론」(1926년 3월~7월[18]『동아일보』연재)

「단군신전(壇君神典)의 고의(古義)」(1928년 1~2월『동아일보』연재)

「민속학상으로 보는 단군왕검」(1928년 1월『조선일보』연재)

「단군신전(壇君神典)에 들어 있는 역사소(歷史素)」(1928년 1월 『중외일보』연재)

「불함문화론」(1927년 8월 조선사상통신사 발행『朝鮮及朝鮮民族』에 일본어로 발표)

---

18 원문에는 '5월 이후'라 되어 있는데, 실제 「단군론」이 『동아일보』에서 연재된 것은 3월 3일부터 7월 25일까지이다.

단군고기전석
檀君古記箋釋

1. 신화

인류 최초의 지혜는 신화 속에 결정(結晶)되어 있다. 원시인의 신앙 · 도덕 · 과학 · 역사에 대한 요구와 노력은 종합적으로 신화로써 표현되었었다. 신화(Myth)라 함은 유사 이전에 생겨 내려오는 고담(古談)을 의미하는 그리스어 뮈토스(Muthos)를 번역한 새로운 말로서, 원시 시대 또 원시 사회의 인민이 그들만의 독특한 심리(감성과 추리력)로 자연계와 인간 생활상의 모든 사물의 내력을 설명하는 데서 발생하고 성립한 지식 뭉텅이다.

신화가 초자연적 세력을 빌어서 모든 것을 설명하고 또 주술 · 제례(祭禮)와 더불어 친밀한 관계를 가지는 것은 종교와 비슷하다. 그리고 자연계의 물상(物象) · 현상의 유래 · 성립을 탐구하려 하는 것은 과학과 비슷하다. 다시, 사회 집단 생활의 문화 현상을 천명하려 하는 것에서는 역사와 비슷하기도 하다. 이렇게 비슷하게 보이는 것은 곧 원시인의 종교 · 과학 내지 역사를 통괄(統括)한 존재가 다른 것이 아니라 신화라는 사실을 나타내는 것이다.

대저 미개 시대의 인민은 문화 인민과는 판이한 생각과 상상을 했다. 그들은 이 천지간에 일종의 영력(靈力)이 있어 일체 사물의 이루어지는 원인이 되는 줄로 믿는다. 또 만물과 사람과의 사이에 서로 융통 감응(融通感應)하는 관계가 있다고 생각한다. 그리하여 그 중에 어떤 것을 씨족의 뿌리와 수호자로 삼고, 어떤 것을 집단의 표상으로 하여 그를 우러러 공경하여 받들고, 그것으로써 사회 약속의 유대(紐帶)를 삼는다. 좀 진보한 정도에서는 이 영력을 인격

---

* 이 글은 원래 '檀君古記箋釋'이라는 제목으로 1954년 『사상계』 2월호에 실렸다. 역주자는 『사상계』에 실린 원문을 바탕으로 역주를 했다. 역주자는 목차의 일부를 통합하여 제목을 바꾸고 세부 목차를 첨가하기도 했는데, 이는 목차의 위계를 동등하게 하고 내용의 일관성을 유지하기 위해서였다.

화하고 이 표상을 신격화하여서 하나의 강고한 민족 신앙이 성립하는 것이었다.

학술상의 말로 이러한 영력을 마나(Mana)라 이르고, 한 씨족의 수호자로 믿는 것을 토템(Totem)이라 이른다. 그리고 영력 또 신격을 두려워하면서도 공경하느라고 사회적으로 금제(禁制)한 행위를 터부(Taboo)라고 이른다. 이러한 것들이 통합되어 형성된 것이 원시 종교며, 원시 사회는 이 종교를 중심으로 하여 기축(祈祝)·제사 본위로 통치되니 이러한 정치 형태를 신정(神政; Theocracy)이라고 이른다.

무릇 이러한 사실에 관계되는 여러 신들의 활동을 종합적으로 표현하여 신념적으로 전승한 것이 신화의 내용이다. 따라서 신화는 그때 그들에게 있어 비유도 아니요 우어(寓語)도 아니고, 엄숙하고 적실한 움직일 수 없는 사실이었다. 신화에 나타나는 여러 신들의 행위는 곧 신화를 전승하는 여러 사람들의 행위와 항상 동일하며, 신화에 나오는 일체의 관계는 신화를 전승하는 여러 사람들의 피차 관계와 항상 한 덩어리의 것으로서 신과 사람이 한 몸이며, 세계의 모든 것이 서로 의존하고 관계를 맺고 있었다. 이러한 형태에서는 당연히 신의 세계가 인간 세상이요, 신화가 곧 실제 사실이었다.

사람과 신은 한 몸이라는 관념으로 사는 그들은 저절로 신의 세계를 조령(祖靈)의 국토로 믿고, 신의 세계와 인간 세계 사이에 긴밀한 연결 관계가 있다고 생각하였다. 그러므로 신의 세계에서의 사실이 인간 세계의 현실을 설명하고 규제하며 또 신화가 집단의 역사임과 함께 그 사회 생활의 지도력이 되는 것이었다.

이렇게 그때 세상의 사회 질서·실천 도덕·최고 지혜의 절대 준칙이요, 따라서 국가 민족의 지도 원리, 문화 형성의 원동력인 신화는 신성한 전통으로서 소중하게 그 사회에 계승되었다. 그리고 어떤 능력자로 하여금 사회적 집회, 제전, 의식 등의 기회에 가창 또는 연설의 형식으로 신화를 사회 구성원에게 주지시키고 또한 재인식을 하게 했다.

특히 원시 사회에 있는 인생의 대례(大禮)인 성인식(Initiation ceremony; 冠禮)에서, 토템 물상과 완전한 교섭을 할 수 있는 자격을 주어 사회인으로 참여가 허락되는 성인식 당사자에게, 신화는 집단에 관한 온갖 비밀을 전수하는 전거(典據)요 또 사회인으로서의 실천 윤리를 제시하는 경전이었다.

그 시절 집단에서 벌어지는 일체의 행사는 신과 더불어 한가지로 행하는 것인데, 신화는 곧 신과 사람의 융합을 가능하게 하는 근거였다. 집단 생활에 관한 일체의 전승인 점에서 신화의 일면은 분명히 후세의 이른바 역사며, 미개 사회에서는 확실히 신화를 역사로 하여서 국가 성립의 기초를 배우던 것이다.

그리스와 인도 신화 등과 같이 발달한 신화의 구성 내용을 나누어 보면, 개벽 신화·태양 신화·홍수 신화·농경 기원 신화·기타 등 허다한 종류를 열거할 수 있다. 하지만 동방 세계, 특히 동북 아시아 일대의 신화 내용은 비교적 단순하여서 대체로 자연 신화보다는 인문 신화에 치우치고, 인문 신화 가운데서도 건국 신화 한 가지가 유달리 현저한 발달을 보이고 있다. 동방 세계에도 원초에는 다른 데와 마찬가지로 상당량의 자연 신화도 있었을 것이다. 하지만 신화 발달상의 보편적 경향이라고 할 역사화와 합리화로 말미암아 자연 신화가 정리되고 도태되었을 것이다.

그리스 신화에도 에우헤메로스(Euhemeros; 기원전 300년경)라는 철학자가 나와서 "여러 신들은 본디 실재하던 사람으로, 그 비상한 자질이 뭇사람의 존숭을 받다가 오랜 동안에 신격화되고 이렇게 신화(神化)한 위인의 사적(事蹟)으로 전하는 것이 신화에 해당하니라."는 학설을 세웠다. 신화학사상의 이른바 에우헤메리즘

(Euhemerism)이 그것이다.

이렇게 서양에도 신화를 역사가 변장한 것으로 보는 학파가 없는 것은 아니다. 하지만 그것이 동양과 같이 대단치 아니하다. 동양에서도 중국에는 오히려 역사화·합리화하다가 남은 끊어진 부분이나 단편들이 꽤 많이 남아 있는 편이다. 그렇지만 동북아시아 특히 조선에는 역사로 비슷하게 꾸며진 약간의 국조 설화 밖에 거의 다른 것이 없다 할 만할 지경이다.

2. 단군 고기

어떠한 민족이든지 태고의 사적은 신화로써 전승하니 이러한 종류의 신화를 국민 고사 신화(國民古史神話)라고 이른다. 우리나라에도 다른 신화는 거의 없지만, 그 국가의 기원을 설명하는 신화는 명백하게 전해온다. 지금 남아있는 가장 오랜 자료는 고려 충렬왕 때의 승려 일연(普覺國尊 見明, 1206~1289)이 찬술하고 그 제자인 무극(無亟)이 약간 가필한 『삼국유사』에 인용한 '고기(古記)'라는 것이다. 이를 인용해 보면 다음과 같다.

옛날 환인(桓因)[제석(帝釋)을 말한다]의 서자 환웅(桓雄)이 자주 천하에 뜻을 두고 인간 세상을 탐하여 구하였다. 아버지가 아들의 뜻을 알고 아래로 삼위(三危), 태백(太伯)을 내려다보니 널리 인간을 이롭게 할 만하기에 천부인(天符印) 세 개를 주고, 가서 그곳을 다스리게 하였다. 환웅이 무리 3천 명을 거느리고 태백산 꼭대기[곧 태백은 지금의 묘향산이다] 신단수(神檀樹) 아래 내려와 신시(神市)라고 하였으니, 그를 환웅 천왕이라 한다. 그는 풍백(風伯)·우사(雨師)·운사(雲師)를 거느리고, 곡식·생명·질병·형벌·선악 등 인간의 360여 가지 일을 주관하면서, 세상에서 다스리고 교화하였다. 이때 곰 한 마리와 호랑이 한 마리가 같은 굴에서 살면서 항상 신령스러운 환웅에게 빌면서 사람이 되기를 원했다. 이때 환웅이 신령스러운 쑥 한 주(炷)와 마늘 스무 매(枚) 주면서 말하기를, '너희들이 이것을 먹고 백일 동안 햇빛을 보지 않으면 사람의 모습을 얻을 것이다.'라고 하였다. 곰과 호랑이는 그것을 얻어서 먹으며 삼칠일(三七日) 동안 금기하였는데, 곰은 여자의 몸이 되었으나 호랑이는 금기를 지키지 못하여 사람의 몸이 되지 못하였다. 웅녀는 그와 혼인할 사람이 없어서 늘 신단수 아래에서 아이를 갖게 해달라고 빌었다. 환웅이 이에 잠시 사람으로 변하여 그와 혼인하고 아이를 낳아 단군 왕검이라고 불렀다. 그는 요임금이 즉위한 지 50년인 경인년[요임금의 즉위 원년은 무진년이니, 50년은 정사년이지 경인년이 아니다. 사실이 아닌 듯하다]에 평양성(平壤城)[지금의 서경]에 도읍을 정하고 비로소 조선이라 칭하였다. 또 도읍을 백악산 아사달에 옮겼는데, 이름을 궁(弓)[일설에는 방(方)이라고도 한다]홀산(忽山), 또는 금미달(今彌達)이라고 하였다. 1,500년 동안 나라를 다스렸다. 주나라 무왕(武王) 즉위한 기묘년에 기자(箕子)를 조선에 봉하자, 단군은 이에 장당경(藏唐京)으로 옮겼다가 나중에 돌아와 아사달에 숨어서 산신이 되었으니, 나이가 1908세였다.

이 기록은 고래로 반도에 전해 내려오는 허다한 '고기', '고사(故事)' 중에 하나로서 다른 곳에 「단군기(檀君記)」·「동명왕기(東明王記)」 등으로 인용되기도 한 문헌의 일부이다. 『삼국유사』에 인용된 것은 원문 전체가 아니라, 불교 선승인 일연의 생각과 판단으로 문장을 다듬고 덧붙인 것이 있음에 주의해야 한다. 하지만 『삼국유사』에 인용된 것은 조선의 고사(古史) 신화에 관한 가장 오래된 문헌으로서 절대적 귀중성을 가지고 있는 것이다. 이 한 편을 정당하고 명백하게 해석하는 것은 조선의 원시 문화를 천명하는 거의 유일한 길이다.

이 고기는 얼른 보기에 한편으로 이어진 글이지만, 조금 주의를 더하면 본디 독립된 2종류 자료의 부자연한 결합임을 볼 것이다. 곧 고기의 첫머리로부터 웅녀가 아이를 배어 아들을 낳았다고 한 데까지는 순연한 신화에 속하는 것이요, 단군 왕검이 도읍을 건설하고 나라를 세우는 것부터 끝에 이르기까지는 전설적 역사의 거칠고 엉성한 서술로 인정하게 될 것이다. 전자는 거의 전형적이라고 할 미개 심리임에 비하여, 후자는 어떤 신이하고 기괴한 내용도 포함하지 아니한 합리적 기록으로 되어 있다. 그러므로 여기서는 우선 위에서 기술한 기록 중에서 신화에 속하는 앞부분만 설명하기로 하겠다.

3. 환웅 신화[1]

단군 고기에서 전하는 바는 요약하면, 조선의 건국 시조인 단군이 어떤 종족이며 어떻게 탄생하셨는가 하는 사연이다. 그런데 우리의 눈에 먼저 뜨이는 것은, 그 전체의 의장(意匠)과 구성 요소가 신이하고 기괴하며, 비합리적이고 초상식적(超常識的)이라는 점이다. 그러나 이것을 신이하고 기괴하며 불합리하다고 하는 것은 지금 우리의 상식 척도에 비겨서 보는 말이다. 이것을 미개 심리의

1 원문에서 목차 3에서 9에 이르는 대목을 여기서는 목차 '3 환웅 신화'에 모두 포함시켰다. 목차 '3. 환웅 천강 신화(桓雄天降神話)', '4 태백산', '5 신시(神市)', '6. 천왕(天王)', '7. 신웅(神熊)', '8. 기(忌)', '9. 신혼(神婚)' 등을 모두 합한 것이다. 이는 목차 3에서 9까지가 모두 '환웅 신화'에 포함되는 것들이기 때문이다. 또 목차 제목을 '환웅 천강 신화'라 하지 않은 것은, 이 목차 속에 환웅이 인간 세상에 내려오는 이야기와 더불어 토템의 기원 이야기가 함께 포함되어 있다고 최남선이 주장하고 있기 때문이다. 이러한 수정 작업은 그 위계를 고려하고 내용의 일관성을 유지하기 위한 노력에서 비롯된 것이다.

원칙에 비추어 볼 것 같으면 구구절절이 죄다 합리적이고 타당성이 있는 것이요 조금도 괴이하다 할 것이 없음을 깨닫는다.

만일 이것이 이렇게 신이하고 기괴한 내용으로 나타나지 않고 우리의 상식으로 얼른 수긍하고 시인할 것이 된다고 한다면, 그것은 그야말로 후세에 없는 사실을 꾸며 만든 것이거나 혹은 고치고 바꾸어 놓은 것이지, 결코 원시 시대 그때의 것이라고 말하지 못할 것이다. 아래 부분에서 그 주요한 구성 요소를 낱낱이 검토해 보기로 한다.

1) 천강(天降)

고기 전체의 대략적인 뜻은 단군이 천상에서 인간 세상에 내려오신 천제자의 아드님이라 하는 것이다. 고기에 환인이라 한 것은 현대어 하늘 혹은 하느님의 근원이 되는 어떤 어형(語形)을 소리 나는 대로 적은 것일 듯하다.

그런데 이것을 한문으로 '桓因'이라고 쓴 것은, 불교 경전에 인도의 천주(天主)나 동방의 호법신(護法神)을 석제 환인(釋提桓因; Saka-devendra)이라고 음역(音譯)한 것이 소리와 뜻으로 보아 다 비슷하므로 편의상 옮겨다 쓴 것이다. 또한 환인은, "제석(帝釋)을 이른다"라한 할주(割注)[2]와 함께 찬자(撰者) 일연 혹은 보필자(補筆者)인 무극의 손을 거친 문구로 인정된다. 단군 고기의 다른 부분에는 거의 가필한 형적을 볼 수 없지만 이 한 구절어만은 분명히 불교 경전어로 고친 것인 양하다.

여하간 환인의 국토가 상계(上界)에 있고, '桓'이라는 글자의 소리인 환이 국어에 광명을 나타내는 말이라는 점에서 생각해 보면,

---

2 본문 사이에 삽입된 주석을 말한다. 보통 두 줄로 나누어 쓰기 때문에 할주라 부른다.

이 한 구절에 매우 중요한 시사가 들어 있음을 붙잡을 수 있다. 우주를 선신이 사는 광명 상계, 사령(邪靈)이 사는 암흑 하계, 그 중간인 인간 세계 등의 삼단으로 구성하였다 하는 것과, 태초에 천신이 하늘에서 내려와 인간 세계를 다스리는 과정에서 국조가 탄생하였다 하는 것은, 실로 동북아시아에서 보편적으로 나타나는 바이다. 또한 태평양 군도의 여러 인민 사이에도 많이 같은 사례를 보는 바이며, 내켜서는 전 세계의 어느 지역 내에서 하나의 연속을 이루는 문화적 유대를 만들고 있기도 한 바이다. 이는 아래의 글에서 명백해질 것이다.

2) 서자(庶子)

한문에서 장자(長子)를 적자(嫡子)라 함에 대하여 그 다음의 여러 아들을 서자라 한다. 따라서 서자는 곧 몇째 아들이라는 의미이다. 동북아시아의 국민 고사 신화를 보면, 인간 세상이 소란할 때에 천주의 여러 아들 중 하나가 세상을 구하는 역할을 담당하고 인간 세상으로 하강한다 하는 사례가 많다. 부리야트 몽고인의 신화에는 구세주 게세르 복도[3]는 천주 에세게 말라안(Esege Malan)의 아홉 아들 중 한 가운데 아들이었다고 한다.

3) 하시(下視) · 인간(人間)

천상에서 보면 인간 세상[4]이 하계이다. 그렇지만 동북아시아에서 통상적으로 나타나는 수직적 우주 삼단관(三段觀)으로 말하자면,

---

3 원문에는 '께실 · 복도(Gesil · Bogdo)'라 되어 있다. '께실'의 경우 현재 게세르(Geser)로 통용되고 있어 이를 수정했다.

4 원문에는 '인간'이라 되어 있다. 그런데 여기서 인간이란 '인간'이 아니라 '인간들이 사는 세상'을 의미한다. 이에 '인간 세상'으로 수정했다. 이하의 글에서도 동일하게 수정이 이루어졌다.

인간 세상이 중간이요 진정한 하계는 인간 세상 아래에 있는 악한 세력의 소굴이다. 이 지하로부터 오는 악의 세력이 인간 세상을 보채어서 견딜 수 없게 된 때에 천상에 계신 주재신(主宰神)이 이를 내려다보시고 적당한 아들 하나를 하강시켜서 이를 구제한다는 신념이 동북아시아 인민의 전통적 신념이다.

　이를테면 몽고 · 일본의 고사 신화(古史神話)에서는 다 이 의미가 분명히 드러난다. 그런데 조선의 신화에는 천자가 인간 세상으로 내려오는 동기에 대한 설명이 없다. 원형에는 있었겠지만 혹시 『삼국유사』 찬자의 채록에는 빠졌는지 모른다.

4) 삼위(三危) · 태백(太伯)

　태백은 반도 곳곳에 있는 다른 산과 구별하여 표현하는 성산(聖山)의 특징적 명칭으로 사용되는 것이다. 태백 앞에 있는 삼위는 이것이 명사인지 형용사인지 얼른 알아보기 어렵다. 고대 중국의 서쪽에 있는 명산으로 삼위라는 것이 있는데(『書經』, 禹貢), 우리 고대의 어떤 원어에서 글자 모양만 차용한 것인지도 모를 것이다.

　『삼국유사』와 거의 동시에 찬술된 것으로서, 단군의 사적(事蹟)을 전하는 이승휴(李承休)의 『제왕운기(帝王韻紀)』에는 아사달산(阿斯達山)에 주를 달아 "지금 구월산이다. 일명 궁홀(弓忽) 또 삼위라고 한다. 사당이 여전히 있다."고 말하고 있다. 나중에 『동국여지승람(東國輿地勝覽)』에도 이 주장을 그대로 썼다. 따라서 삼위도 산 이름이라 할 수 있다. 그렇다면, 삼위 · 태백이라 하는 것은 곧 단군이 처음 내려온 지점과 마지막으로 돌아간 곳을 함께 열거한 것이 된다.

5) 천부인(天符印)

　미개 사회에는 인물 혹은 씨족의 신령성을 표시하는 표신(標信)도 되고, 사악한 것의 침해에 대한 방호물도 되는 보물이 있어서 일반적으로 몸에 차거나 지니기도 하였다. 특히 사회적 원수(元首)에게는 그 신령스런 권위와 힘의 표상이 되는 가장 신성한 부인(符印)이 있었다. 이것을 일반적으로는 호부(護符; Amulet)라고 한다. 하지만 원수되는 이의 신성 기호 또는 주구(呪具; magical paraphernalia)로서는, 이것을 신보(神寶) 혹 부인(符印)이라 하고 그 기원이 천신에 있음을 말하는 것이 통례이다.

맨체스터 학파(Manchester School)의 엘리어트 스미스(G. Elliot Smith) 교수는 그 명저인 『용의 진화(The Evolution of the Dragon)』와 『생명을 내여 주는 이(The Givers of life)』에서 이에 관한 실례를 많이 수집하였다. 그의 제자 피리 교수는 스승의 뒤를 이어 『태양의 자(子)』에서 「생명을 내여 주는 이」라는 한 장(章)을 설정하여 더 많은 사실을 열거하고 있다. 이전 시대의 마제 석기 · 석영(石英) · 황금 · 진주 등이 이집트 · 인도 · 말레이 등에게서 이러한 의미로 보물처럼 중시되어 왔음을 우리가 알 수 있다.

말레이족의 주권자(主權者)가 가지는 절대적인 권위는 그가 소지한 보배로운 물건에서 기인하는 것이었다. 그는 이 보배로운 물건의 권위로써 인민을 살리고 죽이고 주고 빼앗는 일을 자유롭게 하였다. 그리고 인민이 다만 순식간이라도 이 보배로운 물건에 접촉하는 일이 있으면 벼력을 입어 즉사하는 법이라고 믿는다고 한다.

고대의 성신인(聖神人)이 가진 주구의 신령스러운 힘을 말하는 것으로는 그리스 신화의 영웅신 헤라클레스 사례가 있다. 그 내용은, 헤라클레스가 코르누코피아(Cornucopia)라는 뿔 모양의 그릇과 나무 몽둥이 한 개를 가지고서 유명한 12가지 어려운 사업을 수행하여 그리스 민족의 대표적 용자(勇者)가 되었다는 것이다. 하늘에서 내려온 신도 이러한 주술적 기물(器物)을 가지지 않고서는 인간 세상에서 대권을 운용하지 못한다는 것이다.

동북아시아의 건국 신화에 있는 실례를 보면, 몽고 신화에는 천제자가 인간 세상에 내려올 때 비술(秘術) 십만 종과 함께 흑마 · 환승(環繩) · 투창(投槍) 등을 받아서 왔다고 한다. 또 일본 신화에는 천주가 신손(神孫)을 세상에 내려 보낼 때에 거울 · 검 · 구슬을 주어 보내서 '삼종 신기(三種神器)'라는 이름으로 길이 국왕의 '천새(天璽)'가 되었다고 한다. 그리고 일본에 전하는 신라 왕자 아메노히보코(天日槍)의 건국 전설에는 팔종 신기(八種神器)라는 것을 말하였는데, 그것은 거울 · 검 · 구슬과 신좌(神座) 등의 물건이었다. 이 물건 중에 검이 얼마나 많이 주술적 위력을 발휘하는지는 일본 신화 가운데서 많은 실례를 찾아볼 수 있다.

조선 신화에 환웅이 아버지 환인에게서 받은 천부인 3개가 무엇 무엇인지는 문헌에 전하지 아니하므로 분명히 알 수 없다. 하지만 동북아시아의 유형에 나타난 바로써 추측해 보면, 거울과 검 두 가지가 거기 들 것은 거의 의심 없겠고 나머지 하나만은 문제가 된다. 마한에서는 신의 영역에 방울과 북을 달고 천신을 섬겼다 하는데, 지금 시베리아 민족의 무격들이 거울 · 검과 함께 방울 · 북을 신물(神物)로 여기는 풍속이 있다. 또한 환웅 신화의 특별한 유형으로 인정되는 동명왕 건국 신화에는 천제자인 해모수가 세상에 내려올 때 까마귀 깃털로 만든 관(冠)을 쓰는 풍속을 기록하였다. 이렇게 관과 검은 조선계 고대 민족의 특징으로 알려져 있다.

이상의 사실을 종합해 보면, 방울 · 북 · 관 중에 하나가 천부인 3개에 해당될 듯싶다. 부여계의 인민이 예부터 관을 중히 여기고 그 관건(冠巾)이 외국인의 눈에는 거의 조선계 민족의 특징으로 보인 사실은 문헌 · 실물 양 방향으로 그 증거와 자취가 많은 바이다. 따라서 천신족(天神族)을 나타내는 물건이라는 점으로 보아서는 방울 · 북 · 관 중에서 관이 가장 유력한 지위에 있는 것으로 생각할 수 있다.

의관(衣冠)이 신성 군주의 주술적 기호로 쓰이는 예로는 오세아니아주 피지 군도에서 찾아볼 수 있다. 그 곳에서는 군주와 신이 동일시되는데, 그것은 신과 군주가 똑같이 적색과 황색의 깃털로 짠 포(袍)를 입고 머리에는 관모(冠毛)를 쓰는 것에서 드러난다. 또한 남태평양의 타이티 섬, 라이아테아 섬 등에서도 그 사례를 찾아볼 수 있다. 이 섬의 왕은 지상에서 가장 높은 지위에 있기에 신과 동일하다는 표식으로 적색 깃털로 만든 신성한 허리띠(Sacred girdle)를 두른다.

지금 우리 무속에서도 거울(명도)[5]과 검을 신물로 쓰며, 북방 통구스 민족에서도 무격이 기도를 행할 때 동검(銅劍)·동환(銅環) 등을 신성한 호부로 몸에 달고 늘어뜨린다. 통구스보다 더 자연 민족(自然民族)[6]인 코랴크인[7]은 일반인까지도 많은 호부를 노리개로 쓰고 신으로 인식한다. 이른바 천부인의 원시적 의미를 이러한 유형적 사적(事蹟)에서 살필 수 있다.

6) 도삼천(徒三千)

천제자는 행동의 효과를 크게 하기 위하여 얼마씩의 졸개 무리를 데리고 왔다. 일본의 신화에는 천손이 세상에 내려올 때 다섯 부족장이 거느린 다수의 종자(從者)가 있어서 이들이 각각 유명한 씨족의 조상이 되었다고 한다. 고구려 동명왕 신화에는 천제자 해모수가 오룡거(五龍車)를 타고 하강할 때, 100여 명의 종자가 다 고

5 명도란 놋쇠로 만들어진 둥근 거울 형태로 무당이 신의 얼굴로 간주하는 신령스러운 무구를 말한다. 명두 또는 동경이라고도 한다. 무당의 혼이 담겨있다고 여겨서 신제자에게 넘겨주기도 한다.
6 인위적이고 인공적인 문화보다는 자연 조건에 강하게 지배되어 사는 민족을 말한다.
7 본래 '코리악'이라 표기된 것을 현재의 표기법에 맞게 '코랴크'로 수정했다. 코랴크(Koryak) 민족은 주로 캄차카 반도 북부 지역의 코랴크 자치관구에 사는 종족이다.

니를 타고 좌우에서 지키고 보호했다고 하였다. 환웅신(桓雄神)의 무리가 삼천이었다는 것은 앞에 오는 신정(神政)의 규모가 큼을 나타내는 의미도 있을 것이다.

7) 강어(降於)……산정(山頂)

미개 심리에서는 신과 사람, 하늘과 인간 세상이 친밀한 관계가 있고, 피차간의 교류와 왕래는 자유롭다고 한다. 그리고 천상과 인간 세상의 교류와 왕래는 높은 산의 정상을 연결 지점으로 하여 행하는 줄로 알았다. 중국에서 곤륜산(崑崙山)을 인간 세상에 있는 천제의 '하도(下都)'라 하여 천중주(天中柱)라는 이름을 붙이고, 『산해경(山海經)』이라는 고대의 지리서에 이러한 의미의 높은 산이 곳곳에 있음을 기록해 놓은 것이 그 예이다.

또한 이와 비슷한 사례는 세계 각처에서 지적할 수 있다. 헤브루인의 천신 예호바는 시내[8] 산정(山頂)으로 강림하고 또 시온[9]이라는 이름의 산에 거주한다. 바빌론인의 아랄루(Aralu), 페르시아인의 알보리(Albory), 인도인의 수미(須彌; Sumeru), 그리스인의 올림포스(Olympos), 게르만인의 발할라(Valhalla) 등으로 불리는 산들이 다 신도(神都)의 소재지로 신앙의 대상이던 곳이다.

동북아시아에서는 오환인(烏丸人)의 적산(赤山), 거란인의 흑산(黑山), 선비인(鮮卑人)의 백등산(白登山)도 그러한 사례이다. 그런데 이 사례들은 분명하게 전하는 바가 없으니까 잠시 놓아둔다. 대신 몽고인의 국조는 보르칸산(不兒罕山)에, 일본인의 국조는 타카치호(高千穗)산에, 여진인의 국조는 장백산(長白山)에 하강한 사례를 들 수 있다.

---

8 시내(Sinai)는 시나이 반도 남쪽에 있는 산으로 시나이산이라고도 한다. 이집트를 탈출한 모세가 하느님으로부터 10계명을 받았다고 하는 산이기도 하다.
9 시온(Zion)은 예루살렘 남쪽에 있는 산의 이름이다.

우리의 조상 계열에서는 부여의 해모수가 웅심산(熊心山)에, 신라 왕실 박씨 성의 조상 혁거세가 양산(楊山)에, 석(昔)씨 성의 조상 탈해가 토함산에, 가락의 수로가 구지봉에, 대가야(大伽倻)[10]의 천신 이비가(夷毗訶)가 가야산(伽倻山)에 강림한 것으로 되어 있다.

한편 바빌론인 산과 하늘을 한 몸으로 보는 관념의 한 표현으로, 신은 산 위에 임하는 줄로만 생각하였다. 이들은 쌍자하(雙子河)의 평야에 나라를 세운 뒤에도 인공적으로 만든 산인 공중 정원(독일어로 Scbwende Garten)을 만들어서 신전을 삼았다. 이 때문에 구약 전서(舊約全書)에서는 이것을 신의 봉우리(독일어로 Berg Gottes)라 이르니, 곧 신전은 성산(聖山; Heiliger Berg)인 것이다. 또한 헤브루어의 까마(Gama)는 신전과 산의 뜻을 동시에 가졌다(Rudolf Von Jhering, *Vorgeschichte Der Indoeuropäer*).

중국 고대에도 하늘의 대표자인 제왕은 그 궁실을 높은 산 높은 언덕에 두었다. 그리고 후세까지도 제왕이 정식으로 하늘에 제사를 지내는 것은 태산의 정상에서 행하였다(章炳麟,「神權時代 天子居山說」). 천신의 산상 강림은 이러한 사상을 배경으로 해서 성립된 신화적 의장이다.

8) 태백산(太伯山)

반도 안에서 무릇 높고 크며 웅장하여 한 방향의 특징적 표지가 되는 산악에는 다 '백(白)'자 계열의 명칭이 붙어 있다. 우선 함경도 방면의 백두(白頭)·장백(長白)·백(白)·여백(閭白)·소백(小白), 평안도의 백마(白馬)·백(伯)·박(朴), 황해도 구월산의 옛 이름인 백악(白岳), 한양의 백악, 경기도의 백운(白雲), 강원·경상 양도 경계

---

10 원문에는 '大倻倻'라 되어있다. 이는 대가야(大伽倻)를 잘못 표기한 것으로 보인다.

상의 태백(太白), 충청·경상 양도 경계 상의 소백(小白), 전라도의 백암(白巖) 등과, 기타 각지에 산재한 백운(白雲)·백화(白華)·백악(白岳)·백마(白馬)·백록(白鹿) 등의 명칭에 보이는 백(白)들이 그것이다.

이 '백'자는 실상 신명(神明)을 의미하는 고어 '붉은'의 '붉'자의 양종성(兩終聲)인 ㄹ과 ㄱ 중에서 ㄹ이 숨어버린 복을 소리 나는 대로 적은 것이다. 무릇 이 '백'이라는 명칭을 가진 산은 고신도(古神道) 시대에 신앙 대상이 되던 산악들이다.

원래 조선어에는 양종성을 가지는 말이 발음 습관, 말을 하는 격식에 따른 배열상의 형편에 따라서 양자 중에 하나가 소실되는 음운 법칙이 있다. 이를테면 닭[鷄]을 서울에서는 닥, 남방에서는 달이라 하는 것이 그러하다. 그리고 돍[石]을 서울에서는 돌, 남방에서는 독이라는 하는 것, 앒[前]을 서울에서는 압, 남방에서는 알이라 하는 것도 이에 해당한다. 앓[疾痛]을 형용사로는 압, 동사로서는 알로 하는 것이나, 곯[飢餓]을 형용사로는 곱, 동사로 골이라고 하는 것도 그 사례가 된다. 이 '붉'에도 이 법칙이 행해져서 볼또는 복으로 전변(轉變)한 어형이 여럿이다.

한편으로 'ㆍ'모음은 본디 여러 갈래로 분화되는 성질을 내포한 음으로써, 옛날에 이 모음으로 표시되던 음은 지금의 ㅏ·ㅓ·ㅗ·ㅜ·ㅡ 등의 여러 형(形)으로 전변했다. 이를테면 'ㅎ'가 ㅎ야에서는 하로, ㅎ고에서는 허로, 'ㄱ른'이 가른 혹은 거른으로, 희(白)가 하·호·허 등이 되는 것처럼 여러 가지로 바뀌었다.

그러니 이 두 종류의 법칙에 기인하고 또 한자를 소리 나는 대로 적는 형편에 의하여 산 이름의 '붉'에는 실로 허다한 이형(異形)이 있기에 이르렀다.

백(白)·박(朴) 등이 붉에서 ㄹ음이 숨은 형태라면, ㄱ음이 숨은 형태는 볼이 되어서 팔(八)·발(鉢)·벌(伐)·불(弗) 등으로 소리 나는 대로 적게 되었다. 이것이 바뀌어 '부루'로 되어서는 비로(毘盧) · 부노(夫老) · 비래(飛來) · 풍류(風流) · 백록(白鹿) · 반룡(盤龍) · 반야(般若; 범어로 prajna) 등의 차자(借字)를 썼다. 저 묘향(妙香) · 금강(金剛) · 계룡(鷄龍) · 속리(俗離) 등의 산봉우리에 붙은 비로(毘盧)라는 이름이 그 한 예이다.

여기서 다루는 태백산은 평안도 영변군 묘향산의 원래 이름이라 하는 주장과 반도 북쪽 경계상의 백두산이라 하는 주장, 두 가지가 있다. 하지만 그것은 여하간에 천제자가 세상에 내려온 산 이름이 태백(太伯; 太는 최대를 의미하는 말)이라 하는 것은, 우리 원시 문화의 원칙으로 보아서 당연한 일이요 또 그렇지 아니하면 아니될 일이다. 무릇 백산(白山) · 비로봉 등은 곧 신성한 산 또는 봉우리라는 뜻인 것이다.

그러면 환웅 신화에 나오는 태백산의 현실적 위치는 어디일까. 부여계 인민의 거주지에는 지역마다 각각 크고 작은 백산이 있는데, 가장 높은 신들의 이야기에는 가장 높은 백산이 등장할 것임이 당연하다. 역사적으로나 신앙적으로나 그것이 나중의 백두산(장백산)인 것은 의심할 바가 없을 것이다.

동북아시아 인민의 백두산 숭배는 그 유래가 먼 것으로서, 멀리는 『산해경』과 떨어져서는 『진서(晉書)』에 불함산(不咸山)이라는 이름으로 나타난다. 여기서 불함은 신명(神明)을 의미하는 말이다. 『수서(隋書)』에는 도태산(徒太山; 『魏書』에는 와전되어 徙太山이라 되어 있다), 『북사(北史)』에는 종태산(從太山)으로 되어 있다.

인용한 각 원서(原書)에는 중국어 '태황'(太皇; 帝王 가운데 가장 높은 자)의 뜻이라 하였다. 그런데 또 한편으로 통구스계 여러 언어에서 대지(大地)를 뜻하는 말을 참고한 말인 듯하다(『大英百科辭典』 8책, 201면). 『당서(唐書)』에는 태백산(太白山), 『요사(遼史)』에는 장백산(長白山), 『금사(金史)』에는 백산(白山) 등으로 나타난 것은, 우리 백두(白

頭)의 백(白)과 함께 모두 불함을 후대에 번역한 것이니, 다 백두산의 신성성을 나타내는 이름이다.

대저 환웅 신화는 동북아시아에 있는 여러 국민 고사 신화의 근본적 모형(母型)으로서 그 성립이 만주 대륙에 있을 것으로 봄직하다. 그렇다면 대륙의 가장 높은 신산(神山)인 백두산을 붙잡아 쓰지 않고는 그만두지 아니하였을 것이다. 그런데 현재의 가장 오래된 기록인 『삼국유사』에서 인용한 「단군기」에 묘향산이라고 주(註)를 달았고 후세에 오랫동안 이렇게 믿고 따르게 된 것은 다 무슨 까닭인가.

생각건대 묘향산이 그만한 명산이니, 그것이 본디 이 방면을 대표하는 신산으로서 당연히 태백의 이름을 가졌을 것이다. 그런데 발해 이후, 특히 고려 시대에 백두산 일대의 땅이 조선 반도로부터 이탈하여 여진인이 차지한 땅이 되니, 반도 인민의 백두산에 대한 인식이 차차 희박해졌다. 그 대신 백두산 신앙의 모든 요소는, 또 하나의 태백인 지금의 묘향산으로 이행하는 통에 천왕랑 환웅이 세상에 내려온 지점이 어느 틈에 슬그머니 묘향산으로 옮아온 것이 아닐까 한다. 현재 『삼국유사』에 기록된 주석은 이러한 현상이 완전히 굳어진 고려 시대의 정황을 반영함일 것이다.

9) 신단수(神壇樹)

자연 종교[11]에서는 예배의 처소로서 자연석 무더기 혹은 흙을 긁어모아 높게 한 데를 만드니 이것이 신단(神壇)이다. 몽고의 오보(鄂博),[12] 일본의 이와사카(磐境)[13]가 다 그런 종류이다. 신단에는 신

---

11 자연 종교(Nature-religion, nature-worship)는 자연의 사물 · 현상 그대로를 숭배하는 원시적 종교를 말한다. 원시 종교의 주요한 요소이기에 편의적으로 원시 종교를 자연 종교라 부르기도 한다.

12 흙이나 돌을 원추형으로 쌓아 올린 후 맨 꼭대기에 창을 꽂아 두고 주위에

을 표시하는 신수(神樹)나 신역(神域)의 경계를 규정하는 신림(神林)이 있으니 이것이 신목 숭배와도 관계가 있음은 얼른 상상할 수 있다.

신목 숭배가 샘 민족의 종교에 있어서 얼마나 중요한 지위를 점하는지는 구약 성서에 나타난 바와 같다. 가나안 사람의 숭구(崇邱; 제를 지내는 터)에는 그 단(壇) 곁에 성수(聖樹)가 있지 아니하면 아니 된다. 히브리인의 제단 성소는 반드시 푸른 나무 밑에 베풀고 그 곁에 아세라(Ashera)라는 신목을 세우지 아니하면 아니 되었다(W. R. Smith, *Lectures on the Religion of Semites*).

그리스 · 로마 · 북유럽 등에서는 다 옛날부터 수목 · 총림(叢林)을 신이 머무는 곳으로 생각하였다. 그래서 흔히 신전과 초목이 무성한 것을 나타내는 말이 동일한 계열이다. 또 상대(上代)에는 신에게 제사하는 건물이 따로 있지 아니하였다. 그래서 인도에서는 제물로 바치는 짐승을 수목에 붙잡아 매고 신에게 제사하는데, 각 촌락에는 특별히 신성한 나무가 있어서 신이 그 나무 아래에 와서 가지와 잎의 소리를 듣고 즐거워한다고 생각하였다.

고대 일본에서는 신사와 삼림을 똑같이 '모리'라고 일컬었다. 또 이세(伊勢)와 이즈모(出雲) 이외에는 제사지내는 집을 짓지 않고 대개 나무를 세우고 울을 둘러 두었다. 이 신목을 '가미나비', 신리(神籬)를 '히모로기'[14]라 이르고 거기 두른 돌무더기를 '이와사가'라고

나무 막대 같은 것을 꽂아 여러 색의 천을 주렁주렁 매달아 놓은 것을 말한다. 해당 지역 내의 사람이나 가축을 보호하는 역할을 한다고 한다. 오보에서 일정한 시기에 제의를 행한다. 오보를 통과하는 사람은 반드시 말에서 내려 절을 하고 지나가야 했으며, 오보의 나뭇가지에 공물을 걸어 놓거나, 돌을 쌓아 기원하기도 했다.

13 큰 돌을 세워 원형 혹은 방형으로 두른 곳으로 신이 내리는 제장(祭場)을 의미한다. 신이 머물거나 내리는 신성한 지역 혹은 장소인 것이다.

14 신의 울타리라는 뜻으로 신성 지역에 상록수를 심고 거기다 울타리를 두른 장소를 말한다.

하였다(金澤庄三郎, 『國語の 研究』, 「神奈備考」).

거란인들의 천신과 지신을 위해 제사를 지내는 법식을 보면, 군수(君樹)를 중심에 두고 여러 나무들을 벌려 심어서 제장을 삼는다(『遼史』, 「禮志」). 만청(滿淸)의 조정에서는 당자(堂子)라는 것을 두고 하늘·땅·토지·곡식 등의 여러 신에게 제사하는데, 중앙에 신간(神杆)이라는 것을 세워 사주(社主)를 삼는다(『滿洲祭天祭神典禮』, 「天咫偶聞」). 일반 민간에서도 신간이 제사의 중심 노릇을 한다(『吉林外記』). 이러한 것들이 다 신단수의 유형으로 볼 수 있다.

우리나라의 일로는 강화 마니산의 참성단(塹星壇), 연안(延安)의 전성단(氈城壇), 경주의 계림(鷄林)·천경림(天鏡林)·신유림(神遊林) 등과, 각 지방마다 있는 나무가 우거져 있는 곳의 많은 부분이 다 옛날의 신단·신림의 유적일 것이다. 지금 민속에서는 각 가정의 '업주저리'와, 각 마을의 당산(堂山)과, 산봉우리·마을 입구·큰길가 등의 '서낭'이 바로 그 유풍을 전하는 것이다. 미개 사회에서는 이러한 신단수가 제정(祭政)의 근본지로서 중요한 의의를 가지는 것이었다.

10) 신시(神市)

신시는 소리로 읽을 것인지 뜻으로 읽을 것인지 알 수 없다. 그런데 뜻으로 볼 것이라 한다면 신이 모인 곳을 의미하는 말일 것이다. 천하의 신인(神人)이 높은 산의 꼭대기에 한 세계를 만들고 거기가 민족의 신령스러운 장소가 되는 예는 세계에서 그 종류를 많이 찾아 볼 수 있다.

그리스 반도 북방의 올림포스 산정이 천주 제우스(Zeus) 이하 12신의 신도(神都)이다. 인도 반도 북방, 설산(Himalaya)의 아뇩달지(阿耨達池)가 여러 신들의 집회 장소이다. 또 설산을 이상화한 수미산(須彌山) 꼭대기의 도리천(忉利天)이 천제석(天帝釋) 이하 많은 신들이 거주하는 성(城)이다. 중국에서는 산둥 반도 배후의 태산(泰山)이 천손이 거주하는 곳으로서 인간의 생사가 여기 매여 있다고 여긴다.

11) 천왕(天王)

천제자로서 인간 세상의 왕이 된 이를 한문으로 기록할 때 천왕(天王) 혹 천왕랑(天王郎)이라고 썼다. 중국 고대에도 제왕(帝王)을 천자(天子) 또 천왕이라고 이르는 일이 있다. 또 북방과 동방 아시아에서는 이 풍(風)이 가장 현저하여 흉노의 선우(單于; 군주라는 의미)를 탱리고도(撐犂孤屠; 천자라는 의미)라 일컬었다. 또 흉노가 한(漢)에 보내는 글월에 '천소입흉노대선우(天所立匈奴大單于)', '천지소생일월소치융호대선우(天地所生日月所置匈奴大單于)'라는 왕호(王號)를 쓰기도 했다(『사기』, 「흉노전」).

5호16국 시대에 흉노족의 전조(前趙)와 한(漢), 갈족(羯族)의 후조(後趙), 저족(氏族)의 전진(前秦)과 여광(呂光), 선비족의 후연(後燕), 고구려족의 대연(大燕) 등이 다 천왕 선우(天王單于)라는 호칭을 썼다. 거란 태조가 왕위를 천황(天皇)이라 호칭하고, 금나라 말기 포선만노(浦鮮萬奴)가 자신을 동진국(東眞國)의 천왕이라 일컬었다. 일본의 주권자를 한문으로 쓰면 천황(天皇)이다.

이러한 사례들이 다 우연한 일이 아니다. 실로 문화권을 하나로 만드는 유형적 사실이다. 환웅 신화에 '천왕'이라는 이름이 보였다는 것은 이미 동아시아에서 가장 오래된 신화에 그 사실이 나타난 예가 된다.

12) 풍백(風伯) · 우사(雨師) · 운사(雲師)

미개 인민은 천지간에 충만해 있는 신령스러운 기운과 힘을 느끼고 이와 통하여 하나가 됨[15]으로써 자연 법칙을 좌우할 수 있는 줄로 생각한다. 그래서 이에 대한 허다한 법술(法術)이 성립해 있으니, 이것을 주술(Magic)이라고 이른다. 주술의 기본 법칙은 대개 둘이 있으니 그 하나는 유사의 법칙(Law of Likeness)이요, 다른 하나는 접촉의 법칙(Law of Contact)[16]이다. 전자에 의거하는 주술을 모방 주술(Imitative Magic), 후자에 의거하는 주술을 접촉 주술(Contagious Magic)이라고 이른다.

모방 주술은 필요로 하거나 요구되는 사물을 시늉함으로써 그 사물을 얻는다는 것으로, "유사는 유사를 낳는다."는 원칙에서 나온 것이다. 접촉 주술은 한 번 어떠한 사람 혹은 사물에 접촉하였던 자는 설사 그것과 사이가 벌어진다 할지라도 동일한 효과를 낸다는 원칙에서 나온 것이다(J. G. Frazer, *The Golden Bough*).

원시인의 전 생활은 이러한 주술적 관습으로 충만하여 있었다. 특히 농업 경제의 사회에서는 바람과 비·홍수와 가뭄에 대한 주술이 중시되고 발달될 수밖에 없었다. 원시 사회의 주술적 군장(君長)은 바람·비·천체가 변화하는 여러 현상 등에 대하여 중대한 책임이 있고, 이에 대한 조절에 자못 큰 고심을 허비할 처지에 있었다. 환웅 천왕의 신시에서 천왕 아래에 바람·비·구름을 관장하는 전임자까지 있다는 것은 이에 대한 관심이 크다는 것을 반영하는 것이다.

바람과 구름도 그러려니와 특히 비는 농경에 대한 절대 조건인 만큼 거기에 대한 주술이 더욱 중요시되었다. 그래서 미개인 사회의 어디든지 비의 은택에 관한 주술사 곧 우사(雨師; rain-maker)라는 것이 있어 기우(祈雨)의 소임을 맡아 본다. 그네의 주술이란 것

---

15 원문에는 '감응도교(感應道交)함'이라 되어 있다. 감응 도교는 불교 용어로, 불심(佛心)이 중생의 마음 가운데 자리 잡고 중생이 이와 통하여 서로 합쳐지는 일'을 의미한다. 이러한 의미를 바탕으로 문맥과 어울리게 풀어썼다.

16 원문은 '촉접(觸接)의 법칙'이라 되어 있지만, 현재 일반적으로 쓰이는 용어로 수정했다.

은 비오는 시늉, 혹은 비올 때 하는 노릇을 흉내 내는 종류의 의식이었다. 환웅 신화 가운데 이 대목은 아래 문장의 '주곡(主穀)'이라는 구절과 아울러서 이 신화가 농업 경제 사회의 산물임을 증명하는 사실로도 주의할 만하다.

13) 주곡(主穀) · 주명(主命) · 주병(主病) · 주형(主刑) · 주선악(主善惡)

신시는 환웅 천왕을 원수로 하고 풍백 · 우사 · 운사를 보필자로 하는 신정 기구(神政機構)이다. 신정이라 함은 쉽게 말하면 무군 정치(巫君政治)를 말하는 것이다. 미개 사회에서는 신령스럽고 특별한 능력을 가졌다고 생각하는 무(巫), 바꾸어 말하면 주술사(Medicine-man)를 신인 · 성인으로 추대하여 이른바 주술 종교(Magico-religious)와 또 그것을 원리로 하는 제정 일치적 사회 체제가 성립되고 운영되었다(W. J. Perry, *The Origin of Magic and Religious*).

그러니 이 무군(巫君)이 헤아려 처리해야 하는 조건을 우리 고사(古史) 신화에서 곡(穀; 농업 관계), 명(命; 생명 관계), 병(病; 건강 관계), 형(刑; 법률 관계), 선악(도덕 관계) 등의 5대 항목으로 분리한 것이다. 이 모든 항목은 어느 미개인 사회에서도 미분화한 하나의 정치체로서 무군의 통치 하에 맡겨 두는 것이다. 우리 고대의 법전 내지 현재의 민속에 다 그 유풍과 잔재를 많이 남기고 있는 것이다.

14) 삼백육십(三百六十)

온갖 것을 의미하는 어구로 볼 수 있는데, 필시 일 년 삼백 육십 일에서 연상된 수인 것으로 생각한다. 태양 숭배 국민으로 유명한 고대 멕시코의 성전에는 각각 120개로 된 3층의 계단 곧 360개의 계단이 있다. 그런데 이 360이라는 수는 윤일(閏日) 5일을 빼면 일 년의 날짜 수와 부합하는 것이다. 이 5일의 윤일을 멕시코인은 네몬테미(Nemontemi: 不用)라 부르고 불길한 일이 많은 날이라고

288
|
단군론

생각하였다. 이 계단은 이렇게 천문학적 의의를 가지고 태양이 일년 동안의 운행으로 지나가는 노정을 구상화하였다고 이르는 것이다(T. W. Danzel, *Magic und Geheimwissenschaft*). 신시 행정의 조목을 360여라고 말하는 것도 대개 우주적 관찰에서 유래하는 숫자이며, 그 '여(餘)'라는 한 글자가 또한 묘미 있는 것으로 보인다.

15) 웅(熊) · 호(虎)

북방과 동방 아시아에서는 최고급의 맹수가 곰과 호랑이이다. 따라서 자연 숭배의 단계에 있는 인민 사이에서는 이것이 숭배의 대상으로 되는 것이 당연하다. 또한 미개 인민 사이에는 어떤 종류의 동물 · 식물을 찾아다가 자기네의 씨족과 본지(本支) 관계가 있다 하여 그를 경외하고 제사하며, 자기네 혈연 단체의 칭호 또는 표상으로 삼아 다른 혈족과 구별하는 풍이 있음과 관련시켜 볼 때, 곰과 호랑이의 존재는 더욱 뚜렷해졌음을 알 수 있다.

북미주 서북의 트린기트(Trinkit)인들은 고래 · 개구리 · 갈까마귀 · 이리 · 곰 등을 그 씨족의 칭호로 하고, 이를 신성한 표상으로 하여 그 모양을 그리거나 조각하여 그 단체의 기장(記章)을 삼고 이것을 토템이라고 일컫는 풍속이 있다. 그런데 학자들이 이에 주의하여 연구한 결과로 세계의 미개 사회 또 문명국의 미개 시대에 이 풍속이 두루 존재함을 알게 되었다. 그래서 토템이 드디어 인류학 또 사회학상의 보편 명사가 되었다.

동양 고대에도 토템의 풍속이 있었느냐 없었느냐 하는 것은 아직 학자들의 토론과 연구 중에 있다. 하지만 동북아시아 고대 인민 사이에 이 풍속이 있는 것만은 일반적으로 긍정하고 있는 바이다. 지금 동북아시아에서 사람과 곰 · 호랑이와의 관계가 퍽 친밀함은 많은 민속 기술가(記術家)의 보고에서 보이고 있는 바와 같다.

곰과 호랑이를 신으로 하고 토템으로 하는 풍속이 북동 아시아와 서북 미주를 연결해서 나타나는 공통 사실인 것도 인류학자들과 사회학자들 사이에 알려져 있다. 이를 테면 우수리강·헤이룽강 부근의 골디인(Goldi: 魚皮㺚子)[17]은 곰과 호랑이를 자기의 보호자로 존경하여 믿어서 살해하지 아니하고 가축·과실 등으로 공양의 정성을 다한다. 만약 사람에게 위해를 가하는 경우가 있어 부득이 죽이게 되면 공경스럽게 관에 넣어 매장하고 소리 내어 울어 사죄한다고 한다(A. Byhan, *Nord-Mittel-Westasien*).

북미의 인디언은 본디 아시아로부터 베링 해협을 건너 들어갔다 하는 만큼 신앙과 습속에서 아시아와의 연관이 두드러지게 나타난다. 그런데 이네들 사이에 토템 풍속이 성행하고 허다한 종류 가운데 곰·이리의 토템이 가장 많다(Morgan, *Ancient Society*).

북동 아시아의 민속을 보면, 오스탸크인[18]과 보굴인[19]이 곰을 죽이고는 그에게 대하여 노래를 불러 사죄를 청하고 곰의 탈을 쓰고 그 동작을 시늉하면서 춤을 춘다. 길랴크인[20]과 아이누인의 경우 어린 곰을 잡아 수삼 년 사육하다가 그를 죽여 성대한 제를 행하는데, 희생된 곰의 가죽과 머리를 높은 곳에 걸고 그 앞에 제물을 올리고 질번질번한[21] 잔치를 베푼다. 이 사육되는 곰은 그 마을을 악령에게서 수호한다고 생각한다. 또 곰의 고기를 먹으면 곰의 성질

---

17 쑹화강과 우수리강, 헤이룽강 유역에 거주하는 종족으로 중국에서는 어피달자 또는 혁철족(赫哲族)이라고 부른다.

18 원문에는 '오스챡'이라 되어 있는데, 오스탸크족(Ostyak)을 말하는 것으로 보인다. 현재는 한티족(Hanti)이라 불린다. 시베리아 서쪽의 오비강과 예니세이강 유역에 산다.

19 보굴족(Vogul)은 서부 시베리아의 오비강 지류에 사는 종족이다. 현재는 만시족(Manti)이라 불린다.

20 원문에는 '낄리악'이라 되어 있는데, 이는 길랴크족(Gilyak)을 말하고 있는 것으로 보인다. 러시아 연방 동남부 영내의 아무르강 어귀와 사할린 섬 가까이에 살고 있는 종족이다.

21 모자람이 없이 넉넉하고 윤택함을 의미하는 우리말이다.

을 얻는다고 믿는다(A. Byhan, *Nord-Mittel-Westasien*).

원시 사회에서 신에게 바친 희생의 피와 고기를 신과 함께 제사에 참여한 사람들이 나누어 먹는 것은 사회 공동체의 관계를 심화시키는 데 필요한 의식이다. 그런데 이러한 경우에는 흔히 희생 동물과 토템 동물은 동일한 것인데, 위에서 기술한 길랴크인·아이누인이 행하는 곰 제사에서의 곰 고기 성찬(聖餐)은 대체로 토템적 연원에서 유래한 것임에 의심이 없다. 이러한 유형적 사실은 미주 인디안 종족 중의 곰 종족에게서 흔히 보는 바이다(J. G. Frazer, *The Golden Bough*. S. Freud, *Totem und Tabu*).

오스탸크인에게서는 서약이 종교적으로 중대한 일인데, 곰 앞에서 한 선서는 가장 신성하다고 생각한다. 무릇 곰을 두려워하며 제사하고, 그 피와 고기를 의식적(儀式的)으로 함께 먹으며, 또 곰을 증거자(證據者)로 하여 하는 일을 중대시하는 것 등은 대체로 토템의 유풍으로 인정할 일이다.

환웅 신화에 나오는 곰과 호랑이를 언급하는 대목은 이러한 원시 문화의 반영으로서 얼른 그 의의가 이해될 것이다. 곰이 사람으로 곧잘 변하는 전설도 중국·일본·북아시아·북미 등 곰 서식지에 많이 전해지고 있는 바이다.

중국 상고 시대에 하우(夏禹)의 아버지인 곤(鯀)은 요(堯) 임금 시절에 홍수를 다스리는 책임을 맡았다. 하지만 성과가 없어서 우산(羽山)에서 죽음을 맞이하였다. 이후 누런 곰으로 화하여 우연(羽淵)으로 들어가 신이 되었다고 한다(『國語』,「晉語」). 아시아 극동북의 추크치족[22]은 곰·독수리·바다 짐승[海獸]·소조(小鳥) 등이 제각각 자신들의 국토를 가지고 인간처럼 생활하다가 필요한 경우에는 사

---

22 원문에는 '축지'라 되어있는데, 추크치족(Chukchi 또는 Chukchee)을 말하는 것으로 보인다. 추크치 반도와 그 내륙 쪽의 시베리아 지역에 사는 집단과, 북극해와 베링해 연안에 사는 집단이 있다.

람 모양으로 꾸민다고 믿는다(鳥居龍藏,『極東民族』). 기타 이 종류의
자료는 각 연구자의 저술 중에서 얼마든지 추려낼 수 있다.

대저 토템의 풍속은 동식물 숭배와 조령 숭배가 서로 결합된 것
이다. 어떤 동식물을 혈통 관계의 의미로써 숭배하는 것은 원시 종
교, 특히 부족적 종교의 전형이라고 학자들은 말하고 있다.

16) 동혈(同穴)

이 한 구절은 북방 민족에 있는 2개의 토템이 본디 동원(同源) 관
계이었음을 말하려는 것이다.

17) 기(祈)

미개인은 욕망 달성의 수단으로서 자력적으로는 주술, 타력적으
로는 기도를 가졌다. 사람의 힘과 주술적 힘을 넘어서는 일은, 신의
힘에 의하여 이를 성취하려 한 것이다. 신정 사회에서는 신으로 받
들어 모시는 이가 기도의 대상일 수밖에 없다. 따라서 여기 '항상
[常]'과 '신(神)'이라는 두 글자에 특별한 의미가 있음을 알 것이다.

18) 원화위인(願化爲人)

앞에서 말한 바와 같이, 미개인의 심리에서는 만물이 서로 융통
상즉(融通相卽)하는 법칙(Levi-Bruhl의 이른바 loi de participation)을 가지고
있다.[23] 때문에 동식물이 사람으로, 또 사람이 동식물로 변하는 것
은 조금도 어려운 일이 아니다.

---

23 '융통상즉하는 법칙'은 양쪽이 서로 어우러져 장애가 없이 완전하게 되는 것
을 말한다. 레비 브륄의 'loi de participation'을 말하는 것이다. 이 법칙은 사
물, 존재, 현상은 자기 자신임과 동시에 다른 무엇일 수 있음을 말하는 것이
다. 이에 따르면, 전혀 다른 것을 동일한 것으로 간주할 수 있다.

19) 쑥[艾] · 마늘[蒜]

하나의 사물을 다른 사물로 변화시키는 것은 주술로써 수행할 수 있다. 그런데 주술에는 행위로써 하는 주술(Art Magic)과 언어로써 하는 언어 주술(Word Magic)의 구별이 있다. 주술 가운데는 어떤 식물 자체 안에 있다고 생각하는 주술적 힘을 차용하는 종류가 있는데, 이런 식물(또는 동물이나 광물)을 주약(呪藥)이라고 일컫는다. 쑥과 마늘은 지금까지도 민간 요법에 있는 상용 약재에 속하는 종류인데, 이 신화의 성립 시대에도 그 주술적 효력 높이 평가되었던 것이다.

20) 불견일광백일(不見日光百日) = 기(忌)

미개 인민의 생활에 있어서 토템과 아울러 또 한 가지 중대한 특색이 되는 것이 터부이다(터부는 영어로 Taboo · 독어로 Tabu · 불어로 Tabou라 하는데, 어떤 행위를 하지 못하게 하는 것이나 꺼리어 피하는 것을 말한다). 미개인은 보이지 않는 신이한 기운과 영적인 힘 속에서 산다고 스스로 생각하였다. 그리고 그것을 믿고 따르기 위해서는 주술을 썼다. 또한 그것을 몹시 두려워하는 것에서 허다한 터부를 마련하였다.

터부는 우리 속어(俗語)에 '긔우'한다 하는 것이다. 무릇 어떤 존재와 목적에 대해서 그래서는 아니 됨, 그리 못함, 그러지 말라 하는 등 행위의 제한을 가리키는 것이다. 원래 터부는 폴리네시아어의 신성(神聖)을 의미하는 말로서 그네의 사회에서는 터부로 인정되는 사물에는 접근하는 것을 금지하고 이를 범하면 신벌(神罰)을 입는다고 한다.

그런데 이러한 현상은 미개인의 사회 또 미개의 시대에는 어디든지 다 성행하고 지금 문명 사회에도 그 잔재가 수북하게 남아 있다. 그래서 학자가 이 말을 가져다가 이러한 사물과 현상에 대한 통칭으로 쓰게 된 것이다(프레이저와 프로이드의 앞의 책).

터부의 조건은 아주 번거로울 정도로 많아서 그 일부만 말해 보기로 한다. 교권자(敎權者) · 군주 · 신전(神殿) · 추장(酋長) 등과 그 명령, 그들의 이름은 신성한 의미에서 터부이다. 또한 질병 · 죽은 사람과 그가 머문 곳은 지저분하고 더러워서 두려워할 만하다는 의미에서의 터부이다. 약속 · 법령 등은 엄중한 것이라는 의미에서의 터부다.

이렇게 터부는 일면에서는 신성한 것 · 지저분하고 더러운 것을 의미하고, 다른 일면에서는 금단(禁斷) 또는 기피(忌避)를 의미한다. 그래서 이에 관한 관습 · 규정 · 제도가 도덕의 대부분과 및 법률 전체의 기원이 되었음을 학자들은 증언하고 있다.

터부를 창시하는 이는 신앙적 · 권력적으로 인민에게 공경과 두려움의 대상이 되는 자이다. 따라서 터부가 한번 설정된 뒤에는 감히 이를 어기지 못하는 것이다. 신화 가운데 터부의 풍속이 반영될 때에는, 신의 명령 또는 약속한 일을 준수하지 아니하므로 재앙과 고난을 당하거나 목적에 실패한다는 결과로 나타남이 보통이다.

여기서 신웅(神雄)이 주약을 주면서 햇빛을 백일 동안 보지 말라고 하는 것이 이러한 터부이다. 옛날에 어떤 경우에는 태양을 보지 못한다 하는 것이 이미 하나의 터부였던지 모를 것이다. 백일이라는 것은 기도 · 축원상에 보통으로 정하는 기간임은 새로운 설명을 필요로 하지 아니할 것이다.

21) 인신(人身)

금기 조건을 지킨 자는 백일을 기다릴 것 없이 삼칠일 만에 사람의 몸[人身]을 얻고, 지키지 못한 자는 마침내 실패하였다 하는 것은 곧 터부의 원칙이다. 삼칠일도 기도를 하는 데 있어 보통 행해지는 기간이다.

22) 웅녀(熊女)

이렇게 하여 곰을 토템으로 하는 종족이 출현한 것이니, 여기까지는 곰 종족의 유래를 말하는 하나의 작은 단락이다.

23) 무여위혼(無與爲婚)

웅녀에게 결혼해 주는 이가 없어서 그 종족 이외의 천신에게 성적 결합을 구하였다는 것은, 그 직접 표현의 형식은 여하간에 핵심 사실은 이족 결혼(異族結婚; Exogamy)이다. 그 이유는 아직 밝혀지지 아니하였지만, 원시 사회에서는 동일한 토템 내에서의 결혼이 금제되어 있음이 보통이다. 따라서 웅녀가 신웅에게 한 구혼은 실로 이러한 원시 문화의 반영으로 볼 것이다(프로이드의 앞의 책).

24) 주원(呪願)

신시는 신치적 체제(神治的 體制; Theocratic Organization) 아래에 있으니, 바라고 원하는 일이 있으면 이를 신께 빌어야 할 것이요 원하는 바를 빌고 바라는 데에는 일정한 주술에 의해야 함이 당연한 일이다. 신정이 이루어지는 시기에 숱한 주술이 목적에 응하여 많이 성립하였을 것이요, 여기 말한 주언(呪願)에도 구체적 형식이 있었을 것이다. 하지만 이제 그 상세한 사례들을 얻을 수 없다. 다만 그것이 기원을 베푸는 언어 주술에 속하는 것이라고 짐작할 수 있을 뿐이다.

25) 가화혼(假化婚)

신이 사람과 더불어 부부의 짝을 지으려 하여 잠시 사람 형상으로 나타나지만, 그 필요가 없어짐과 함께 신격으로 돌아갈 것이므로 가화(假化)라 말한 것이다. 이 한 대목은 신화학상에 신혼 신화(神婚神話; Theogamy myth)라 이르는 것이다.

인도 신화에 태양이 쿤티(Kunti)라는 고귀한 처자와 혼교(婚交)하여 카르나(Karna)라는 용사를 낳고, 그리스 신화에 천신 제우스가 장사(壯士)로 변해서 페니키아 왕녀 에우로페(Europa)를 훔치고, 신라 민담에 지렁이신이 자줏빛 옷을 입은 남자로 변하여 광주(光州) 북촌(北村)의 한 여자와 서로 관계를 맺고 그 사이에서 후백제 시조 견훤(甄萱)이 태어났다고 하는 것 등이 신혼 신화에 해당한다.

신혼 신화의 내용도 여러 가지이다. 그 가운데 신·정령 등 초자연적 존재와 동물 혹은 사람과의 결혼을 말하는 종류는, 토템 신앙의 반영임을 학자들이 논정(論定)하였다. 그런즉 이 대목에 이르러서 환웅 신화의 본질이 하나의 토템 기원 설화에 해당됨을 분명히 알 수 있다. 말하자면 천제자와 웅녀 사이에 조선 국조 단군 왕검이 탄생하셨다는 것이다.

4. 태양 토템

이상에서 '고기'에 보인 환웅 신화의 내용을 대강 검토하여 보았다. 그 결과를 보면, 지금 『삼국유사』에 전하는 단군 고기라는 것은 원래 환웅 신화와 단군 원사(原史)의 연결로 구성된 것임을 알 수 있다. 그리고 환웅 신화는 또 천자 강세(降世) 설화와 토템 기원 설화의 두 부분으로 구성되어 있음을 알 수 있다.

천자 설화의 부분은 동북아시아 각지에서 두루 보이는 기준형적(基準型的) 인문 신화로써 여기에는 권력의 기원과 함께 신정의 내용이 제시되어 있다. 토템 설화의 부분은 동북아시아적 유형에 의거하는 가운데, 천제자(환웅)와 인간 세계에 있는 곰 토템의 결합에서 조선 국조의 씨족이 나왔음을 표시하려 한 것이다.

고대 조선인이 태양을 천제(天帝)라 하는 것에 비춰 본다면, 이른바 천제라 하는 것은 학문적으로 '태양 토템'을 의미하는 것이라 말할 수 있다. 따라서 환웅 설화의 궁극적 의의는 곧 태양 토템과 곰 토템의 결합으로써 조선의 통치 기구가 출현하였음을 말하려 하는 것이다. 태양 토템은 이집트를 시원으로 하여 널리 세계 각지에 퍼지고 특히 동북아시아의 농업민 사이에 거의 예외 없이 이 신앙이 성립되어 있다고 한다(Perry, *The children of the Sun* 참조).

환웅 신화의 의장과 그 구성 요소·배경 등은 순수 또는 완전한 미개인 심리를 반영한 원시 문화적 사상(事象)에 속하며, 어떤 발달한 문화 단계의 영향도 섞여 있지 아니하다. 사람과 신이 뒤섞임(God-man & man-god)·소아 상태(Children-like mentality)·주술·금기(Taboo)·족령(簇靈; Totem) 등 소박한 바탕 재료가 주술 종교적(Magico-religious)으로 통괄되어서 하나의 신정 체계를 형성하고 있다. 지금 남아 있는 것이 원형의 얼마만한 부분을 전하는지 모르지만, 이것만 가지고도 우리 고대 신화가 얼마나 전형적인 원시 문화의 산물인지 밝히 알겠다.

세상에는 이 신화에 대하여 의심하기 위한 의심을 하는 식견이 얕은 자들이 없지 아니하다. 그들은 말하길 단(檀)은 전단(旃檀)²⁴의 단이요, 단월(檀越)²⁵의 단이니 불교 경전에 많이 사용되는 글자라 한다. 또 『삼국유사』의 원문에 '환인은 제석'이라는 주를 넣었으니

---

24 전단은 인도에서 나는 향나무이다. 향이 강렬하여 뿌리와 함께 가루를 만들어 향으로 쓴다. 조각 재료로 쓰이기도 한다. 전단은 불교와 연관이 깊은 식물로 알려져 있다. 석가의 죽음 원인이 전단 나무에 난 버섯을 잘못 먹었기 때문이라 하기도 하고, 석가의 다비(茶毘)에도 전단을 썼다고 전한다. 불보살상도 전단으로 조각하는 일이 있다.

25 단월은 '사찰이나 승려에게 물건을 베푸는 불교 신자'를 말한다. 산스크리트어 다나파티(danapati)를 음역한 것이다. 시주(施主)와 동일한 의미를 갖고 있다. 본래의 뜻은 은혜를 주는 사람이다. 불교 초기부터 매우 중요시되어 승단을 유지하는 밑거름이 되었다. 그런 까닭에 단월에 대한 이야기가 여러 경전에 나온다.

대개 고려 시대 어느 승려 혹 『삼국유사』의 찬자인 일연의 날조에 불과하다는 어리석은 주장을 공공연히 말하는 이가 있다.

그러나 단군의 단(檀)은, 단(壇)으로도 쓰고 천(天)으로도 쓰는 것이니까 원래 문제가 되지 않는다. 설사 단(檀)자 하나만을 쓴다 할지라도, 이 한 글자가 불교 경전에 많이 나오는 글자라 하여 단군이 불전과 교섭이 있다고 함은 너무 대중없는 망상이다. 또한 환인을 제석이라고 한 것은 승려인 일연이 얼른 일어나는 연상을 기록하되, 원문과 혼동될 것을 걱정하여 할주로 별도 기술을 하도록 조심스럽게 처리하였으니, 이것이 본디부터 일연 혹 어느 승려의 조작이 아님은 이러한 기술 형식에도 드러났다 할 것이다.

여하간 전체적으로나 부분적으로나 완전무결한 원시 심리의 산물인 신화적 내용을 모르는 체하고, 그 한 글자 한 구절을 붙잡아서 그 신화적 본질을 남김없이 없애려 하는 것은 무엇보다도 학문적 양심이 없는 일이라 할 것이다.

5. 유형 신화[26]

여기 붙여 환웅 신화의 동북아시아 원시 문화상에 있는 지위를 밝히기 위하여 여러 민족간에 행하는 유형 신화를 약간 옮겨 적어 두고 싶다.

---

26 원래 이 목차에서는 세부 목차가 따로 설정되어 있지 않았다. 하지만 읽기 편하고 내용을 보다 잘 이해할 수 있도록 '천자 강세 설화 계열'과 '토템 기원 설화 계열'이라는 2개의 세부 목차를 설정했다.

1) 천자 강세 설화 계열

(1) 외몽고의 부리야트인

세계가 배포되었을 태초에 하계에서는 만가트[27] 이하 허다한 악령이 함부로 날뛰어 혼란과 재앙이 인간 세상에 충만하였다. 천상의 선신들이 이 꼴을 보고 회의한 결과로 히르마스 텡그리(Khirmas Tengri)[28]의 아홉 자식 가운데 중간 아들을 인간 세상에 보내어 세상을 구제할 때, 그에게 비술 십만 가지와 흑마 · 마구(馬具) · 신승(神繩) · 투창(投槍) 4가지를 주었다. 그는 삼년 동안 천상에서 인간 세상을 굽어 살피며 돌아다니다가 60세 노부인의 몸을 빌어서 사람으로 태어나니, 이를 게세르 복도라고 일렀다. 게세르 복도가 만가트와 다른 모든 악령을 다 무찔러 없애고 이 세상을 깨끗하게 하여서 사람들이 편안히 살게 되었다(J. Curtin, *A Journey in southern Siberia*).

(2) 일본

이 세계는 상계의 다카아마하라(高天原)와 하계의 네노쿠니(根國), 그리고 그 중간의 오야시마(大八洲)로 구성되었다. 그런데 어느 때 오야시마가 악신의 장난으로 무서운 혼란에 빠지고 초목까지 떠들고 야단을 하였다. 다카아마하라의 주신(主神) 아마테라스(天照)가 그 손자인 니니기(瓊瓊杵)에게 거울 · 검 · 구슬 등 3종류의 신부(神符)를 주며, 이를 가지고 인간 세상에 내려가서 소란을 진정시키도록 하였다. 니니기가 5부족장과 많은 신의 무리를 거느리고 겹겹의

---

27 원문에는 '망가대'라 되어 있다.
28 원문에는 '쿠르무스 · 텅걸'이라 되어 있다. 그런데 게세르 관련 신화에서 지상의 문제를 해결하기 위해 아들을 지상에 보내는 천상신의 이름은 히르마스(Khirmas) 혹은 호르무스타(Khormusta)이다. 이에 이 글에서는 히르마스로 수정하였다. '텅걸' 역시 현재 쓰이는 표기법인 '텡그리'로 수정하였다.

구름을 헤치면서 히무가(日向; 지명)²⁹의 다카치호노미네(高千穗峰)에 하강하여서 국토를 정돈하였다. 그리고 산신의 두 딸에게 장가들어서 신정을 행하였다. 그러는 중에 네 명의 아들을 낳고 그 막내아들이 또 네 명의 아들을 낳으니, 이 막내아들인 히코호호데미(彦火火出見)가 야마토노쿠니(倭國)를 야마토(大和) 지방에 세웠다(『고사기』, 『일본서기』).

(3) 류큐

태초에 일신(日神)이 있어 세계를 비추었다. 일신이 하계를 내려다보다가 섬과 같은 것이 있거늘, 즉시 아마미키요와 시네리키요라는 신에게 명하여 이를 다스려 사람이 살게 하였다. 두 신이 일신의 명을 받들어 아마미 악(嶽)으로 하강하여서 허다한 섬들을 만들어 내었다. 그런데 일신이 그 완성이 더딤을 보고 다시 명하길, 거기에 하늘에 사는 여러 신들을 만들지 말고 많은 사람들을 만들라고 하였다. 이렇게 하여 인간의 나라가 성립하였다(『おもろさうし』, 『中山世鑑』)

2) 토템 기원 설화 계열

(1) 돌궐계 여러 민족

칙륵(勅勒)·고거(高車)·돌궐(突厥) 등은 옛날에 흉노와 혈연적으로 연관이 있다. 처음 흉노의 임금이 두 딸을 낳으매, 인물이 절묘하여 나라 사람들이 다 신으로 생각하였다. 임금은 이러한 미인을 사람과 짝지어 준다는 것이 아까워 마땅히 하늘에 바치리라 생각하였다. 그래서 나라 북쪽에 있는 사람이 전혀 살지 않는 지역에

---

29 규슈 남부 미야자키현의 옛 이름이다.

높은 대(臺)를 쌓고 두 딸을 그 위에 두고는 하늘이 스스로 데려 가시라고 말하였다.

삼년이 지나도 아무 일 없어 그 어머니가 데려 내려오라 하였다. 하지만 아버지가 더 기다리라 하였다. 다시 일 년 뒤에 한 늙은 이리가 밤낮없이 홀로 돌아다니면서 울다가 이내 대 아래에 구멍을 뚫고 거기에 머물러 오래도록 가지 아니하였다. 그 소녀가 말하길, 아버지께서 우리를 여기 두고 하늘께 바친다 하시더니 이제 이리가 와서 지키니 혹시 하늘이 보내신 신물(神物)이 아닌가 하고 이리에게로 내려가려 하였다. 이에 그 오라비가 크게 놀라 말하길, 짐승에게로 가는 것은 부모에게 욕이 되리라 하였다. 하지만 누이가 듣지 아니하고 내려가서 이리의 처가 되어서 아들을 낳으니 이 씨가 퍼져서 돌궐계의 여러 나라가 되었다(『魏書』, 「高車列傳」과 『隋書』・『北史』 등의 「突厥外傳」).

(2) 몽고

처음 원나라 사람의 조상은 하늘이 내신 푸른색 이리인데, 흰색 사슴이 배필이 되어 함께 등길사(騰吉思)라는 큰물을 건너 알난하(斡難河)의 발원지인 보르칸산 앞에 이르러 머물면서 아들 하나를 낳으니 이름이 바타지한(巴塔赤罕)이었다. 이이가 알난(斡難)・극노륜(克魯倫)・토납(土拉) 등의 여러 하천 부근에 유목하는 모든 인민의 으뜸가는 조상이요 또 원나라의 시조도 되었다(『元朝秘史』).

(3) 구시베리아계 여러 민족

시베리아의 캄차달,[30] 코랴크, 야쿠트, 추크치 등의 인민들

---

30 원문에는 '감차달'이라 되어 있는데, 캄차달(Kamchadal)을 말하는 것으로 파악된다. 캄차카 반도 남부에 사는 종족이다.

은 세계를 상중하 삼단으로 생각하였다. 하계에 사는 큰 까마귀(Quikinnaqu)를 세계의 창조자, 인류의 시조, 또 자신들 종족의 선조로 믿고 있다. 세계의 태초에는 만물이 서로 자유롭게 변화하여 이 큰 까마귀도 본디 일종의 신령으로서 까마귀의 허울을 썼는데, 그와 그 자손이 자연 현상과 동식물과 결혼하여 그 합일체에서 생겨난 것이 사람이었다. 이 큰 까마귀는 사람에게 빛, 순록, 여러 가지 생활 기술과 주술을 주었다. 악령을 제압하고 복종시키기 위하여 샤만(巫覡)을 보내고 나중에 하늘로 올라갔다고 한다. 그 신화 중에는 큰 까마귀가 악마 칼라우(Kalau)와 맞서 투쟁하여 큰 까마귀의 승리로 끝나는 이야기가 있다(Bogoras, *The Chukchi*. Jochelson, *The Koryak*).

(4) 아이누

일본의 북부에 거주하여 '인종(人種)의 고도(孤島)'라고 일컫는 아이누인도 세계가 삼단으로 구성되고 상계에는 선신, 중계(中界)에는 사람, 하계에는 악령이 거주한다고 생각하였다. 중계에 사는 사람은 생활 기술로서 허다한 주술을 행하였다. 또 곰을 신령스러운 짐승이라 하여 가을마다 곰 제사를 베풀어 행하였다. 지금 와서는 그 의의가 불분명하게 되었지만, 곰 숭배의 풍속이 본디 곰을 토템으로 하는 고신앙에서 유래한 것이라는 점은 여러 학자들의 말하는 바이다(Batchelor, *Ainu Life and Lore*).

6. 단군 문헌

우리 국조 단군에 관한 문헌은 옛날에 「단군기(檀君記)」라는 것이 있었지만 언제인가 없어졌다. 그리고 그 부스러기를 전하는 조각 기록으로서 고려 중기의 『삼국유사』·『제왕운기(帝王韻紀)』, 조선 전기의 『응제시주(應製詩註)』·『세종실록』 지리지·『고려사』 지리지·『신증동국여지승람(新增東國輿地勝覽)』 등이 있다. 이 기록들을 통해서 전해오는 사실은 대강 아래와 같다.

천신 환웅과 웅녀를 부모로 하는 단군 왕검이 중국 고대 당나라[31] 요(堯) 임금 때에 처음 평양에 나라를 세워 이름을 조선이라 하고, 도읍을 왕검성(王儉城)에 이르셨다. 비서갑(非西岬) 하백(河伯)의 딸에게 장가들어서 아드님 부루(夫婁)를 낳으시니 이이가 부여왕(夫餘王)이 되었다. 단군께서는 뒤에 백악산·아사달 또 궁홀산·금미달이라 일컫는 데로 도읍을 옮겨 다니셨다. 중국에서 은(殷)나라에서 주(周)나라로 바뀌는 혁명이 있어 은나라 사람으로 기(箕)라는 땅에 자작(子爵)으로 봉해진 서여(胥餘)[32]가 동쪽으로 오니, 다시 당장경(唐藏京)[33]으로 도읍을 옮기고 뒤에 도로 아사달산에 숨어서 산신이 되셨다. 나라를 다스리기를 천여 년이요 나이는 더 수백 년을 누리셨느니라. 고구려·옥저·부여·신라·예맥(濊貊)이 다 단군의 후예며, 아사달은 지금 구월산, 당장경은 장장평(庄庄坪)이요, 비서갑은 미상이나 대개 대동강이 바다로 흘러드는 곳의 지점인 양하다. 강화(江華)의 마리산(摩利山)에 단군의 제천단(祭天壇)이 있고, 정족산(鼎足山)에 단군이 세 아들로 하여금 쌓게 한 삼랑성(三郎城)이 있다.

---

31 여기서의 '당나라'는 요 임금이 왕위에 오른 후 칭한 나라이다. 우리 역사에 많이 등장하는 618년에 세워진 당나라와는 다르다.

32 우리가 흔히 기자(箕子)라 부르는 이이다. 본문에서 알 수 있듯이, 기자는 '기'라는 땅에 봉해진 '자작'을 말한다. 그 이름은 서여이고, 성은 자이다.

33 『신증동국여지승람』과 허목의 『미수기언(眉叟記言)』 등에는 당장경(唐藏京)으로 기록되어 있다. 반면에 『삼국유사』에는 장당경(藏唐京)으로 기록되어 있다.

1) 『삼국유사』

- 고기(古記)에 이르기를 "(중략) 단군 왕검이라고 불렀다. 그는 요 임금이 즉위한 지 50년인 경인년[요 임금의 즉위 원년은 무진년이니, 50년은 정사년이지 경인년이 아니다. 사실이 아닌 듯하다]에 평양성[지금의 서경]에 도읍을 정하고 비로소 조선이라 칭하였다. 또 도읍을 백악산 아사달에 옮겼는데, 이름을 궁(弓)[일설에는 방(方)이라고도 한다]홀산(忽山), 또는 금미달(今彌達)이라고 하였다. 1,500년 동안 나라를 다스렸다. 주나라 무왕(武王) 즉위한 기묘년에 기자(箕子)를 조선에 봉하자, 단군은 이에 장당경(藏唐京)으로 옮겼다가 나중에 돌아와 아사달에 숨어서 산신이 되었으니, 나이가 1908세였다."라고 하였다(권 제1 고조선).

- 고기(古記)에 이르기를 "『전한서』에 선제(宣帝) 신작(神爵) 3년 임술(壬戌) 4월 8일 천제(天帝)가 다섯 마리 용이 끄는 수레를 타고 흘승골성(訖升骨城)[대요(大遼) 의주(醫州) 지역에 있다]에 내려와서 도읍을 정하고 왕으로 일컬어 나라 이름을 북부여(北扶餘)라 하고 자칭 해모수(解慕漱)라 하였다. 아들을 낳아 이름을 부루(扶婁)라 하고 해(解)로써 씨를 삼았다. 그 후 왕은 상제의 명령에 따라 동부여로 도읍을 옮기게 되고 동명제가 북부여를 이어 일어나 졸본주(卒本州)에 도읍을 세우고 졸본 부여가 되었으니 곧 고구려의 시조이다."라고 하였다(권 제1 북부여).

- 국사(國史) 고려 본기에 이른다. (중략) 단군기(檀君記)에 이르기를 "[단]군(君)이 서하(西河) 하백의 딸과 상관하여 아이를 낳으니 이름을 부루라고 하였다."라고 하였다. 지금 이 기록을 보면 해모수가 하백의 딸과 관계하여 뒤에 주몽을 낳았다고 하

였다. 단군기에는 "아들을 낳으니 이름을 부루이다."라고 하였으니 부루와 주몽은 이복형제일 것이다(권 제1 고구려).

• 제1대 동명왕 갑신년에 즉위하여 18년을 다스렸고, 성은 고(高)씨이고, 이름은 주몽(朱蒙)이다. 추모(鄒蒙)라고도 한다. 단군(壇君)의 아들이다(왕력 제1 동명왕).

2) 이승휴, 『제왕운기(帝王韻紀)』

처음에 어느 누가 나라를 열었던고

석제(釋帝)의 손자로 이름은 단군(檀君)일세[본기(本紀)에 기록되어 있기를 상제 환인(上帝桓因)에게 서자(庶子)가 있었으니 웅(雄)이라고 하였더라. 기록에 적혀 있기를 삼위태백(三危太白)으로 내려가서 홍익인간을 하도록 해라 하니 이에 따라서 웅(雄)이 천부인 3개를 받고 천인 3천 명을 데리고 태백산 꼭대기의 신단수(神檀樹) 아래로 내려오니 이를 단웅 천왕(檀雄天王)이라고 말하는 것이다. 손녀로 하여금 약을 먹게 하여 사람의 몸을 이루게 한 후 단수신(檀樹神: 檀雄天王)과 혼인을 하게 함으로서 아들을 낳으니, 이름이 단군이다. 조선 지역에 머물면서 임금이 되시니 이와 같은 연고로 시라(尸羅: 新羅), 고례(高禮: 高句麗), 남북 옥저(沃沮), 동북 부여(夫餘), 예(穢)와 맥(貊)이 모두 단군의 뒤를 이어온 나라들이라. 다스리기를 1028년이다가 아사달산으로 들어가서 신(神)이 되시니 돌아가시지 않는 연고이니라]

요임금과 같은 때 무진년에 나라를 세워

순임금 지나 하(夏)나라까지 왕위에 계셨도다.

은나라 무정 8년 을미년에 아사달산에 들어가서 신선이 되었으니[지금의 구월산이다. 다른 이름으로 궁홀(弓忽)이며 또 다른 이름은 삼위(三危)이니 사당이 아직까지 있다]

나라를 누린 것이 1028년인데 그 조화는 상제 환인이 전한 일 아니던가?

그 뒤 164년 어진 사람께서 군신(君臣)의 길을 열었구나[혹은 그 후
164년은 부자는 있었으되 군신은 없었다고 한다](권 하 동국군왕 개국연대, 前
朝鮮紀)

3) 권람(權擥), 『응제시주(應製詩註)』 명제(命題) 10수 중 1수

태초에 개벽하신 동이(東夷) 임금이 계시니[자주(自註), 옛날에 신인
(神人)이 단목(檀木) 아래에 내려오시니 그 이름을 단군(檀君)이라 하였고, 때
는 당나라 요 임금 원년 무진이다. 증주(增註), 고기에 이르기를, "상제 환인
(上帝桓因)에 서자(庶子)가 있으니 이름을 웅(雄)이라 하였다. 웅이 인간 세상
에 내려가 교화하려는 뜻이 있어 천삼인(天三印)을 받아 무리 3천을 거느리고
태백산 신단수(神檀樹) 아래에 내려오시니 환웅 천황(桓雄天王)이라 한다. 환
(桓)은 단(檀)이라고도 한다. 풍백(風伯)·우사(雨師)·운사(雲師)를 거느리
고, 곡식·생명·질병·형벌·선악 등 인간의 360여 가지 일을 주관하면서, 세
상에서 다스리고 교화하였다. 이때 곰 한 마리와 호랑이 한 마리가 같은 굴에
서 살면서 항상 웅(雄)에게 빌면서 사람이 되기를 원했다. 이때 웅이 신령스러
운 쑥 한 주(炷)와 마늘 스무 매(枚)를 주면서 말하기를, '너희들이 이것을 먹
고 백일 동안 햇빛을 보지 않으면 사람의 모습을 얻을 것이다.'라고 하였다. 곰
과 호랑이가 그것을 먹으니, 호랑이는 금기를 지키지 못하였으나 곰은 삼칠일
(三七日) 동안 금기하여 여자의 몸이 되었다. 그러나 혼인할 사람이 없어서 늘
단수(檀樹) 아래에서 아이를 갖게 해달라고 빌었다. 웅이 잠시 사람으로 변하
여 그와 혼인하고 아이를 낳으니 단군(檀君)이라고 불렸고, 당의 요 임금이 즉
위한 때와 같다. 국호를 조선이라 하였고, 처음에 평양에 도읍하였으나 후에 백
악으로 옮겼다. 비서갑(非西岬) 하백의 딸에게 장가들어 아들을 낳아 그 이름
을 부루(夫婁)라 하니, 동부여 왕이 되었다. 우 임금이 제후를 도산(塗山)에 소
집하니 단군이 아들 부루를 조회에 보냈다. 단군은 우의 하(夏)나라를 지나·

상(商)나라 무정 8년 을미에 이르러 아사달산에 들어가 신이 되었다. 지금의 황해도 구월산이고, 사당이 지금까지 있다. 향년 1048년이고, 그 후 1064년 기묘에 기자가 봉해졌다."고 하였다.]

들으니 홍황(鴻荒)의 시대에[홍(鴻)은 호(胡)와 공(孔)의 반절이다. 방홍(厖鴻)은 미분된 모습이다. 양자(楊子)는 홍황지세(鴻荒之世)라고 하였다.]

나무 가에 내려온 단군
동쪽 나라의 땅에 임하시니
때는 요당(堯唐)의 시대였다고 하네[요(堯)는 당제(唐帝)의 이름으로 제곡(帝嚳)의 아들이다. 처음에는 당후(唐候)였으나 후에 천자가 되었고 이로 인하여 당은 천하를 지칭하는 말이 되었다.]

몇 대를 전하였는지는 알지 못하지만
지내온 햇수는 일찍이 천년이 넘었네
그 후 기자(箕子) 대에
그때에도 똑같이 조선이라 하였네

4) 『세종실록』

- 단군 고기(檀君古記)에 이르기를, "상제(上帝) 환인(桓因)이 서자(庶子)가 있으니 이름이 웅(雄)이다. 세상에 내려가서 사람이 되고자 하여 천부인(天符印) 3개를 받아 가지고 태백산 신단수(神檀樹) 아래에 강림하였으니, 이가 곧 단웅 천왕(檀雄天王)이 되었다. 손녀로 하여금 약을 마시고 인신(人身)이 되게 하여, 단수(檀樹)의 신(神)과 더불어 혼인해서 아들을 낳으니 이름이 단군(檀君)이다. 나라를 세우고 이름을 조선(朝鮮)이라 하니, 조선(朝鮮), 시라(尸羅), 고례(高禮), 남북 옥저(沃沮), 동북 부여(扶餘), 예(濊)와 맥(貊)이 모두 단군의 다스림이 되었다. 단군이 비서갑(非西岬) 하백(河伯)의 딸에게 장가들어 아들을 낳으니, 부루(夫

婁)이다. 이를 곧 동부여 왕이라고 이른다. 단군이 당요(唐堯)
와 더불어 같은 날에 임금이 되고, 우(禹)가 도산(塗山)의 모임
을 당하여, 태자 부루(夫婁)를 보내어 조회하게 하였다. 나라를
누린 지 1038년 만인 은(殷)나라 무정(武丁) 8년 을미에 아사달
(阿斯達)에 들어가 신(神)이 되니, 지금의 문화현(文化縣) 구월산
(九月山)이다. 부루가 아들이 없어서 금색 개구리 모양의 아이
를 얻어 기르니, 이름을 금와(金蛙)라 하고, 세워서 태자를 삼았
다."고 하였다(권 제154 지리지 평안도 평양부 靈異).

5) 『고려사』

• 본래 삼조선(三朝鮮)의 옛 도읍이다. 당요(唐堯) 무진년(戊辰年)
에 신인(神人)이 단목(檀木) 아래로 내려오자 나라 사람들이 그
를 임금으로 옹립해 평양에 도읍하니 단군(檀君)이라 불렀으니
이것이 전조선(前朝鮮)이다(권58 지리 3, 서경유수관 평양부).

6) 『신증동국여지승람』

• 본래 삼조선(三朝鮮)과 고구려의 옛 도읍으로 당요(唐堯) 무진
년에 신인(神人)이 태백산(太伯山) 단목(檀木) 아래에 내려왔으므
로 나라 사람들이 그를 세워 임금을 삼아 평양에 도읍하고 단
군(檀君)이라 일컬었으니, 이것이 전조선이다(권51 평안도 평양부,
건치 연혁).

• 고기(古記)에, "옛날 천신(天神)의 환인(桓因)이 있었는데, 서자
(庶子) 웅(雄)에게 명하여 천부인(天符印) 세 개를 가지고 무리 3
천 명을 거느리고 태백산 꼭대기 신단수(神檀樹) 밑으로 내려

가게 하였는데, 그곳을 신시(神市)라고 하였으며, 인간의 360여 가지의 일들을 맡아 보게 하였다. 그때에 한 곰이 있어 늘 사람의 몸이 되기를 신에게 축원하거늘, 신이 영약을 주어 먹게 하였더니, 곰이 그것을 먹고 여자로 변하였다. 신이 임시 사람으로 변하여 혼인하여 아들을 낳았으니, 이것이 단군(檀君)이다. 나라를 세워 조선(朝鮮)이라 불렀으며, 단군은 비서갑(非西岬) 하백(河伯)의 딸에게 장가들어 아들을 낳았는데, 부루(夫婁)하고 한다. 우(禹) 임금이 도산(塗山)에서 제후(諸侯)를 모을 때 단군이 부루를 보내어 조공을 드리게 하였다. 뒤에 부루가 북부여 왕이 되었으나, 늙도록 아들이 없어 곤연(鯤淵)에 가서 아들을 빌어, 어린아이를 얻어서 기르니 이것이 금와(金蛙)다. 금와의 후손이 전해오다가 대소(帶素)에 이르러 고구려의 대신무왕(大神武王)에게 멸망되었다."고 한다(권54 영변대도호부 고적, 태백산).

• 참성단(塹城壇) 마니산 꼭대기에 있다. 돌을 모아 쌓았는데, 단의 높이는 10척이며, 위는 모가 나고 아래는 둥근데, 위는 사면이 각각 6척 6촌이요, 아래 둥근 것은 각각 15척이다. 세상에서 전하기를, "단군(檀君)이 하늘에 제사지내던 곳이다."고 하였다. 본조에서 전조(前朝)의 예전 방식대로 이 사단에서 별에 제사지냈는데, 아래에 재궁(齋宮)이 있다. 우리 태종이 잠저 때 대언(代言)이 되어 여기서 재숙(齋宿)했다(권12 강화도호부 사단).

• 전등산에 있는데, 세상에서 전하기를 "단군이 세 아들을 시켜 쌓았다."고 한다(권12 강화도호부 고적, 三郎城).

7) 『동국통감』

• 동방에는 처음에 군장이 없었는데, 신인(神人)이 단수(단수나무 아래로 내려오자 나라 사람들이 세워서 임금으로 삼았다. 이이가 단군이며 국호는 조선(朝鮮)이었는데, 바로 당요(唐堯) 무진년이었다. 처음에는 평양에 도읍을 정하였다가 뒤에 백악(白岳)으로 도읍을 옮겼다. 상나라 무정(武丁) 8년 을미에 아사달산에 들어가 신이 되었다(外紀, 단군 조선).

이상이 문헌으로 밝히고 살필 수 있는 우리 원사(原史) 시대의 약간 사실이다. 그리고 그 근본 재료는 『삼국유사』에 채택되어 실린 환웅 신화 후반의 역사성 부분이다. 이 부분에는 신화에서 보는 것 같은 신이하고 기괴한 요소는 아무 것도 없으며 오직 입국(立國)· 천도(遷都)·제천(祭天)·생자(生子) 등을 극히 성기고 어설프게 기록하여 전하려 하는 것이다. 따라서 천여 년의 사실(史實)에 대한 것이기는 하지만 거칠고 엉성한 기록인 만큼, 어떤 심리와 경향으로 짐짓 만들어낸 부분이 붙어 있을 여지조차 없다. 그러나 이 부분을 원사로 설정하는 데 있어서는, 그 진실성 여하에 대하여 꼼꼼하고 자세한 검토를 더하지 않으면 안 될 것이다.

해제

1. 단군론 – 조선을 중심으로 한 동방 문화 연원 연구

(1)

이 논설은 잘 알려진 것처럼 1926년 3월 3일부터 1926년 7월 25일까지 『동아일보』에 연재된 글이다. 요즘은 디지털 라이브러리 덕분에 『동아일보』 원문 자체를 열람할 수 있어 「단군론」을 접하는 것이 쉬워졌다.

이 원문을 재게재한 것이 고려대학교 아세아문제연구소에서 발간한 『육당최남선전집(2)』(이하 『전집』, 현암사, 1973)이다. 이 『육당최남선전집』은 『동아일보』 원문에 붙은 「단군론」 연재 순번과 다른 것을 발견할 수 있는데, 그것은 목차 자체를 바꾼 것이라기보다는, 목차 내용에 맞춰 신문 연재 번호를 재구성한 것이다. 그러나 내용 자체가 재구성된 것은 아니다.

『동아일보』의 「단군론」과 『전집』의 「단군론」은 '壇君論'이라고 표기하고 있다. 그것은 단순하게 단(壇)자를 선택한 것이 아니라 표기법을 의식적으로 선택한 것이며 내용적인 측면에서 아주 중요한 의미를 갖는다. 여기서 「단군론」의 집필 의도를 읽어낼 수 있다. 첫째는 일본의 식민지 시기 '단군 말살론'에 대한 저항 담론의 의미로서 단군(檀君)을 재구축하는 시도였다. 둘째는 동아시아적 · 인문학적 · 과학적 보편성을 강조하기 위해 제시된 '아이콘(icon)으로서의 단군'이었다.

최남선은 「단군론」을 집필하기 이전 1918년에 「계고차존(稽古箚存)」을 발표하고, 1922년에 「조선역사통속강화개제(朝鮮歷史通俗講話開題)」를 발표하였다. 이후 1925년에 「백색」, 「되무덤이에서」, 「조선과 세계의 공통어」를 집필했다. 1926년 2월부터 「단군 부인의 망」을 발표하고, 1926년 「단군론」을 발표하는 인식론적 여정을 거쳤다.

물론 최남선이 1918년 이전까지 아무 글을 쓰지 않았다는 것이 아니다. 『소년』에 공륙(公六)이라는 호로 「국사사론(國史私論)」(1908)을 발표했다. 최남선은 '순정 사학의 산물도 아니지만, 감정의 결정체라고만 볼 수도 없는 국조(國祖)의 역사'에 대해 논하는 것을 고민하고 있었다. 그렇지만 '식민지 지배 상황 아래'에서 최남선은 순정 사학과 감정, 국조 역사에 대한 '시정하는' 문제와 '기억하고 상기하여 후세에 전달'한다는 주체의 디컨스트럭션(deconstruction: 탈구축) 문제와 조우하게 되는데, 그 분수령이 되는 것이 「단군론」이다.

이 「단군론」은 한국의 식민지 시기뿐만 아니라 일본 메이지 시기 '일본 근대 사학'적 방법론에 맞부딪치면서, 일본과 식민지 한국에 단군을 어떻게 사상적 이념으로 정착시킬 것인가를 위해 집필되었다. 특히 일본인의 '근대 사학' 시선에 대한 단군 신화 부정론에 대해 반론을 제기하고, 일본인 학자들의 '인식론적 특징'과 '문헌 해독의 실질성'을 통해 단군 부정론의 이론 설정을 조감하면서 그 과정에서 나타난 일본인의 '선입견'과 '시대적 역사의 특수성'을 고찰하며 단군의 운명을 논하는 것이었다.

(2)

「단군론」의 목차 구성에서 먼저 '1. 개제' 즉 제목의 의의를 설명하고 대체적인 내용을 제시한다는 의미에서, 「단군론」의 의도를 잘 설명한다. 그러니까 동아시아에서 중국 이외에 오랜 역사를 보유하고 있는 것이 조선이며, 조선의 단군은 조선사나 동양사뿐만 아니라 인류 문화의 형질을 밝히는 인문학적인 시원이라는 입각점을 제시한다.

이를 증명하기 위해서 단군의 고전인 『삼국사기』와 『삼국유사』를 소개하는데, 중요한 것은 단군이 전설이면서도 사실적 배경이 채색되어 있다고 보는 관점이다. 단군이 전설이나 설화이면서도 역사적 사실인 점을 동시에 제시했다. 『삼국유사』가 불교 전래의 자료와 융섭된 의혹에 대한 '입장' 표명이었다. 그것은 원문의 중요성을 논하면서, 『삼국유사』 편찬자의 입장에 대한 해명이기도 했다. 동시에 『삼국유사』, 『고려사』, 『동국사략』, 『고려사』, 『세종실록』 등의 단군 부분을 소개하면서, 『삼국사기』 「고구려본기」, 『동국통감』 「외기」를 '준직접 증빙'으로 활용했고, 간접 증빙을 전개해 간다고 제시한다.

그렇지만, 단군이 신비화되거나 사실적이지 못한 부분이 있어 신임을 얻기 어려운 사정을 인정한다. 그리하여 하나의 신화이며, 전설이요, 역사적 믿음을 갖는 문장이 아니라는 뜻에서 '단군전'이라는 명칭을 사용하고, 이를 사실(史實)로 보고 역사화하는 것이 어려운 것임을 자인한다. 물론 이것은 단군을 부정하는 의미라기보다는 기존의 문헌 사학적 해석에 대한 '비판적 고찰'이며 역사학 입장에서 신화 비판이라는 실증주의적 입장을 표방하게 되는 계기가 된다.

최남선은 인류학과 민족학적 학문을 도입하면서 이들을 총괄하는 시선을 통해 역사를 보는 시점을 학문 세계의 새로운 빛으로 기대된다고 논하고, 동시에 인간사의 입장과 언어적 해석을 도입할 필요를 주창하게 된다. 인간사라는 것은 표상에 관계되는 것이며, 심리학적인 방법이나 인류학적인 검토가 부가되어야 한다고 본 것이다. 다시 말해서 최남선은 기존의 '단군론'과는 달리 앞 세대와 차이점을 갖기 시작한 것이다. 단군 신화 자체를 부정하는 입장에서 전개하는 비판론이 아니라 '문헌들의 자료적 특성을 파악하여' 있는 그대로 사실적 배경을 찾는 일이 역사학의 실증이라고 보았다.

최남선은 당시 일본인들이 신화를 비판하는 풍조를 의식하여, '소재의 형태'를 분석하여, 예단(豫斷)을 막아야 한다고 주장한다. 즉, 일본인들이 전개하던 단군 신화의 방향성이 '단군 신화 부정과 망탄설'이라는 논리가 '일본인 내부에서 형성'되고 있는 것에 반발하면서, 단군론 자체의 새로운 전환점을 맞이하고 있다고 본 것이다. 그들 일본인은 바로 나카 미치요(那珂通世)와 시라토리 구라키치(白鳥庫吉)이다. 나카 미치요는 단군(檀君)의 이름을 왕검(王儉)이라고 한 것은 평양의 옛 명칭인 왕험(王險)이 험(險)자를 사람 인변(人扁)으로 바꾼 것이고 이는 불교적 영향으로 승려의 날조임을 주장했고, 『동국통감』「외기」에 이것이 게재된 것은 승려의 망설이라고 피력했다. 시라토리 구라키치는 나카 미치요의 설을 수용 확대하여 태백산과 묘향산의 관계를 서술하며, 불교가 융성하던 시기에 단목(檀木)을 향목(香木)을 가리키는 것이라 하여 불교적 색채가 농후함을 주장했다. 그리고 승려의 허황된 망탄으로 만들어진 것으로 태백산이 향목을 생산하기 때문에 이것을 인도의 마라야산(摩羅耶山)에 비유하고, 그 향목을 우두전단(牛頭旃檀)에 모방하고, 그래서 이 나무 아래에 강림한 것을 인연으로 하여 단군이라는 가공의 인물을 안출한 것이라고 주장했다. 또 하나는 『삼국사기』의 「고구려본기」에 게재된 '주몽전'을 보면, 주몽의 양부(養父)는 금와(金蛙)인데, 이 금와의 양부는 부루요, 부루의 실부(實父)는 단군이라는 것이다. 그래서 단군은 조선의 조상이 아니라 고구려 한 나라의 조상이었다고 주장했다.

이 계통을 이어 이마니시 류(今西龍)는, 단군 왕검의 네 글자를 문제 삼으며, 선인(仙人)의 이름과 지명의 왕험을 연결하여 해석했다. 『위서』, 『북사』, 『수서』, 『당서』, 『사기정의(史記正義)』, 『통전』을 인용하여 선인의 의미를 부각시킨 뒤, 단(檀)과 단(壇)과 단(擅)과 서로 통용된 것처럼 검(儉)과 험(險)이 통용되었을 뿐임을 주장한다. 단군 이름이 『삼국사기』, 『고려도경』 등의 서책과 서경(西京)의 팔선인(八仙人) 중에도 보이지 않는 것은 당시에 단군의 호칭이 존재하지 아니하였음을 증명하는 것이라 했다. 결과적으로 조선의 단군 신화라는 단군이 일본과도 상관이 없는 것이라고 본 것이다. 다시 말해서 태백산에 천강(天降)한 천신의 아들이라는 부분과 일본의 천손 강림의 유사성을 단절시킨 것이다.

이러한 단군의 어휘에 관한 비판에 이어, 미우라 히로유키(三浦周行)는 기자 조선의 성립 연대와 단군 전설의 성립 연대가 다름을 동원하여, 기자를 신으로 봉재한 자취는 고구려 시대에도 있지만, 단군은 그렇지 아니하고, 고려 이후에 나타나서 기자에 배향되고 제수(祭需)도 기자만 못한 사실을 지적하여, 성립 연대론을 통해 단군을 비판했다. 또 하나는 단군에 대하 제사와 존숭이 융성한 시기를 역사적으로 보면, 독립 자존심이 왕성한 시기와 맞닿아 있음을 증명했다.

이를 이어 이나바 이와키치(稻葉岩吉)는, 조선 역사의 발전 과정을 피력하면서 지배자 계급의 대외적 필요로 인해 이것이 공공연해지고, 단군은 민족적 요구 즉 민족 이데올로기로서 작동했다고 주장하게 된다.

특히 단군에 관한 견해를 관학적(官學的) 입장에서 발표한 오다 쇼고(小田省吾)의 비판도 주의를 기울였다. 오다 쇼고는 일본 음독으로 '단군(タンクン)'이란 조선음의 '단님'이며, '단님'은 곧 '달님'의 와전으로 보았다. 이것이 의미하는 것은 산군(山君), 산주(山主) 또는 산신이라는 것이다. 그리고 단군 전설은, 몽고 습래에 대한 반항 정신의 산물로 『대장경』 각판과 거의 시기적으로 비슷할 것이라는 예를 들었다. 또한 조선 시대는 주자학을 중시하여 불교를 배척하면서도 국가에서는 단군을 숭배하고 선전했지만 오히려 망탄 논리가 주창되었다고 주장했다. 이것이 조선 말기에 이르러 민족 정신이 환기되면서 단군이 국조로 이용되었다고 주장했다. 이는 이나바 이와키치(稻葉岩吉)의 설을 수용하고 확대하면서 전개한 관학자의 논리였던 것이다.

여기서 다시 환기되어야 하는 것은, 최남선이 나카 미치요와 시라토리 구라키치, 이마니시 류, 미우라 히로유키, 이나바 이와키치, 오다 쇼고 등의 단군에 관한 주장을 '승도 망담설', '왕험성 신설', '성립 연대관', '민족적 감정설', '관학적 단안'으로 그 내용을 정리했지만, 그 과정에서 드러난 일본인 학자들 즉 가나자와 쇼자부로(金澤庄三郎), 오구라 신페이(小倉新平), 다카하시 도오루(高橋亨)의 논설들도 참고하여, 당시의 학문적 흐름과 방법론이 어떻게 전개되는지도 참고해야 할 것이다.

(3)

이러한 시대적 이설들을 배경으로 최남선이 「단군론」에서 강조하는 것은 문헌 본위적이거나 문자 본위로 고찰이 갖는 부당함이었으며, 민속적 방면과 언어학적 방면을 통한 인문적 방면, 특히 객관적이고 과학적 방법이라는 '이론 틀'을 제시하려 한 것이다. 동시에 「단군론」에서 주장하는 이론에는 이(異)문화를 대하는 태도와 인식론적 '선험성'이 가진 문제점을 제시한다는 점이다.

요컨대 조선의 단군론에 대한 일본인들의 입장을 '편견'과 그 편견이 의식적 무의식적인 시선이라고 비판한다. 후자의 무의식적 편견이란 것은 일반 역사에 대해 이치나 도리에 맞지 않는 견해를 가졌기 때문에 그런 것이고, 전자의 의식적인 것은 일본인들 사이에 편견과 선입견이 있어, 이설(異說)에 대해 귀기울이지 않는 것을 비판한 것이다. 바로 문화 본질론적인 선입견에 대한 비판이다. 최남선은 이미 문화 상대주의를 주장하고 있었고, 일본인들이 주장하는 신화 해석이 갖는 문제점을 간파하고 있었다.

메이지 시기 일본의 근대 역사학을 들여다보면, 가장 핵심은 '신화 해석'을 어떻게 실증적이고 과학적으로 재구성할 수 있는가 라는 문제를 일본인들은 끌어안고 있었다. 일본 내부에서 '신화' 이론이 형성되고 '사유'되어 갔던 것이다. 물론 잘 알려진 것처럼 메이지 시기 일본 사학의 흐름을 주도한 것은 관학 아카데미즘 사학이었다. 특히 일본 근대 역사학의 원류라고 일컬어지는 시게노 야스쓰구(重野安繹), 구메 구니타케(久米邦武), 호시노 히사시(星野恒), 나카 추요(那珂通世) 등에 의해 출발하였다. 이들은 '신화'를 국가의 생성 궤적이자 정사(正史)의 기원이라는 정통성을 내세우는 논리로 설정하였다. 그러나 일본이 근대를 경험하면서 만들어낸 메이지 시기의 신화 관념의 생성 그 자체가 일본이라는 공동체 안에서 '신화' 재해석 경험을 식민지 조선까지 외연을 확장하면서 '총체화'시켜 가고 있었다.

특히 『고사기』, 『일본서기』에 기술된 '천황' 기술이 기년이 맞지 않는다는 '천황 가공론'을 해결하는 방법론을 내부에서 해결하면서 그 이론을 일본 국가를 넘어 식민지로 파급시켰고, 제국의 판도를 그리듯이 '일본적 인식'을 타자인 조선에 대입시키고 있었던 것이다. 일본인 시각에서 경험한 신화 해석을 보편주의적 시각으로 내면화하여 조선의 '단군 신화'를 해석하는 논리로 전와되었으며, 결국은 조선 '신화' 부정론을 낳게 된 것이다. 일본인들은 일본인 공동체 내부 이데올로기 자장에서 자유롭지 못했던 것이다. 바로 이러한 측면을 최남선의 「단군론」은 꿰뚫고 있었던 것이다.

이러한 선험적 인식을 비판하면서 최남선은 「단군론」 후반부에서는 그렇기 때문에 실증적이고 과학적이면서 인문적인 방법론을 동원하기 시작한 것이다. 최남선은 단군론 부정에 대한 승려 망담론에 대해 '환'과 '천왕' '단군'을 『위서』, 『삼국사기』, 『동국사략』, 『고려사』, 『춘추』 등을 통해 단(檀)과 단(壇)을 설명하고 그 의미를 밝혀냈다.

동시에 천부인(天符印), 환국(桓國) 등을 통해 단군 고전이 불교적으로 일관된 명제도 아니고, 불교적으로 통일된 설명이 불가능함을 주장하게 된 것이다. 단군이 원초적 바탕이 있었는데, 그것이 불교 경전에 나오는 글자의 음이나 말의 뜻이 같은 것이 있을 수 있다고 설명한다. '환'이나 '단'이고 불교 경전에서 끄집어낸 것이 아닌 이유가 존재했음을 밝혀낸 것이다. 일본인 학자들이 만일 단군 고전에 불교적 색채를 주장하면 할수록 오히려 고전적 논리성이 더 확실하게 드러나는 것이라는 역설을 제시한 것이다.

이것은 「단군론」을 계기로 일본인들이 주장하는 단군 부정론에 반박하면서 '단군학의 근대적 학문'을 구축해 가려는 주체성을 찾으려 시도하기 시작한 것이다. 일본인이 만들어 놓은 중앙=일본, 조선=열등국 이미지 속에서 동아시아의 우월한 '상징적 진실'로서의 단군을 과학적으로 증명하려 했던 것이다. '반'단군론과 '탈'문헌학을 주장하며, 본질주의와 문화 상대주의를 가시화시키며, 민족학과 민속학이라는 새로운 학문들과 연계시키는 학제적 연구 방법론을 갖게 된 것이다.

일본이 조선을 식민지화하면서 새로운 국민 국가의 '국조'를 창출해 가는 지점에서 일본인의 '신화 재해석 이론'에 대해 새롭게 신화 재구축 토대를 다시 만들고, 이를 실천해 가는 분수령이 「단군론」이었고, 결국 일본인들의 학문적 성향과 서로 얽히면서 '단군전'이라든가 전설, 설화라는 표현을 빌리면서, 민족학과 민속학, 언어학 이론을 원용하는 학제적 방법론을 활용하기 시작한 것이다. 동아시아에서 신화 해석의 주류가 되려는 일본판 단군 해석 시스템에 '신화 해석의 사상전 헤게모니'에 인문과학적 연구 방법을 접목시켰던 것이다.

- 전성곤 -

2. 단군급기연구 · 단군고기전석

(1)

「단군급기연구」는 원래 '壇君及其硏究'라는 제목으로 1928년 5월 『별건곤(別乾坤)』에 실린 것이다. 원문에서는 대체로 '~습니다', '~입니다'로 끝나는 경어체로 되어 있었지만, 논의 정리와 같은 일부 대목에서는 그 일관성이 지켜지지 않았다. 이에 역주자는 전체를 경어체로 통일하여 그 일관성을 유지했다.

「단군급기연구」는 최남선 단군론의 총결산이자 집대성이라 평가된다. 최남선은 3·1운동과 관련되어 2년간 감옥에 갇혀 있으면서, 조선 민족의 연원을 추구하고 단군에 대한 관심을 구체화해 왔다. 그러던 중 1926년 오다 쇼고(小田省吾)의 「단군 전설에 대하여」라는 글로 대표되는 일인 학자들의 단군 부정론을 접하게 되었고, 이를 비판하면서 일련의 단군 관련 글을 발표한다. 최남선은 1926년에서 1928년까지 집중적으로 단군 관련 글들을 발표한다. 「단군급기연구」가 바로 이러한 일련의 단군론의 총결산이다. 그동안 최남선 자신이 연구 성과와 연구 방법을 체계적으로 종합한 단군론의 집대성인 것이다.

「단군급기연구」에서 주목되는 것은 다양한 방법론의 종합이라는 점이다. 최남선에 따르면 단군에 대한 연구는 '이전 시대 심리의 산물인 원시 문화 현상으로', '신화·전설·신앙·관념 등 민속학적 통칙(通則)으로', '언어·민족과 문화 계통에 기대는 비교적 검토와 규명' 등으로 이루어져야 한다고 보았다. 또한 최남선은 '민족 심리학을 중심으로 하고 사회학·경제학·사학·지리학 등의 도움으로 그 내용이 검토'되어야 한다고 주장한다.

실제로 「단군급기연구」에서는 '신화적 고찰', '종교적 고찰', '역사적 고찰', '사회학적 고찰', '경제사적 고찰', '언어학적 고찰' 등이 이루어진다. 신화·종교·역사·사회·경제·언어 등 여러 학문 분야를 통한 검토와 종합을 통해, 최남선이 내린 결론은 다음의 여섯 가지로 요약된다.

첫째, 우리나라의 고대는 주술적 힘을 중심에 둔 제정일치의 사회였다. 둘째, 단군에 대한 옛 전승을 통해서 알 수 있는 우리나라의 고대인들은 농업 경제의 국민이었다. 셋째, 신화의 형식에 성전(聖典)의 역할을 겸한 단군기(壇君記)는 토테미즘 시대에서, 영웅과 신의 시대로 진전하는 사실을 표현하는 일종의 원사(原史: Proto-history)이다. 넷째, 단군 고기(壇君古記)에 나오는 규범적 칭호와 역사적 지리는 다 확실한 사실의 근거와 배경을 가진 것이다. 다섯째, 단군 왕검(壇君王儉)이란, 천제자(天帝子)로 신정(神政)을 창시한 고대 군장의 칭호이며, 개인으로 기억될 때에는 우리나라 인문(人文)의 조상인 어른이다.

(2)

「단군고기전석」은 원래 '檀君古記箋釋'이라는 제목으로 1954년 『사상계』 2월호에 실린 것이다. 『사상계』에 실린 원문을 바탕으로 이루어진 역주는 쉽게 풀어쓰는 것을 기본 방향으로 하되, 최남선 이 본래 추구한 논지를 최대한 살리는 범위 내에서 이루어졌다. 목 차가 일부 통합되거나 첨가되었고, 제목도 바뀌었다. 이는 목차의 위계를 동등하게 하고, 내용의 일관성을 유지하기 위해서였다.

이병도가 쓴 육당 기념 비문에 따르면, 「단군고기전석」은 「불함 문화론」과 함께 대표적인 단군 연구 성과로 꼽힌다. 「단군고기전 석」의 내용은 그 제목 그대로, 단군 관련 옛 기록의 주석이라 할 수 있다. 최남선에 따르면, 『삼국유사』에서 인용한 단군에 관한 옛 기 록은 본래 독립적인 2종류의 부자연스런 결합이다. 첫머리로부터 웅녀가 아이를 배어 아들을 낳았다고 한 데까지는 순연한 신화에 속하는 것이다. 반면에 단군 왕검이 도읍을 건설하고 나라를 세우 는 것부터 끝까지는 전설적 역사의 기록이다.

「단군고기전석」이 주로 다룬 것은 신화에 속하는 앞부분이다. 이 부분을 구성하는 요소들 가운데 주요한 것들 곧, 1) 천강(天降), 2) 서자(庶子), 3) 하시(下視), 인간(人間), 4) 삼위(三危)·태백(太伯), 5) 천부인(天符印), 6) 도삼천(徒三千), 7) 강어(降於)⋯⋯산정(山頂), 8) 태 백산(太伯山), 9) 신단수(神壇樹), 10) 신시(神市), 11) 천왕(天王), 12) 풍백(風伯)·우사(雨師)·운사(雲師), 13) 주곡(主穀)·주명(主命)·주 병(主病)·주형(主刑)·주선악(主善惡), 14) 삼백육십(三百六十), 15) 웅(熊)·호(虎), 16) 동혈(同穴), 17) 기(祈), 18) 원화위인(願化爲人), 19) 쑥[艾]·마늘[蒜], 20) 불견일광백일(不見日光百日) = 기(忌), 21) 인신(人身), 22) 웅녀(熊女), 23) 무여위혼(無與爲婚), 24) 주원(呪願), 25) 가화혼(假化婚) 등을 중심으로 주석 작업이 이루어졌다. 이렇게 25항목에 이르는 주석 작업을 통한 검토를 한 후, 이 글이 내린 결

론은 다음과 같다.

지금 『삼국유사』에 전하는 단군 고기라는 것은 원래 환웅 신화와 단군 원사(原史)의 연결로 구성된 것이다. 그리고 환웅 신화는 다시 천자 강세(降世) 설화와 토템 기원 설화의 두 부분으로 구성되어 있다. 환웅 신화의 천자 설화 부분은 동북아시아 각지에서 두루 보이는 것으로, 여기에는 권력의 기원과 함께 신정의 내용이 제시되어 있다. 토템 설화 부분은 동북아시아적 유형에 의거하는 가운데, 천제자 환웅과 인간 세계에 있는 곰 토템의 결합에서 조선 국조의 씨족이 나왔음을 표시하려 한 것이다.

고대 조선인이 태양을 천제(天帝)라 하는 것에 비춰 본다면, 이른바 천제라 하는 것은 학문적으로 '태양 토템'을 의미하는 것이라 말할 수 있다. 따라서 환웅 설화의 궁극적 의의는 곧, 태양 토템과 곰 토템의 결합으로써 조선의 통치 기구가 출현하였음을 말하려 하는 것이다. 태양 토템은 이집트를 시원으로 하여 널리 세계 각지에 퍼지고 특히 동북아시아의 농업민 사이에 거의 예외 없이 이 신앙이 성립되어 있다.

이렇게 정리할 수 있는 주장에 덧붙여 「단군고기전석」에서는 여러 민족(외몽고 부리야트, 일본, 류큐, 돌궐계 여러 민족, 몽고, 구시베리아계 여러 민족, 아이누 등) 사이에 전해지는 천자 강세 설화와 토템 기원 설화를 소개한다. 또한 단군과 관련된 여러 문헌 소개도 덧붙이고 있다.

「단군고기전석」은 단군 이야기가 갖는 동북아시아적 보편성을 강조하는 것으로 맺어지고 있다. 이러한 보편성의 강조는 이글에서 단군을 '단군(檀君)'이라 표기하는 것에서도 감지할 수 있다. 최남선은 1936년의 「조선의 고유 신앙」에서부터 단군을 '단군(壇君)'이 아닌 '단군(檀君)'으로 표기한다. 이러한 표기 방식을 「단군고기전석」에서도 그대로 따르고 있다. 이러한 단군의 한자 표기는 1920년대 일련의 단군론에서 볼 수 있는 한자 표기와는 다른 점이다.

「단군고기전석」에서 최남선은 "단군의 단(檀)은, 단(壇)으로도 쓰고 천(天)으로도 쓰는 것이니까 원래 문제가 되지 않는다."는 입장을 내세운다. 단(檀)이냐, 단(壇)이냐 하는 논쟁 자체가 무의미하다는 입장에 서 있다. 최남선에게 있어 '단군(壇君)'이라는 표기는 우리 민족만의 독특함과 고유함을 강조하는 의미가 함축된 것이었다. 이러한 입장이 「단군고기전석」에서는 달리 나타나고 있다. 우리에게 고유하고 우리만이 갖고 있는 독특한 '단군(壇君)'이 아니라, 동북아시아적 보편성을 띠는 존재로서의 '단군(檀君)'이라는 시각을 분명하게 드러내고 있는 것이다.

- 허용호 -

최남선 한국학 총서를 내기까지

　현대 한국학의 기틀을 마련한 육당 최남선의 방대한 저술은 우리의 소중한 자산이다. 그러나 세월이 상당히 흐른 지금은 최남선의 글을 찾아보는 것도 읽어내는 것도 어려워졌다. 난해한 국한문 혼용체로 쓰여진 그의 글을 현대문으로 다듬어 널리 읽히게 한다면 묻혀 있던 근대 한국학의 콘텐츠를 되살려 현대 한국학의 발전에 기여할 것이었다.

　이러한 취지에 공감하는 연구자들이 2011년 5월부터 총서 출간을 기획했고, 7월에는 출간 자료 선별을 위한 기초 작업을 하고 해당 분야 전공자들로 폭넓게 작업자를 구성했다. 본 총서에 실린 저작물은 최남선 학문과 사상에서의 의의와 그 영향을 기준으로 선별되었고 그의 전체 저작물 중 5분의 1 정도로 추산된다.

　2011년 9월부터 윤문 작업을 시작했고, 각 작업자의 윤문 샘플을 모아 여러 차례 회의를 통해 윤문 수위를 조율했다. 본격적인 작업이 시작된 지 1년 후인 2012년 9월부터 윤문 초고들이 들어오기 시작했고 이를 모아 다시 조율 과정을 거쳤다. 2013년 9월에 2년여에 걸친 총 23책의 윤문을 마무리했다.

　처음부터 쉽지 않은 작업이리라 예상했지만 실제로 많은 고충을 겪어야 했다. 무엇보다 동서고금을 넘나드는 그의 박학함을 따라가는 것이 쉽지 않았다. 현대 학문 분과에 익숙한 우리는 모든 인문학을 망라한 그 지식의 방대함과 깊이, 특히 수도 없이 쏟아지는 인용 사료들에 숨이 턱턱 막히곤 했다.

최남선의 글을 현대문으로 바꾸는 것도 쉽지 않았다. 국한문 혼용체 특유의 만연체는 단문에 익숙한 오늘날 독자들에게는 익숙하지 않았다. 그렇다고 문장을 인위적으로 끊게 되면 저자 본래의 논지를 흐릴 가능성이 있었다. 원문을 충분히 숙지하고 기술상 난해한 부분에 대해서는 수차의 토의를 거쳐 저자의 논지를 쉽게 풀어내기 위해 고심했다.

많은 난관에 부딪쳤고 한계도 절감했지만, 그래도 몇 가지 점에서는 이 총서의 의의를 자신할 수 있다. 무엇보다 전문 연구자의 손을 거쳐 전문성을 확보했다는 것이다. 특히 최남선의 논설들을 현대 학문의 주제로 분류 구성한 것은 그의 학문을 재조명하는 데 도움이 될 것으로 본다. 또한 이 총서는 개별 단행본으로 구성되었다는 것이다. 총서 형태의 시리즈물이어도 단행본으로서의 독립성을 유지하여 보급이 용이하도록 했다. 우리들의 노력이 결실을 맺어 이 총서가 널리 읽히고 새로운 독자층을 형성하게 된다면 더 바랄 나위가 없겠다.

2013년 10월
옮긴이 일동

전성곤

일본 오사카대학 문학박사(일본학 전공)
현 고려대학교 일본연구센터 HK 연구교수

• 주요 논저
『내적 오리엔탈리즘 그 비판적 검토: 근대 일본의 식민 담론들』(2012)
『근대 동아시아 담론의 역설과 굴절』(공저, 2011)
『고류큐의 정치』(역서, 2010)
『근대 조선의 아이덴티티와 최남선』(2008)

허용호

서강대학교 국어국문학과 졸업
서강대학교 대학원 국어국문학과 졸업(문학박사)
현 동국대학교 교양교육원 초빙교수

• 주요 논저
『전통연행예술과 인형오브제』(2003)
『무속, 신과 인간을 잇다』(2011)
『인형연행 속 낯선 표현의 산출 기반과 그 통시적 향방』(2010)
『굿놀이의 역사 기술을 위한 도론』(2010)
『엇갈린 행보-연행중심론과 현장론의 비교연구』(2012)

최남선 한국학 총서 7

단군론

초판 인쇄 : 2013년 12월 25일
초판 발행 : 2013년 12월 31일

지은이 : 최남선
옮긴이 : 전성곤 · 허용호
펴낸이 : 한정희
펴낸곳 : 경인문화사
주　소 : 서울특별시 마포구 마포동 324-3
전　화 : 02-718-4831~2
팩　스 : 02-703-9711
이메일 : kyunginp@chol.com
홈페이지 : http://kyungin.mkstudy.com

값 20,000원
ISBN 978-89-499-0974-5　93910